古代東国の考古学5

須田 勉
河野一也 編

古代東国の国分寺瓦窯

高志書院刊

序

日本の国分寺制度は、聖武天皇の詔により全国六六国と壱岐・対馬の二島分寺におよぶ一大宗教政策であった。各国に要請された国分寺は国毎に二寺制を採用し、僧二〇名を置く国分僧寺と、尼僧一〇名を置く国分尼寺を建立することが命ぜられ、それぞれ金光明四天王護国之寺と法華滅罪寺と名付けることが定められた。また、国分僧寺には釈迦如来、国分尼寺には阿弥陀如来を本尊として安置し、さらに、天皇権威を象徴して国分僧寺のみに建立された七重塔には、聖武天皇勅願の金字の『金光明最勝王経』一〇部が納められた。

この時期、中世ヨーロッパ社会を変えたとまでいわれるペストの流行に匹敵するほどの天然痘の流行が列島社会を覆い、人口の三分の一を失うという事態にまで発展し、さらに、天皇政治を批判し、藤原広嗣が九州で反乱を起こすなど、天皇権威が大きく失墜した時期でもあった。国分寺の建立は、国府にともなう国段階の寺院を各国に建立することにより、天然痘の流行や広嗣の乱を仏教の功徳をもって払拭するという政策の一環として実施に移されたのである。

しかし、完成に至るまでの造営過程は、各国とも困難をきわめた。そのことは、国分寺の造営を督促する詔が数度にわたり発令されたことや、在地社会において経済力や組織力などに優れた力量をもつ郡司を始めとする有力者に協力を求めることに大きく政策転換が図られたことからもよく理解できる。そうした国分寺研究の重要な点は、中央政府の強い政策要請を在地社会がどのように受け止め、その実現のためにどのような組織を編成し、実施に移したのかという現実を国家と在地社会との関係から解きあかす点にある。

寺院遺構を除き、考古学的方法でそうした問題を最も究明しやすい分野は、遺構や遺物が比較的良好な形で残る瓦生産遺跡や出土瓦そのものに関する研究であろう。この分野での研究については、国分寺の造営以前から、仏教の普及にともない列島各地に寺院が造営されたので、瓦生産に関する問題は不可欠の要素として分析の対象とされてきた。その際、これまで経験的に使用した有階有段登窯や無階無段登窯などの焼成技術をもとに組織を編成した国もあったし、古い窯構造から新たに有畦式平窯を採用した国もあった。さらに、上総国分寺のように当初から有畦式平窯などの新技術を導入し瓦生産にあたった国もあった。また、下野国分寺のように国分寺造営の初期段階は、国内各所から瓦自体を供給する方法がとられ、次第に組織を充実させながら造営にあたった国もある。実際には、このような試行錯誤を繰り返しながら、在地社会に適合した最良な方法を選択する国が多かったようだ。

一方、造瓦技術に関しても、この時期、多くの国で国分寺造営にともなう瓦作りで平瓦一枚作りが導入されるという技術革新が果たされるが、前代からの桶巻作りを維持する国もあった。また、平城京の造営にともなって開発された軒丸瓦の横置型一本作り技法が、国分寺の造営時に新たに導入された国分寺も少なくなかったが、再び在地での伝統的な技法に戻ってしまい、多くの場合そうした技法が定着することはなかった。軒先瓦の瓦当文様についても、平城京と同笵瓦をもつ国分寺は信濃国分寺・安芸国分寺など類例は意外と少なく、そうした文様を模倣した国分寺や平城京と直接関連をもたない意匠を採用した国が多かったのである。

このように、窯構造、造瓦技法、瓦当文様などにみられる様相は各国とも様々であり、必ずしも均質的に採用されたわけではなかった。これは、寺院地の規模や伽藍配置についても同様である。しかし、完成した諸国国分寺の実態から判断すると、それを受け入れるだけの経済力や技術力がすでに在地社会の中に醸成されていたことを鮮明にする。

本書の刊行に当たっては、国分寺建立構想を立案した律令国家と、隣国においても様相の異なる様々な遺構や遺物の実態を分析することで、当時における在地社会の多様性を解明し、少しでも国分寺研究に貢献することができたら幸甚である。

本書は、「東国古代遺跡研究会」第八回研究大会と「窯跡研究会」と合同で行った「関東甲信越地方の国分寺瓦窯」の成果をまとめたものである。当研究会の企画を快くお引き受けいただいた高志書院の濱久年氏および関係者の方々に、心からお礼を申し上げる次第である。

平成三十一年一月吉日

須田　勉

目　次

第2部　東国の国分寺瓦窯

目　次

第1部　国分寺瓦窯の視点

国分寺瓦窯に関する諸問題

梶原　義実

はじめに—古代における中央—地方の文化位相—

論者の漠然とした論であるが、古代において、中央と地方の文化的な位相は、おおむね半世紀程度の差があることが多いと考える(むろん例外はたくさんあるが)。それは土器の形や瓦の文様といった個別的なものではなく、文化や技術の体系的なものを指す。たとえば六世紀末の飛鳥寺からはじまった寺院造営が、畿内周辺部を越えて各地に広がっていく嚆矢は、若干の例外はあれど、おおむね七世紀半ば以降である。また、七世紀末の藤原宮の造営ではじめて瓦葺宮殿が採用されるが、地方において国府が瓦葺化していくのは、おおむね八世紀中葉であることが多い。またやや時代は遡るが、四世紀末～五世紀初頭に日本列島に導入された須恵器生産技術は、五世紀中葉頃以降に地方へ拡散していくとされる。

これら文化位相の差異は、中央と地方の格差や地方の遅れを示すものではなく、長年地方に軸足を置いて研究を進めてきた論者としても、そのような主張をするつもりは毛頭ない。ただ、中央において受容されたあたらしい文化・技術体系が、さまざまな過程を経て定着し、醸成され、文化として社会の中で認知され、その後拡散していくのに、おおむねこのくらいの期間が掛かるのであろうということである。それは中央側の視点でみるなら、地方に拡散させ得るだけの基盤、たとえば政治的コンセンサスや技術者の育成が充分に整ったと捉えることができるし、一方、地方側の視点からみるなら、約半世紀を経て、あたらしい文化や技術を受容するための社会的な素地が、地域社会において整ったとみることができよう。それは表裏一体のもののようにもみえるが、地方側の視点で捉えるなら、あたらしい文化や技術体系の多くについて、かならずしもすべての地域が均質に受容していないこと(または、受容の時期に差が生じること)についての説明がつくと論者は考える。地域社会の多様性の中で、あたらしい文化や技術体系の採否が選択的に判断されている点を論者はとくに強調したい。

そのようにして導入されたあたらしい文化や技術体系は、中央においてそれがかならずしもスムーズに導入されなかったのと同様、地域社会においても、種々の対応を迫られることとなる。とくに、八世紀中葉を中心とする国府の瓦葺化とほぼ同時期に、聖武天皇によって「国分寺造営詔」が出されたことで、各国の国司は国府と国分二寺、双方の瓦を効率的に生産しなければならないことになっていく。

1　国府の瓦作りと国分寺の瓦作り

国府と国分寺の瓦生産は、先述のとおり、いずれも国司がその責においておこなうべき事項であるものの、その若干の時期差を考慮に入れても、国府と国分二寺では、瓦の生産体制や、また瓦自体も異なる事例のほうが、管見の限り多くみられる。伊勢では国府では重圏文・重廓文系、国分二寺では蓮華文・唐草文系の瓦がもちいられ、工人をあらわしたと考えられる刻印瓦も国府でのみ確認される。三河では国府からは在地色の強い軒丸瓦と偏行唐草文の桶巻作り軒平瓦が出土する一方、国分二寺の瓦は越中国分寺からもたらされた中央系の瓦で、横置型一本作りと平瓦一枚作りで製作されている。美濃では国府および不破関では平城六二八二—六七二一系の瓦が採用されるが、国分二寺では大安寺系統の瓦が、おそらく尾張国分寺を経由してもたらされる［梶原 二〇一六］。

これら一見非効率的にもみえる生産体制の違いへの解釈については、国分寺への「知識」の論理を介した貢進を論じる上原真人説［上原 一九八九］が整合的と考える。律令税制下に基づく労働編成でおこなわれた国府の造営と、知識による国分二寺の造営においては、その財源や労働力を分離する必要性があったからとみたい。ただし、知識はあくまで造営の方便であり、実際の労働力編成などその現場での具体的運用に関しては、多様性が認められてよかろう。

このように、「律令的負担体系そのものではなく、それに上積みした充分に体系化されていない負担」［上原 一九八九］も課しつつおこなわれた国分二寺の造営であるが、造営の初期段階は、多くの国においては、国分寺の瓦工房への労働投下を充分におこなうことができない状況であった。大橋泰夫による下野国分寺瓦の研究に顕著にみられるように、国分寺の造営当初は、国内各所から瓦自体を供給させるあり方で国分寺の所用瓦が賄われていた［大橋 一九九七］。これは下野や関東地域のみならず、多くの国分寺で、その主要瓦に先行する時期の瓦がわずかに出土することから、ある程度普遍的な状況であったと考えられる。

それが、国分二寺造営のある段階以降は、ほとんどすべての国分寺において、国分二寺専用の自前の瓦工房(国分寺瓦屋)をもち、そこで所用瓦の生産を一元的におこなうようになる。国分寺造営という厖大な造瓦需要において、最初は国内各所から瓦自体を供給させ(もしくは国分寺専用の瓦窯と並行させ)、のちに国分寺瓦屋への生産の集約化・一元化がおこなわれるといった様相は、約半世紀前に国家的大事業としておこなわれた、瓦葺宮殿である藤原宮における瓦供給体制とも相通じるものである。ただし、このような国内各所からの瓦の掻き集めについては、国分寺で顕著である一方、国府ではほとんど散見されないことから、宮都造営とは異なり、「知識物」としての貢進であった可能性もあろう。国分二寺の造営における「知識」に名を借りた地域社会の負担は、初期には知識物としての現物の貢進から、国分寺瓦屋の編成後はそこへの資材や労働力の提供という形での負担へと変化していったものと考える。

2　瓦作りにおける新技術の導入と展開

国府・国分二寺における大量の瓦需要に対応する方法としては、上記のような負担体系の再編強化だけではなく、実際の瓦作りの効率化という方向性も、多くの国で確認される。

具体的には、平瓦一枚作り、軒丸瓦の横置型一本作り、そして有畦式平窯の採用という、中央系の最新の造瓦諸技術が、国府・国分二寺の造営とほぼ機を一にして、地方展開していく。

前二者については以前に詳述したが、「非熟練工でも容易に瓦を作ることができる「型づくり」を指向する方向性のもとで創意された技術」［梶原 二〇一八］であり、宮都でこの技術が創意された背景と同様、地方においても造瓦需要の増大に伴い、非熟練工でも簡便に規格の整った瓦を作ることができるこれらの技術が、積極的に採用されていった。

有畦式平窯についても、均質な焼成の瓦を生産できる技術として開発されたものとの見解が一般的であり、これも多くの地域で採用されていく。

しかしながら、これら三者の技術体系は、その採用や定着性について、国ごとに大きな差異がみられる。平瓦一枚作りは宮都でも主要な造瓦技術として定着し、地方においても多くの地域で桶巻作りを駆逐しつつ広がっていく。その一方で横置型一本作り軒丸瓦は、宮都においても継続的な技術系譜とはならず、地方においては採用する国も限定的であり、またいったんは採用した国でも、ふたたび通常の接合式など在地で伝統的な軒丸瓦製作技法に戻っていく国も多い。成形台を製作する工程自体が煩瑣な割には、型作りの利点を充分に活かすことのできない技術だったのであろう。

それでは、有畦式平窯についてはどうであろうか。今回は関東・東北の事例紹介ということで、それと比較すべく、本論では東海・信越・九州の各地域の国分寺やその他諸寺等における、有畦式平窯の採否およびその定着性について、これまでの窯跡研究会での研究成果に導かれつつ述べていく。

3 東海・信越地域における有畦式平窯の導入と展開

以下、各地における有畦式平窯の導入時期と契機および、その後の展開過程について概観しておきたい。本論においてはまず、東海・信越地域の様相について述べる。なお、各国の国分寺の造営時期には諸説あり、また国ごとに差があると考えられるが、本論ではとりあえず図中の七五〇〜七六〇年頃に置き、とくに先行したり遅れることが指摘される国については、そのように記した。

伊勢：伊勢地域の瓦生産については、七世紀後葉頃以降の窯が複数確認されている。全体的な傾向としては、辻垣内瓦窯・牧瓦窯など南勢地域では須恵器窯とやや離れて瓦専業窯が展開する一方、北勢地域の北浦瓦窯・伊坂瓦窯は瓦陶兼業窯である。

有畦式平窯の初現としては、伊勢国分尼寺の瓦を焼成した川原井瓦窯の窯構造が「最も丁寧なもの」〔考古学研究会東海例会・窯跡研究会二〇一六〕とされており、国分二寺など八世紀中葉における官営施設の造営に伴いもたらされたものと評価できよう。有畦式平窯はその後、鈴鹿関に瓦を供給した窯である切山窯でも採用されるとともに、辻垣内瓦窯や牧瓦窯の操業最終段階に確認されるなど、南勢地域を中心に展開する。いずれの平窯も焚口部に石材をもちいる点や、燃焼室と焼成室がかなりの比高差をもつ点など共通点が高く、横置型一本作り軒丸瓦の展開とともに、伊勢地域での密な情報共有の結果といえよう。ただし北勢地域では、岡山窯で八世紀後半の瓦陶兼業窯が確認できるなど、前代に引き続き瓦陶兼業体制が維持される。平安期以降の瓦窯構造は、国分二寺も含めてほぼ不明である。

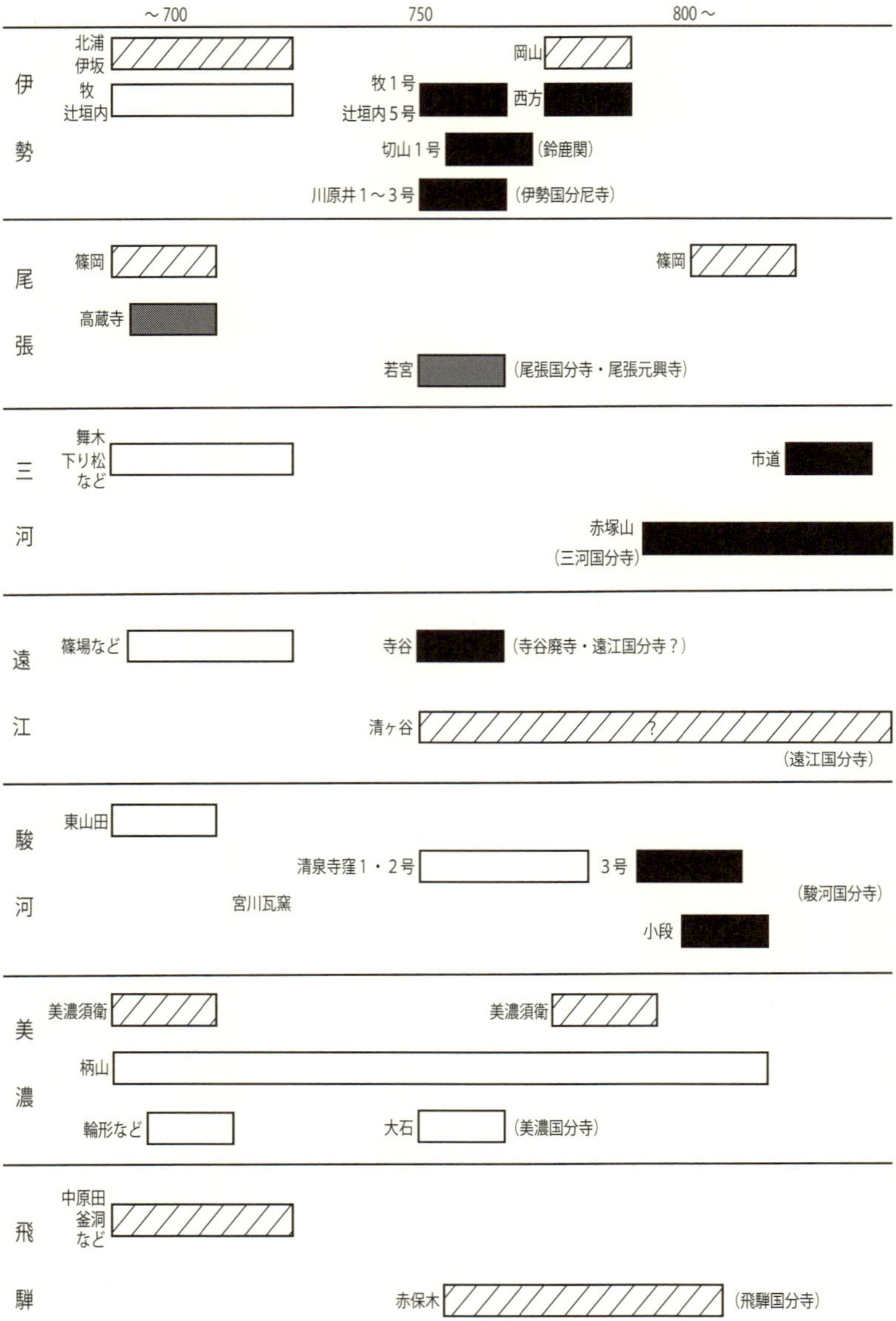

第１図　東海地域における瓦窯構造の変遷

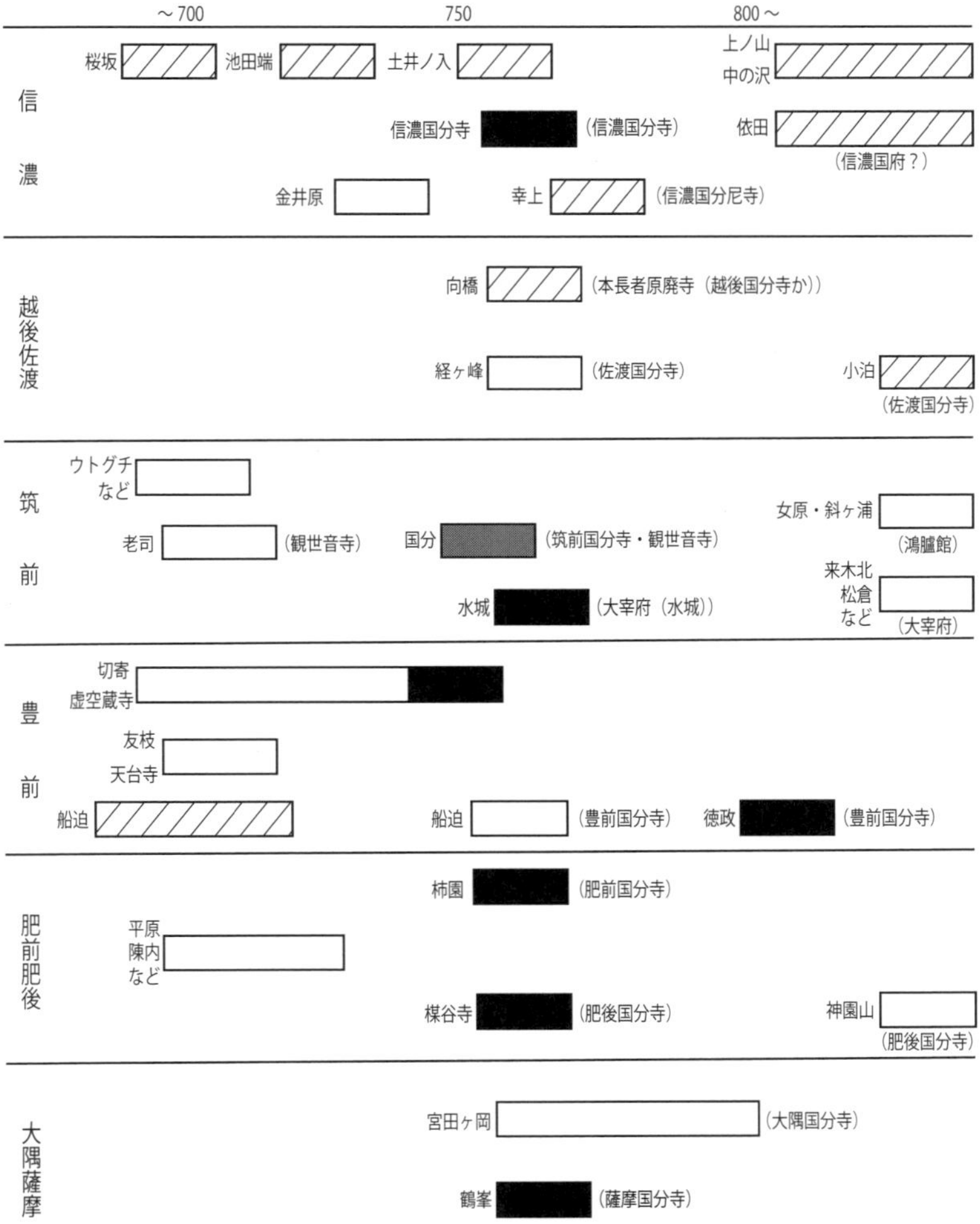

第２図　信越地域・九州における瓦窯構造の変遷

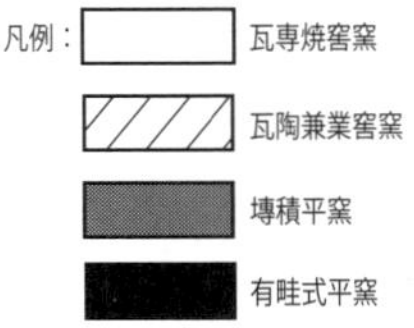

尾張：全国有数の窯業地である尾張においては、尾北窯とその周辺を中心に瓦窯が確認できる。尾北窯の中心である篠岡地区では、篠岡2号窯をはじめ瓦陶兼業窯での生産がおこなわれる一方、高蔵寺瓦窯では藤原宮式の瓦とともに、日高山瓦窯の系譜を引く塼積の無畦式平窯が導入される。

八世紀中葉頃の若宮瓦窯においても、塼積平窯構造が採用されたとされる。若宮瓦窯出土の大安寺式軒瓦については、尾張国分寺との同笵が確認されているが、地理的近接性からは、おなじく同笵瓦が出土する尾張元興寺との強いかかわりが指摘できよう。尾張国分寺の主要瓦を焼成した窯は確認されていない。平安期には、篠岡114号窯などふたたび篠岡窯での瓦陶兼業体制がみられる。

三河：西三河を中心に、七世紀後半から八世紀初頭にかけての瓦窯が複数確認されている。その多くが瓦専焼の窖窯と考えられ、消費地である寺院の近傍に瓦窯を築造して瓦生産をおこなうのが一般的であったものと思われる。

八世紀中葉の三河国府の瓦については、その生産地は不明である。ほぼ同時期の三河国分二寺の創建瓦については、寺院近傍の天間古窯での生産が想定されるものの、窯構造等は不明である。

八世紀末～九世紀前半以降、三河国分二寺の修造瓦の生産をおこなった赤塚山瓦窯については、発掘調査によって三基の有畦式平窯が確認されており、報告書によると十世紀後半まで生産が継続したとされている。また市道瓦窯でも九～十世紀の有畦式平窯が確認され、近傍の市道廃寺に瓦を供給している。

遠江：七世紀末頃以降、篠場瓦窯・南原瓦窯・諏訪瓦窯など各地に瓦窯が造営される。須恵器の出土はないか僅少である例が多く、ほぼ瓦専焼の窖窯であったと思われる。

八世紀中葉には寺谷瓦窯で有畦式平窯が採用される。寺谷瓦窯は遠江国分寺に瓦を供給したとされるが、軒瓦が出土しておらず、地理的近接からは近傍の寺谷廃寺との関連が指摘できよう。年代については、遠江国分寺瓦との比較から九世紀頃との見解が提示されるが［安藤 一九九二］、遠江国分寺の瓦の年代自体が再検討されやや引き上げられて

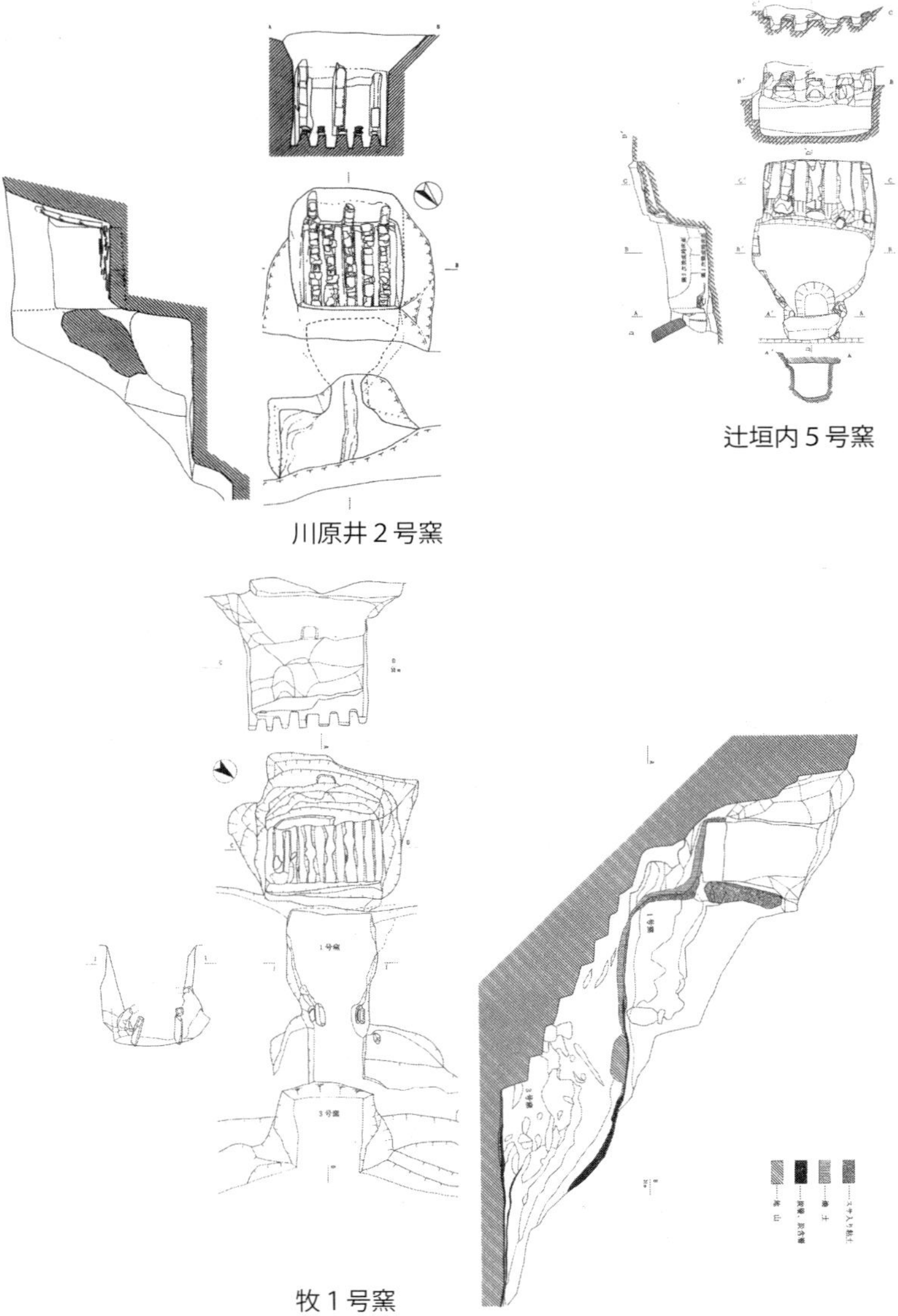

第３図　伊勢地域の国分寺瓦窯とその他平窯（1:150）

きていることから、本論では八世紀中葉〜後半頃まで遡る可能性を指摘しておきたい。ただし、窯構造からは平安期に降るとの指摘もあり、今後検討が必要である。

遠江国分二寺の瓦については、おもに瓦陶兼業窯の清ヶ谷窯で生産されたことがわかっている。瓦出土地は複数確認されているが、いずれも発掘調査はおこなわれておらず、その構造は不明である。丘陵地でもあることから、多くが瓦陶兼業の窖窯であった可能性が高いと考えている。清ヶ谷窯での瓦生産は、時期的には十世紀頃まで継続するとされている。

駿河：東山田窯では七世紀中葉までは須恵器が生産されているが、七世紀末頃以降、近傍の尾羽廃寺の瓦を瓦専焼で生産し、八世紀中葉まで生産が継続するとされる。

駿河国分寺(片山廃寺)に瓦を供給した宮川瓦窯では、清泉寺窪地点と小段地点の二地点で瓦窯が確認されている。清泉寺窪1・2号窯は有段式の窖窯で、文様退化後の平城宮式軒平瓦や遠江国分寺同笵の軒平瓦、変形均整唐草文軒平瓦が出土している。須恵器も出土するがその量は多くなく、あくまで瓦中心の窯であろう。清泉寺窪3号窯は有畦式平窯で、1号窯の灰原を切って構築されることから、1号窯に後出する窯である。宮川1・2号窯はいずれも焼成部が滅失しており、「小規模な地上式の変形した窖窯」[平野 一九九〇]であるとされる。出土須恵器の年代から、清泉寺窪窯に後出する奈良時代末〜平安時代初頭頃の窯とされる。

美濃：全国有数の窯業地である美濃須衛窯において断続的に瓦陶兼業体制での瓦生産がおこなわれる一方、柄山窯では七世紀後葉から八世紀末頃にかけて、瓦専焼での操業が継続しており、厚見寺へと供給されている。輪形窯は瓦専焼窯で、弥勒寺跡に瓦を供給している。

美濃国分二寺の瓦窯である大石古窯は、瓦専焼の地下式の窖窯であることが確認されている。おなじく美濃国分二寺瓦窯である丸山古窯については、その詳細は不明である。古代に遡る有畦式平窯は現在のところ確認されていない。

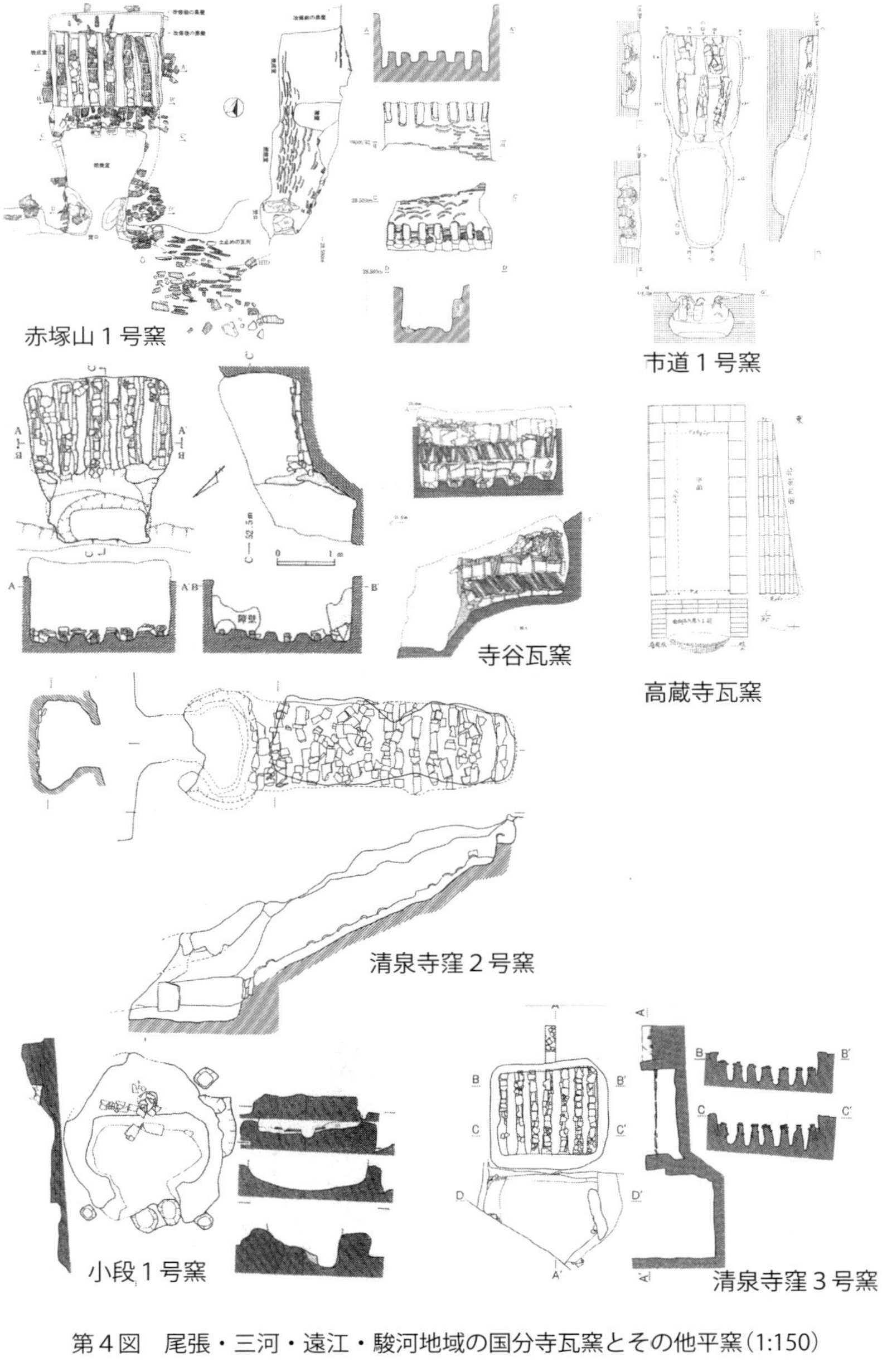

第４図　尾張・三河・遠江・駿河地域の国分寺瓦窯とその他平窯（1:150）

飛騨：七世紀後半には造瓦技術が導入され、中原田瓦窯・丸山瓦窯・釜洞瓦窯からそれぞれ近傍諸寺に瓦が供給される。いずれも瓦陶兼業の窖窯である。

飛騨国分寺瓦窯の赤保木瓦窯も瓦陶兼業窯であり、隣接する四基の有段式窖窯の瓦窯と二基の無段式窖窯の須恵器窯が発掘調査で確認されている。有畦式平窯は現在のところ確認されていない。

信濃：信濃においては明科廃寺へ瓦を供給した桜坂窯にはじまり、平安期まで継続して各地で瓦陶兼業窯が築かれ、近傍の諸寺へと供給されている。土井ノ入窯系の変形蓮華文軒丸瓦などは、信濃国分二寺へも一部供給される。

信濃国分二寺の主要瓦は、広義の東大寺式軒瓦である。寺院近傍の信濃国分寺瓦窯で生産されたとされる。二基の有畦式平窯が発掘調査で確認されている。

しかしその系譜は継続せず、八世紀後葉以降の信濃国分尼寺の一部の瓦を生産した幸上窯、また平安期信濃国府推定地から多く出土する素弁蓮華文系の瓦を生産した依田古窯跡群のいずれも、瓦陶兼業の窖窯であることが知られる。

越後・佐渡：越後国分寺の可能性が指摘される本長者原廃寺では、軒瓦の出土は確認されていないものの、ここで出土した平瓦は、近傍の瓦陶兼業の窖窯である向橋窯で生産されたものとされる。

佐渡国分寺の創建瓦は、寺院近傍の経ヶ峰窯で生産されている。二基の窖窯が確認されており、瓦専焼窯であるとされる。九世紀後半以降、佐渡国分寺の瓦生産は寺院から一キロ離れた大規模な須恵器生産地である小泊窯に移動し、瓦陶兼業体制での生産がおこなわれるようになる。小泊窯産瓦の年代の下限は十世紀初頭頃とされる。

越後・佐渡とも、有畦式平窯は現在のところ確認されていない。

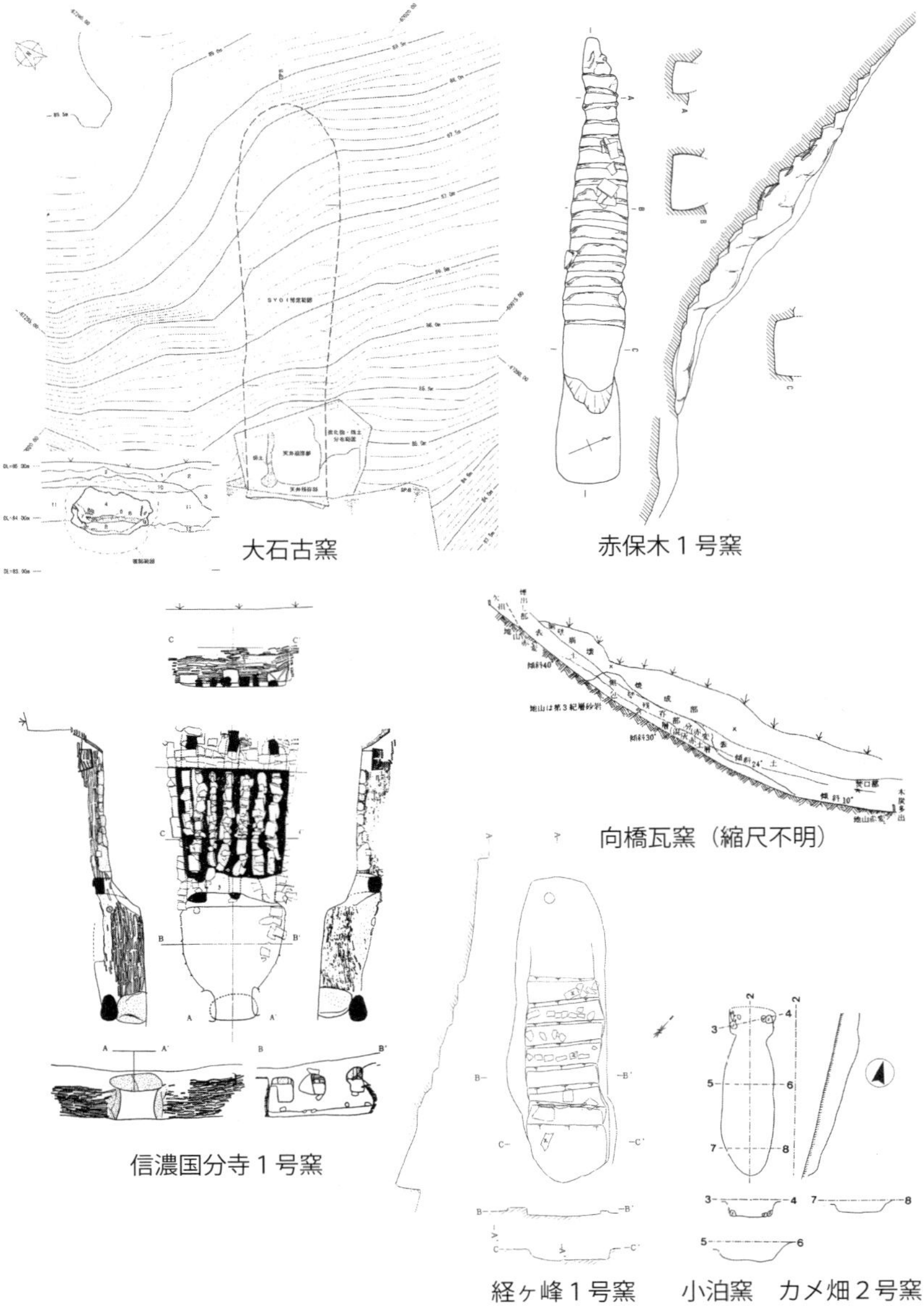

第５図　美濃・飛騨・信濃・越後・佐渡地域の国分寺瓦窯（1:150）

4　九州地方における有畦式平窯の導入と展開

続いて、九州地域の様相について述べていく。

九州の古代瓦生産については、大宰府との関係が指摘されることが多く、窯構造についてもそれは同様と考えられるが、大宰府のとくに初期の生産窯の状況が、現状ではいまひとつ不分明である。近年の水城窯の発掘調査など、有畦式平窯がある程度普及していたと考え得る調査成果も蓄積されてきており、今後の調査研究に期待する部分が大きい。

筑前：筑前における瓦生産の歴史は古く、六世紀末の瓦陶兼業窯である神ノ前窯まで遡る。その後も寺院造営の活発化に伴い、いくつかの瓦専焼の窖窯が確認されている。観世音寺に供給された老司式の瓦を焼成した老司瓦窯は瓦専焼の無段式窖窯であり、大宰府の初期瓦生産は窖窯中心であった可能性がある。

筑前国分寺などの瓦を焼成したとされる国分瓦窯は、地下式の塼積窖窯という特殊な構造をもつ。有畦式平窯の導入はそれよりやや遅れ、水城窯など八世紀中葉~後半頃にかけての大宰府周辺でいくつか確認されている。

しかしながらその系譜は続かず、すくなくとも十世紀代には、円筒桶技法の平瓦製作技術の採用とともに、窖窯構造へと変わっていく。

豊前：豊前は古代寺院の数も多く、それに伴って多くの瓦窯が確認されている。瓦専焼の窖窯が多いが、船迫窯のように瓦陶兼業体制をとる窖窯もある。

豊前における有畦式平窯の導入はやや特殊であり、八世紀中葉頃、虚空蔵寺1号窯の操業最終段階に、焼成室手前部分に畦を敷設して有畦式平窯状に改造し使用している。

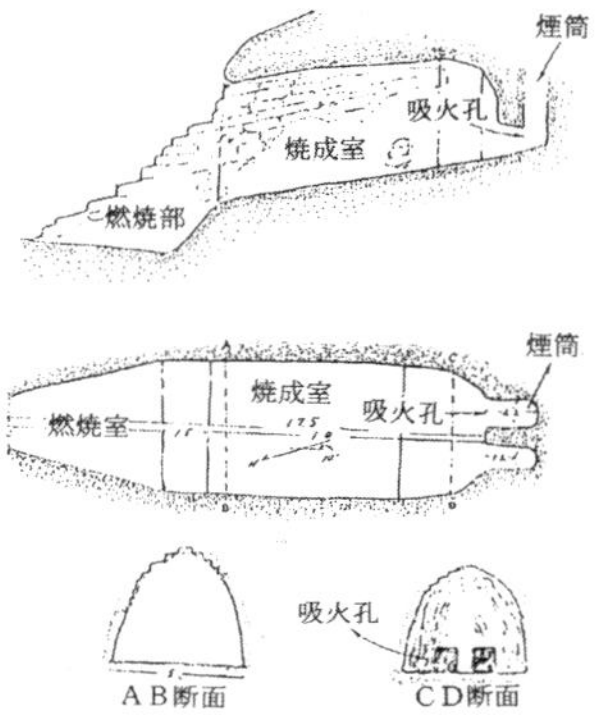

国分瓦窯

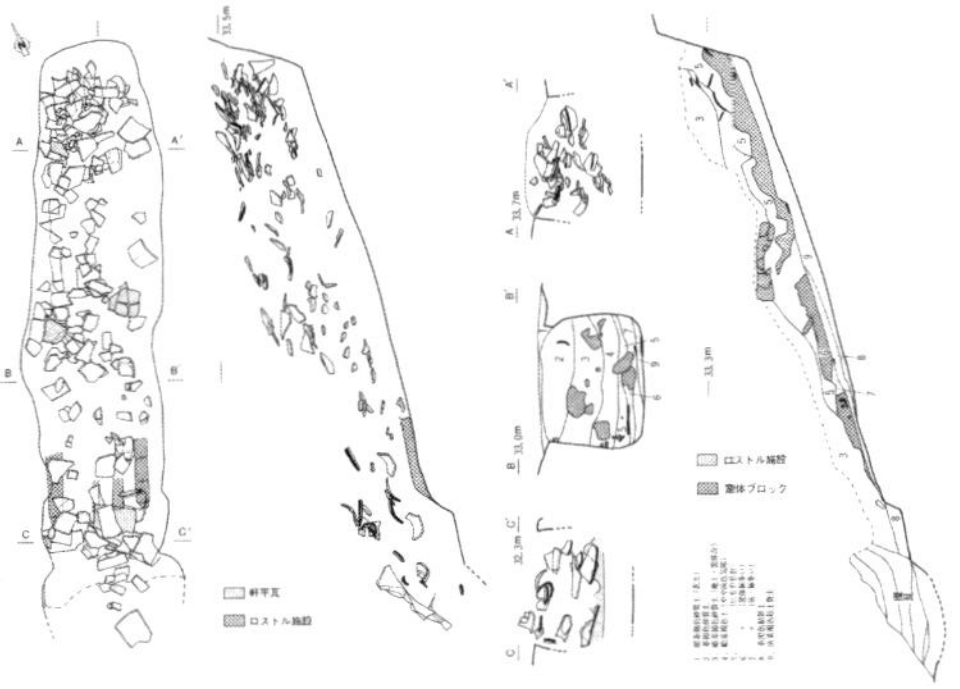

虚空蔵寺1号窯

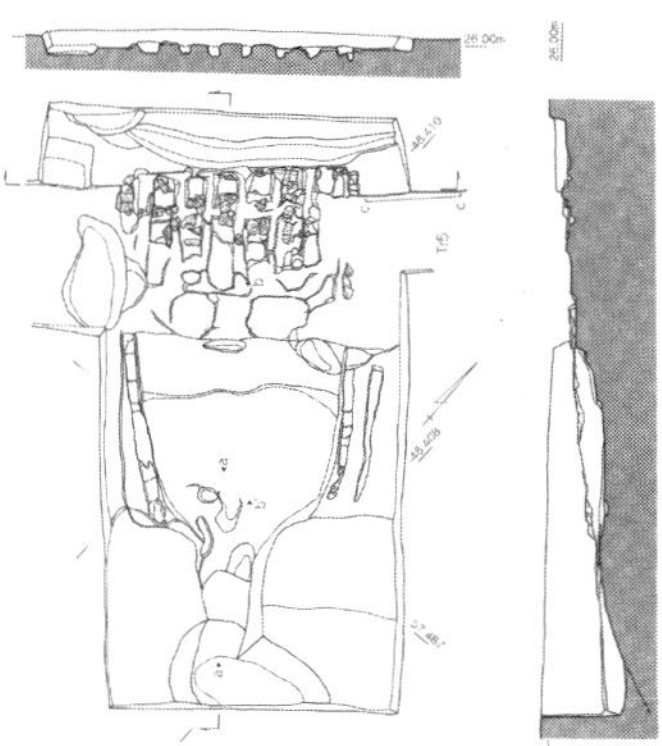

水城1号窯

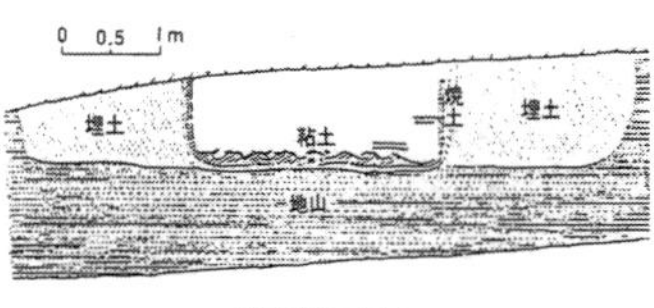

徳政瓦窯

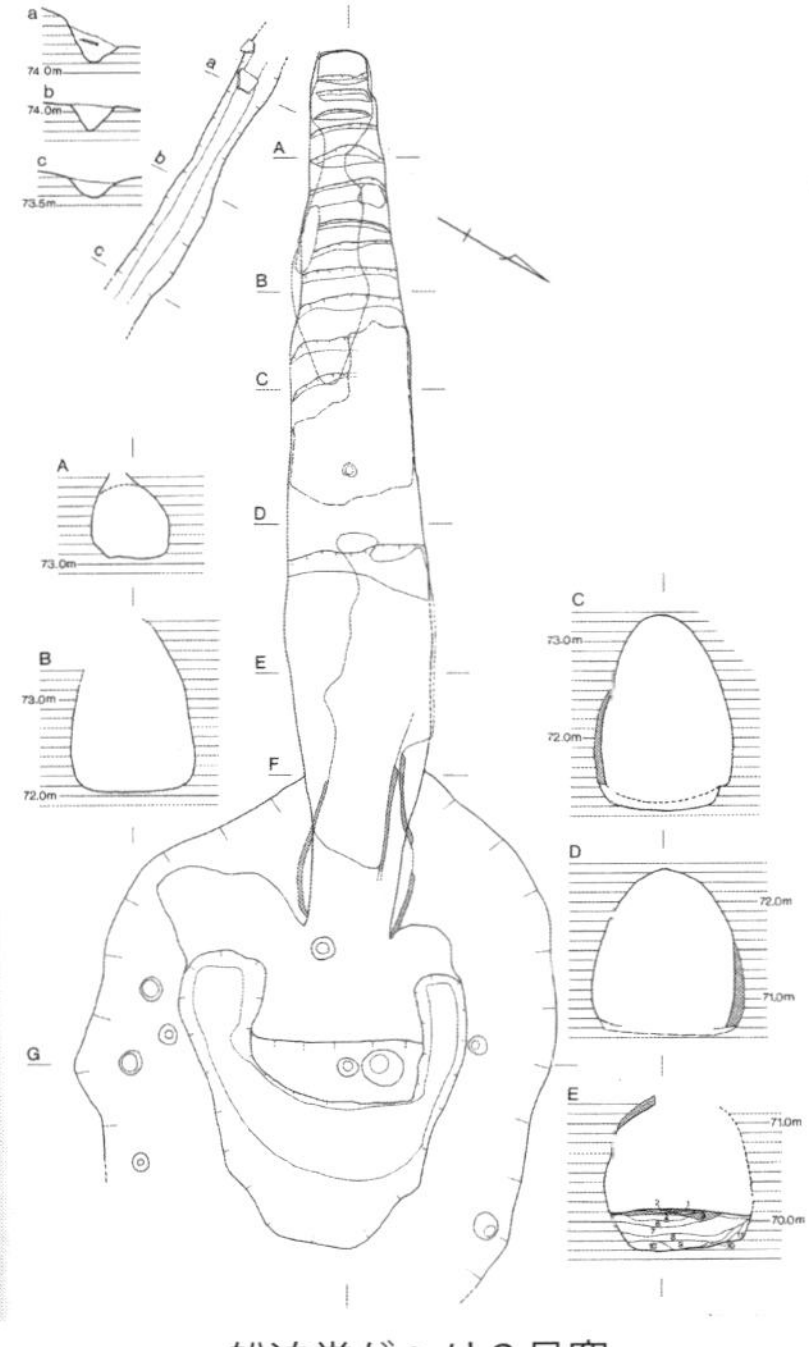

船迫堂がへり2号窯

第6図　筑前・豊前地域の国分寺瓦窯とその他平窯(1:150)

豊前国分寺の創建期瓦窯である船迫堂がへり窯においては、宇佐郡の系譜を引く瓦当文様の瓦が生産されるものの、窯構造は虚空蔵寺で(曲がりなりにも)採用された有畦式平窯構造をとらず、伝統的な窖窯での生産がおこなわれる。寺院近傍で平安初期頃の豊前国分二寺の修造瓦を焼成したとされる徳政窯は、有畦式の平窯であるとされる。なお、隣国の豊後においても、八世紀後半から九世紀の窯とされるカワラガマ遺跡で有畦式平窯が採用され、薬恩寺へ供給されている。

肥前：国分寺以前に遡る窯はいくつか確認されるが、いずれも窯構造は明確ではない。肥前国分寺の創建瓦を焼成した柿園窯は、有畦式の平窯であることが知られる。

肥後：肥後も古代寺院の多い地域であり、平原窯や陳内窯など、おもに瓦専焼の窖窯での生産が確認できる。肥後国分寺の創建期の瓦窯とされる楳谷寺瓦窯では、有畦式平窯が採用される。やや特殊な窯であり、「平面形が楕円形を呈しながら平窯でしかも一種のロストル状の施設をもつ」[三島 一九八〇]とされ、その立地も丘陵裾部の緩斜面地に造営されている。しかしながらその系譜は続かず、十世紀以降の肥後国分寺の修造瓦を生産したとされる神園山瓦窯では、ふたたび瓦専焼の窖窯構造に戻っている。

大隅・薩摩：大隅および薩摩では、国分寺以前の古代寺院や瓦窯は存在しない。大隅国分寺の瓦を焼成した宮田ヶ岡瓦窯は、瓦専焼の窖窯であり、継続的に生産がおこなわれていたとされる。薩摩国分寺の創建瓦を焼成した鶴峯窯は、二基の有畦式平窯と一基の須恵器窯で構成されている。その立地形態については、「丘陵の裾から内部に向けて掘削されたくり抜き式登窯となっていて、まさに登窯と平窯の折衷形態ということができよう」[小田ほか 一九七五]と指摘されている。

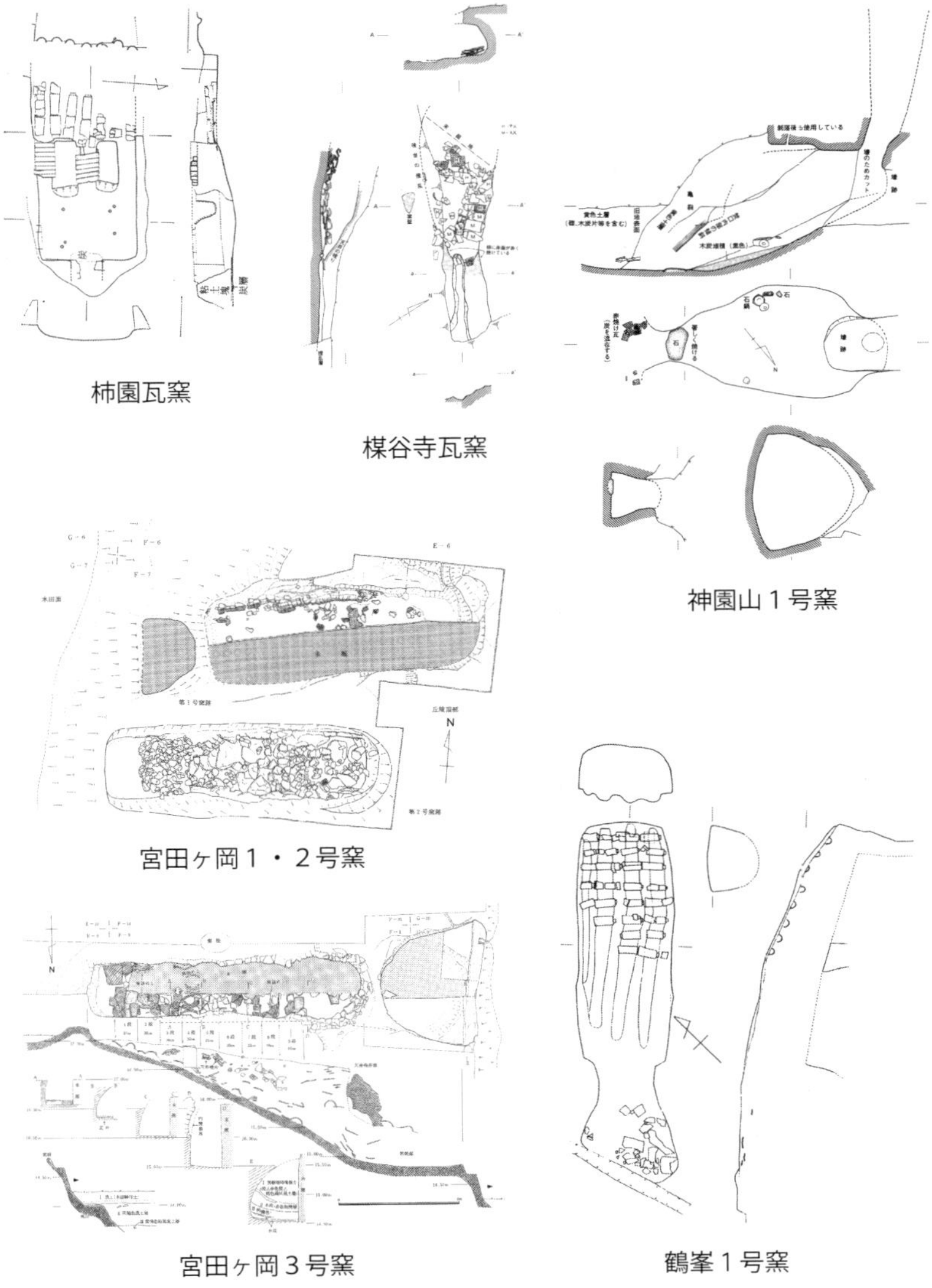

第７図　肥前・肥後・薩摩・大隅地域の国分寺瓦窯（1:150）

おわりに

以上、国分寺瓦窯および出土瓦研究に関する諸問題について、論者の私見を述べるとともに、東海・信越・九州の各地域における有畦式平窯の導入とその展開について、具体的に述べてきた。

本論でみてきた地域にほぼ共通して、以下の様相が確認できた。

① 有畦式平窯の導入時期は、国分寺の創建期に近い八世紀中葉頃であることが多いが、八世紀末〜九世紀初頭の平安初期頃に導入される地域もある（駿河・豊前（・遠江？）など）。

② その導入契機は国分寺をはじめとした官営施設の造営や修造に伴うことが多いが、在地寺院の修造が契機となる例もみられる（遠江？・豊前など）

③ 国分寺造営においても、前代に引き続き窖窯をはじめ、有畦式平窯以外の窯構造を採用する国のほうがむしろ多い（尾張・遠江・駿河・美濃・飛驒・信濃・越後・佐渡・筑前・豊前・大隅）。それらの国は瓦陶兼業体制での瓦生産の実績のある国か、もしくは国分寺の瓦自体が瓦陶兼業体制で生産されていることが多い。

④ 国分寺造営を契機として、有畦式平窯が積極的に在地で採用される事例は、ほとんどみられない（伊勢を除く）。

⑤ 国分寺造営時もしくはその後に採用された有畦式平窯が、長期間使用され続ける事例はほとんど存在せず（三河のみ）、九〜十世紀以降にはふたたび窖窯に戻る国も多い（信濃・筑前・肥後など）。

このとおり、有畦式平窯という技術体系は、均質な瓦を厖大に必要とする宮都およびその周辺の造瓦組織の中においては、継続的に採用されていくが、すくなくとも東海以西の地方（畿内を除く）においてはむしろその定着性は薄く、かえって伝統的な窖窯への指向が強いことがわかる。

小田富士雄は九州における有畦式平窯の導入と展開について、「地域によってはこの新来の技術を十分習得するにいたらず、伝統的な登窯を採用したり、登窯と折衷させる形で受容するなどの実態」であり、「九世紀以降…主流にはなりえなかったようである。地下式登窯は古代を通じて主流の地位を保持していた」［小田 一九九六］と述べる。また近年では中島恒次郎が、「(有畦式平窯の展開が)空間的に安定的でなかったことは、やはり登窯焼成による瓦工人の伝統が他者(平窯構築による瓦焼成技術)に対して「排他」的であったのは、平窯構築による瓦焼成が在地工人を受け入れず畿内からの工人による直接生産であったのか、はたまた平窯焼成法自体に問題を孕んでいたのか」と述べている［中島 二〇一四］。これらの指摘は、九州のみならず多くの地域において、ある程度普遍的に言えることであると論者は考える。先にも述べたが、技術の導入と展開はかならずしも各国で一様ではなく、そこには「受容する側」である在地の事情と論理が色濃く働いていることを再度主張したい。

主要参考文献

安藤 寛 一九九二年「寺谷瓦窯(寺谷1号窯)」『磐田市史 資料編一 考古・古代・中世』磐田市
伊藤久嗣 一九八三年「三重県川原井瓦窯跡」『日本考古学年報』三三 日本考古学協会
上田市立信濃国分寺資料館 一九八二年『信濃国分寺跡』
上原真人 一九八九年「東国国分寺の文字瓦再考」『古代文化』四一―一二 古代学協会
大橋泰夫 一九九七年「第Ⅲ章 考察」『下野国分寺跡XⅡ 瓦・本文編』栃木県教育委員会
小栗鉄次郎 一九四二年『愛知県史蹟名勝天然紀念物調査報告』二〇 愛知県
小田富士雄 一九九六年「九州の古代瓦窯とその系譜―西日本の瓦窯研究再考―」『古文化談叢』三六 九州古文化研究会
小田富士雄ほか 一九七五年「鶴峯窯跡の調査」『薩摩国府跡・国分寺跡』鹿児島県教育委員会
梶山 勝 一九八三年「春日井市高蔵寺瓦窯の再検討」『名古屋市博物館研究紀要』六
梶原義実 二〇一〇年『国分寺瓦の研究―考古学からみた律令期生産組織の地方的展開―』名古屋大学出版会
梶原義実 二〇一六年「東海道・東山道の国分寺瓦(一)―尾張・美濃国分寺について―」『日本古代考古学論集』同成社

梶原義実　二〇一八年「一本づくり軒丸瓦・一枚づくり平瓦に関する諸問題」第一八回古代瓦研究会シンポジウム資料集
窯跡研究会　二〇一四年『瓦窯の構造研究3—九州の瓦窯と瓦生産—』
考古学研究会東海例会・窯跡研究会　二〇一六年『中部地方の瓦窯の構造—瓦窯の構造研究六—』
坂井秀弥　一九八七年「向橋瓦窯」『北陸の古代寺院—その源流と古瓦—』北陸古瓦研究会
下鶴弘・深野信之　一九九九年『宮田ヶ岡瓦窯跡』姶良町教育委員会
白木原和美　一九九一年『神園山瓦窯址』新熊本市史編纂委員会
高尾栄市　一九九八年『船迫窯跡群』築城町教育委員会
高山市教育委員会　一九七五年『飛騨国分寺瓦窯発掘調査報告』
竹内英昭　一九八八年『辻垣内瓦窯跡群』嬉野町教育委員会
田中喜久雄ほか　一九八九年「牧瓦窯跡群」『近畿自動車道(久居～勢和)埋蔵文化財発掘調査報告』第一分冊　三重県教育委員会
豊津町　一九九七年「徳政瓦窯跡」『豊津町史　上巻』
中島恒次郎　二〇一四年「大宰府周辺の瓦窯跡」『瓦窯の構造研究3—九州の瓦窯と瓦生産—』窯跡研究会
贄　元洋　一九九八年『市道遺跡』Ⅲ　豊橋市教育委員会
林一也ほか　一九九五年「虚空蔵寺遺跡」『一般国道10号宇佐別府道路建設に伴う埋蔵文化財発掘調査報告書』宇佐市教育委員会
林弘之・前田清彦　一九九四年『赤塚山』豊川市教育委員会
原田義久・高梨雅幸　二〇一三年『大石古窯跡発掘調査報告』垂井町教育委員会
坂　重吉　一九四〇年「高蔵寺町大字気噴に遺存の塼積瓦窯址に就て」『尾張の遺跡と遺物』一九
平野吾郎　一九九〇年「宮川瓦窯跡」『静岡県史　資料編二　考古二』静岡県
三島　格　一九八〇年「楪谷寺・神園山瓦窯址」『平原瓦窯址』熊本県教育委員会
宮崎亮一ほか　二〇〇三年『水城跡』二　太宰府市教育委員会
山本　肇　一九八七年「小泊窯跡群」『北陸の古代寺院—その源流と古瓦—』北陸古瓦研究会
山本仁ほか　一九九五年『経ヶ峰窯跡』真野町教育委員会

図版出典

第3図　川原井[伊藤 一九八三]、辻垣内[竹内 一九八八]、牧[田中ほか 一九八九]
第4図　高蔵寺[坂 一九四〇]、赤塚山[林・前田 一九九四]、市道[贄 一九九八]、寺谷[安藤 一九九二]、清泉寺窪・小段[平野 一九九〇]

第5図　大石[原田・高梨 二〇一三]、赤保木[高山市教委 一九七五]、信濃国分寺[上田市立信濃国分寺資料館 一九八二]、向橋[坂井 一九八七]、経ヶ峰[山本仁ほか 一九九五]、小泊[山本肇 一九八七]

第6図　国分[小田 一九九六]、水城[宮崎ほか 二〇〇三]、虚空蔵寺[林ほか 一九九五]、徳政[豊津町 一九九七]、船迫[高尾 一九九八]

第7図　柿園[小田 一九九六]、楪谷寺・神園山[三島 一九八〇]、宮田ヶ岡[下鶴・深野 一九九九]、鶴峯[小田ほか 一九七五]

瓦窯の構造～傾斜角度と天井の問題～

木立 雅朗

はじめに

近年、須恵器窯の構造の研究が進み、従来の窯焚き技術に対する認識が改まりつつある〔窯跡研究会 二〇一〇ほか〕。瓦窯についても同様であり、窯業科学と民俗例の知識を取り入れた、新しい分析が必要になっている。ここではその一端として瓦窯の傾斜角度と天井の問題について触れてみたい。

1　瓦窯の勾配と床面傾斜角度

窯焚きの知識からみた窯の床面傾斜角度

窖窯の床面傾斜角度は時期ごとに変化することが注意され、田辺昭三は「奥壁にちかく弓なりに反り上がる」床面と「焼成部から窯体奥端まで直線的」な床面の差に注意を払った。そのため、床面傾斜角度を「焼成部(前)」と「焼成部(後)」の二箇所提示している〔田辺 一九六六：三一～三二頁〕。田辺は「窯体奥部の床面傾斜が弓なりに反り上がるのは、窯全体が、火のひきを強める煙突の役割を果たすため」だと考えた〔田辺 一九六六：三一頁〕。重要な指摘だが、管見による限り、その後、そうした視点による検討は十分に深められなかったように思う。

現代の陶芸家は「煙突」を高くすることで火のひきを強くしている。古谷道生は煙突について次のように語っている。「煙突は、窯内に適当な炎の流れをつくり、二次空気を吸引して効率よく燃料を燃やし、煙を排出し、昇温させるというたいせつな役目をもっています。煙突が引きすぎると窯内の熱を外に排出しすぎますが、引き足りないときは、窯の中が酸欠状態になり、投入した薪が不完全燃焼をして窯の温度があがりません」［古谷 一九九四：四一～四二頁］。「煙突の太さと長さは、窯の燃焼室の容量によって決定されます。燃焼室の容量が大きければ煙突は太く、長くなり、容量が小さければまた、それに合った太さと長さになります。引きをよくするためには、煙突を太く長くすることが効果的ですが、(中略)煙突の太さや長さが大きすぎると、煙突の引きすぎにより、窯の温度の上昇が妨げられることも十分に考えられます」［古谷 一九九四：三八～三九頁］。古谷の発言は田辺のいう「煙突の役割」を明確に物語っている。ただし、一般的な窖窯には「煙突」がなく、直立煙道をもつ窖窯は古谷のいう「煙突」をもっているが、決して一般的なものではない。一般的な窖窯は、窯本体そのものが煙突であると考えられている。

京焼登り窯では陶器は「二寸勾配」の床面傾斜だが、磁器は高い温度を必要とするため、「三寸勾配」でやや急にして火のひきを強くしていたと言われている［大西 一九八三：二頁］。伝統的な京焼の登り窯には煙突がない。いわゆる「吹き出し」であったため、床面傾斜が火のひきを左右する目安として使用されたのである。

窯跡の発掘調査では天井が残存することは珍しく、側壁も残りが悪い事例が多い。そのため、窯の改修や構造の問題を考えた場合、床面の重なりや傾斜角度に注目するのは当然の成り行きだったかもしれない。しかし、田辺の重要な視点が深められなかったのは、遺構の実態を分析する視点が不足していたからだといわざるを得ない。

その後、菱田哲郎は「火の引きは焚く口と排煙口の比高差と排煙口の直径でほぼ決まるが、その規格の有無が問題となろう。一方、酸化あるいは還元の雰囲気を保つためには、焚口部や排煙部の構造がとりわけ重要である」と指摘した［菱田 一九九九：一一九頁］。余語琢磨はそれを継承発展して「窖窯設計係数」による比較方法を示し、焚口と排煙口の比高差（窯体実効高）、排煙口径など、窯の各部寸法の比率が重要であることを明らかにした［余語 二〇一〇］。これによって、窯の床面傾斜角度だけが「火のひきを強める煙突の役割」を果たすのではないことが明確になった。

窯の床面傾斜角度について――「窯勾配」（仮称）の提唱――

余語は「窯業誌と遺構計測値からみた須恵器窯のマスタープラン」の比較検討から、「焚口と排煙口の比高差（窯体実効高）」とその「水平距離（窯体実効長）」の比率の重要性を指摘した。「窯体の焚口から排煙口までの水平距離と比高差には、一定のマスタープランがあると考えるのが自然であろう。（中略）陶邑においては、いわゆる平窯（№24・25・26・27）と傾斜床面をもつ一般的な窯（№21・22・23）との間に明瞭な構造的差異に関わらず、水平距離と比高差の相関がほぼ一致」［余語 二〇一〇：一〇二頁］するという指摘は極めて重要である（ここで余語が示した「平窯」は須恵器大甕専焼用の窯で、床面が水平に近い須恵器窖窯を示す）。石川県・那谷金比羅山窯跡群（七世紀須恵器窯）を分析した結果、菱田・余語の指摘の重要性を確認し、焚口床面と排煙口を結んだ角度を仮に「有効傾斜角度」と呼び、窯の実質的な勾配と理解することを提案した［木立 二〇一八］。炎の引きを重視するのであれば、窯構造の要は、床面傾斜角度ではなく、焚口と排煙口の比高差（窯体実効高）と水平距離の相関関係である。

瓦の平窯の場合、焼成部の床面はほぼ平坦であるため、「床面傾斜角度」で窖窯との火の引きを比較することができない。しかし、余語が明らかにした原理を当てはめて考えれば、窖窯と平窯の火の引きを比較することができるのではないか。ただし、平窯の場合、明確な焚口が検出される事例が多い反面、排煙口が検出される事例はほとんどない。煙道が設置される事例がわずかに確認されるとはいえ、ほとんどの場合、仮設天井に開口部をもうけたと想定される。窯詰め量によって仮設天井の高さは変えられたと想定できるが、排煙口の高さを奥壁の高さに仮定せざるを得ないという問題が生じることを断っておく。

本来なら、焚口と排煙部の開口面積も重要な要素になるが、発掘調査で検出することは困難である。とくに焚口は操業の度に造成・破壊を繰り返すため、例外を除いて焼成時の開口面積を知ることが極めて難しい。窖窯の場合、位置も特定しがたい場合が多く、「焚口」の認識そのものにも大きな課題が存在する[木立 二〇一〇：一二六〜一二八頁]。そのため、あくまで目安にすぎないが、これまでの床面傾斜角度に比べれば、炎の引きを知る上で重要な参考になるだろう。

ここでは、残存する推定焚口床面と排煙口(奥側)を結んだラインを仮に「窯勾配(有効傾斜角度)」と呼んでおきたい。窯勾配と床面傾斜角度は次のような原因で差が生じる。燃焼部は一般的に水平に近いことが多いが、その燃焼部が長い場合、「窯勾配」は緩くなる。直立煙道をもつ窯の場合、排煙口と床面との標高差が大きくなり、「窯勾配」はきつくなる。地下掘り抜き式の窖窯の場合、直立煙道をもつため、窯勾配は床面傾斜角度よりも大きくなる。地上窯体構築式の窖窯の場合、排煙口は窯尻に直接開口していたと想定されるため、窯勾配と床面傾斜角度の差は小さい。おそらく、窯の立地条件はそうしたことを勘案して決定されているのだろう。だとすれば、地表面の傾斜角度から窯構造を推測することができる可能性がある。

須恵器窖窯の「窯勾配」の変化

一般的に七世紀前半の須恵器窯の床面傾斜は急だが、七世紀後半に直立煙道窯が出現すると、床面傾斜が緩やかになると指摘されている[望月 一九九三]。そのことは瓦窯も同様で共通する。なお、須恵器窯・瓦窯ともに七世紀前半の窯床面は反り上がるものが多く、地点によって傾斜角度が変わっていることも共通する。七世紀前半には長い煙道をもたず、排煙口が窯尻部分の天井に直接開口していたと想定される。そして、平坦に近い燃焼部を広くとることが多いため、必然的に「窯勾配」は床面傾斜角度よりも緩やかになる。そのため、直立煙道をもつ七世紀後半の窯のほうが、窯体実効長に対する焚口と排煙口の標高差が大きくなり、床面傾斜とは反対に「窯勾配」はむしろ急になっている。床面傾斜が緩やかになり、製品の窯詰めが容易になった上、炎の引きが非常によくなったと考えられる。おそらく、それによって短時間に温度を上げることができるようになっただろう。ただし、その代償として熱が逃げやすく、燃費が悪くなった可能性もある。そうした欠点については、焚口と排煙口の開口面積を差配することで、一定程度は解決できた可能性がある。ただし、七世紀後半になっても窯構造を変えていない地域や窯も存在する。変化した地域とそうではなかった地域を比較するためには、求める製品の品質、生産を支える体制の問題など、多様な検討が必要になるだろう。

「窯勾配」は仮定にすぎないとはいえ、「窯を焚く」という視点から捉え直した場合、従来の窯の見方を進めるものである。今後、こうした視点は実験考古学や民俗考古学の経験によってさらに深めることができるだろう。なお、実測図から推測する場合、焚口と排煙口の位置について、厳密に確定することが困難な場合が多い。窯の残存度によってその数値も大きく変化することも間違いがない。そのため、あくまでも現状での推定復元にすぎないことをはじめに断っておきたい。

近畿地方の瓦窯の「窯勾配」

第1表に近畿地方の七世紀代の瓦窯をいくつか取り上げて、「窯勾配」と床面傾斜角度を比較してみた。七世紀前半の隼上1・3号窯は縦断面を見る限り、おおむね30度を越える角度をもっており、床面傾斜が急にみえる。しかし、広い燃焼部をもつため、「窯勾配」は床面傾斜よりも緩やかなものになり、20度程度に止まっている。隼上1・3号窯は見た目よりも、勾配が緩やかなのである。高丘7号・19号窯は階段をもつ窖窯であり、35度前後の床面傾斜をも

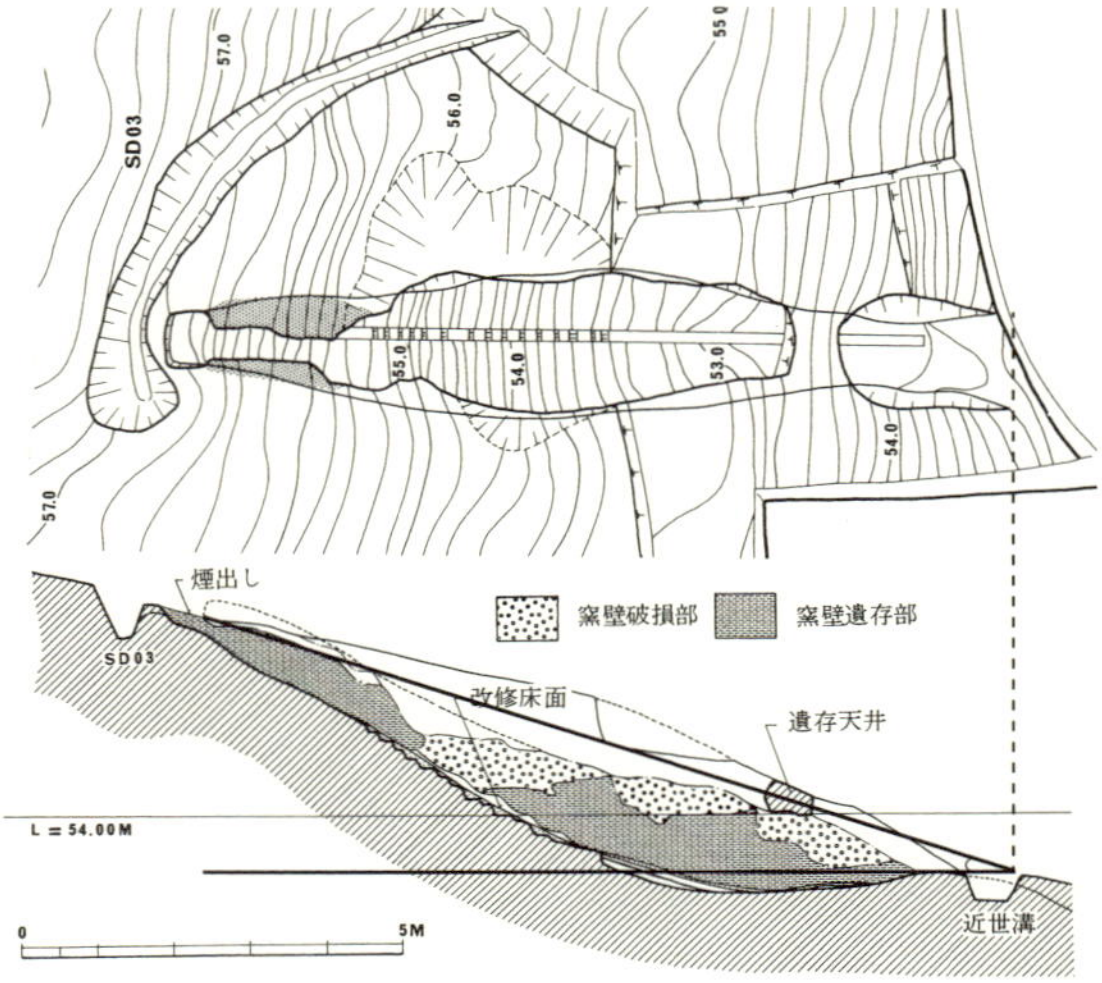

第1図　窖窯の「窯勾配」計測例
（隼上り3号窯。杉本1983を改変）

っており、階段をもたない隼上窯よりも明らかに急傾斜である。しかし、窯勾配はそれよりも緩やかで25〜28度程度に納まっている。七世紀前半の隼上1・3号窯が長大で20度前後の窯勾配だったが、七世紀後半にむけて窯の小型化と急傾斜化の傾向が顕著になり、30度を越えるようになった。讃岐・宗吉窯跡群でも窯の小型化と急傾斜化の傾向が確認できる。

しかし、藤原宮の造営に際して出現した平窯、日高山1号窯の窯勾配は17度にすぎず、巨勢寺窯に比べて著しく緩やかな窯勾配になっている。17度は京焼登り窯でいうところの三寸勾配に近いものであり、論理的には十分に温度を上げることができる勾配である。日高山1号窯の出現を契機として勾配の緩やかな窯が出現してゆく。

平城宮へ供給した瓦窯は基本的には窖窯から平窯へと移行するが、それらは窖窯であれ、平窯であれ、勾配が緩やかな窯ときつい窯の二タイプが併存した可能性がある。窖窯である梅谷4号窯は28度の窯勾配だが、梅谷7号窯は18度である。梅谷7号窯は窖窯と平窯の折衷的なものであるため、やや特殊な事例かもしれない。明確な平窯に移行してからも、音如ヶ谷II号窯の窯勾配が20度であるのに対して、市坂2号窯は36度を測る。おおむね、20〜25度前後のものと、30度前後のものが各時期に併存した可能性がある。平安時代になっても、角社東群2号窯は23度であるのに対して、鎮守庵4号窯は30度であり、やはり二つのタイプが併存した可能性が想定される。ただし、平安時代末になり、平窯の小型化が進むと栗栖野10号窯のように43度という極

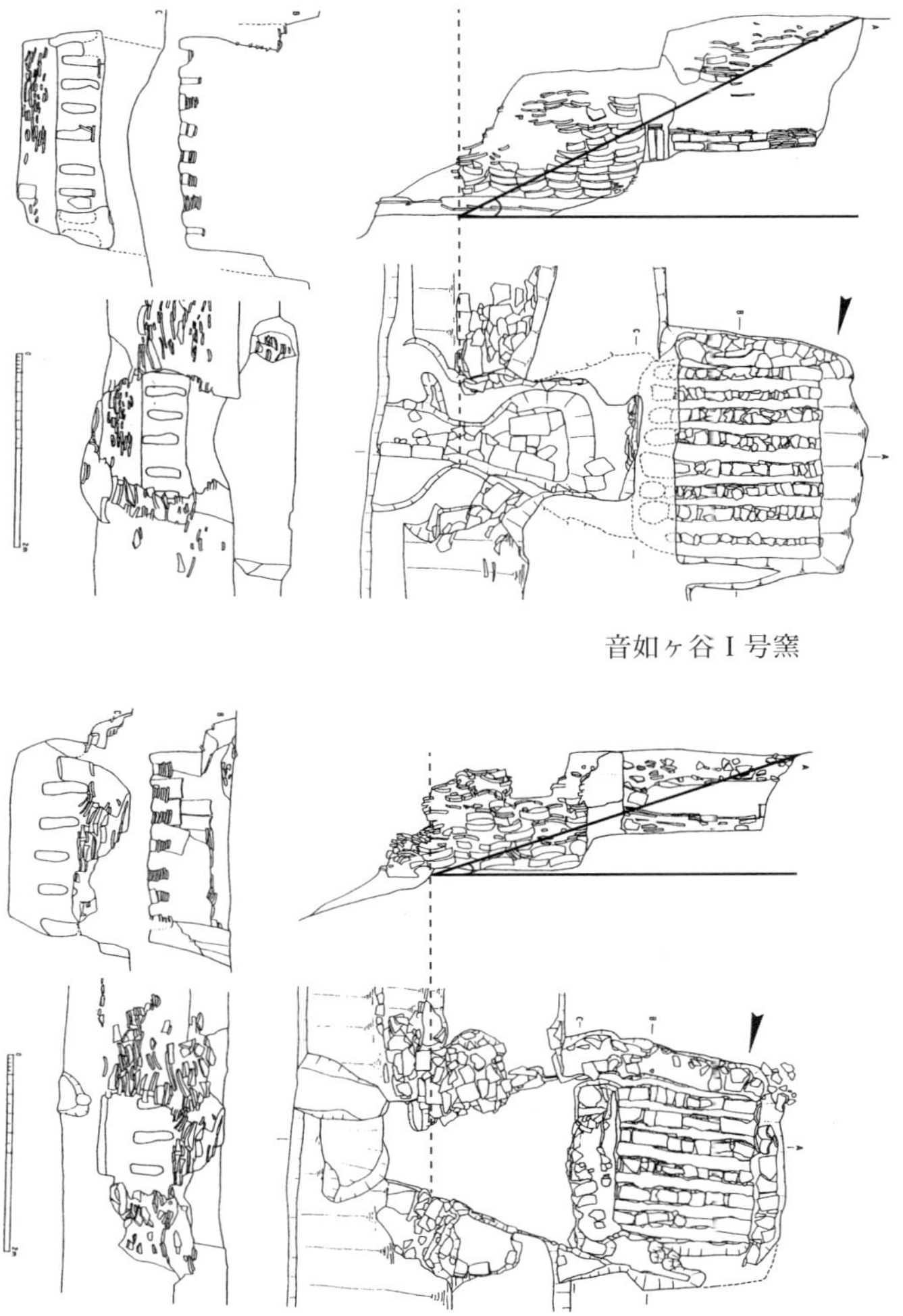

第２図　平窯の「窯勾配」計測例（清水編 1979 を改変）

めてきつい窯勾配をもつ窯が出現する。

平窯については「床面傾斜角度」という指標がなかったため、従来は火のひきを比較できなかったが、「窯勾配」を比較することによってあたらしい比較ができる可能性がでてきた。「窯勾配」がきついものは短時間で温度を上げ

第１表　近畿の古代瓦窯の「窯勾配」

遺跡名	窯名	窯構造	階	段	床面傾斜角度	「窯勾配」（木立計測）	備考
隼上	1号窯	窖窯	無階	有段	下半33、上半26	21	
隼上	3号窯	窖窯	無階	有段	30	20	
高丘	7号窯	窖窯	無階	有段	34-36	28	
高丘	19号窯	窖窯	無階	無段	35	25	
宗吉	16号窯	窖窯	有階	有段	44	34	
巨勢寺	1号窯	窖窯	無階	有段	40	33	
日高山	1号窯	平窯	有階	無段		17	煙道あり。藤原宮瓦窯
日高山	1号窯	窖窯	有階	有段	16	22	藤原宮瓦窯
梅谷	2号窯	窖窯	有階	無段	下半20、上半5	22以上	平城宮瓦窯
梅谷	4号窯	窖窯	有階	無段	31	28	平城宮瓦窯
梅谷	7号窯	窖窯？	有階	無段	16	18	平城宮瓦窯
瀬後谷	1号窯	窖窯	有階	無段	上半21	21	平城宮瓦窯
音如ヶ谷	Ⅰ号窯	平窯	－	－		29	平城宮瓦窯
音如ヶ谷	Ⅱ号窯	平窯	－	－		20	平城宮瓦窯
市坂	2号窯	平窯	－	－		36	平城宮瓦窯
市坂	8号窯	平窯	－	－		29	平城宮瓦窯
五領池東	1号窯	平窯	－	－		30	平城宮瓦窯
五領池東	2号窯	平窯	－	－		27-32	平城宮瓦窯
五領池東	3号窯	平窯	－	－		22-24	平城宮瓦窯
吉志部	H1号窯	平窯	－	－		23	（平安前期）
角社東群	2号窯	平窯	－	－		23	平安宮瓦窯（平安前期）
鎮守庵	4号窯	平窯	－	－		30	平安宮瓦窯（平安前期）
上ノ庄田	3号窯	平窯	－	－		31	平安宮瓦窯（平安前期）
栗栖野	10号窯	平窯	－	－		43	平安宮瓦窯（平安後期）

ることができる反面、熱のロスが大きかった可能性がある。おそらく、窯焚きの方法や製品の焼き上がりに差が生じたと想定される。なお、窯の残りが悪かった場合、燃焼部床面と焼成室床面（製品を並べる畦上面）の段差も、火の引きを推測する手だてになる場合がありうる。

この二つのタイプは窯の機能差として棲み分けられた可能性が想定されるが、「窯勾配」の計測方法など、遺構実測図に盛り込まれた情報が不十分な場合が多いため、今後、発掘現場での詳細な観察を含めた、十分な吟味が必要である。発掘現場での詳細な観察に基づかない限り、図上での杓子定規な計算にすぎない。今後、発掘現場で焚口と排煙口の重要性についての理解が進むことを期待したい。

「窯勾配」から平窯の能力を推し量る

上記のように「窯勾配」から平窯の能力を推し量ると、興味深い傾向を読み取ることができる。

国分寺瓦窯のなかでは地域色が薄く、宮都系であると理解されている信濃国分寺2号窯の「窯勾配」は約13度と極めて緩やかである。これは焼成部の奥壁がある程度崩落しているためであり、仮に実測段階より50センチ高かった場合は19度、1メートル高かった場合は24度、1．5メートル高かった場合は28度であったと復元できる。奥壁の残存度によって「窯勾配」は大きく変わるという点が「窯勾配」の比較の課題となることがわかる。しかし、1．5メートルを越える崩落・削平があったとは想定しがたい。仮に1メートル程度の削平があったとした場合でも「窯勾配」は24度であるため、この窯は先にみた都城の平窯のなかでも、「窯勾配」が緩やかなものになる可能性が高い。瓦窯の形態だけでなく、「窯勾配」、すなわち窯焚きの技術も宮都系の技術を用いていた可能性があるだろう。

伊勢・牧1号窯は有階有段窯の天井崩落後に作られているため、当初の窖窯の勾配に影響を受けた可能性もあるが、伊勢では川原井2号窯でも「窯勾配」が41度を測るため、急勾配の平窯が多い地域だといえよう。辻垣内5号窯では焼成部が大きく削平されているが、燃焼部と焼成部の段差が極めて大きいという点で、牧1号窯・川原井2号窯とも共通するため、伊勢地域の平窯の特徴として特筆できる。この伊勢地域の傾向が東日本に大きな影響を及ぼした可能性がある。それに対して、西日本ではこれほどの勾配を見ることが少ない。気候風土の問題も検討しなければならないが、極めて興味深い差である。

どの地域でも二種の「窯勾配」が併存するのではなく、地域や瓦生産のタイミングによっては、特定の「窯勾配」を選択していた可能性がある点は興味深い。

また、「窯勾配」だけでなく、燃焼部の容積も大きな問題をもっている。窯炉の能力は炉(燃焼部)の容積に大きく頼っている。自動車のエンジンの能力が排気量、すなわち「燃焼部」の容積によっているのと変わらない。窖窯構造の場合、窯が大型化すればするほど、燃焼部容積が占める割合は低くなる。燃焼部を大きくしなければ窯尻まで高い熱が届かない。そのため、隼上窯をはじめとする七世紀前半の大型窯は、燃焼部の容量も大きい。しかし、平坦な燃焼部が長くなれば「窯勾配」をゆるめ、火の引きを弱める効果を果たす。そのため、焼成部の床面を急傾斜にすることで窯の全長を短くして、火の引きを保たせた可能性がある。平窯の場合、窯全体が小型化しているが、燃焼室の占める割合は増大している。窖窯に比べて焼成室の占める容積が小さくなっている。火の回りは燃焼室から離れるほど悪くなるため、焼成室の奥行きを狭め、焼成具合の均一化を測った結果であろう。そのように考えると、窖窯と平窯の焼成能力には大きな落差があったと想定できる。今後は「窯勾配」だけでなく、燃焼室と焼成室の容積の差も検討する必要がある。

また、焚口と排煙口の開口面積、通焔孔の面積などは火の流れを左右する重要な要素である。それらの総合的なバランスによって窯焚きが進められたと考えられる。「窯勾配」は窯焚きの重要な条件だが、その一部にすぎないことにも注意を払っておきたい。しかし、「窯を焚く」という視点から捉え直した場合、従来の窯の見方を進める視点でもある。今後、こうした視点を発掘調査現場で生かし、さらに詳細な検討が進められることを願っている。

仙台市与兵衛沼窯跡の事例から

窖窯から平窯に変化した窯跡群の好例として、仙台市与兵衛沼窯跡がある。この窯跡は多賀城改修などに関わる瓦生産を行った窯跡群であり、二〇〇六・二〇〇七年度に三つの調査地区（蟹沢地区東地点・蟹沢地区西地点・新堤地区）が発掘調査され、窖窯二五基・平窯二基が検出された［渡部他 二〇一〇］。その報告書に基づき、窖窯と平窯の窯構造の変化とその意味について考えてみたい。

報告書によると地区によって次のような特徴が確認される。「3調査区の窯体構造を見ると、（蟹沢地区）東地点では半地下式有階無段で幅が広く浅い特徴を持つ、（蟹沢地区）西地点では半地下式無階無段で幅が狭く深い特徴を持つ、新堤地区では半地下式無階無段で幅が狭く深い特徴を持つものと、半地下式有階無段で幅が狭く深い特徴をもつもの

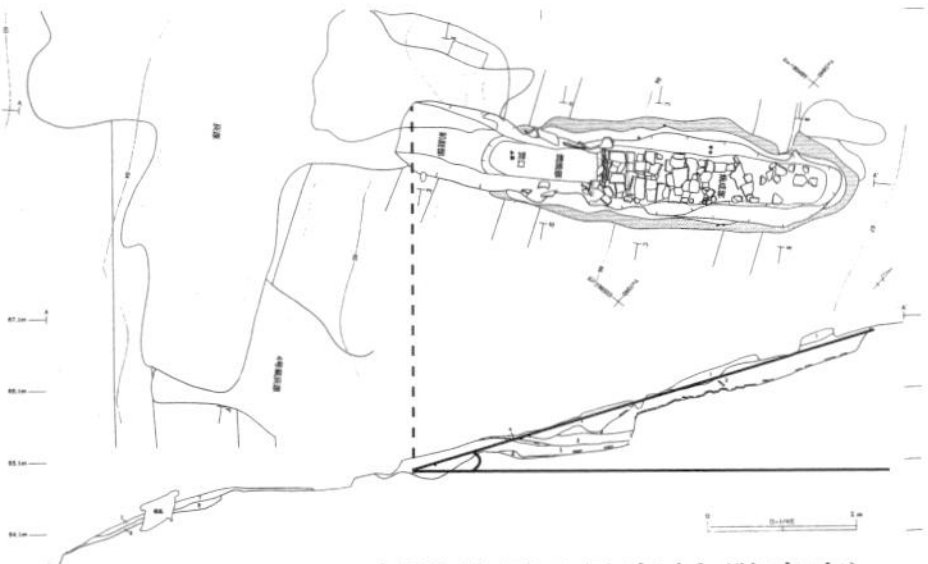
新堤地区５号窯（有階窖窯）

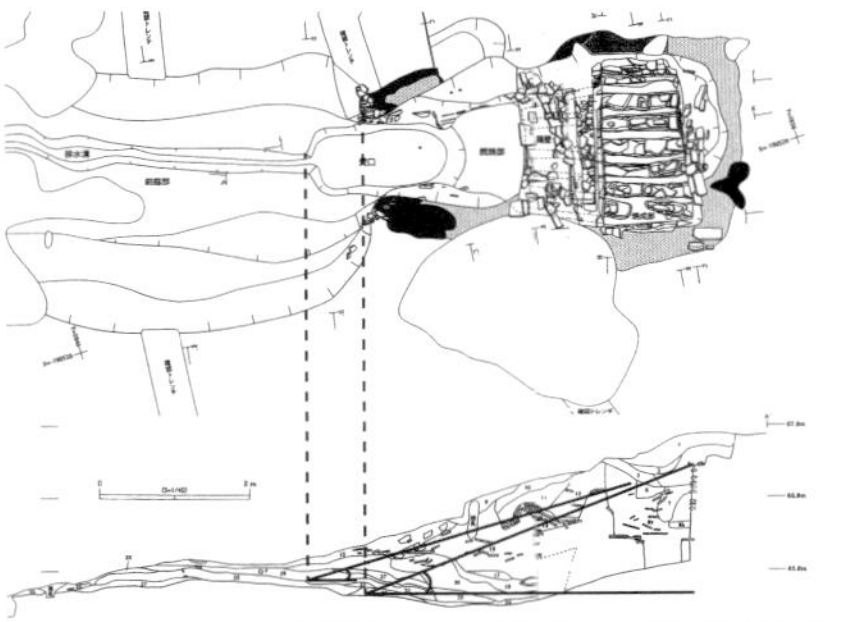
新堤地区３号窯（有畦式平窯）

第３図　与平衛沼窯の「窯勾配」
（渡部他 2010 を改変）

とがある。出土遺物から東地点は多賀城Ⅱ期、西地点はⅢ期、新堤地区はⅢ・Ⅳ期である」［渡部他 二〇一〇：三八八頁。括弧内は木立が補った］。時代ごとに場所を変え、その場所ごとに窯構造を変えていることが明確である。床面傾斜角度を見る限り、蟹沢地区東地点が緩やかで20度未満、蟹沢地区西地点と新堤窯がそれより急で20度以上になる。しかし、窯勾配を見る限り、窖窯のほとんどは17度〜20度の範囲内に納まっている。窯構造の変化に関わらず、窯勾配が一定に保たれた可能性が高い（第2表）。

また、もっとも注目すべきなのは、平窯の勾配が19度・22度であり、窖窯よりは若干きついとはいえ、大きな差がないことである。平窯は還元が十分ではなく、窯も製品も酸化気味であると指摘されているが［渡部他 二〇一〇：三八九頁］、火のひきに関していえば、それほど大きな差がなかった可能性が高い。もちろん、焼成部の容量が著しく縮小しているため、平窯では一度に焼成できる枚数は大幅に減少した可能性が高い。窖窯との構造的な違いが大きいとはいえ、窯勾配を保つ工夫がなされたのであろう。

平窯の場合、製品の窯詰め量によって天井高が変わる点で問題が残る。窖窯では、新堤地区3号窯は焚口の位置の残りが悪く、これより緩くなる可能性が高く、新堤地区1号窯のほうが実態に近い可能性がある。窯勾配は、多賀城

第2表　与衛沼窯跡窯寸法と窯勾配

地区	窯名	窯構造	階	段	多賀城編年	全長（残存長）	最大幅	床面傾斜角度	「窯勾配」（木立計測）	
蟹沢地区東地点	10号窯	窖窯	有階	無段	Ⅱ	4.2	0.95	15	*17*	
蟹沢地区東地点	11号窯	窖窯	？	無断	Ⅱ	2.45以上	0.7	15	？	
蟹沢地区東地点	12号窯	窖窯	有階	無段	Ⅱ	3.6以上	0.85	17	*18*	
蟹沢地区東地点	13号窯	窖窯	有階	無段	Ⅱ	4.6以上	0.95	18	*17*	
蟹沢地区東地点	14号窯	窖窯	有階	無段	Ⅱ	4.2以上	1	17	*20*	
蟹沢地区東地点	15号窯	窖窯	有階	無段	Ⅱ	4.35以上	1.05	18	*20*	
蟹沢地区東地点	16号窯	窖窯	無階	無段	Ⅱ	4.95以上	1.1	19	*19*	
蟹沢地区東地点	17号窯	窖窯	無階	無段	Ⅱ	4.95以上	0.85	18	*18*	
蟹沢地区東地点	18号窯	窖窯	有階	無段	Ⅱ	2.35以上	1	17	？	瓦陶兼業
蟹沢地区西地点	1号窯	窖窯	？	無段	Ⅲ	1.8以上	0.65	A期21、B期20	？	地滑りにより燃焼部流失
蟹沢地区西地点	2号窯	窖窯	？	無段	Ⅲ	1.7以上	0.6	A期22、B期22	？	地滑りにより燃焼部流失
蟹沢地区西地点	3号窯	窖窯	？	無段	Ⅲ	1.7以上	0.5	24	？	地滑りにより燃焼部流失
蟹沢地区西地点	4号窯	窖窯	？	無段	Ⅲ	3.0以上	0.55	19	？	地滑りにより燃焼部流失
蟹沢地区西地点	5号窯	窖窯	無階	無段	Ⅲ	4.35	0.6	20	*18*	
蟹沢地区西地点	6号窯	窖窯	無階	無段	Ⅲ	4.85	0.7	A期21、B期24	*18*	
蟹沢地区西地点	7号窯	窖窯	無階	無段	Ⅲ	5.25	0.7	22	*19*	
蟹沢地区西地点	8号窯	窖窯	無階	無段	Ⅲ	5.3	0.75	21	*19*	瓦陶兼業
蟹沢地区西地点	9号窯	窖窯	無階	無段	Ⅲ	5.05	0.75	24	*21*	
新堤地区	4号窯	窖窯	有階	無段	Ⅲ・Ⅳ	5.25	0.65	25	*18*	
新堤地区	5号窯	窖窯	有階	無段	Ⅲ・Ⅳ	6	0.7	17	*18*	
新堤地区	6号窯	窖窯	有階	無段	Ⅲ・Ⅳ	6.3	0.7	下半13、上半24	*20*	
新堤地区	7号窯	窖窯	無階	無段	Ⅲ・Ⅳ	4.8以上	0.5	22	*24*	
新堤地区	8号窯	窖窯	無階	無段	Ⅲ・Ⅳ	5.1	0.8	21	*19*	
新堤地区	9号窯	窖窯	無階	無段	Ⅲ・Ⅳ	5.3以上	0.7	下半14、上半20	*16*	
新堤地区	10号窯	窖窯	無階	無段	Ⅲ・Ⅳ	3.05以上	0.6	17	*14*	
新堤地区	1号窯	平窯	－	－	Ⅲ・Ⅳ	9.25	－	8	*19*	
新堤地区	3号窯	平窯	－	－	Ⅲ・Ⅳ	13	－	12	*22*	

Ⅱ期の無階窖窯が17～20度、Ⅲ期の無階窖窯が18～21度、Ⅲ・Ⅳ期の有階窖窯が18～20度、Ⅲ・Ⅳ期の無階窖窯が14～21度、Ⅲ・Ⅳの平窯が19（～22）度であったと復元できる。「窯勾配」に著しい差は認められない。

与兵衛沼窯跡の場合、窖窯から平窯への変化は、窯焚きを行う側からするならば、同じ目標に向かったものであった可能性がある。一度に窯詰めできる製品の量については平窯では少なくなったと想定されるが、燃焼室と焼成室を分けた構造であるため、歩留りは窖窯よりもよかった可能性がある。それに対して、窖窯の場合、火前から火後までは温度差が大きく、歩留りを高くすることは困難であり、均質な焼成具合を保つことも困難だったと想定される。そのため、平窯の焼成能力が窖窯よりも著しく低かったわけではなかったと想定される。

無階と有階の違い

燃焼部と焼成部を段差によって区切る「階」は、須恵器窯では確認できないものであり、「瓦窯としての特別な施設」だが[大川 一九八五:二九頁]、その機能については十分に検討されてこなかった。この階の作り出しによって、窯勾配を変化させずに広い燃焼部を確保できたのではないか。「窯勾配」の検討のため、いくつかの有階窯の断面図を利用して焚口床面と排煙口奥側を直線的に結んで検討していたところ、床面傾斜と重なる窯がいくつかあることに気づいた。こうした現象は、最初に窯勾配を決め、焚口から排煙口までの床面を直線的に掘削したあと、焚口付近を水平に掘削して燃焼部を掘削したとすれば、辻褄があう。もし、先に燃焼部を削りだしたとすれば、「窯勾配」の算出は複雑な計算を必要としたであろう。もちろん、それには当てはまらない窯も存在するため、「窯勾配」の設計・窯の築造手順がすべてそうであったというわけではない。同じように階を持ちながら、設計と施行手順に違いがあった可能性がある。そのため、「階の有無」だけを問題にするのではなく、その在り方を詳細に検討する必要があるだろう。

広い燃焼部、すなわち広い火床は、窯焚きを円滑に進める上で有効である。多くのオキを蓄積できるため、保温効果が高い。窯の能力は燃焼部の容積にかかっているため、階の創出はその容量に直接関わるものとして重要な特徴である。また、大量の薪燃料を押し込む場合、階があれば燃料が押し止まり、焼成部の製品を傷める可能性も小さくなる。燃焼部と焼成部を明確に分離する意味でも重要である。あくまでも副次的な効果だと思うが、階の創出によって、薪燃料の投入に何らかの変化があった可能性も想定しておきたい。

2　平窯の「天井」について

発掘で検出されない平窯の天井とその認識

隔壁をもつ平窯の場合、燃焼部の天井が残っている事例がいくつか確認できる。しかし、それに反して、焼成部の天井は検出例を聞いたことがない。多くの場合、天井は「あったが壊れている」、あるいは製品の窯詰め・窯出しに際して天井はその都度壊され、作り替えられたと想定されている。

かつて大川清は平窯の天井について次のように考えた。「焼成室の天井は素地(未焼成品)を窯詰めしてのち天井部を粘土で架構し、一部分に煙出しの孔を数個開けておく、窯出しの場合は天井の一部を壊して出し、窯詰めの場合はその穴を利用し、窯詰め後に天井部を粘土で架構して煙出しの穴をつくる」[大川 一九八五：一〇九頁]。この天井については「スサ入粘土」であったと想定しているようである[大川 一九九六：一五一頁]。小林行雄は、梅原末治が岩倉木野の土器窯のように灰をかける程度の「簡単な覆ひ」を想定したことを批判し、「竹や小枝などを用いておおった上から、粘土をぬりつける程度の、一回の使用ごとに破壊しやすい、簡単なものではあっても、いちおうは天井を形成した」と考えた[小林 一九六四：三六三～三六四頁]。

大川と小林の指摘のように「平窯の焼成部にも天井はあった」と想定されてきた。しかし、管見による限り、現在に至るまで、平窯の焼成部「天井」が検出されたという情報に接していない。「天井」の有無や素材を確認しようとする意識的な調査が行われてこなかったように思われる[木立 二〇一八]。

梅原の想定と民俗・民族事例

そのような現状で注目すべきは、梅原の想定である。民俗事例から「生灰」をかける「簡単な覆ひ」を想定した点を小林から強く批判されたが、実は、木野のかわらけ窯のような窯構造と焚き方は世界各地で普遍的に確認されている。中国の発掘事例を検討した関口広次はこれらを「天井のない窯」と呼び、原始青磁すら焼成されていたことを明らかにした［関口 一九八三］。それ以外でも西アジアの民族事例・発掘事例の研究が参考になる。古代の平窯がそれらと同じだと断定できるわけではないが、「天井のない窯」でも土器だけでなく、瓦質土器や瓦、原始青磁など、多様な焼き物が焼成されていたことがわかる。

なお、古代瓦窯の平窯が方形の平面形であるのに対して、民族・民俗事例は円形が一般的である。しかし、東京都・今戸焼や佐賀県・弓野人形などのように方形の窯もある。

発掘事例からみた可能性～「天井のない窯」の具体例～

「木野の土器作りの窯」の窯焚き方法は島田貞彦の民俗調査報告で詳細がわかる［島田 一九三二］。類似した民俗事例は日本各地の土器・土人形窯でも確認できるが、天井の閉塞方法には何種類かの方法があった［木立 一九九七など］。発掘調査でも福島県・丈六窯跡（近世後半。瓦・瓦質土器窯）、京都府・岩倉幡枝窯跡（幕末。土器窯）、福岡県・博多遺跡群の博多人形窯跡（第二一三次調査。幕末～明治初頭か）が確認されており、民俗事例と考古資料を取り結ぶ遺跡として注目される。

「天井のない窯」の民俗事例で、天井が仮設される場合、木野では終了時に焼成中のオキを天井替わりに積み上げて焼成を終えていた。伏見人形丹嘉では終了後に濡れ筵をかけ、それが灰化して天井替わりの保温効果を発揮していた。佐賀県・弓野人形では窯詰め直後に大きめの破片を並べ、それを天井替わりとしていた。これらは基本的に発掘調査で認識することが困難な「仮設天井部材」である。

瓦質土器を焼成する福岡県・蒲池窯だけは、簡易天井と呼ぶべき施設を設けていた。窯詰め直後に天井がわりに瓦破片を敷きつめ、攻め焚き段階になると瓦破片の上を徐々に砂泥で覆い、焔の流れを勘案しながら塞ぐ面積を大きくしてゆき、最終的に完全密閉して閉塞を終えていた。窯出しの時には固まった砂泥を外すが、この砂泥は何度も再利用していた。風雨にさらされた砂泥の塊は再び元に戻るという。現地で確認したところ、全く変色していない粗砂であった。天井部分の温度は砂の色を変色させるほどではないことがわかる。ここで砂を使用する理由は、瓦質土器を焼成するため還元冷却を行う必要があるためだろう。灰や破片だけでは保温効果はあっても、完全密閉することができず、酸化冷却になる。多量の薪を投入したあと、焚口と天井部を密閉し、内部の還元状態を維持するには、乾燥・焼成によって収縮することのない砂が最適である。閉塞で砂を使用する事例は炭焼き窯の焚口閉塞でも確認できる。大川が想定したようなスサ入り粘土は通常の粘土に比べて収縮率が小さいが、それでも必ずひび割れがはいり、隙間が生じる。砂でなければ完全密閉は難しい。

もし、平窯でも天井部を砂や砂分の多い粘土で構築していた場合、発掘調査でその形を検出することは難しいだろう。しかし、もし、蒲池窯と同様であったとすれば、周囲に砂泥を集積した可能性が高い。場合によっては、集積するための遺構が確認される可能性もある。緑釉陶器窯だが、滋賀県・春日北遺跡1号窯では窯背部に平坦面が削り出され、窯壁などの焼け土が集積されていた［平井他二〇一二］。これらは窯の修復か、仮設天井の部材としてストックされていた可能性がある。一度焼けて収縮した土は、砂などと同じく、それ以上縮まないため、良好な材料となる。

平窯の焼成技術を検討するためには、窯体の詳細な検討だけでなく、その周囲の出土遺物や土質の観察も含めた、総合的な検討が必要になる。特に天井の有無や形状については、現地での詳細な検討がなければ明らかにすることができない。天井は窯出しの度に撤去されても、その部材は必ず周囲に積み上げられたはずだ。窯壁や焼け土、そして「砂・土」をも詳細に検討する必要がある。

窯の構造には、生産者の目的が反映されている。それを明らかにするためには、発掘現場での詳細な観察が不可欠である。そのために以上の視点が少しでも役立てば幸いである。

〔追記〕拙文は二〇一八年十二月十六日に開催した窯跡研究会第17回例会で報告した内容の一部を改変したものである。報告にあたっては同年二月に開催された東国古代遺跡研究会第8回研究大会「関東甲信越地方の国分寺瓦窯」の成果が大きな刺激と参考になっている。ご教授いただいた関係者のみなさまに深甚なる感謝の意を表したい。

参考・引用文献

大川　清　一九八五年「日本の古代瓦窯(増補版)」(第五版)雄山閣出版
大川　清　一九九六年『古代の瓦』窯業史博物館
大西政太郎　一九八三年『陶芸の土と窯焼き』理工学社
岡田友和　一九九九年『畿内』とその周辺地域における七世紀の瓦窯について」立命館大学文学部一九九九年度卒業論文(未発表)
梶原義実　二〇一八年「国分寺瓦窯に関する諸問題」『国士館大学考古学研究室50周年記念　東国古代遺跡研究会第8回研究大会　関東甲信越地方の国分寺瓦窯』東国古代遺跡研究会
窯跡研究会　二〇一〇年『古代窯業の基礎研究　須恵器窯の技術と構造』真陽社
木立雅朗　一九九七年「桶窯の民俗例―煙管状窯の焼成技術復原にむけての基礎作業―」『古代の土師器生産と焼成遺構』真陽社
木立雅朗　一九九八年「福岡県柳川市・蒲池焼の空窯―桶窯の民俗例紹介―」『窯研通信』11　窯跡研究会
木立雅朗　二〇一〇年「実験考古学からみた須恵器窯の築造と焼成2」『古代窯業の基礎研究―須恵器窯の技術と系譜―』真陽社
木立雅朗　二〇一八年「石川県小松市・那谷金比羅山窯跡群の大型窯」『岡山県備前市佐山東山窯にかかる須恵器窯の大型化をめぐる地域事例報告および備前焼の窯構造』窯跡研究会
小林行雄　一九六四年『続日本の古代技術』塙書房
島田貞彦　一九三一年「山城幡枝の土器」『考古学雑誌』第21巻第3号　考古学会
清水真一編　一九七九年『奈良山―Ⅲ 平城ニュータウン予定地内遺跡調査概報』奈良県教育委員会
杉本宏編　一九八三年『隼上り瓦窯跡発掘調査概報』宇治市教育委員会
関口広次　一九八三年「『天井のない窯』の話」『佐久間重男教授退休記念中国史・陶磁史論集』燎原

田辺昭三　一九六六年『陶邑古窯址群Ⅰ』平安学園考古学クラブ
菱田哲郎　一九九九年「窯跡研究の論点―地域報告を受けて」『須恵器窯の技術と系譜―豊科、信濃、そして日本列島―発表要旨集』窯跡研究会・豊科町郷土博物館
平井美典・堀真人・降畑順子　二〇一二年『春日北遺跡―甲賀市水口町春日―』滋賀県教育委員会・㈶滋賀県文化財保護協会
福岡市経済観光局文化財部埋蔵文化財課　二〇一七年『博多遺跡群第二一三次調査現地説明会資料』
藤原　学　二〇〇一年『達磨窯の研究』学生社
古谷道生　一九九四年『穴窯　築窯と焼成』理工学社
望月精司　一九九三年「須恵器窯構造から見た七世紀の画期―特に南加賀古窯跡群の様相を中心として―」『北陸古代土器研究』第3号北陸古代土器研究会
森　隆　一九九七年「中世土師器・瓦器の焼成窯」『古代の土師器生産と焼成遺構』真陽社
余語琢磨　二〇一〇年「古代窯業技術の基礎ノート―窯焚き・築窯の経験的知を読み解くために」『古代窯業の基礎研究―須恵器窯の技術と系譜―』真陽社
渡部弘美・主濱光朗・原河英二・米澤容一・山川純一・菊地豊・関根信夫・田口雄一　二〇一〇年『仙台市文化財調査報告書第三六六集与兵衛沼窯跡―都市計画道路「川内・南小泉線」関連遺跡　発掘調査報告書―』仙台市教育委員会

奈良山瓦窯跡から見た国分寺瓦窯

大坪州一郎

はじめに

畿内では平城京遷都を契機として、現在の奈良市・木津川市に広がる奈良山丘陵に瓦窯群が整備される。ここでは、これまで一三ヶ所約六〇基の窯跡が発掘調査されており、これらを総称して奈良山瓦窯跡群と呼んでいる。過去の分布調査では四三ヶ所あるいは四〇ヶ所〔坪井 一九七三、吉田 一九七三〕の窯跡が確認されており、まだ多くの窯跡が地中に残っている可能性が高い。ここでは平城宮軒瓦編年〔奈文研・奈良市 一九九六〕の第Ⅰ期から第Ⅳ期までの瓦を、窯を移り変えながら生産している。また平城宮だけでなく、興福寺、東大寺などの平城京内寺院や長屋王邸のような上級貴族の邸宅にも瓦が供給されている。

奈良山瓦窯跡群の体制としては、藤原京とは異なり、平城京に伴う各施設に供給する瓦を集中的に生産したと考えられている。瓦窯の形態については、藤原宮期から出現する窖窯や平窯から、有畦式平窯に移行し、官の瓦窯の形態が定型化していくことがわかっている。しかし、このような瓦窯構造の変遷は、瓦窯の所管官司や供給先との関係性によって異なりがあるとは考えられず、奈良山瓦窯跡群全体の変化として理解されている。

したがって、奈良山瓦窯跡群の中で特に国分寺瓦窯をみるため、まず奈良山瓦窯跡群における生産体制及び瓦窯の

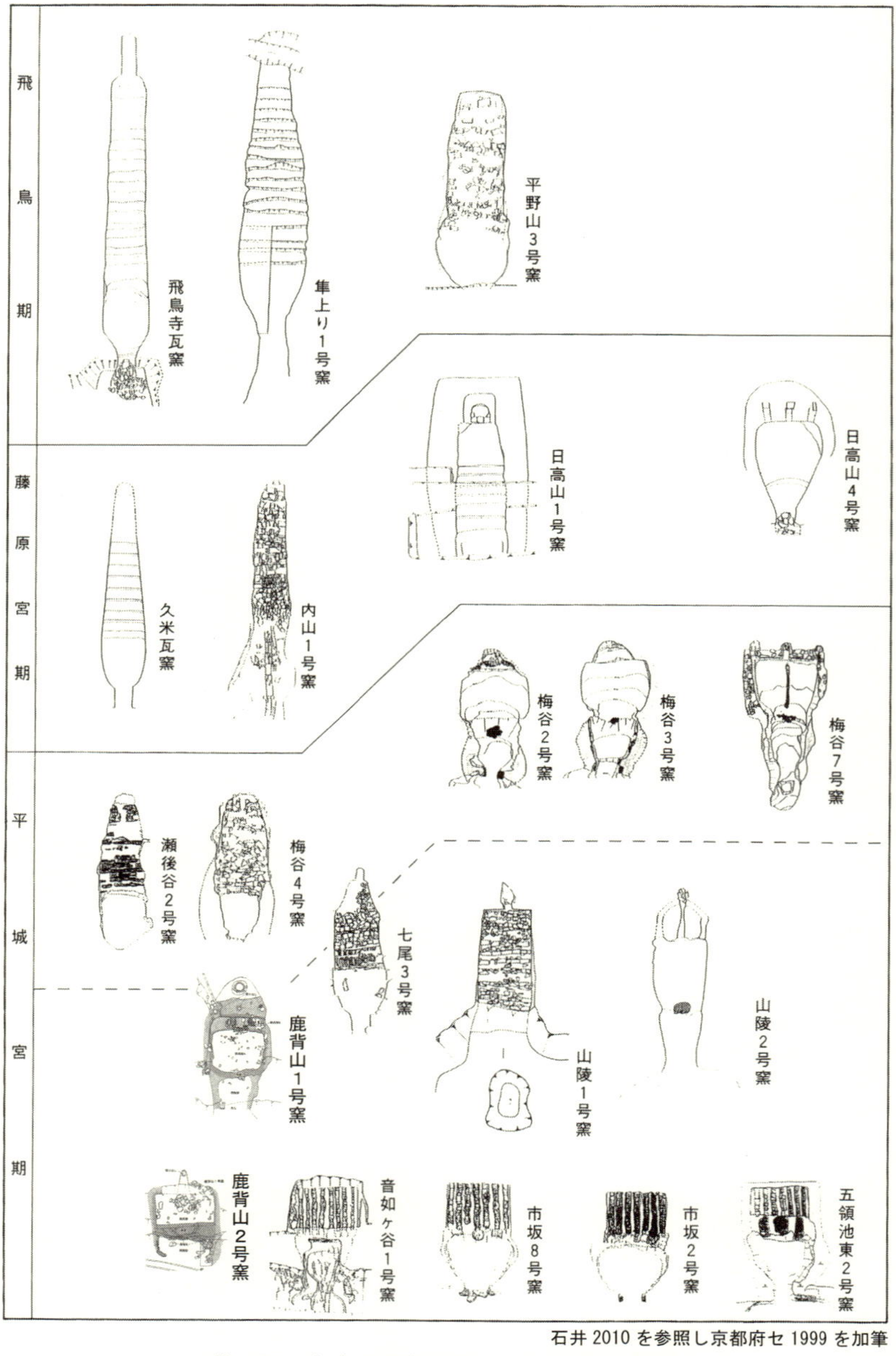

石井 2010 を参照し京都府セ 1999 を加筆

第１図　奈良山瓦窯跡群の主な瓦窯跡変遷図

変遷を先行研究から整理し、この中から瓦の需給の一端が判明しているものとして、総国分寺である東大寺、総国分尼寺である法華寺等に瓦を供給した瓦窯を再確認したい。

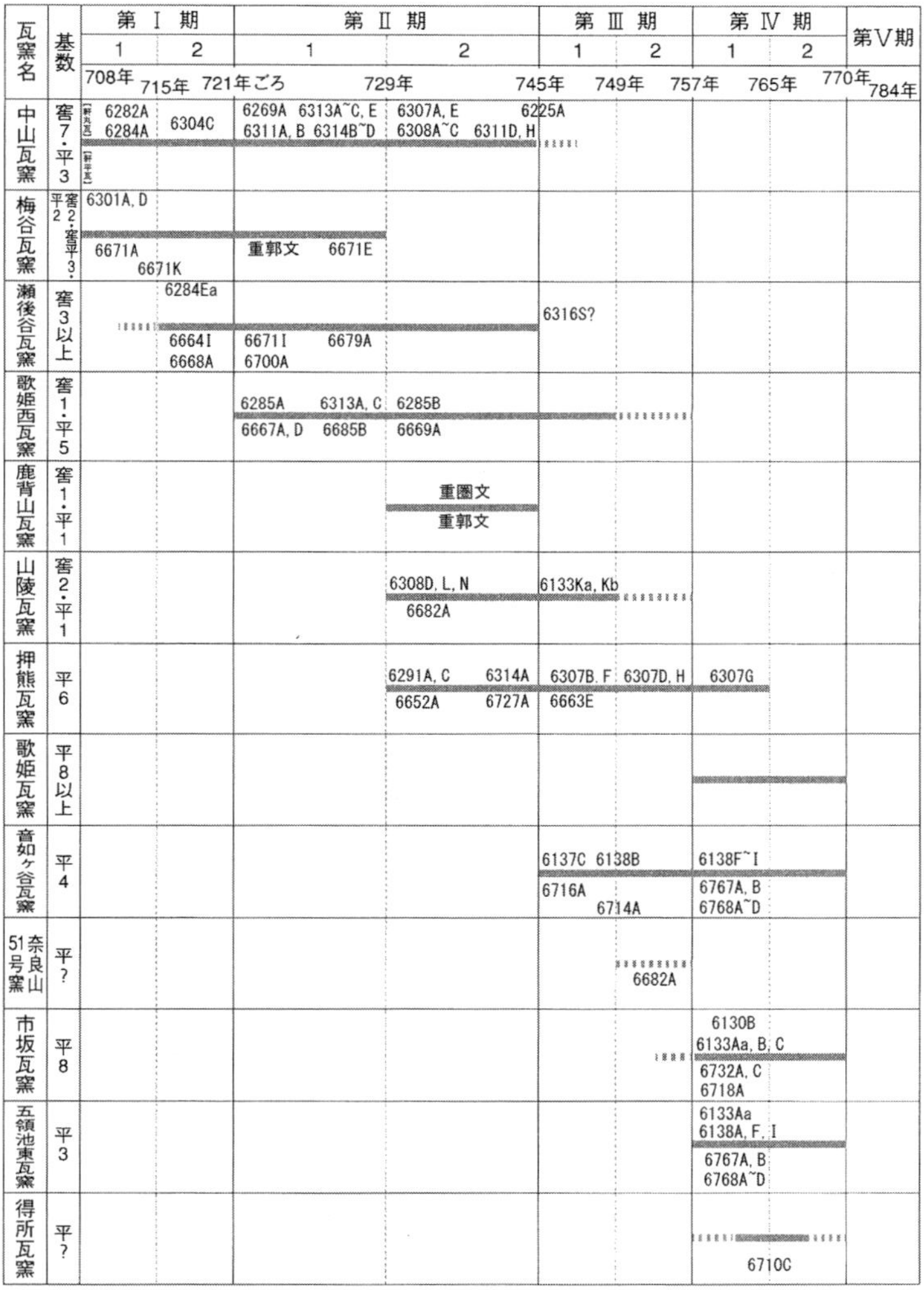

京都府埋蔵文化財調査研究センター 1999 及び石井 2016 をもとに作成

第2図　奈良山瓦窯跡群変遷図

1　奈良山瓦窯跡の変遷

(1) 中山瓦窯

これまで一三基の瓦窯が発掘調査され、昭和四十七年第79―5次発掘調査時の出土瓦の概要が明らかにされている[吉田・岡本 一九七三、石田 二〇一六]。1・4・7号窯は有階有段の窖窯、5・6号窯では段がなく丸瓦を階段上に積む形になっている。6号窯では段を成型する6―A号窯の上層に、段を省略した6―B号窯が造り直されており、段を省略して丸瓦で代用する簡略化とみなされている。また、6―B号窯は奥壁に日干しレンガを積み重ねたような構築方法をとっている。2、3号窯は無畦の平窯である。このほか、平成二十六年にはSY330、SY340、SY345の三基が調査された[今井・石田・川畑 二〇一五]。いずれも有階無段の窖窯である。軒瓦は、軒丸瓦6225A・C、6269A、6284C、6304C・L、6307A・E、6308A～C、6311A～C・H、6313A～C・E、6314B～D、軒平瓦6664C・F・H・K、6694A、6663C・L、その他、大官大寺式軒丸瓦が出土している。Ⅱ期を中心にⅠ―1期からⅢ期初頭まで操業したと考えられる。操業当初は第一次大極殿・朝堂院地区に瓦を供給し、その後宮内の建物が造営されるたび生産を行ったと考えられている。

(2) 梅谷瓦窯

梅谷瓦窯[京都府埋文 一九九九、石井 二〇一〇・二〇一六]は、興福寺創建瓦を生産した瓦窯で七基の瓦窯が調査されている。出土した軒平瓦6671Aの氾傷進行段階から窯の操業順序が明らかになっている。最も古いのは4号・5号窯であり、これは焼成部が平面方形になり傾斜がやや緩やかになり、煙道は焼成部に続いて窯の後ろに延びる独特の平窯となっている。これに後出する2号窯は有階無段式窖窯であり、中山5号窯などと同じである。ほぼ同時期に6・7号

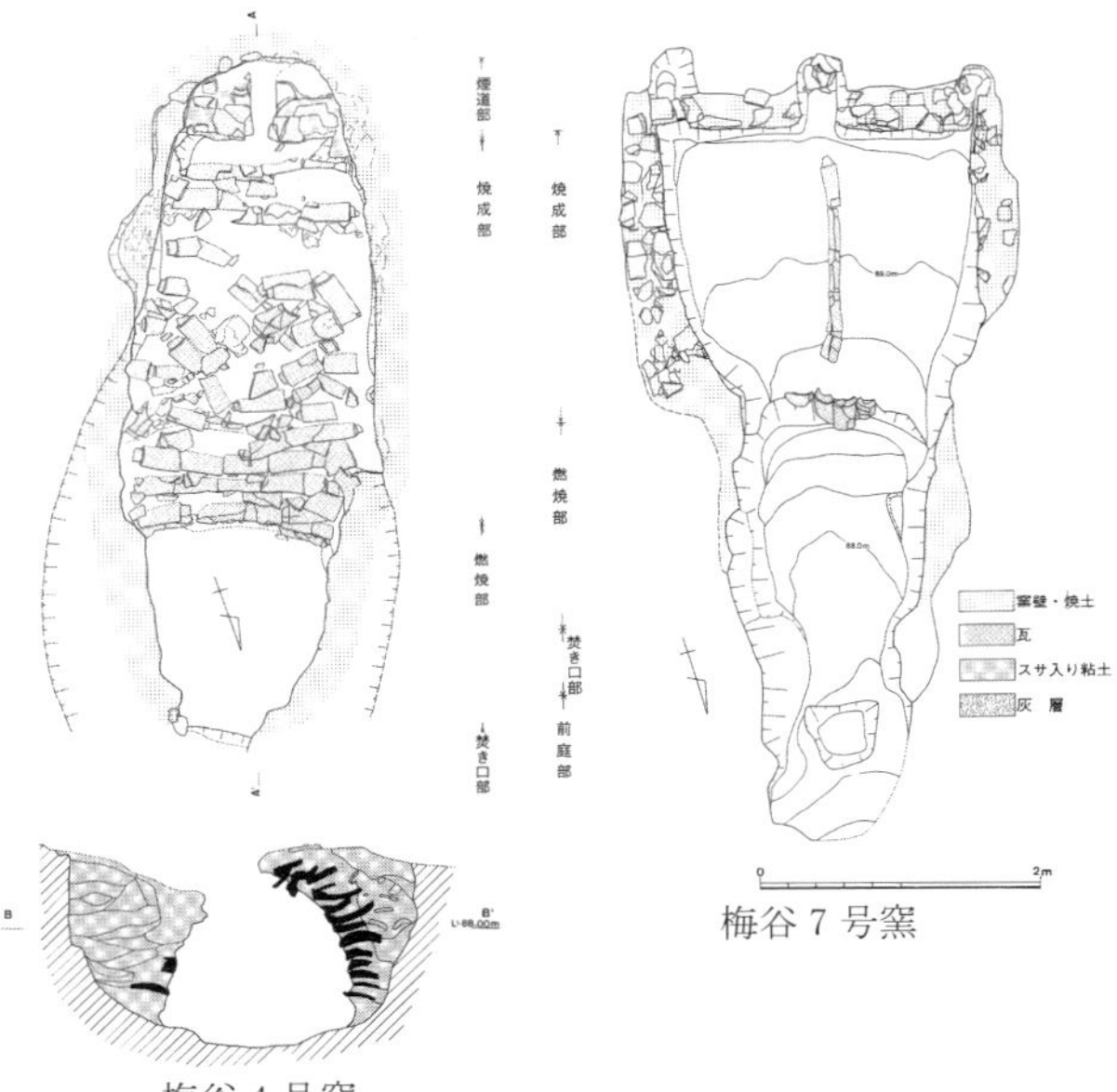

梅谷4号窯　梅谷7号窯

第3図　梅谷瓦窯平面図(京都府セ 1999 から抜粋)

窯が位置付けられ、これは三つに分かれた直立煙道をもつ無畦式平窯である。したがって、梅谷瓦窯では中間形態の平窯から、窖窯と平窯の併行操業になったことになる。操業時期は、出土した軒丸瓦6301A・軒平瓦6671AはI—1期に位置付けられているが、興福寺の創建年代が平成五年の発掘調査[奈文研 二〇〇〇]により、和銅六年(七一三)より遅れることから、興福寺の創建年代は和銅末から養老四年の間であると考えられる[奥村 二〇一二]。ここから、梅谷瓦窯の操業時期はI—2期内に位置付けられる。廃絶は軒丸瓦6671E・重郭文軒平瓦からII—2期までと考えられる。

(3) 歌姫西瓦窯

法華寺下層遺跡に瓦を供給した瓦窯である。出土瓦は軒丸瓦6285A・B、6313A・C、軒平瓦6667A・D、6685Bである。6285A—6667Aは平城京左京三条二坊六坪の庭園遺構からも出土しており、氾傷段階から分類が可能であるが、このうち歌姫西瓦窯で生産された瓦は庭園遺構より氾傷が進行した段階のものである[山崎 二〇〇三]。操業時期はII期からIII—1期に位置付けられる。瓦窯は五基みつかっており、1号窯は有階無段式窖窯であるが、ほか四基は無畦式平窯である[奈良県教委 一九七三]。

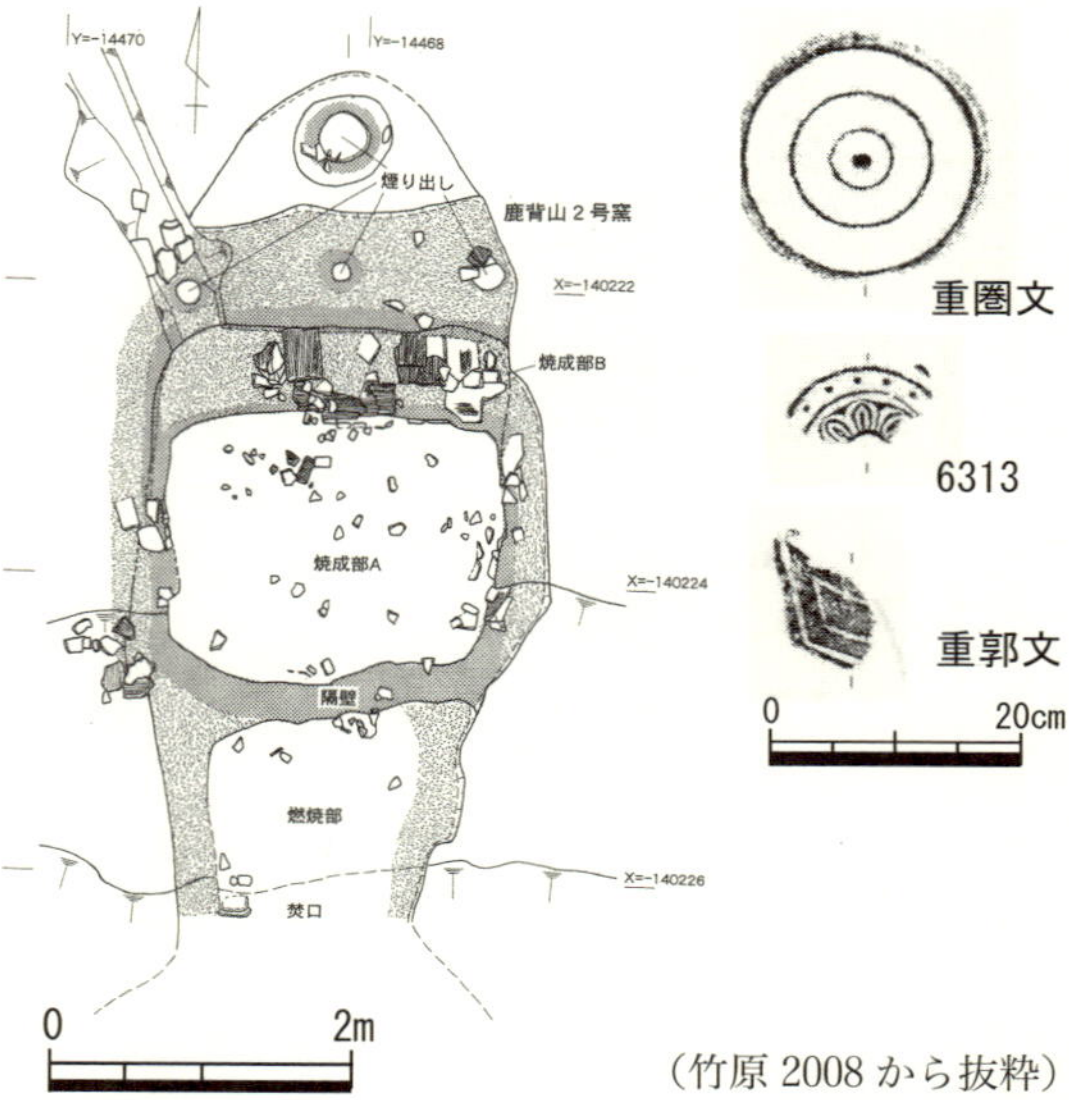

(竹原2008から抜粋)

第4図　鹿背山2号窯及び出土遺物実測図

(4) 鹿背山瓦窯

二基が確認されている。出土瓦は軒丸瓦が重圏文・単弁蓮華文、軒平瓦が重郭文・均整唐草文である。重圏文—重郭文は神亀三年(七二六)から天平六年(七三四)に後期難波宮で使用された文様であることから、操業はそれ以降と考えられる。2号窯では窯が二回造り直されている。当初の窯は窖窯であるが、一回目の造り直しの際に平面方形の平窯になっている。1号窯は平窯であり、燃焼部と焼成部の隔壁に塼を組んだ通焔孔を三つ有する。ただし、いずれも保存のため窯内部の調査は行われていない[竹原二〇〇八]。

(5) 山陵瓦窯

山陵瓦窯は平城宮の補修瓦を生産した窯跡と考えられ、軒丸瓦6308D・L・N、6133K、軒平瓦6682Aが出土しており、操業時期はⅡ—2期からⅢ—3期に位置付けられる。窯は三基みつかっており、最も古いⅢ号窯は窖窯であるが、これを破壊する形でⅡ号窯が築造されている。Ⅱ号窯は排煙孔が三条に分かれた無畦の平窯である。灰原の層序から次にⅠ号窯が操業されることがわかっているが、これは有階無段の窖窯である[八賀・西村一九七二]。

(6) 音如ヶ谷瓦窯

法華寺金堂及び阿弥陀浄土院に軒瓦を供給した瓦窯である。法華寺金堂の造営は、所用瓦である軒丸瓦6138B、軒平瓦6714Aの文様の祖型が大安寺式軒瓦に求められ、これら軒瓦の年代は天平勝宝年間(七四九~七五七)と考えられる[中井一九九七]。阿弥陀浄土院所用の軒丸瓦6138G、軒平瓦6768Aは、阿弥陀浄土院の造営を『正倉院文書』「造金堂所解」の記載から天平宝字四年(七六〇)前後と思われる[奥村二〇〇四]。以上から、瓦窯の操業はⅢ期末~Ⅳ期初頭に位置付けられる。瓦窯は四基確認されており、いずれも有畦式平窯である。燃焼部と焼成部の隔壁に通焔孔がいずれも六ヶ所あるが、これは畦畔の数と関連せず不連続になっている。また、焼成室奥壁に排煙孔が認められず、天井に排煙孔を設けていたと考えられる。

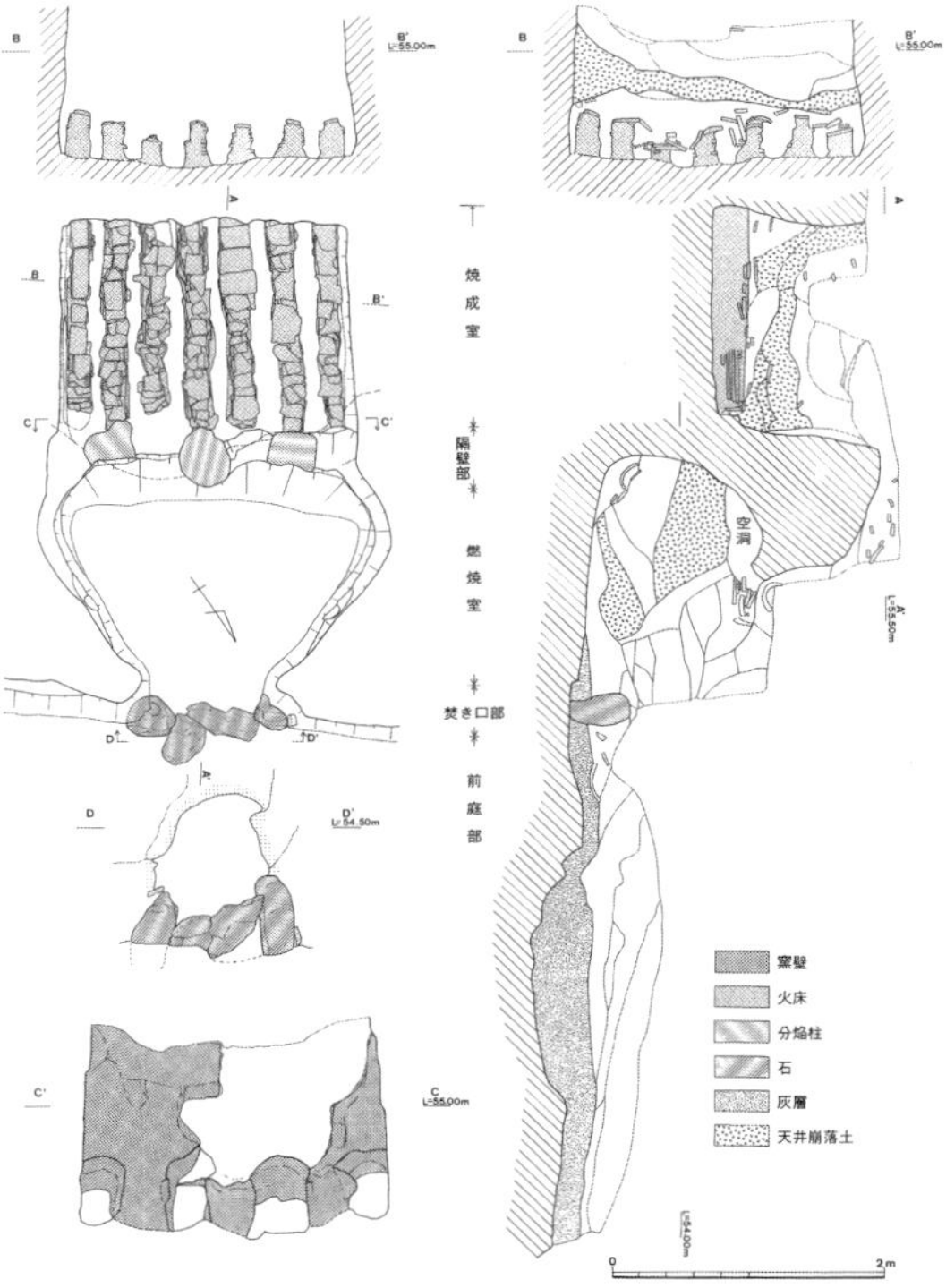

第5図　市坂8号窯実測図(京都府セ 1999 から抜粋)

(7) 市坂瓦窯

軒丸瓦6133A~C、軒平瓦6732A・C、6691Aが主生産品として挙げられ、これらは平城宮第一次大極殿地区・築地回廊、大膳職に集中して認められる。操業時期はⅣ—1期にあてられる。ただ、6130B—6718Aもあり、これは他型式よりやや先行することからⅢ期末に操業した可能性もある。また、周囲に大型掘立柱建物を配置した工房跡がみつかっている(上人ヶ平遺跡)[京都府埋文一九九二]。瓦窯はすべて有畦式平窯であり、市坂８号窯では燃焼部と焼成部の隔壁に通焔孔が三つあるが、いくつかの畦畔と組み合う形になっている。

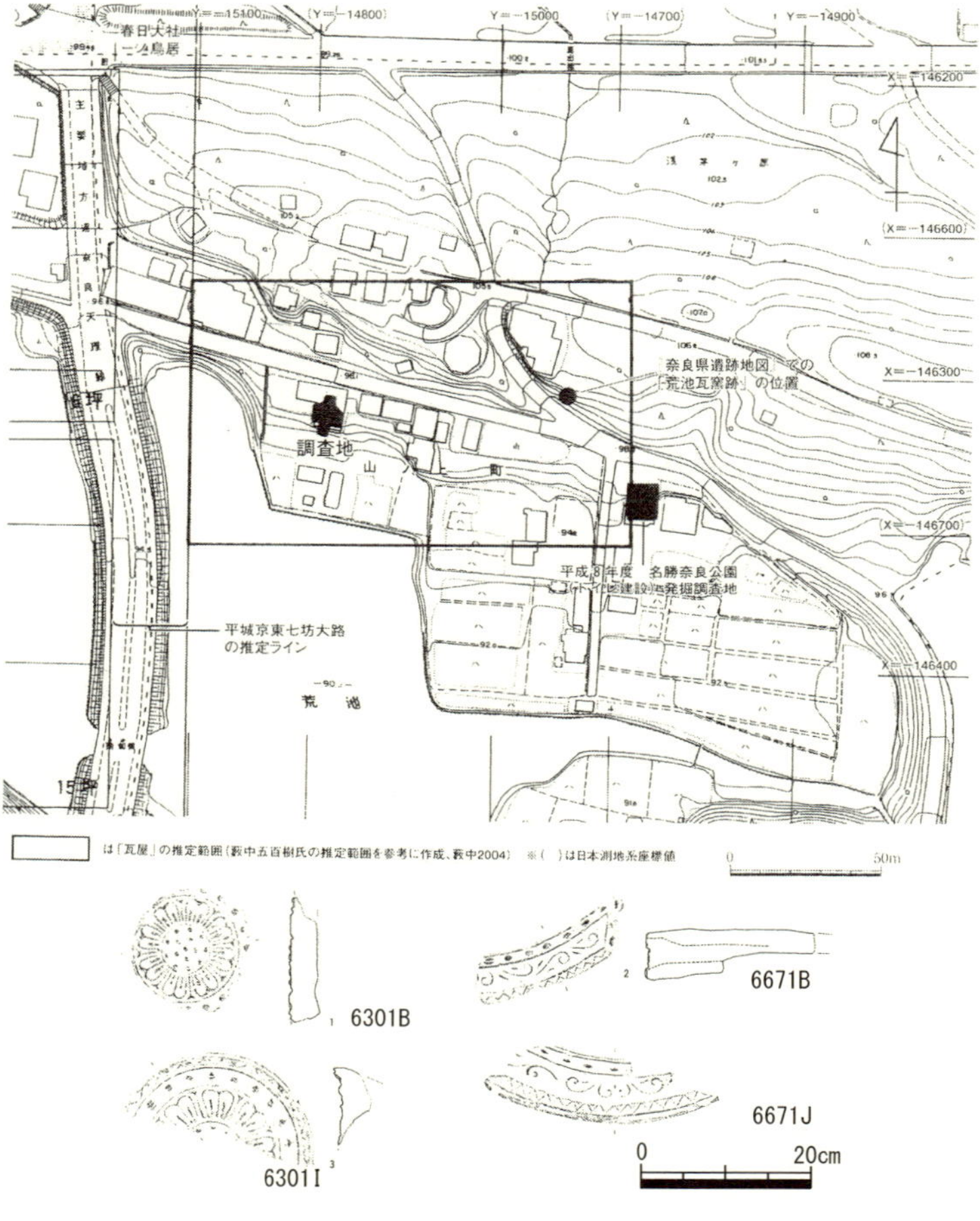

第６図　荒池瓦窯位置図及び出土遺物実測図（渡辺2012から抜粋）

(8)　荒池瓦窯

興福寺・東大寺供給瓦窯として存在が知られるものであるが、平成二十三年に灰原が発掘調査された［渡辺二〇一二］。出土軒瓦は興福寺式と呼ばれる軒丸瓦6301Ｂ・Ⅰ、軒平瓦6671Ｂ・Ｊである。この他、南都七大寺式Ⅰ式ＢⅠの鬼面文鬼瓦がみつかっており、これは造東大寺司の成立とともに、天平勝宝年間から製作が開始されたとされるものである。ただし、出土した丸平瓦が梅谷瓦窯と共通しており、梅谷瓦窯からの工人の移動が想定され、梅谷瓦窯の操業終了時期からも、荒池瓦窯の操業が東大寺創建以前にさかのぼる可能性が指摘されている。また、これら瓦の様相から荒池瓦窯は当初は興福寺所属の瓦窯であり、『正倉院』にある造東大寺司から興福寺三綱務所への造瓦依頼のように、東大寺その他の寺院の瓦を要請に応じて生産していたことが想定できるが〔藪中 二〇〇八〕、これまで東大寺式軒丸瓦6235Ｍｂ、軒平瓦6732Ｆｂが表採されていることから、『四至図』成立時の天平勝宝八年（七五六）には東大寺の瓦窯であった可能性もある。

2　平城京内寺院所用の瓦窯

奈良山瓦窯跡群から瓦の供給を受けた国分寺・国分尼寺としては、大和国分寺・国分尼寺としての東大寺・法華寺が挙げられる。この他、山城国分寺・国分尼寺（京都府木津川市）も奈良山瓦窯跡から瓦の供給を受けた可能性が高いが、瓦窯はわかっていない。

東大寺・法華寺は、国分寺・尼寺建立の詔から数年後にそれぞれ総国分寺・総国分尼寺となっている。東大寺の位置する若草山山麓には複数の東大寺前身寺院があり、このうちの金鍾寺が金光明寺となり、大和国分寺として位置づけられた（『東大寺要録』）。造東大寺司の初見は天平二十年（七四八）であるので（『東大寺写経所解案』）、盧舎那仏鋳造が開始された天平十九年（七四七）には東大寺と呼ばれるようになったと考えられる。

法華寺は、もと藤原不比等邸であったものを光明子が受け継ぎ、光明子の皇后立后後、皇后宮となり、天平十七年（七四五）に宮寺とした。天平十九年（七四七）には法華寺を号していることがわかっている（『法華寺政所牒』）。その後、光明皇后の没後一年に法華寺内に建立されたのが阿弥陀浄土院である。なお、国分寺・尼寺造営の詔からの二年間は、東大寺前身寺院に阿弥陀堂があり、これが大和国分尼寺とされていたとする説がある。

また、天平十八年(七四六)に恭仁宮大極殿が山城国分寺に施入されるが、それ以前は木津川市内の別所に元の山城国分寺があったことが想定されている。山城国分尼寺については木津川市加茂町大野法花寺野《ほうけじの》に推定地があるが、実態は不明である[加茂町 一九九一]。

このように、奈良山瓦窯跡群から瓦の供給を受けたと考えられる、大和・山城の国分寺・尼寺には実態の不明な点が多いが、特徴として当初から国分寺・尼寺として建立された寺院ではないことが指摘できる。その上で、これら寺院に瓦を供給した瓦窯の関係性について次に整理したい。

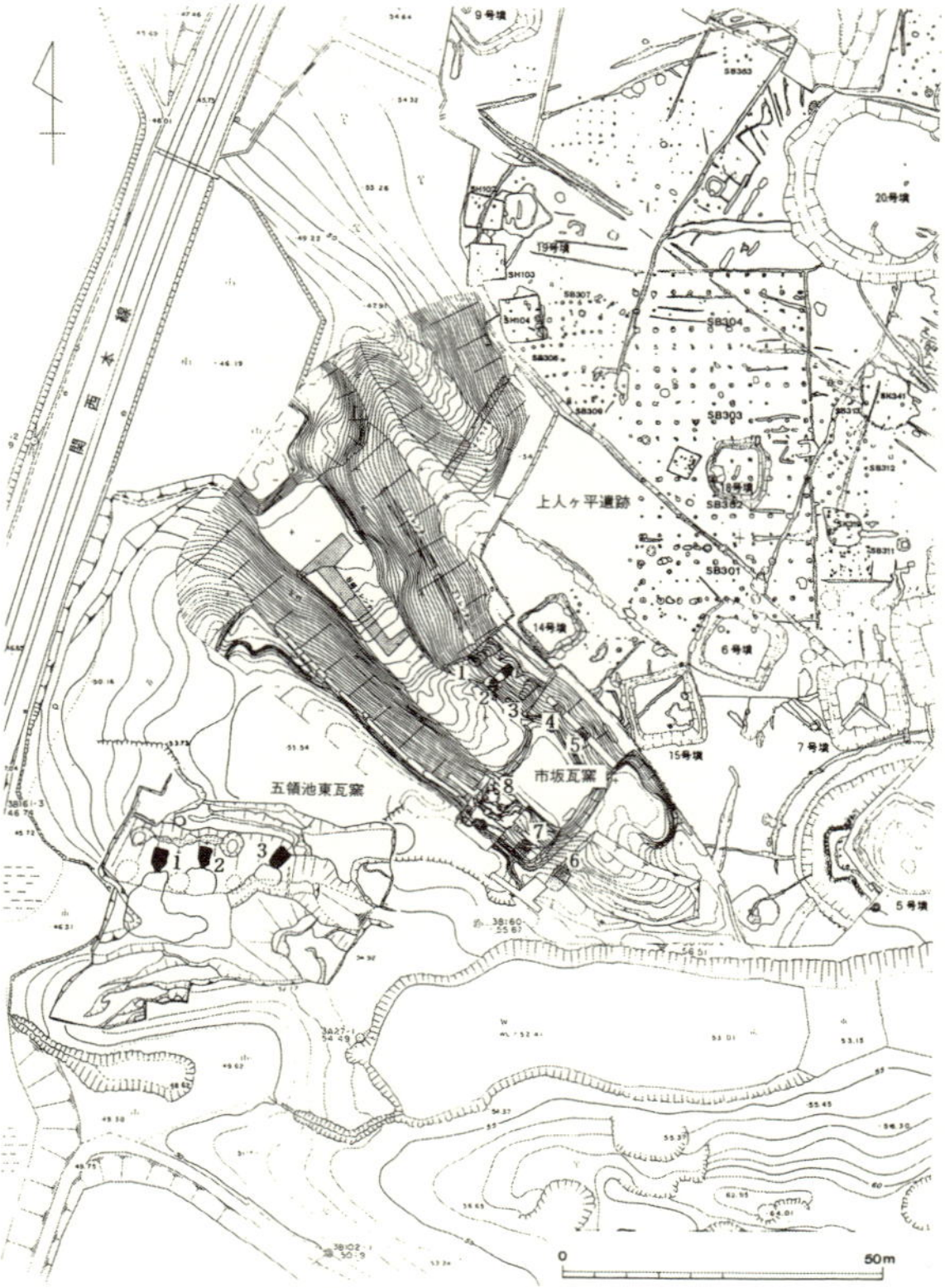

第7図　上人ヶ平遺跡・市坂瓦窯・五領池東瓦窯位置図
(京都府セ 1999 から抜粋)

(1) 興福寺・東大寺

興福寺所用の瓦窯として梅谷瓦窯、荒池瓦窯が挙げられる。先述したように荒池瓦窯の発掘調査により梅谷瓦窯の操業終了後、荒池瓦窯に工人が移動し操業が始まった可能性が出てきた。荒池瓦窯の窯体構造は不明であるが、『造興福寺記』永承二年(一〇四七)二月十七日の記事に瓦窯を掘り起こし「修補」し再利用したとあり、このようなことが可能な構造として有畦式平窯があった可能性が考えられている［奥村 二〇〇九］。

東大寺の造瓦工房については、文献から造瓦所（『造東大寺告朔解』）と瓦屋（『東大寺山堺四至図』）の二つが挙げられる。後者についてはその位置から荒池瓦窯の可能性が高い。前者については、上人ヶ平遺跡の建物跡柱穴から東大寺式軒瓦が出土していることから、この近隣に造東大寺司設立期の未知の瓦窯があることが推定されている［奥村 二〇〇八］。なお、上人ヶ平遺跡、市坂瓦窯、五領池東瓦窯の関係性については、出土瓦の分析から、上人ヶ平遺跡で製作された瓦はほぼ全て市坂瓦窯で焼成され、五領池東瓦窯で焼成された瓦は上人ヶ平遺跡・市坂瓦窯では製作・焼成されていないことがわかっている［京都府埋文 一九九九］。これは供給先の違いから、宮所用と寺院所用の瓦窯では、瓦工人の交流が制限されていたことを示すものと考えられる。

⑵ 光明子邸・法華寺・阿弥陀浄土院

歌姫西瓦窯、音如ヶ谷瓦窯、五領池東瓦窯が挙げられる。音如ヶ谷瓦窯では歌姫西瓦窯から持ち込まれたと思われる瓦が出土しており、五領池東瓦窯では音如ヶ谷瓦窯からの軒平瓦6767Ａの范の移動および工人の移動が明らかである［京都府埋文 一九九九］。また、瓦とスサ入り粘土を積み重ねる窯体構築法も似ており、瓦の范と製作技法が一体となって移動していくことから、瓦工人と窯工人も含めた造瓦集団を想定する意見がある［奥村 二〇〇九］。また、五領池東瓦窯では窯体に東大寺式軒平瓦6732Ｆｂが構築材として使用されており、法華寺阿弥陀浄土院の造営にあたって、東大寺の造瓦集団から支援を受けたと考えられる。

おわりに

以上のように、奈良山瓦窯跡の窯構造の変化は、平城宮Ⅲ期初頭まで窖窯と平窯が混用され、有畦式平窯の成立は、現在のところ、音如ヶ谷瓦窯の操業時期である七五〇年前後が確実な例である。ただし、鹿背山瓦窯など七四〇年代の事例となる可能性の窯が発見されつつある。出土瓦からは東大寺・法華寺所用と平城宮所用の瓦窯について関係性の濃淡が明らかとなっているが、瓦窯の形態変化については造瓦官司に関わりなく展開していくものとみられる。

国分寺瓦窯としてこれら窯跡を検討しようとした場合、東大寺については東大寺前身寺院の沿革とその比定地となる遺跡及び出土瓦の分析が必要となるが、今回はそこまでの検討に至らなかった。東大寺前身寺院についても奈良山丘陵に供給瓦窯があった可能性は高く、今後の課題としたい。

また、今回問題となる恭仁京遷都前段階から平城京還都の時期に最も多く生産されているはずの軒瓦は6225―6663型式及び6282―6721型式であるが、これらを焼成した窯は、中山瓦窯において近年新たな調査があったものの、ほとんどは不明であり、今後新たな発見があることを期待したい。また、近年この時期の瓦の再検討が古代瓦研究会で行われており［奈文研二〇一七］、このような瓦の検討と瓦窯との関係性についても、今後考えていく必要があると思われる。

参考文献
石井清司　二〇一〇年「平城山丘陵の瓦窯―京都府側を中心に―」窯跡研究会『第9回研究会　瓦窯の構造研究1』
石井清司　二〇一六年『平城京を飾った瓦　奈良山瓦窯跡群』シリーズ「遺跡を学ぶ」一一二　新泉社
今井晃樹・石田由紀子・川畑純　二〇一五年「中山瓦窯の調査―第五二三次」奈良文化財研究所『奈良文化財研究所紀要』二〇一五
石田由紀子　二〇一六年「中山瓦窯出土の瓦磚―第79―5次調査を中心として―」奈良文化財研究所『奈良文化財研究所紀要』二〇一六

奥村茂輝　二〇〇四年「法華寺阿弥陀浄土院の造営」『仏教藝術』二七五号
奥村茂輝　二〇〇九年「平城京造営時における瓦窯」『考古学雑誌』第九二巻第四号
奥村茂輝　二〇〇八年「造東大寺司造瓦所と瓦屋」東京国立博物館『ＭＵＳＥＵＭ』第五九三号
奥村茂輝　二〇一一年「奈良時代における興福寺の造営」『南都仏教』第九八号
加茂町　一九九一年『加茂町史』古代・中世編
㈶京都府埋蔵文化財調査研究センター　一九九二年『上人ヶ平遺跡』京都府遺跡調査報告書　第一五冊
㈶京都府埋蔵文化財調査研究センター　一九九九年『奈良山瓦窯跡群』京都府遺跡調査報告　第二七冊
竹原一彦　二〇〇八年「鹿背山瓦窯跡第1次」公益財団法人京都府埋蔵文化財調査研究センター『京都府遺跡報告集』第一二六集
坪井清足　一九七三年「奈良の都の官瓦窯」『奈良県観光』第一九九号
中井　公　一九九七年「『大安寺式』軒瓦の年代」『堅田直先生古希記念論文集』
奈良県教育委員会　一九七三年『奈良山』
奈良国立文化財研究所・奈良市教育委員会　一九九六年『平城京・藤原京出土軒瓦型式一覧』
奈良国立文化財研究所編　二〇〇〇年『興福寺　第1期境内整備事業にともなう発掘調査概報Ⅱ』興福寺
奈良文化財研究所　二〇一七年『平城宮式軒瓦の展開1・2』
八賀晋・西村康　一九七一年「奈良山53号窯の調査」奈良国立文化財研究所『奈良国立文化財研究所年報』一九七一
藪中五百樹　二〇〇八年「興福寺と荒池瓦窯の瓦」東京国立博物館『ＭＵＳＥＵＭ』第五九三号
山崎信二　二〇〇三年「平城宮・京と同范の軒瓦および平城宮式軒瓦に関する基礎的考察」『古代瓦と横穴式石室の研究』同成社
吉田恵二　一九七三年「中山瓦窯」『奈良県観光』第一九九号
吉田恵二・岡本東三　一九七三年「中山瓦窯」奈良国立文化財研究所『奈良国立文化財研究所年報』一九七三
渡辺和仁　二〇一二年「名勝奈良公園・荒池瓦窯跡」奈良県立橿原考古学研究所『奈良県遺跡調査概報』二〇一一年　第一分冊

有畦式平窯焼成技術論

藤原　学

はじめに

有畦式平窯は焼成室の床部に数条の畦を設置して、窯床の焰の通りを良くして、良質の瓦を焼く窯である。のち、一部の雑器窯等にも採用されるから、厳密にいえば瓦窯だけではないが、ただ、これらも瓦窯の技術的系譜にあることは間違いない。八世紀中葉に出現して、古代・中世を通じて瓦窯の基本形態として継承されたが、十六世紀に達磨窯の時代となってもこれは「地上式有畦式平窯」といえ、結果的に、近世〜現代を通じてこのタイプは存続するので、我が国の造瓦史千四百余年のうち、実に八九％が有畦式平窯時代といえる。

ところで、有畦式平窯は存続期間が長いだけではない。韓国へ瓦の焼成技術を伝えた中国、そして日本へ瓦を伝えた韓国も平窯は存続するものの、有畦式平窯は（極一部の例外を除いて）基本的に存在しない。海外では、台湾では明治二十年代の後半から［台北州産業部　一九四二］、韓国では明治四十年頃以降に達磨窯として出現し［藤原　二〇〇二］、いずれも植民地政策のもとに日本の瓦事業者が持ち込んだものである。

したがって、平窯導入以降に、床を改造し有畦式平窯として完成させたのは、日本の瓦工であり、日本独自の瓦窯構造を確立させた。窯は瓦の材質を決定する最終工程であるから、我が国の気候・風土を踏まえた建築文化を表象しつつ、有畦式平窯という特質を持って、近代までの製瓦史の中核を担ったといえる。

1　平窯の構造と焼成特性

登窯と平窯　瓦窯の構造は傾斜のある登窯と傾斜のない平窯に大別できる。登窯は大きな容量をもつ焼成部の傾斜によって強い焔の引きを創出する。したがって、登窯は焼成部を大規模にする程、強い焔の引きを得て温度は上がり、焼成は安定し、焼成部前後での温度差さえクリアできれば大規模生産が可能であり、窯炉として高性能である。近世に登場する陶磁器焼成窯である連房式登窯は、単一の房をみれば平窯であるが、高低差をつけて連結されることによって、焔が引きを得る登窯なのである。

それに対して、平窯は焼成部(室)に傾斜がなく、焼成部自らが焔の引きを作り出すことはできず、焼成部の前にある階の高低差と、焼成部の背後をなす排煙部によってしか焔の引きを作り出せない。したがって、平窯は「階」とともに、奥の「排煙部」が生命線である。ただ、階の高さは限界があるし、煙道の高さも高性能な組積材である建築煉瓦が採用される幕末以前は、日本では高い煙突の建設は不可能であるから、煙道を高くして焔を強く引かせることもできない。高い煙突から窯炉の煙が上がる常滑のあの風景は、近代以降のことである。

したがって、近代以前の平窯は焔の引きという点に関して、大きな限界を持つ。ここに登窯は丹波立杭焼の蛇窯のような数十㍍の長大な窯も可能となるが、平窯は大規模な焼成部は造れず、したがって近代以前においては、登窯は大型、平窯は小型という基本的図式が成り立つ。

階　部　窯の燃焼域と焼成域の境界に設置された段差で、瓦窯では登窯・平窯の双方に設置されていて、瓦窯の一特性とされている［大川 一九七二］。段差によって燃焼域の薪材が焼成域に及ぶことを防ぐだけではなく、特に焔の通りの悪い瓦窯では、焼成域を下げて煙道との高低差を作り、焔を上に向けて飛ばすことの意味が大きい。最古の瓦窯である飛鳥寺瓦窯〔奈良国立文化財研究所 一九五八〕は、一・八㍍の高い階部を持ち、韓国扶餘亭岩里瓦窯〔韓国国立扶餘博物館 一九九二〕をみてもしっかりとした高い段差があり、ここが焔の動きを造るので、単なる区画ではない。ただ我が国の平窯は早期にこの階部に分焔柱が立つ。

焼成部(室)　瓦窯は陶窯と異なり、方形板を積み上げて焼成するため、登窯は階段が、平窯では床面は水平に造られることとなる。ところが床面傾斜の有無だけで登窯・平窯を区分すると、扶餘亭岩里瓦窯では平窯でも一〇～一五度の傾斜を持ち、多くの平窯にはわずかでも傾斜がある。すると平窯と登窯の傾斜はどこで線引きするのかという論議が起こりそうである。しかし、亭岩里瓦窯では登窯は三〇度程あって、傾斜角度には平窯・登窯では一定の差があって、登窯は焼成部の傾斜で焔を引き、平窯は奥壁背後の煙道で焔を引くという原則が保たれている。焼成部の傾斜のみで登窯・平窯を区分するのでなく、焔をどう操るかをみることが必要である。

排煙部　焼成部の先端に孔を開けて排煙装置を造るが、排煙部を高く造って吸煙容積を大きくし、ここが加熱されて生まれる上昇気流で焔を引く能力を発揮した場合は、排煙部を「煙道」と表現し、それが地上化した場合は「煙突」である。煙道の基部に一定空間をとった施設が「煙室」である。瓦窯の焼成部が(長)方形化するために奥壁が方形に収まり、ここに両側・中央に排煙孔を設置するから平窯の煙道は二～三孔となるが、この複数の煙道が、焼成部の引きを強めることとなる。登窯の排煙部は一孔で斜め上方に抜く場合が多いが、平窯は確実に焼成部床面の最下部位から吸煙する装置として完成している。

韓国の瓦窯は、煙道部の造作に一定の手法がある。登窯にあっては、焼成部の下面から斜め上方に排煙孔を導き、前方に垂直の円孔を立ち上げて排煙する。平窯は焼成部奥壁から横穴状に水平に排煙孔を開け、一方、焼成部の背後に溝を掘り込んで焼成部からの排煙孔を受け、石材で煙道の立ち上がりを構築して、石材の背後から溝を埋め直し、煙道を完成させている。このような窯の排煙施設は以後に継承され、しっかりとした手法で構築されている。

平窯の典型は炭窯である。窯体をなす炭化室は、燃焼部・焼成部の区別がないから階はないが、ほとんど水平な床構造で、奥壁の最下位置から奥に入り、そして上に立ち上げる排煙部の構造は、平窯と同じである。炭窯の排煙孔は「ダイシアナ」と呼ばれ〔岸本 一九八四〕、弘法大師が唐から伝えたとする伝承を持ち、神妙に造作されている。

木炭は原材を燃焼させるのではなく原木の自燃によって炭化を進める。したがって、一定の炭化温度が維持されな

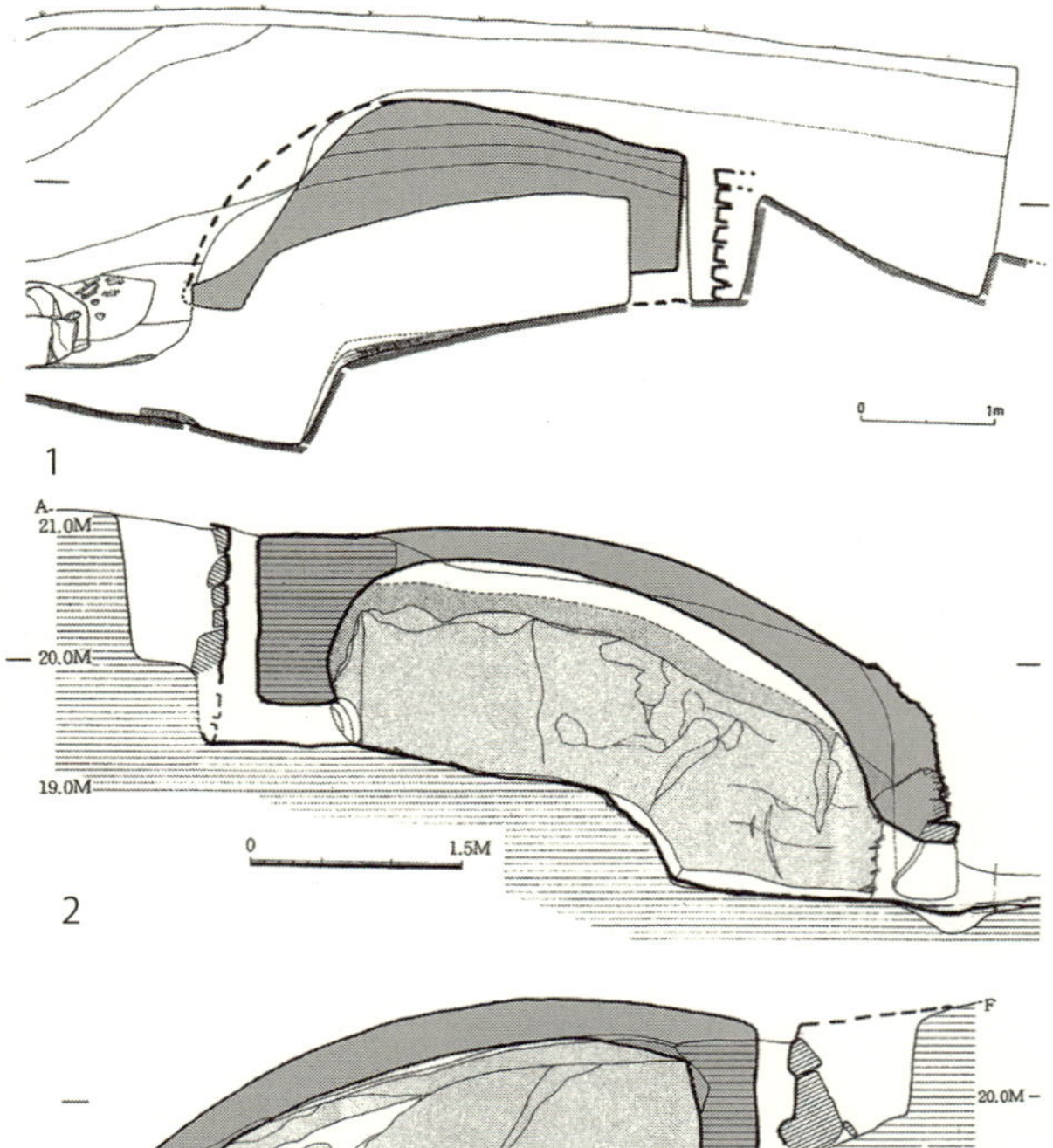

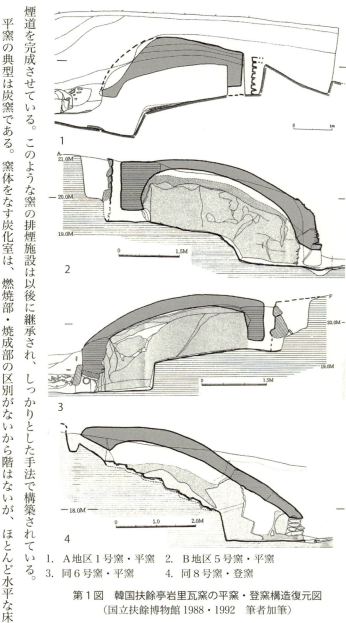

1.　A地区１号窯・平窯　2.　B地区５号窯・平窯
3.　同６号窯・平窯　　　4.　同８号窯・登窯

第１図　韓国扶餘亭岩里瓦窯の平窯・登窯構造復元図
（国立扶餘博物館 1988・1992　筆者加筆）

ければならないし、また焔が引きすぎて原木の灰化が進んでもいけない。幕末に薩摩藩士の山元藤助が紀州備長炭を調査して、窯の図と共に、このダイシアナの詳細な形状・寸法図を残しているが［農林省編 一九七二］、それほど、傾斜のない平窯にとって焼成部の温度雰囲気を決める排煙施設が重要な部分であった。もちろん、材を炭化にとどめる木炭窯と、材を焼成させる瓦窯とは温度域や焼成工程は異質なものであるが、平窯の焼成特質が排煙のコントロールであることを証していて、いずれにしても平窯は排煙機能が重視されなければならない。

2 有畦式平窯の出現とその変遷

有畦式平窯とは、焼成室の床に数条の畦を構築し、畦上に瓦を跨がらせて瓦を積み、焼成したものである。このタイプの窯は、従来の調査成果［石井ほか 一九九九］による限り、平城期に出現し、平城京北部の奈良山丘陵窯跡群のなかで、出現から完成までの階梯を、連続的に追跡することができる。それは明らかに官の造営組織の主導によるものであって、一定の技術範疇のなかで、一定の方向性を辿っていることが重要である。

平窯の導入　瓦窯に平窯が導入されたのは、藤原宮造営期である。韓国への平窯導入期から遅れること一世紀半、我が国の瓦生産開始からも百年が経過している。その最古の窯は橿原市日高山瓦窯［網干 一九六二］で、のち4号窯とされているが焼成部平面形は杓子形で、奥壁下半には煙道が三個所あり、奥下から立ち上がって斜め上方に排煙する。最大の特徴は、窯体を塼で構築していて、天井は崩落していたが、天井も塼で構築したものかと思われる。

ただ、塼積み平窯という革新的構造を導入していながら、日高山瓦窯の他の窯は平面形が異なり、また、塼を使用しつつも登窯系の窯もあり［石田 二〇一七］、形態は多様である。4号窯で画期的技術を採用しながら、平窯で最も重要な排煙形態を継承できておらず、焔室もなく、焔をどう操るかという焼成技術に関しては、技術移転の根幹が浅いといえる。

平窯の変化

奈良山丘陵の瓦窯群でも東域に位置する梅谷瓦窯群［石井ほか 一九九九］は興福寺創建瓦窯で、七基の瓦窯で構成されており、調査者は平窯は二基、窖窯風平窯が三基、窖窯は二基とした。しかし、登窯の傾斜は三〇度程度あるが、窖窯風平窯は焼成部傾斜が十数度であり、平窯は焼成部奥壁に三個所の排煙孔があって平窯にみえるが、焼成部の傾斜は一二度ある。しかも、平窯と判断された窯は窖窯と並列して構築され、少し上に構築位置を上げると平窯が簡単に構築できるのに、何故にこの急な斜面を選地したのか、現地で強く感じた疑問で、登窯的感覚で構築された窯である。このうち、二基の窖窯風平窯には、階部に柱状の痕跡があり、更に平窯とされた7号窯跡でもその部分に丸瓦を立てた分焔柱の基礎と思える痕跡があった。梅谷瓦窯に出現する分焔柱こそが、奈良山瓦窯群における有畦式平窯の誕生に向けた第一歩であったといえる。

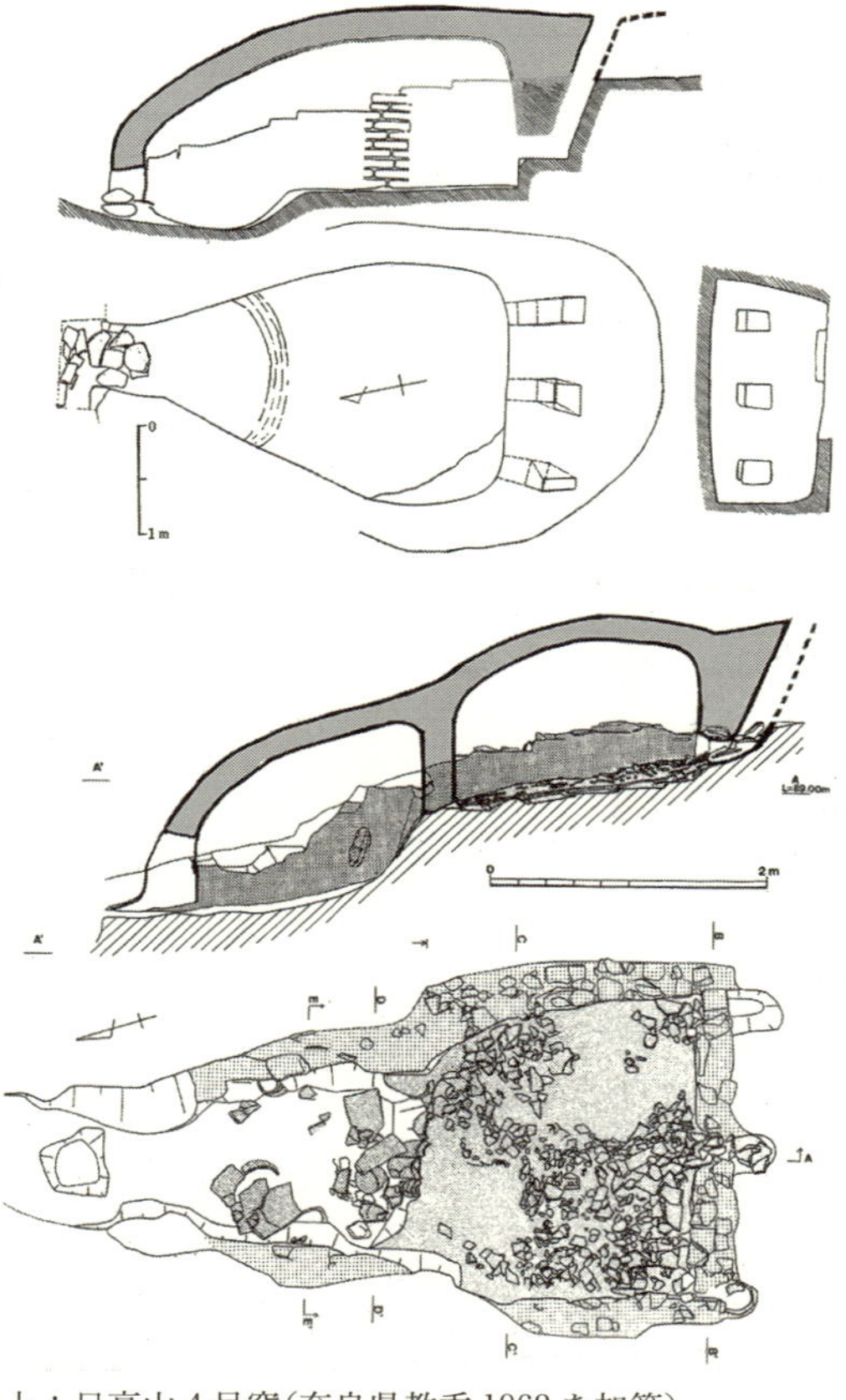

上：日高山４号窯（奈良県教委 1962 を加筆）
下：梅谷７号窯（京都府教委 1999 を加筆）

第２図　　発生期平窯とその直後の瓦窯復元図

第2図において、日高山4号窯の構造復元を行ってみた。その延長として、平窯とされる梅谷7号窯で分焔柱が採用されたと仮定し、

その部分に分焔柱を復元して推定構造図を描いた。

この梅谷7号復元構造図を観察すると、比較的急な斜面に階部のしっかり備わった平窯を構築しようとすると、どうしても天井が焼成部に架かる際には、燃焼部から続く天井が非常に低くなってしまうことが分かる。すると焼成部の天井高をもっと高くしないと、焼成部奥では天井が低すぎ、二段すら積むことができなくなってしまうので、焼成部の天井は大きく孕んで架ける必要が生じ、ここに燃焼部のドームと焼成部のドームの双方からの荷重を受ける支柱が必要となる。つまり分焔柱は実質的には天井を受ける支柱であったこととなり、この構築理念は達磨窯の時代まで変わることなく、支柱・障壁は、重要な窯体構造として継承されている。この一本の柱から、平城期の瓦窯の大改造が始まったといえる。

分焔柱・障壁　奈良山丘陵の梅谷瓦窯でみられた階部の分焔柱は、やがて、山陵2号窯［八賀ほか 一九七二］で出現し、煙道は奥壁に三孔が取りつくが、先端で一本にまとまる複雑な形状を見せた。これは中国だけでなく百済王津里瓦窯にもある［熊海堂 一九九五］。

木津川市鹿背山瓦窯は1号窯と2号窯があり［石井 二〇一〇］、1号窯は塼を使って階部に二本の分焔柱を設置し、通焔口は三孔である。2号窯は大規模な改造があり、当初は大きな排煙口を一孔もち、しかしこの排煙部を埋めて方形焼成部をもつ窯に改造し、天井の焼土層には新たに三個所の円孔が開き、調査者はこれを奥壁から続く煙道と推定した。ただ、煙道とすれば各孔は小さ過ぎるように思う。この二基は梅谷瓦窯より新たな段階であり、論点の多い窯であるが、遺構保存上の配慮で焼成部内が発掘されておらず、調査担当者は無畦と推定しているが、確認が必要である。奈良山以外では、大阪府教育委員会が調査した和泉市池田寺C地区2号窯［藤原 二〇一八］・阪南市道弘寺瓦窯［田中 一九九九］で二分焔柱・無畦式があり、八世紀初頭～前半の瓦窯である。

畦　焼成部の畦は、分焔柱のように一・二・三本と時期差をもって順次完成したのではなく、焼成室の床全面に

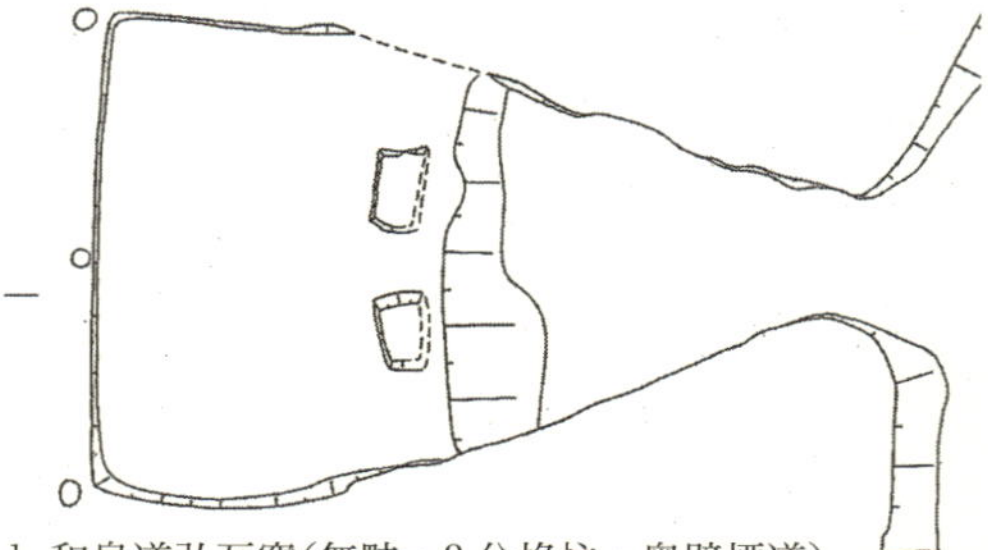
1. 和泉道弘瓦窯（無畦・２分焔柱・奥壁煙道）

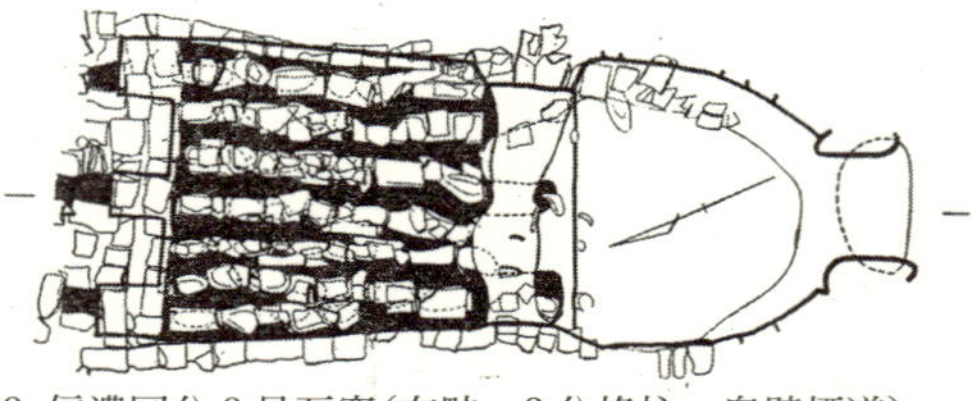
2. 信濃国分２号瓦窯（有畦・２分焔柱・奥壁煙道）

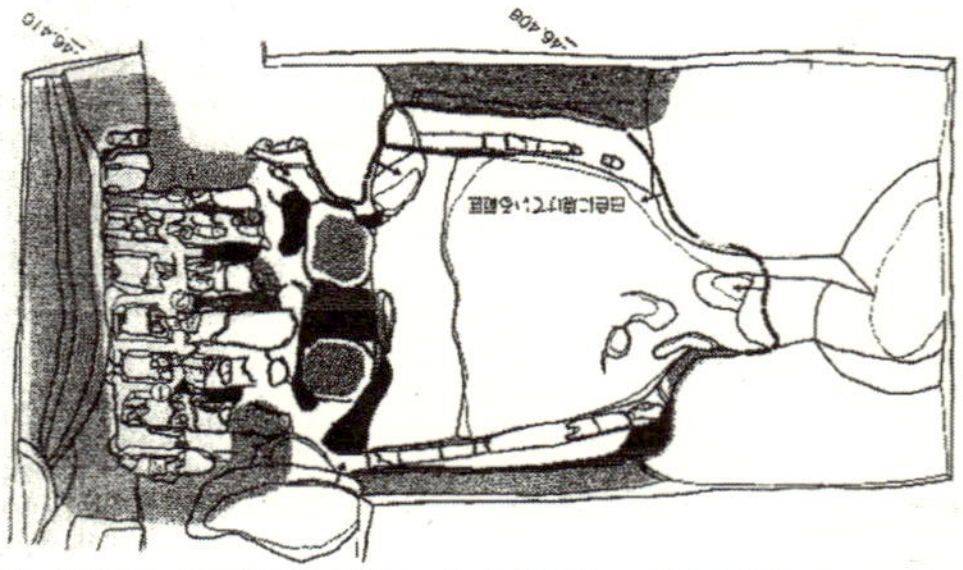
3. 筑前水城瓦窯（有畦・２分焔柱・無煙道）

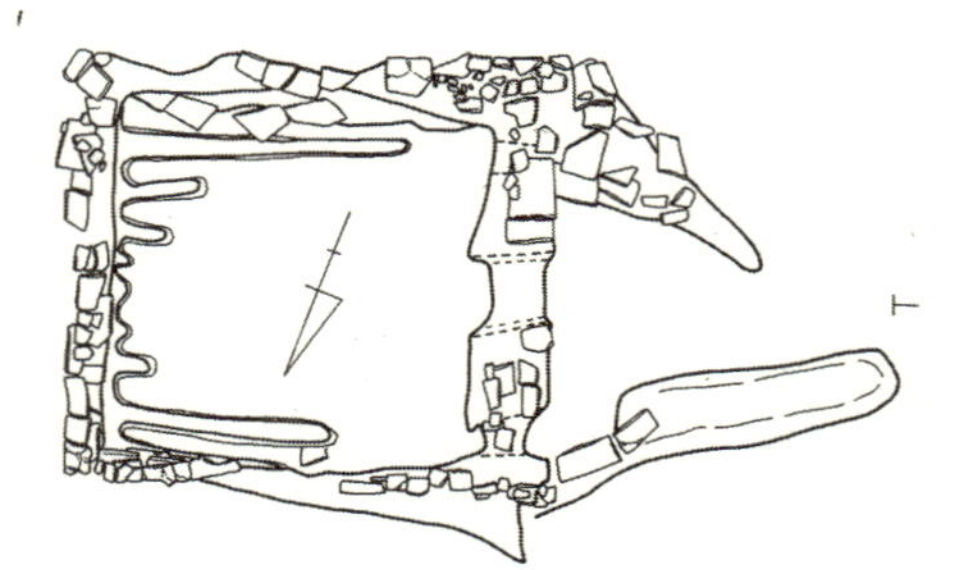
4. 陸奥蟹澤中瓦窯（有畦・２分焔柱・無煙道）

第３図　分焔柱２本型瓦窯の例

数条の畦が一気に出現した。これをみると、畦の設置が床の火の廻りを改善する如何に画期的な発見であったかが分かる。奈良山瓦窯跡群では、市坂瓦窯・五領池東瓦窯で出現し、それらの分焔柱は三本で、更に次段階に至ったことが分かるが、出土瓦から市坂瓦窯が先行することが判明している〔石井ほか 一九九九〕。

しかし、太宰府水城瓦窯〔中島 二〇一四〕・仙台市蟹沢中瓦窯〔渡邊 一九八八〕・上田市国分2号瓦窯〔大川 一九七二〕では、分焔柱二本の段階で有畦式となり、奈良山瓦窯群でも分焔柱二本段階で有畦式が出現していた可能性もありうる。有畦式瓦窯の出現期については、水城瓦窯が天平神護元年（七六五）の「修理水城専知官」の設置（続紀同年三月辛丑条）に関連する瓦窯とみられ、また国分寺瓦窯に関連しては、やはり八世紀中葉に年代の定点がある。

奥壁煙道の消失　奈良山瓦窯群では市坂瓦窯・五領池東瓦窯において、平窯で重要な機能を果たしてきた焼成室奥の複数の煙道が失われるという変化が生じている。これによって、天井のどこかから排煙しなければならないが、天井の完存例がほとんどなく検証は難しいにしても、天井部の奥壁に近いところで二〜三孔の排煙孔が開口していたはずである。

奥壁煙道が失われても窯本体は同形なので、それほど大きな変化を感じないが、しかし、焔の流れを見ると、半倒焔から昇焔式窯に突然変身したことになる。半倒焔窯は天井で焔が反転するので上部で蓄熱されて高い温度を保つ。しかし、昇焔式は焼成室下部から焔が上昇してそのまま排煙されるので、下から上に温度が低下する。昭和三十年代に三州で達磨窯の半倒焔化への改造［石原 一九五九］が始まるので、八世紀後半から昭和三十年代まで平窯は洋式倒焔窯を得ない限り、昇焔窯であり続けたことになる。

ただ、二分焔柱式の太宰府水城瓦窯や奥州蟹沢中窯は煙道がなく、信濃国分2号窯については煙道があって、地域で対応は分かれる。平城京でも大安寺杉山2号瓦窯［奈良市教委 一九九七］は奈良末以降の操業であるが、三分焔柱と二本の奥壁煙道を持っていて、造宮・造京を担う革新的な瓦窯と、保守的な造寺専当瓦窯との差がある。

平窯の構造変遷の諸関連　平窯の階部の分焔柱出現以来、分焔柱の増加が階部の障壁化をもたらし、燃焼・焼成部は「室」という個別空間を確立した。焼成室という密閉空間から、細い通焔孔を通じて焼成室へ火焔が送り込まれるが、分焔柱が増えて個々の通焔孔が小さく絞られると、それがノズルの役割を果たし、強い焔圧をもって焼成室下の床に送り込まれる。これによって、平窯の課題である焼成室最奥部への通焔が改善されることとなった。

更に、分焔柱が多くなると燃焼室から焼成室へ人が入れなくなって、焚口から製品の出し入れが不可能となり、窯内作業に決定的な変化が生じた。ここに焚口は投薪と燃焼室補修のための作業口にのみ特化する。焚口から瓦の出し入れができなければ、窯出しは焼成室天井を開けるしかなく、焼成室は窯の操業ごとに天井を（一部でも）破壊する仮

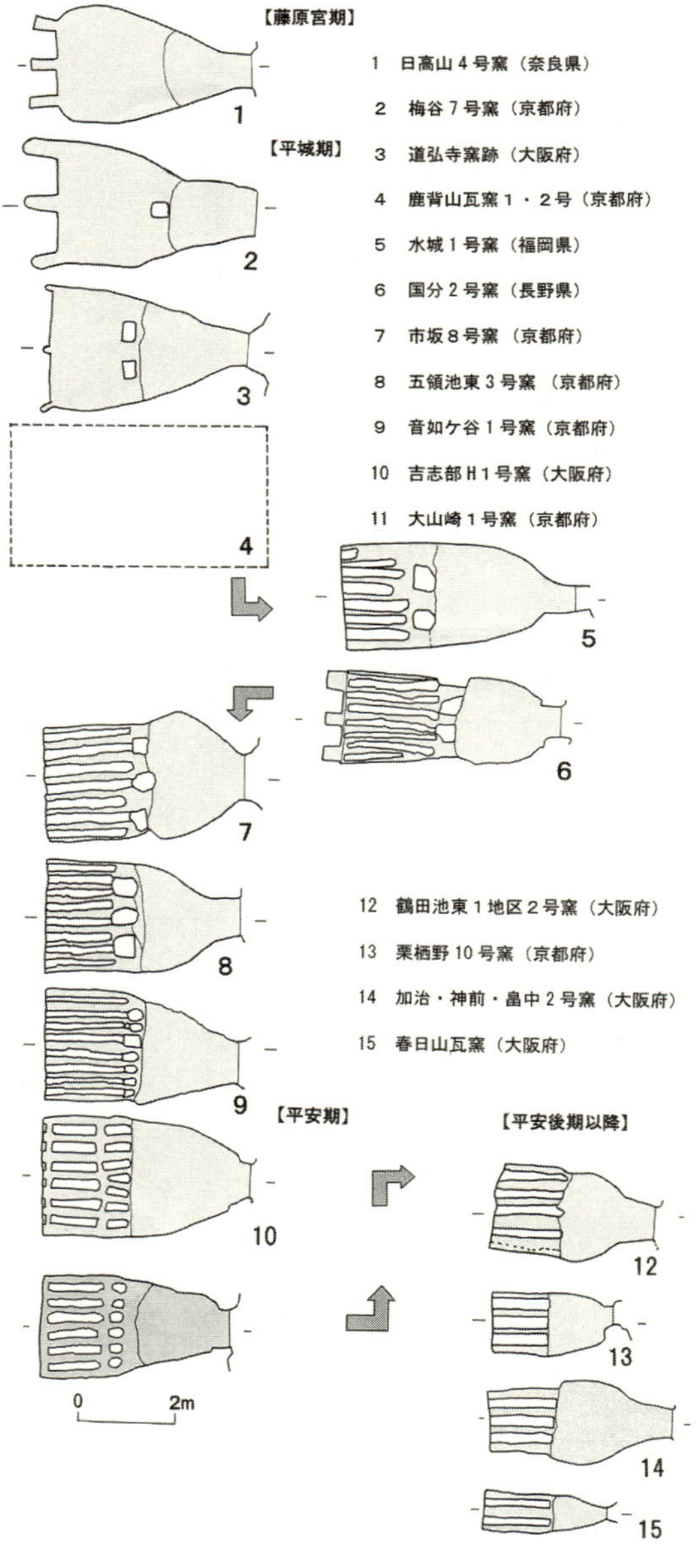

第４図　平窯の変化

設天井となる。この時、天井部に二～三孔を開ければ、焔は上へ昇ってそのまま排煙されるので昇焔窯は完成する。

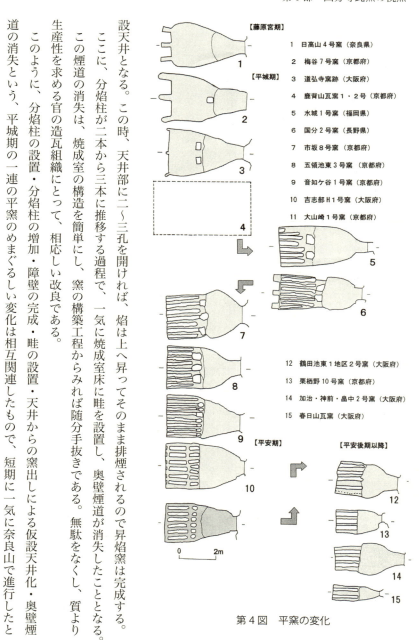

ここに、分焔柱が二本から三本に推移する過程で、一気に焼成室床に畦を設置し、奥壁煙道が消失したこととなる。この煙道の消失は、焼成室の構造を簡単にし、窯の構築工程からみれば随分手抜きである。無駄をなくし、質より生産性を求める官の造瓦組織にとって、相応しい改良である。

このように、分焔柱の設置・分焔柱の増加・障壁の完成・畦の設置・天井からの窯出しによる仮設天井化・奥壁煙道の消失という、平城期の一連の平窯のめまぐるしい変化は相互関連したもので、短期に一気に奈良山で進行したとみるしかない。地方の例で二本分焔柱・有畦式という同一形態にもかかわらず、煙道を失ったものと存続するものの両態があり、中央で一気に改変が進むなか、些細な時期差と技術系譜の差で地域で異なる選択をしている。

分焔柱が二・三本と順次増加をみたのに対して、床一面に畦を突然に出現させたのであれば、当然、畦間の通焔溝（谷ともいう）と障壁の通焔孔は合致しない。平安宮瓦窯の吉志部瓦窯では、谷七条にたいして通焔孔は八孔あり、焼成室側で通焔孔二孔を谷一条にまとめている。窯構造の発展経緯からして、分焔柱・障壁は天井の荷重を受ける構造体として発展しているが、畦は単に床の平面工作物であって、このような不一致が起こる。この通焔孔と通焔溝（谷）の数字を一致させたのは、平安期の造宮瓦窯では、西賀茂瓦窯［近藤ほか 一九七八］以降であり、それは、畦に直接障壁を載せたからで、これによって畦と分焔柱が同じ構造体となった。以後、畦数と通焔孔は達磨窯時代に至るまで一致している。このように単純に窯の発展形態からみると、吉志部瓦窯［藤沢ほか 一九六八］は通焔孔と畦間が一致する西賀茂瓦窯より古くなり、ここに瓦笵の痕跡から西賀茂瓦窯から吉志郡に瓦笵が移動し、西賀茂瓦窯が早い段階から操業を開始したとする論［網 二〇一一］と、瓦窯の構造変化とに齟齬を生じている。

3　中世瓦窯の始まり

平窯の小型化　平安後期以降に瓦窯は小型化が進行する。窯の小型化は、屋根葺材としての瓦の相対的地位の低下で、その原因は国風の住宅様式が殿舎を総瓦葺きから檜皮葺きとし、屋根の棟筋のみに瓦を使うからであるが、これは寺院建築も同様で、天台宗は「僧統所検の天下の大伽藍は我等の居に非ず」（『最澄遺誡文』弘仁一三年・八二二）として南都諸寺を厳しく批判、総瓦葺きの重厚な伽藍を否定して天台寺院には銅板を瓦様に葺く「銅瓦葺き」が多い。

特に平窯の場合は、小型化することによって、更に窯の高低差を少なくして焔の引きを弱くし、温度上昇を妨げて、

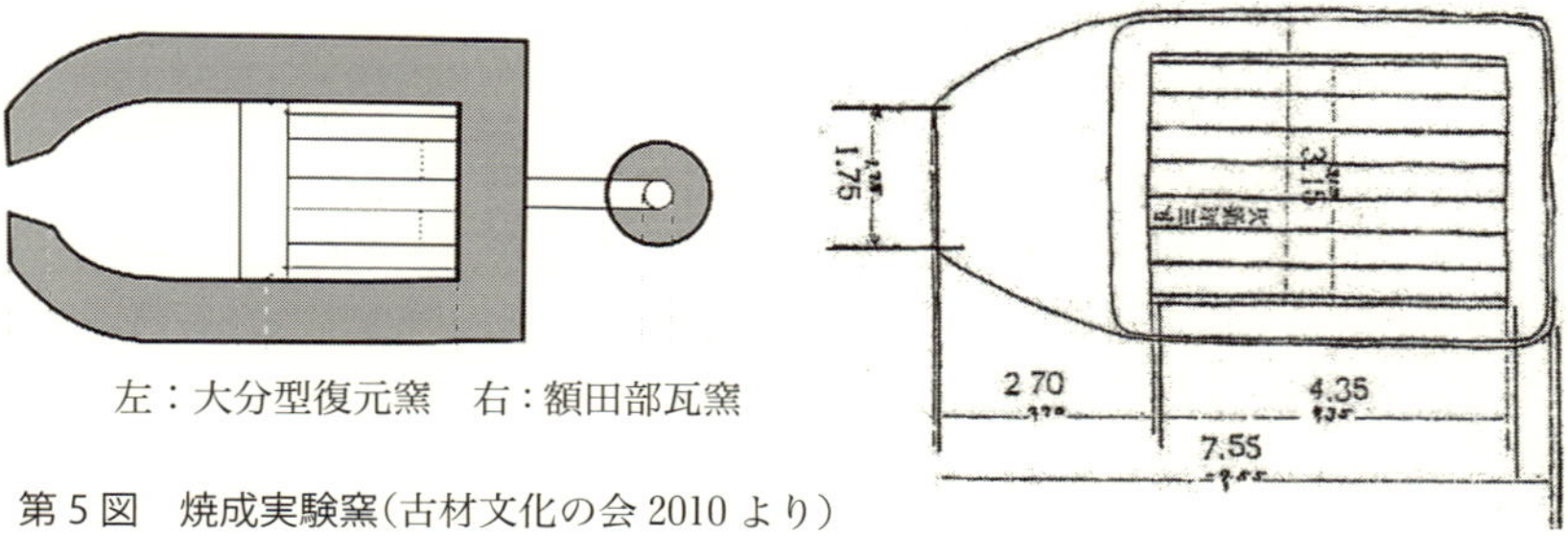

左：大分型復元窯　右：額田部瓦窯

第5図　焼成実験窯（古材文化の会 2010 より）

焼成技術上の大きな限界を迎える。気候温暖な畿内で主導的に進められてきた「登窯↓平窯↓平窯の昇焔化↓平窯の小型化」の階梯は、確実に瓦を硬質から軟質へと誘導した。

小型平窯の焼成特質　奈良県大和郡山市の額田部瓦窯跡は鎌倉期の瓦窯で〔岸一九三五〕、全長二・二八㍍、最大幅〇・九五㍍、畦三条の半地下有畦式平窯である。二〇〇七年にはこの平窯を復元構築し、鎌倉時代の燻瓦を再現しようとする実験が、建築家集団「古材文化の会」によって行われた。実験の指導者は国選定技術保存者・小林章夫氏である。実験場所は奈良山瓦窯跡群の一画の木津川市鹿背山で、復元した窯は額田部瓦窯の復元窯と大分県豊後高田市で検出されたという「大分型窯」で、これは煙道が設置されたタイプである〔小林ほか二〇一〇〕。第6図はその温度計測図であるが、グラフ1の通り最初の焼成では額田部復元窯は温度が五〇〇度に達せず、窯に小煙突を設置して後日改めて焼成したのがグラフ2である。額田部瓦窯は温度上昇に難があって、如何に焼きにくい窯であることを示している。

グラフ3は、伏見工業高校の中村隆氏による伏見瓦の戦後の達磨窯の焼成記録〔藤原二〇〇二〕である。達磨窯は五〇〇度程度のアブリまでは復元窯とあまり変わらないが、本焚きの七〇〇〜八〇〇度の温度域に入ると、二口の燃焼室から焚上げる達磨窯が一気に温度が上がることが分かる。その要因は倍増した燃焼域と、燃焼室最下面から排煙部まで二㍍に達する窯の高低差であろう。

ただ、小林章夫氏が、それでもなお高性能といえない中世瓦窯を使って瓦焼きを再

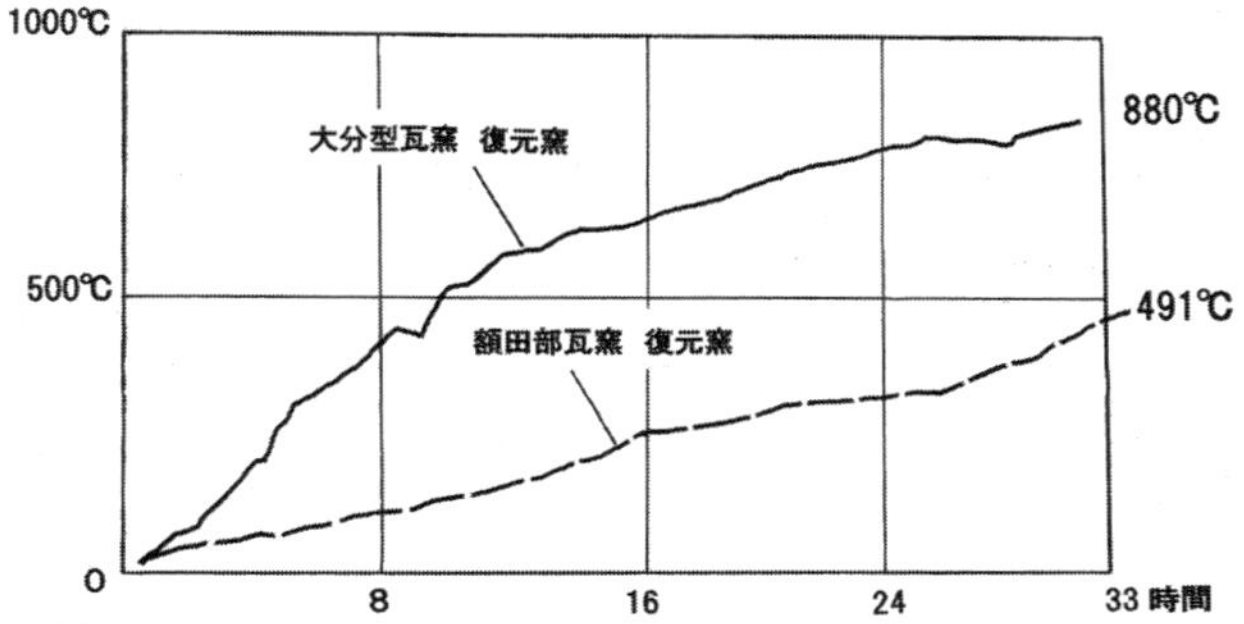

グラフ 1

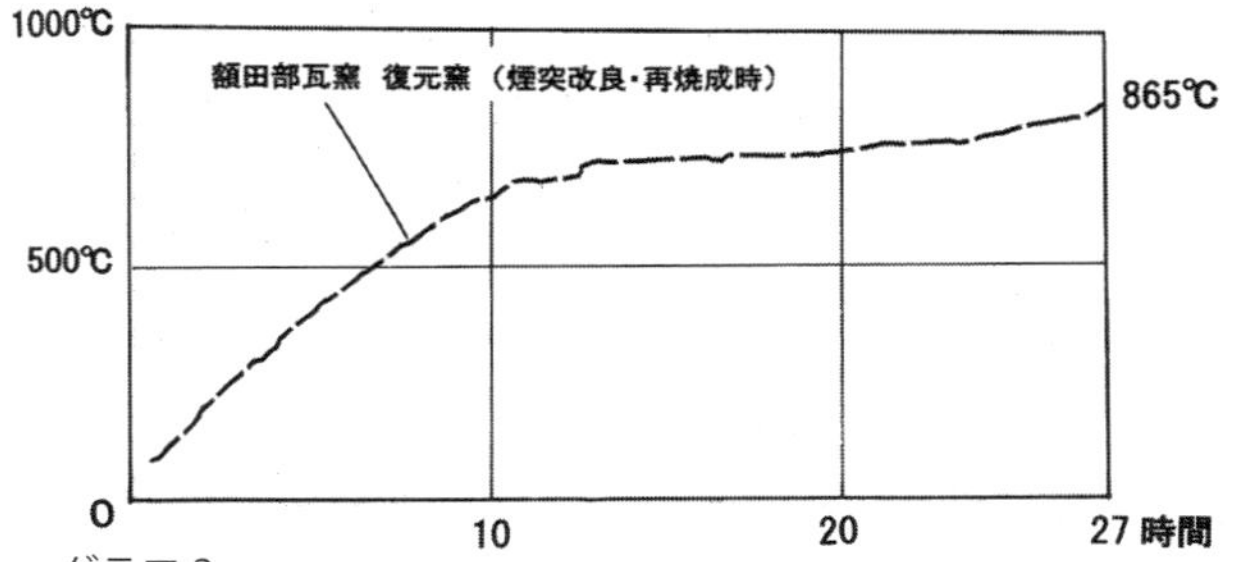

グラフ 2

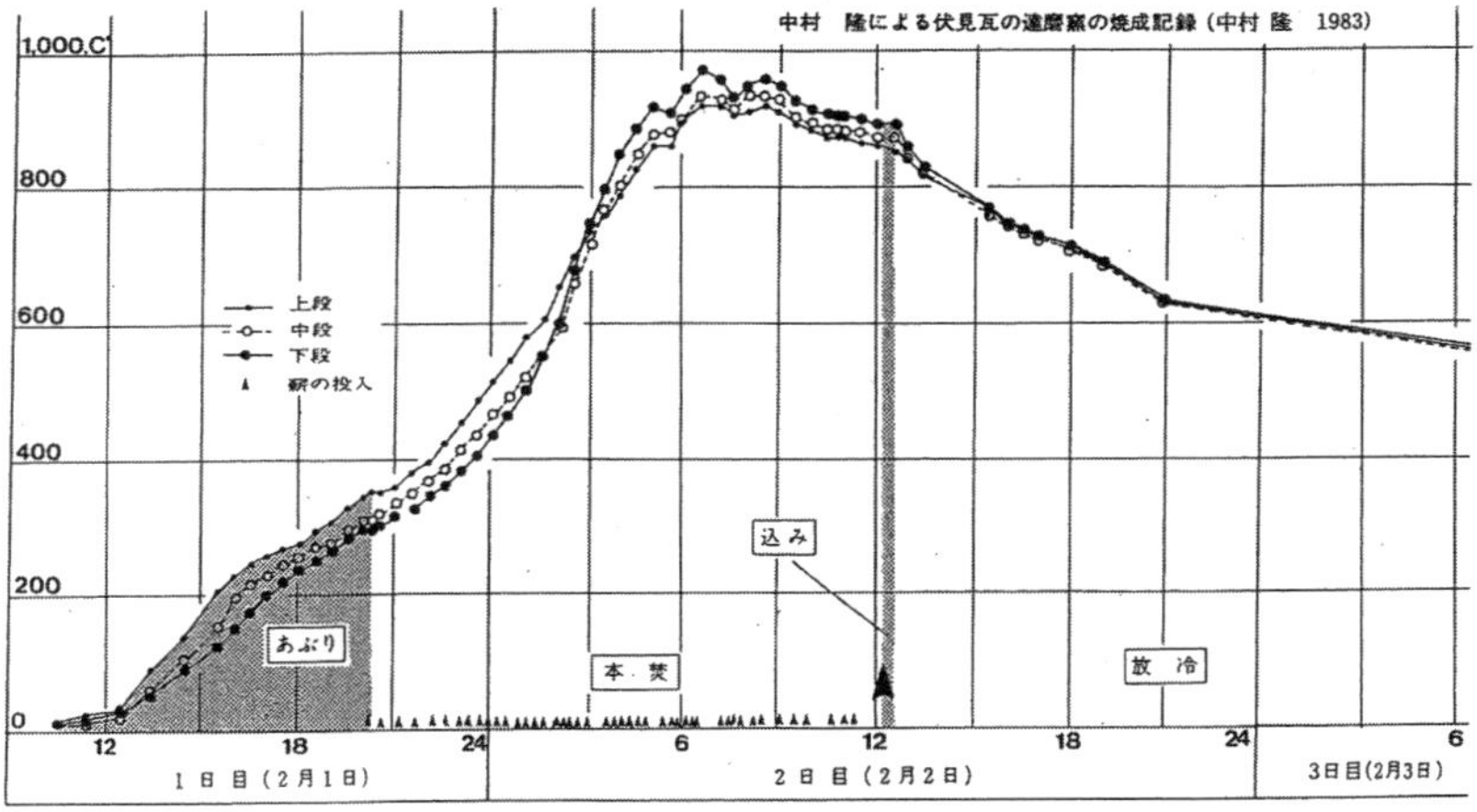

グラフ 3

第 6 図　復元中世瓦窯の焼成温度曲線と近代達磨窯の焼成比較
（1・2 は古材文化の会映像記録より作成、3 は中村隆 1986 より引用）

現した理由は、中世瓦は最高であったからだとする。中世瓦の優秀さは、法隆寺瓦師橘吉重で代表される有能な鬼師が造り出す芸術的な鬼瓦であろうが、法隆寺境内で検出された室町期の瓦窯（ＳＹ五〇六〇）は畦二条であるが［森ほか一九八四］、額田部瓦窯と略同規模である。小林氏は実験報告の中で、中世瓦を吸水率などのデータを使って語るが、瓦の吸水率は、高ければ多孔質で水を含んで冬季の「凍害」に弱いが、吸水率の高い瓦は雨期に湿気を吸い、好天時には湿気を放出して、所謂呼吸をする優れモノでもある。我が国の高温多湿の気候下では吸水率の高低が、即、瓦の性能を語っているわけでもない。

この実験報告では小林氏は瓦の吸水率を時代別に比較して、平安期八・四％、鎌倉期一三・二％、江戸期一五・八％、明治期一九・四％、昭和期七・二％と分析している。昭和期に吸水率が改善されるのは真空土練機の導入で良質の原土が供給されたからで、ここは粘土の良非が絡んでいる。反対に、達磨窯時代であっても明治時代に吸水率が上がっている。

明治期は焼成温度の上昇があったはずだが、それでも吸水率が上がるのは、瓦が広く民家に普及し、瓦生産者が急増して技術が低下、同時に良土が失われた結果といえ、瓦の大衆化が進んだ裏返しでもある。一方、平安〜鎌倉時代の吸水率の上昇は焼成温度の低下が原因とみられ、小型平窯が温度を上げにくいという鹿背山での実験成果を反映している。ただ中世瓦は鬼瓦をはじめ、鋭い造形と磨き（スリップ）が効果良く機能し、同時に、小林氏は曲げ破壊強度が中世瓦は格段に大きいといい、要するに粘土が強いのである。このことについては、別稿で法隆寺遺瓦のヘラ描き内容から粘土に対する神妙な態度が読み取れることを示した［藤原二〇一七］。

また、鎌倉期は燻化の完成した時期である。燻しは高温域でコミ（松葉等を投入する焼法）を行い、瓦表面に炭素膜を蒸着させる焼き方である。これはＣＶＤ法と呼ばれる化学蒸着法で、高温密閉状態で炭素を投入してナノ単位の炭素膜を重層して蒸着させ［元山ほか二〇〇四］、炭素膜の乱れた配列が鈍い黒漆色を生じさせる。この技術の発展は中世の瓦器にもみられるので、土器と瓦の相互の技術交流があったとみられる。平城期から焼成終期に燻化をする技法は存在したとみるが、鎌倉期の小型窯が燻化の完成度を一気に高めたともいえる。

燻化層は瓦の撥水性を高めて表面を強化し、瓦の軟質化をカバーした。この「土・製作技術・窯・焼き」に及ぶ技術の革新が、中世小型窯の弱点を補完して余りある結果を出し、小林章夫氏をして「中世瓦は最高」と言わしめた。ただ、実験でみた三〇時間前後の焼成時間が妥当かは検討が必要で、室町期のような大型鬼瓦は、慎重な焙り、丁寧な本焚き、慎重な燻化が必要なはずである。橘吉重銘の幼名である「彦次郎」銘を残す明石市報恩寺(明徳四年・一三九三年創建)の鬼瓦[明石市文化博物館 一九九三]は、造形は見事であるが焼成は甘く、「土・製作技術・窯・焼き」のバランスの難しさを露呈したもので、中世瓦窯の焼成特性を示した資料といえる。

引用文献

明石市文化博物館　一九九三年『発掘された明石の歴史展(展示図録)』
網　伸也　二〇一一年「平安京造営と瓦生産」『平安京造営と古代律令国家』塙書房
網干善教　一九六二年「橿原市飛騨町日高山瓦窯跡」『奈良県文化財調査報告(埋蔵文化財編)第五集』
石井清司　二〇一〇年「木津川市鹿背山瓦窯跡の復元」『京都府埋蔵文化財論集第六集』
石井清司ほか　一九九九年『奈良山瓦窯跡群　京都府遺跡調査報告第二七冊』京都府教育委員会
石田由紀子　二〇一七年「藤原宮造営に伴う瓦生産体制と瓦窯構造の変化」『関西地方の瓦窯の構造』窯跡研究会
石原栄一　一九五九年『粘土瓦欠点防止と焼成について』群馬県瓦工業協同組合
大川　清　一九七二年『日本の古代瓦窯(増補版)』雄山閣
大山崎町教育委員会　二〇〇五年『大山崎町埋蔵文化財調査報告書第三一集』
岸　熊吉　一九三五年「三井瓦窯及び額田部窯址調査報告」『奈良県史跡名勝天然記念物調査報告第三冊』
岸本定吉　一九八四年『木炭の博物誌』総合科学出版
京都府教育委員会　一九七九年『奈良山Ⅲ　平城ニュータウン予定地内遺跡調査概報』
小林章夫ほか　二〇一〇年『幻の平窯復元・中世の瓦を焼こう』古材文化の会

近藤喬一ほか　一九七八年『西賀茂瓦窯跡群』㈶古代学協会
熊海堂　一九九五年『東亜窯業技術発展と交流史』南京大學　中文
大韓民国国立扶餘博物館　一九九二年『亭岩里瓦窯跡Ⅱ』
台北州産業部商工水産課編　一九四二年『台北州石炭需要量調査』
田中早苗　一九九九年『道弘寺遺跡の瓦窯址について』阪南市教育委員会
中島恒次郎　二〇一四年「大宰府周辺の瓦窯」『九州の瓦窯と瓦生産』窯跡研究会
奈良国立文化財研究所　一九五八年「瓦窯」『飛鳥寺発掘調査報告』
奈良市教育委員会　一九九七年『史跡大安寺旧境内Ⅰ―杉山古墳地区の発掘調査・整備事業報告―』
農林省編　一九七一年『日本林制史(鹿児島藩)』臨川書店
八賀晋ほか　一九七一年『奈良山五三号窯の調査概要』平城団地第八号遺跡調査委員会
藤沢一夫ほか　一九六五年『岸辺瓦窯跡群発掘調査概報』大阪府教育委員会
藤原　学　二〇〇一年『達磨窯の研究』学生社
藤原　学　二〇一七年「中世瓦窯の視点」『考古学・博物館の風景』芙蓉書房出版
藤原　学　二〇一八年「瓦窯の基本」『瓦窯の構造研究八(発表要旨)』窯跡研究会
元山宗之ほか　二〇〇四年「初めて科学的に解明―いぶし瓦の魅力」『ルーフ&ルーフィング三五』
森郁夫ほか　一九八四年『法隆寺発掘調査概報Ⅲ』法隆寺発掘調査概報小委員会
渡邊泰伸ほか　一九八八年『仙台市蟹沢中窯跡第二次調査報告書』古窯研究会

瓦生産における燃料材の用材選択

高橋　敦

はじめに

瓦をはじめとする焼物の生産において、粘土と共に、燃料となる大量の木材が必要なことは想像に難くない。燃料材の伐採は、周囲の植生にも少なからず影響を与えたことであろう。例えば、大阪府の陶邑では、須恵器生産の初期段階であるⅠ～Ⅱ期（五世紀後半～七世紀初頭）では広葉樹の占める割合が高いが、Ⅲ期～Ⅳ期（七世紀～八世紀）になるとアカマツを多く含む窯と広葉樹の多い窯とがあり、前者は窯跡の集中地域に位置し、後者は窯跡の密度が低い地域に位置していることから、窯跡集中地域では燃料材となる広葉樹の伐採により、アカマツ二次林に変化した可能性が指摘されている［大阪府教委　一九七八］。本稿では、関東地方における国分寺瓦窯において利用された燃料材の用材選択と、その利用によって植生にどのような影響があったのかを見ていきたい。

1　国分寺瓦窯における燃料材の調査事例

日本国内では、一九二〇年代～二〇〇五年頃までの約三〇万点にも及ぶ樹種同定結果をまとめたデータベースが公

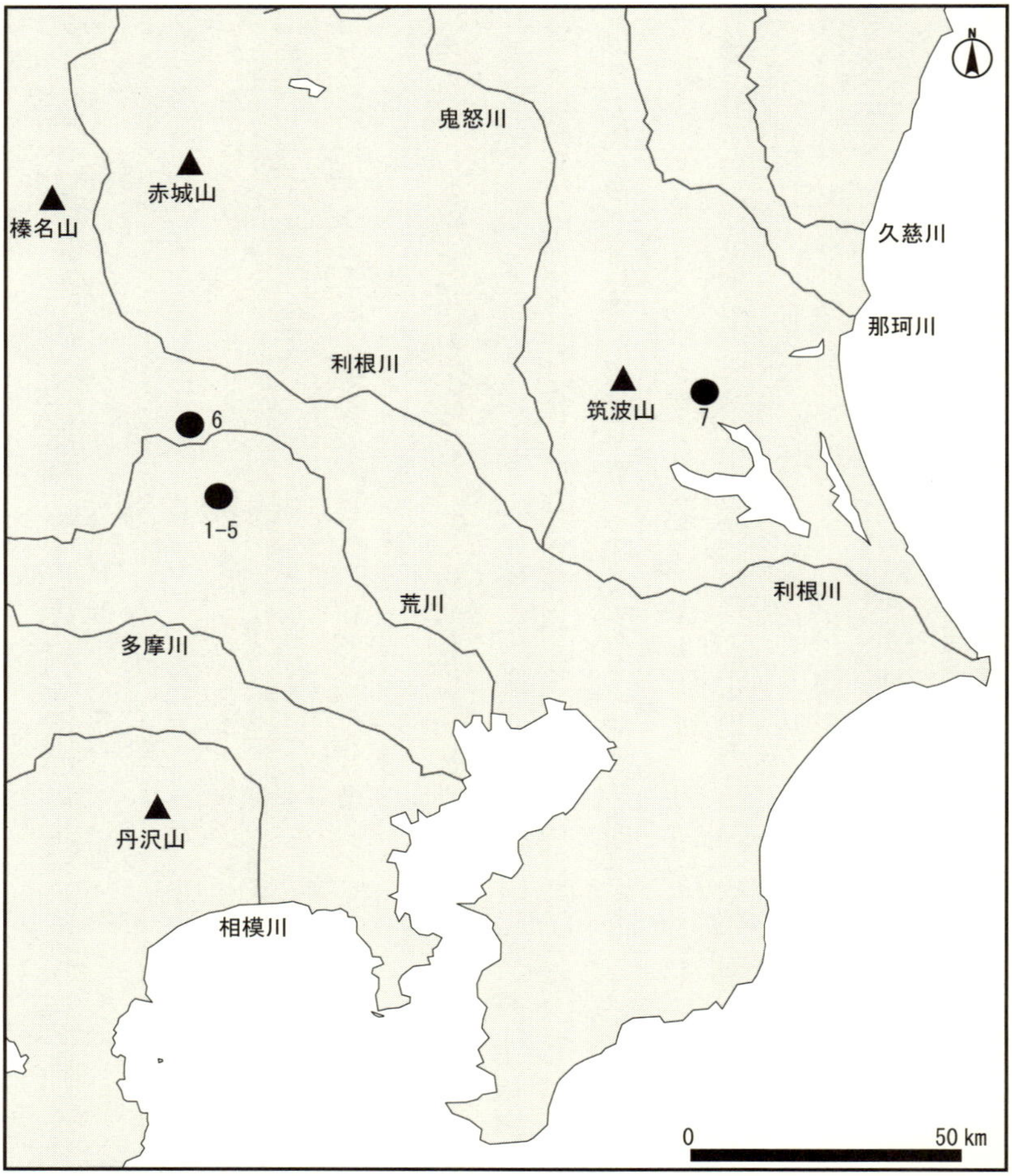

1-5. 石田遺跡・広町Ａ遺跡・広町Ｂ遺跡・小谷Ｂ遺跡・新沼窯跡（埼玉県鳩山町）
6. 末野遺跡（埼玉県寄居町）　7. 瓦塚窯跡（茨城県石岡市）

第１図　窯跡出土炭化材の樹種同定を実施した遺跡

開されている［伊東・山田編 二〇一二］。このデータベースをみる限りでは、国分寺瓦窯の燃料材について樹種同定を実施した例は見当たらない。データベース収集以降の調査事例を調べたところ、新沼窯跡（埼玉県鳩山町）と瓦塚窯跡（茨城県石岡市）において、国分寺瓦窯跡出土の燃料材について樹種同定を実施している例が確認できた（第1図）。とくに、新沼窯跡では、灰原出土の自然木の樹種同定や低地部での花粉分析も実施されており、燃料材と古植生との関係を考える上で重要な成果が得られている［鳩山町教委 二〇一六］。また、新沼窯跡が位置する南比企丘陵の周辺は、瓦以外にも大量の須恵器を生産したことで知られる鳩山窯跡群など多くの窯跡が集中する地区であり、そこで実施された樹種同定結果も含めると興味深い傾向がみられる。南比企丘陵に先行して大量の須恵器を生産した末野遺跡（埼玉県寄居町）の調査例と合わせて紹介したい。また、茨城県の瓦塚窯跡の調査例は、年代測定に併せて実施された樹種同定であり、点数は少ないものの、窯によって樹種が異なる結果が得られている。

2　埼玉県における燃料材の用材選択と古植生

(1) 末野遺跡の燃料材

末野遺跡は、荒川が関東平野に流れ出る手前の左岸丘陵に位置しており、北武蔵において七世紀の中核となる窯跡であったと考えられている。炭化材は、末野遺跡Ⅰと末野遺跡Ⅱの二回分析されている［埼玉県埋文 一九九八・一九九九］。炭化材は、灰原から出土したものが主体であり、末野遺跡Ⅰの試料は、大きく古墳時代と古墳〜平安時代に区別されている。末野遺跡Ⅱの試料は、七世紀後半、七世紀末、八世紀初頭に分けられている。二回分の樹種同定結果（第1表）を見ると、古墳時代とされる灰原出土の炭化材は、常緑広葉樹のアカガシ亜属を中心に落葉広葉樹のクヌギ節、コナラ節、針葉樹のマツ属複維管束亜属が混じる。一方、古墳時代〜平安時代とされる炭化材は、アカガシ亜属

第1表　末野遺跡の樹種同定結果

分類群＼時期	古墳	古墳～平安	7C後	8C初	合計
針葉樹					
複維管束亜属	2				2
モミ属		1			1
カヤ		2			2
針葉樹	1				1
落葉広葉樹					
ブナ属			1		1
クヌギ節	1	5	1		7
コナラ節	1				1
カツラ				1	1
カエデ属		2	1		3
常緑広葉樹					
アカガシ亜属	7	4		1	12
その他					
広葉樹		1			1
合　計	12	15	3	2	32

とクヌギ節に針葉樹のモミ属、カヤ、落葉広葉樹のカエデ属が混じる組成となる。七世紀後半の試料はブナ属とクヌギ節、七世紀末の試料はカエデ属、八世紀初頭の試料はアカガシ亜属とカツラである。窯単位での燃料材の組成が復元できないのは残念であるが、常緑広葉樹、落葉広葉樹、針葉樹が混在している状況は注目される。なお、末野遺跡の燃料材の中には、一部未炭化の状態で出土しているものもあり、生木が利用されたと推定できる。

群馬県前橋市の市民参加プロジェクト「大室古墳の教室」等で須恵器・瓦の焼成実験経験があり、実際の窯跡調査の経験もある永井智教によれば、須恵器焼成に使用した燃料材の多くは灰化し、最後の還元焼成に使用した燃料材のみが炭化・残存するという。末野遺跡の炭化材は、最後の還元焼成の燃料材に生木を利用し、その一部が残存したことを示しているのかもしれない。

(2) 南比企丘陵の燃料材

南比企丘陵の窯跡群は、五世紀末に丘陵東縁部で開始され、六世紀を通じて同地区で半継続的な操業を行った後、七世紀前半になって越辺川を遡った新たな地点に窯(小用窯跡)が築かれる。その後、七世紀後半に越辺川の支流である鳩川に丘陵内の各支谷から流れ出た河川が合流する付近(赤沼上の谷の入口付近)に窯が築かれ、そこから徐々に支谷内の谷奥へと窯が移動していく様子が明らかにされている[鳩山町教委二〇〇七]。

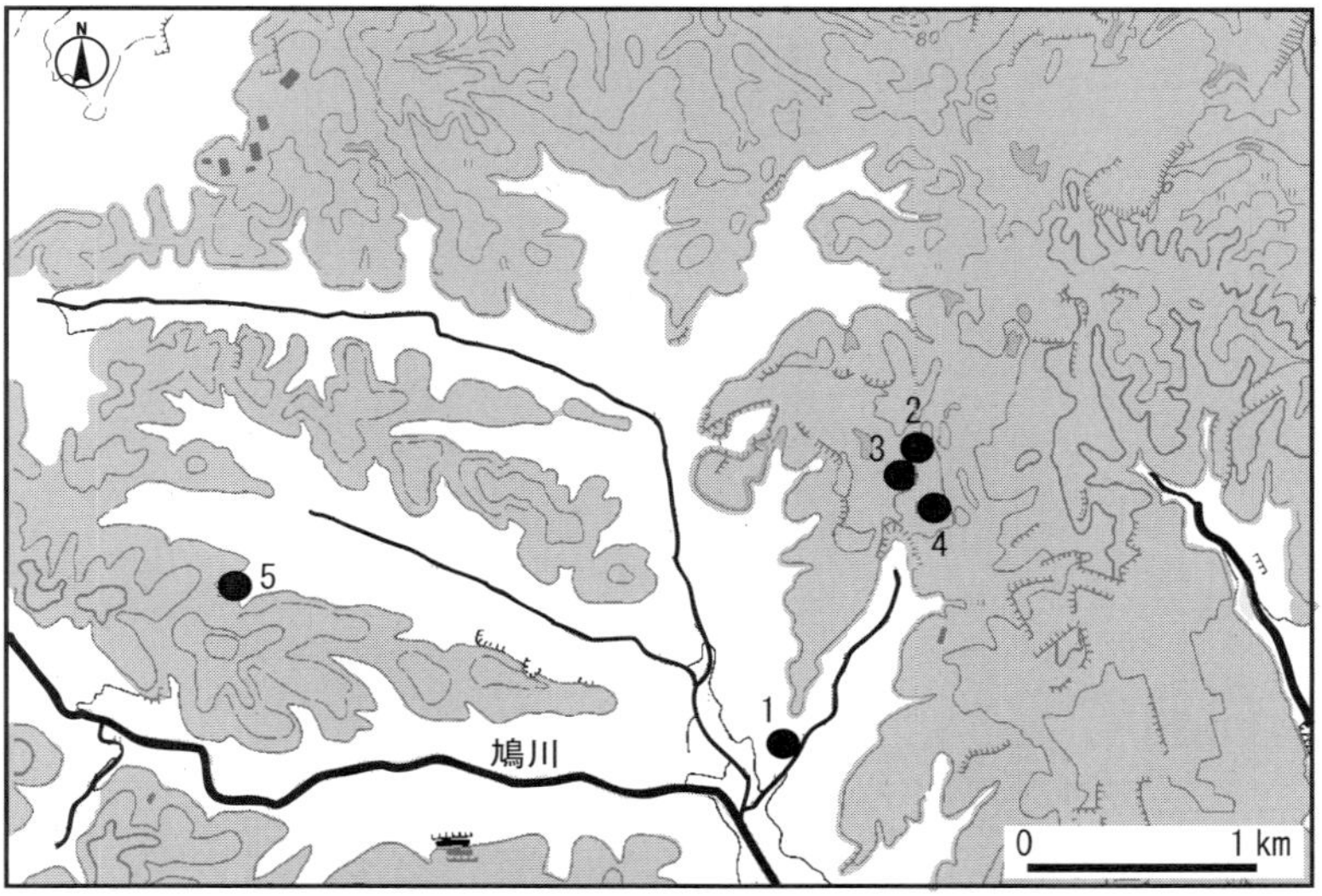

1. 石田遺跡　2. 広町遺跡 A 地区　3. 広町遺跡 B 地区　4. 小谷遺跡 B 地区　5. 新沼窯跡

第 2 図　鳩山町の窯跡出土炭化材分析遺跡の位置図
（国土地理院 1/5 万数値地図・熊谷および川越より作成）

この南比企丘陵では、七世紀後半に谷入口付近に築かれた地区内最古とされる石田遺跡、支谷を奥まで入った鳩山窯跡群を構成する広町遺跡A地区、同B地区、小谷遺跡B地区、鳩山窯跡群とは反対側の支谷に築かれた新沼窯跡において燃料材の樹種同定が実施されている（第2図）。石田遺跡のA区第1号窯は瓦陶兼業窯であり、瓦は武蔵国最大規模の古代寺院である勝呂廃寺跡（坂戸市）に供給されたことが明らかとなっている。鳩山窯跡群の広町遺跡A地区・B地区、小谷Bの各遺跡は、いずれも須恵器窯出土炭化材を対象としている。新沼窯跡は、武蔵国分寺創建時の瓦を生産した窯跡群から出土した炭化材である。

各遺跡の分析結果（第2表）を時期別に見ると、七世紀後半とされる石田遺跡A区第1号窯跡の燃料材は、調査した三三点（分析報告は二〇点であるが、追記に他に一三点分析と書かれている）が全てクヌギ節と報告されている［鳩山町教委 一九九五］。

次に、八世紀代を中心とした鳩山窯跡群の広町遺跡A地点、同B遺跡、小谷遺跡B地点を時期別に見ると、小

第2表　南比企丘陵の樹種同定結果

分類群＼遺跡	石田	広町A	広町B		小谷B			新沼	合計
	7c後	8C1/4?	8C2/4	9C3/4	8C1/4	8C2/4	8C4/4	8C中-後	
落葉広葉樹									
イヌシデ節								13	13
アサダ								6	6
ブナ属		1							1
クヌギ節	20	3		1	3		1	36	64
コナラ節					1	1			2
クリ					1				1
エノキ属								1	1
カツラ								2	2
サクラ属								1	1
カエデ属								1	1
ムクロジ		2							2
ミズキ								1	1
常緑広葉樹									
アカガシ亜属			1		11	1		49	62
合　計	20	6	1	1	16	2	1	110	157

谷遺跡B地点の八世紀第1四半期とされる資料ではアカガシ亜属が多くを占め、他にクヌギ節、コナラ節、クリが混じる。小谷遺跡B地点の八世紀第2四半期とされる資料ではアカガシ亜属とコナラ節が各一点あり、同時期の広町遺跡B地点ではアカガシ亜属が一点のみ認められる。小谷遺跡B地点の八世紀第4四半期と広町遺跡B地点の九世紀第3四半期の資料は、それぞれクヌギ節が一点である［鈴木ほか 一九九三］。なお、鳩山窯跡群では、竪穴住居から出土した炭化材についても樹種同定が実施されており、八世紀第1四半期〜第3四半期ではアカガシ亜属の利用が比較的目立ち、八世紀第4四半期および九世紀第2四半期ではクヌギ節やコナラ節の利用が多い傾向が見られる。

新沼窯跡では、七基の窯跡から出土した炭化材一一〇点について樹種同定を実施している［鳩山町教委 二〇一六］。窯跡によって種類構成が異なるが、全体としてはアカガシ亜属が多く、次いでクヌギ節が多い結果である。これらの燃料材については、推定径も復元されており、新沼窯跡では、一〇センチ以下の小径材が大半を占める窯と、一一センチ以上の径を持つ材が多く見られる窯がある。また、灰原から出土した自然木についても樹種同定が実施されており、アカガシ亜属を中心とした種類構成が確認されている。

なお、鳩山町の窯跡では、燃料材とされる炭化材の中に針葉樹は一

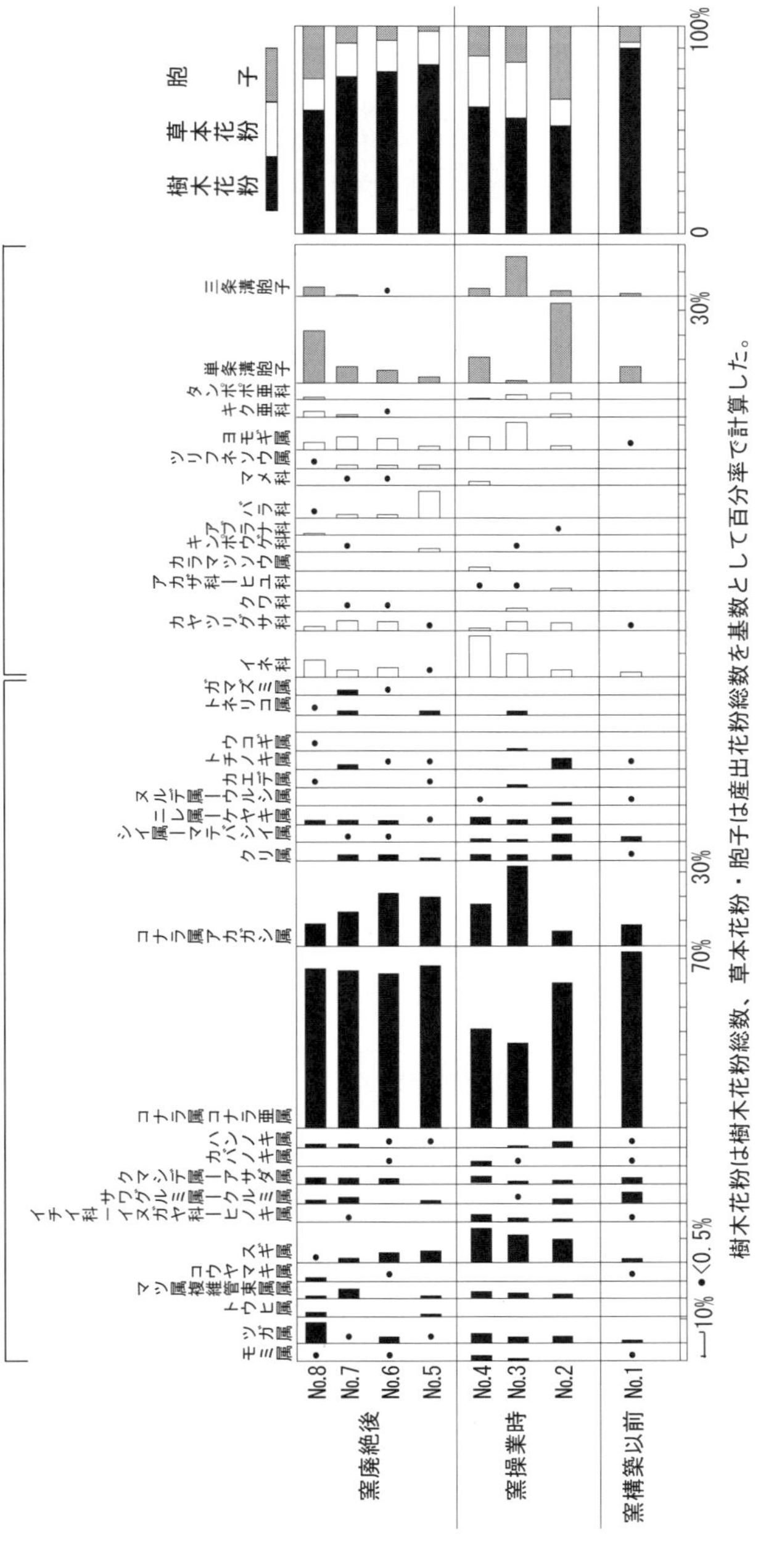

第3図　新沼窯跡における花粉化石群集の層位分布

鳩山町教育委員会2016の第182図をトレースした上で、産出率の少ない分類群を削除する等、一部を改変点も認められない。末野遺跡との違いが、用材選択や技術の違いを示すのか、植生の違いを示すのかは、いずれも今後の課題である。

(3) 南比企丘陵における古植生と窯業の影響

新沼窯跡では、花粉分析が実施されており、周辺部の植生変遷が明らかにされている(第3図)。花粉分析の試料採取層準を断面図の層序と完全に照合するのが難しいが、窯構築以前にはコナラ亜属が優占し、窯が操業された頃にはコナラ亜属の減少とアカガシ亜属の増加が確認できる。その後は、アカガシ亜属が減少し、再びコナラ亜属が増加する傾向を示す。新沼窯跡の位置を考慮すれば、花粉分析結果が丘陵全体の植生を反映しているとは言えないが、一連の窯跡出土炭化材の樹種同定結果と合わせると、次のような状況は考えられないだろうか。

南比企丘陵に窯が構築される以前、丘陵内にはアカガシ亜属を中心とした常緑広葉樹が広く生育し、谷内の低地部や谷に面した斜面下部には落葉広葉樹のクヌギ節(クヌギと考えられる)が生育していた。花粉分析でコナラ亜属が優占する結果は、谷内のクヌギ節の多い状況を反映した結果と考えられる。この時期の花粉分析結果では草本花粉・胞子が少ないことから、草地などは少なかったと思われる。

その後、七世紀後半から始まる窯の構築とそれに伴う搬出路等で谷内や斜面下部のクヌギ節が大量に伐採され、その木材は石田遺跡A区1号窯等の燃料として利用された。この時点で、丘陵内の樹木にはあまり手を付けておらず、アカガシ亜属の花粉化石が相対的に増加したと考えられる。また、木本花粉の減少と草本花粉・胞子の増加が認められることから、谷内を中心に伐採によって明るく開けた環境ができたと考えられる。その後、窯が支谷内の奥に築造されるようになると、クヌギ節に加えて丘陵内のアカガシ亜属等も利用されるようになった。

上層でコナラ亜属の増加、木本花粉の増加と草本花粉・胞子の減少が確認できることから、窯業が衰退すると、再び谷内にクヌギ節などが生育するようになり、明るく開けた環境も減少した。

今後、南比企丘陵の谷の入口にあたる石田遺跡周辺の低地部等で花粉分析を始めとした古植生調査を実施し、南比企丘陵に窯が構築される以前の古植生が明らかになれば、窯業と古植生の関係をさらに解明できると思われる。

3 瓦塚窯跡の燃料材利用と古植生

(1) 瓦塚窯跡

瓦塚窯跡(石岡市)では、二基の窯跡から出土した炭化材五点について樹種同定が実施されている(第3表)。窯跡ＳＹ・6は八世紀中葉とされ、焚口や窯底から出土した炭化材三点がいずれもアカガシ亜属に同定されている。一方、窯跡ＳＹ・28は十世紀中葉とされ、上層および下層から出土した二点がいずれもクヌギ節に同定されている。なお、年代測定の結果も各窯跡の年代観を概ね支持する結果が得られている。この結果をみると、時期の古い窯でアカガシ亜属、新しい窯でクヌギ節が利用されている。この結果を単純に理解すれば、八世紀中葉の窯跡周辺にはアカガシ亜属等の常緑広葉樹の生育する環境であったが、十世紀中葉にはクヌギ節などの落葉広葉樹を主とする二次林になっていた可能性が考えられる。

そこで、同時期の住居跡出土炭化材など、遺跡の近傍の植生を反映すると考えられる資料について、時期別の変化が見られるか検討してみたい。

第3表　瓦塚窯跡の樹種同定結果

遺構	位置	形状	補正年代	同定結果
SY-6	焚口	ミカン割	1270±20BP	アカガシ亜属
(8世紀中葉)	焚口部床面中	ミカン割	1260±20BP	アカガシ亜属
	窯底中	分割	1240±20BP	アカガシ亜属
SY-28	上層	破片	1200±20BP	クヌギ節
(10世紀中葉)	上層	ミカン割	1150±20BP	クヌギ節

(2) 住居跡出土炭化材との比較

前出のデータベースから、茨城県の七世紀〜十一世紀の住居跡出土炭化材の樹種同定結果を抽出したところ、一七遺跡二三七点の調査例が確認できた（第４図・第４表）。なお、結果表は、落葉広葉樹で点数の少ない分類群をその他の落葉広葉樹として一括している。

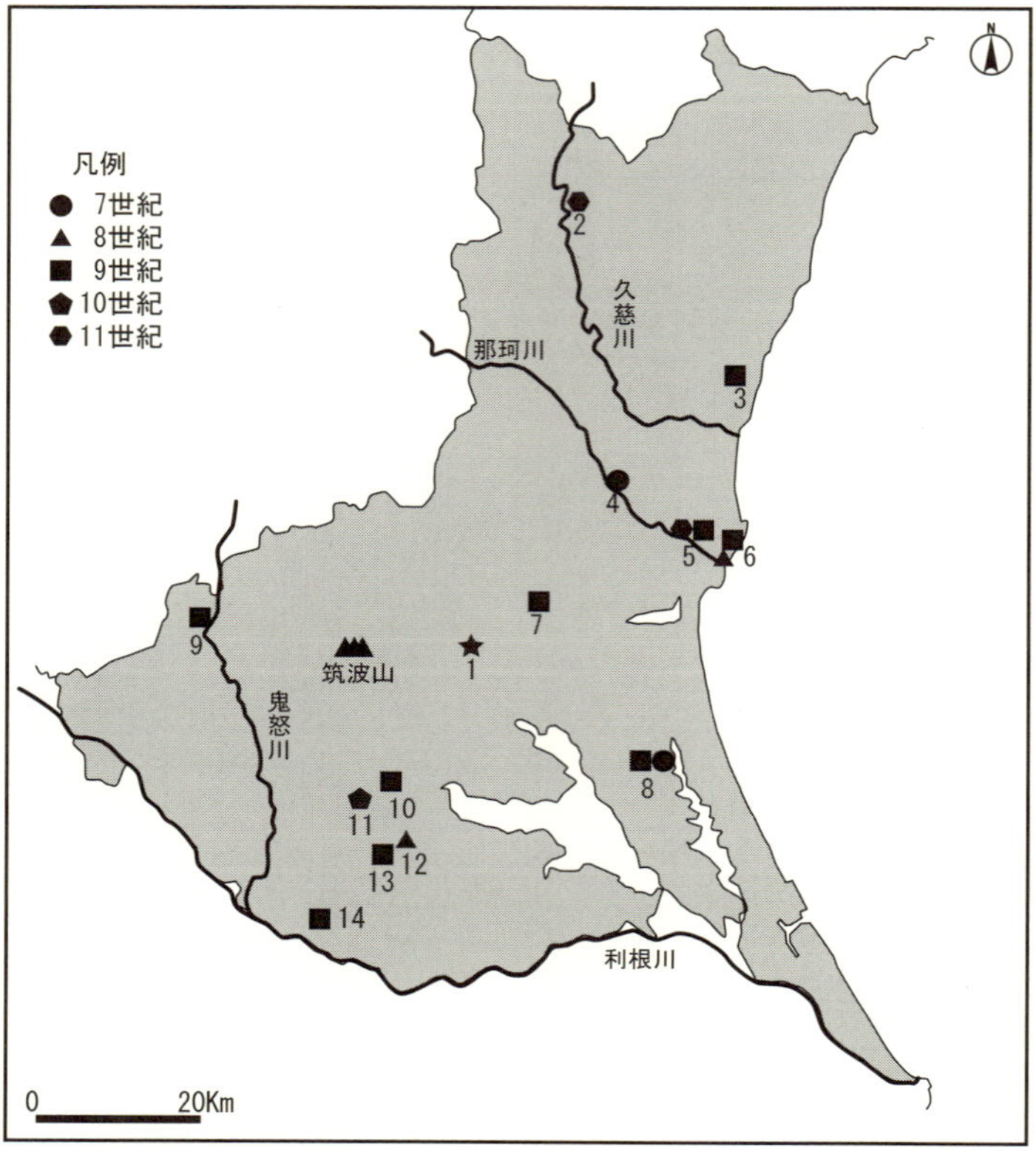

1. 瓦塚窯跡（石岡市）　2. 番城内遺跡（大子町）　3. 諏訪遺跡（日立市）　4. 白石遺跡（水戸市）　5. 武田西塙遺跡・武田石高遺跡・武田原前遺跡（ひたちなか市）　6. ぼんぼり山遺跡・船窪遺跡・半分山遺跡　7. 東平遺跡（旧岩間町）　8. 木工台遺跡（行方市）　9. 下り松遺跡（結城市）　10. 中原遺跡（つくば市）　11. 熊の山遺跡（つくば市）　12. 馬場遺跡（牛久市）　13. 行人田遺跡（牛久市）　14. 甚五郎崎遺跡（取手市）

第４図　茨城県における住居跡出土炭化材の調査遺跡位置図

第4表　茨城県における住居跡出土炭化材の時期別種類構成

分類群＼時期	7C	8C	9C	10C	11C	合計
針葉樹						
複維管束亜属				2		2
モミ属			3			3
スギ				3		3
ヒノキ科	1	1	3			5
カヤ			1			1
落葉広葉樹						
クヌギ節	3	6	11		1	21
コナラ節	2	4	1	1	1	9
クリ	1	8	91	7	1	108
ケヤキ		5	5	2		12
サクラ属			8	1	1	10
ムクロジ	2		3	1		6
その他の落葉広葉樹	2	3	15	1	2	23
常緑広葉樹						
アカガシ亜属	4	2	4			10
シイ属	1		3			4
その他						
種類不明の広葉樹		7	3	1		11
タケ亜科			1	1		2
イネ科		1	3	3		7
合　計	16	37	155	23	6	237

住居跡のデータには、石岡市周辺の調査例が含まれていないが、十世紀以降の資料にアカガシ亜属が認められない結果は注目される。一方で、クヌギ節やコナラ節は各時期に確認でき、アカガシ亜属からクヌギ節やコナラ節に変化しているようには見えない。

茨城県内における住居跡出土炭化材の樹種同定結果は、沿海地で常緑広葉樹が目立つ一方、内陸部ではクヌギ節やコナラ節の利用が多いことが指摘されている[伊東・山田 二〇一二]。また、日本全国の花粉分析結果をまとめた研究を見ると、茨城県では十〜十一世紀の植生変遷に関する資料は得られていない[安田・三好 一九九八、大井 二〇一六]。瓦塚窯跡の樹種同定結果が植生変遷を示すことを支持するだけの資料は得られていないのが現状である。

今後、窯跡の資料を蓄積すると共に、周辺植生を反映する住居跡出土炭化材や杭材の樹種に関する資料の蓄積、低地遺跡での花粉分析なども実施していくことが望まれる。

まとめ

関東地方における国分寺瓦窯の燃料材利用と古植生との関係について、埼玉県南比企丘陵と茨城県瓦塚窯跡の事例を紹介した。南比企丘陵において、花粉分析結果と樹種同定結果に関連が見られたことは、窯業と古植生を考える上で重要な成果といえる。なお、南比企丘陵の事例をみると、瓦窯跡と須恵器窯跡で燃料材の種類構成に大きな違いは見られず、似たような用材選択であったと考えられる。一方、データベースをみると、国分寺瓦窯以外の瓦窯や須恵器窯跡出土炭化材についても、関東地方では調査事例が少ない。今回紹介した他には、群馬県で天代瓦窯跡遺跡（中之条町）とヌカリ沢Ａ窯跡（旧吉井町）の二例が確認できたのみである。須恵器窯等において燃料材の調査事例を蓄積することは、国分寺瓦窯の燃料材利用を考える上でも重要である。今後多くの窯で燃料材の用材選択に関する資料が蓄積されることを期待したい。

〔追記〕末尾になりましたが、執筆の機会を与えて頂いた田中広明氏、調査事例を御教示頂いた小杉山大輔氏、南比企丘陵や群馬県の窯業について多くの御教示を頂いた永井智教氏に厚く御礼申し上げます。

引用文献

伊東隆夫・山田昌久編　二〇一二年『木の考古学』海青社
鈴木三男・渡辺一・能城修一　一九九三年「埼玉県比企郡鳩山窯跡群（八―九世紀）出土炭化材の樹種と燃料材の用材」『Ann. Sci. Kanazawa Univ.』三〇号
大井信夫　二〇一六年「花粉分析に基づいた日本における最終氷期以降の植生史」『植生史研究』第二五巻
安田喜憲・三好教夫　一九九八年『図説　日本列島植生史』朝倉書店
石岡市教育委員会　二〇一七年『瓦塚窯跡』
大阪府教育委員会　一九七八年『陶村Ⅲ　本文編』
埼玉県埋文事業団　一九九八年『末野遺跡Ⅰ』
埼玉県埋文事業団　一九九九年『末野遺跡Ⅱ』
鳩山町教育委員会　一九九五年『竹之城・石田・皿沼下遺跡』
鳩山町教育委員会　二〇〇七年『鳩山の遺跡・古代窯業』
鳩山町教育委員会　二〇一六年『新沼窯跡』

第2部　東国の国分寺瓦窯

相模国分寺瓦窯［1］

横須賀市 乗越瓦窯

中三川 昇

はじめに

乗越瓦窯(1)は神奈川県の東南部に位置する三浦半島中部、横須賀市秋谷の相模湾に面した場所に所在する相模国分寺創建期の瓦窯である（第1・2図）。窯跡から相模湾の入江まで最短で約五〇メートル、相模川河口まで海路約二三キロ、さらに相模川河口から相模国分寺の逆川船着場跡まで約二〇キロである（第1図・第14図）。瓦窯は主に凝灰岩層を基盤とする海成段丘斜面に立地するため粘土層はないが、瓦窯北東の丘陵地帯は新第三期中新世前期の葉山層群が卓越する地域で随所に粘土層がみられる。また、瓦窯の東方約六・八キロの位置には相模国最古の寺院ともされる宗元寺跡があり、その近辺に同寺創建期の瓦窯と想定される石井瓦窯や法塔瓦窯等の瓦窯想定地［河野 一九九〇］と平窯の公郷瓦窯［赤星 一九九八］がある。

乗越瓦窯出土瓦の報文は赤星直忠による報告［赤星 一九五五］を嚆矢とするが、後に5号・6号窯の隣接地点での浄化槽工事中に出土した瓦が軽部一二により報告され［軽部 一九七六］、古代の瓦散布地として知られることとなった。その後、河野一也らにより旧相模国内出土瓦の検討が行われ、同様な瓦が横須賀市内の宗元寺跡をはじめ、鎌倉市の千葉地東遺跡や海老名市の相模国分寺跡等で出土していることが確認され、八世紀中葉頃の年代観が示された

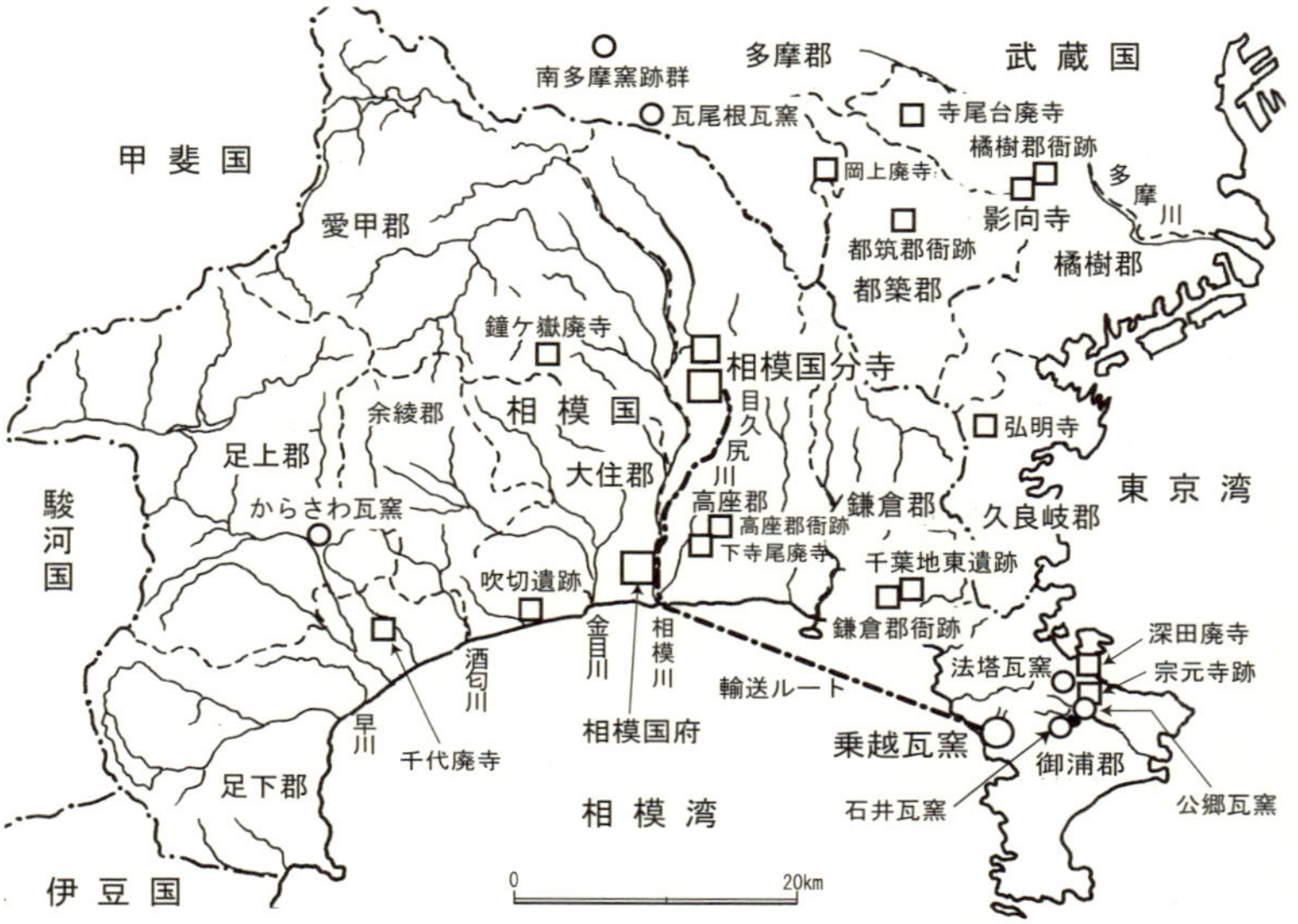

第１図　神奈川県内の主な古代寺院跡及び瓦窯関連遺跡

第２図　乗越瓦窯と周辺の遺跡

〔河野 一九九〇〕。また、当時は瓦窯である確証がなく、「秋谷乗越系瓦」〔河野ほか 一九八八他〕や単に「乗越系瓦」〔國平二〇〇二他〕等と認識されていた。平成十九年九月に周知の乗越遺跡隣接地での宅造工事中に窯跡が発見され、翌年三月まで行われた発掘調査で瓦窯八基（登り窯五基・平窯三基）が調査され、相模国分寺僧寺創建期の軒丸瓦片（第4図）が出土したことから、相模国分寺創建期の瓦窯であることが確認された遺跡である〔横須賀市教委 二〇一二〕。

1 発見された遺構

(1) 窯 跡

A地区で登り窯三基、B地区で平窯三基、C地区で登り窯二基の計八基が発見された。いずれも凝灰岩主体の岩盤を刳り抜いて構築された瓦窯である（第3図・第1表）。登り窯は全て地下式有階有段の窖窯で、5号窯のみ床面を無段・無階の須恵器窯に改修されている（第7図）。2〜4号窯は排煙坑が二段の煙道部を持つ（第6図）。2号窯は階前面に凝灰岩切石を並べ段数を増やし、3号窯は最下段前面に凝灰岩切石を並べ段幅を広げている（第5図）。また、2・3号窯では煙道部に閉塞石が残り焼成部の大半が空洞状態で残されていた。5・6号窯では前庭部が確認されたが（第7図）、5号窯前庭部埋土からの出土遺物はなく、6号窯前庭部埋土からは平瓦小片が一点出土したのみであった。

平窯はB地区で三基が発見された。いずれも燃焼室は岩盤を刳り抜いて築かれている。焼成室の平面形はやや横長の方形である。焼成室の奥壁外に煙道はなく、天井部に開口部を設け煙道とする構造であったと考えられる。焼成室の下部構造を窺える1号窯のロストルは凝灰岩切石を三個並べた六列。通焔孔は焼成部の前壁幅に合わせた横長で、凝灰岩切石をロストルから前壁に立て掛け分焔柱としている（第9図）。

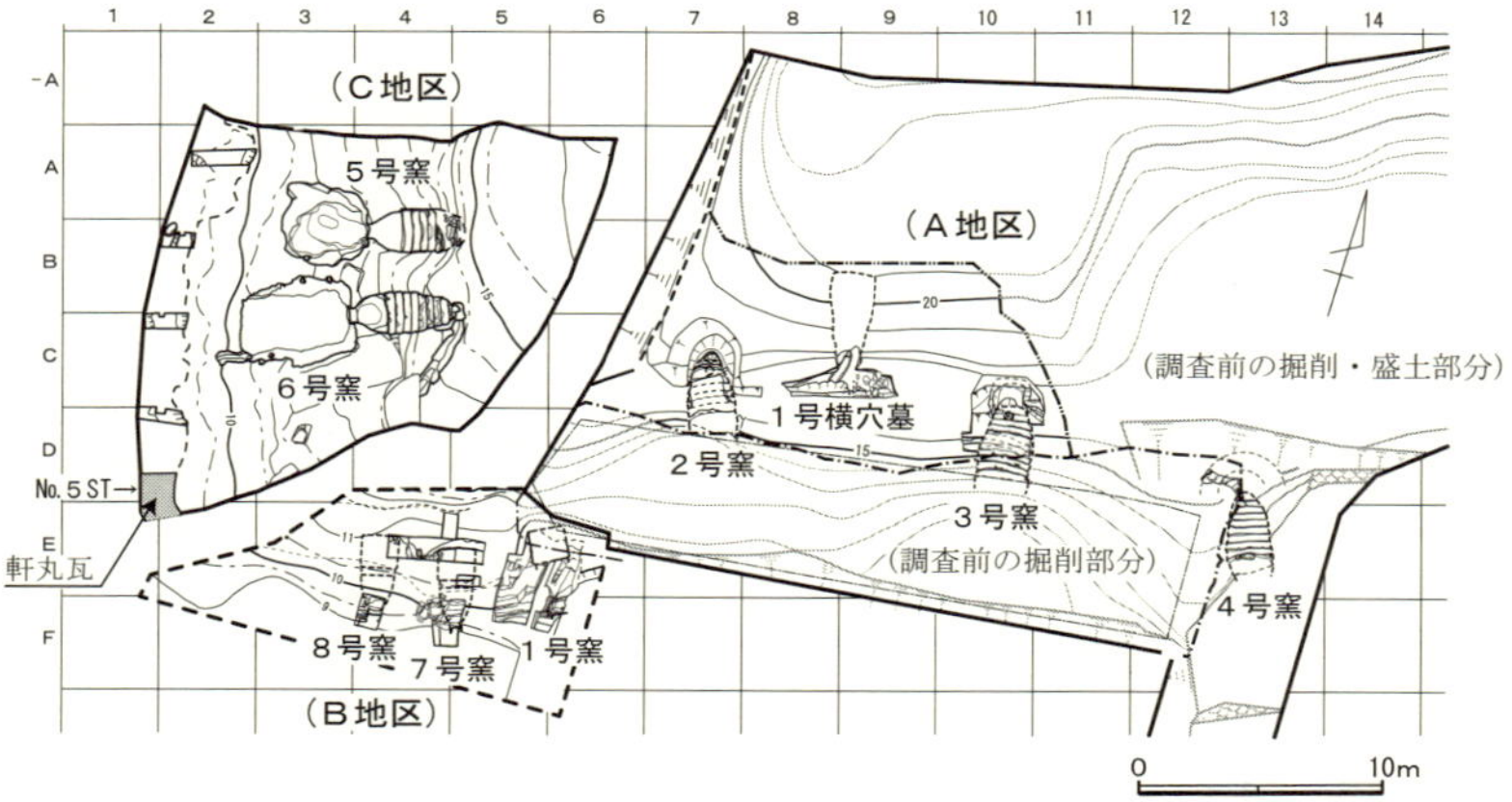

第３図　乗越瓦窯遺構配置図(横須賀市教委 2012 より一部改変)

第１表　窯跡一覧表

遺構名	構造	計測値等（角度以外の単位はm）
１号窯	平窯	全長 3.82、焼成室幅 1.52・長 1.40・高 2.2 以上、牀６条
２号窯	有階有段	残存長 3.47、焼成部長 2.32、最大幅 1.98、階高 4.46、段数８段、傾斜角 45°、煙道高 1.6
３号窯	有階有段	残業長 3.21、焼成部長 2.88、最大幅 2.22、階高 0.51、段数 11 段、傾斜角 41°、煙道高 2.1
４号窯	有階有段	確認長 3.42、焼成部長 2.78、最大幅 1.87、階高 0.30、段数９段、傾斜角 37°、煙道高 1.06
５号窯	有階有段	残存長 4.03、焼成部長 2.52、最大幅 1.84、階高 0.33、段数８～９段、傾斜角 45° 前後（瓦窯）・40° 前後（須恵器窯）、前庭部幅 3.57・長 3.51
６号窯	有階有段	残存長 4.52、焼成部長 2.95. 最大幅 1.81、階高 0.40、段数９段、傾斜角 45°、前庭部幅 3.88・長 4.81
７号窯	平窯	全長 3.624、焼成室幅 1.48・長 1.37（確認調査）
８号窯	平窯	全長 3.53（確認調査）

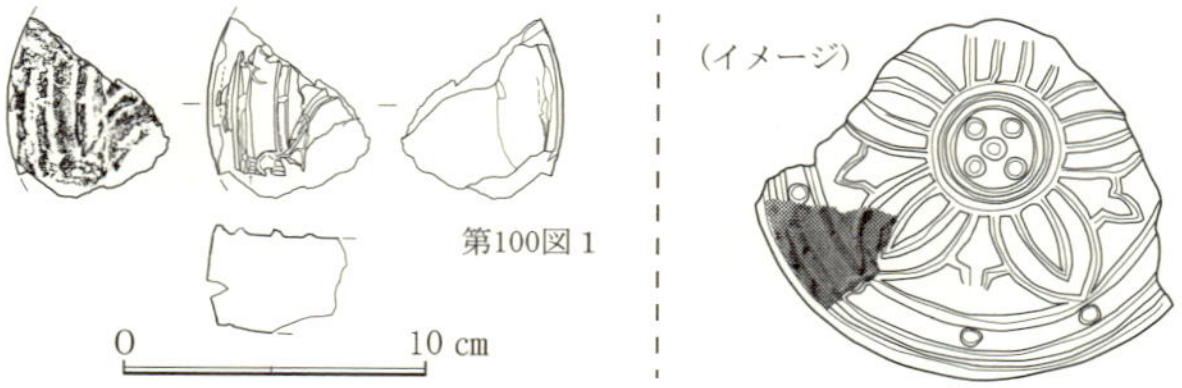

第４図　乗越瓦窯出土の軒丸瓦(横須賀市教委 2012 より)

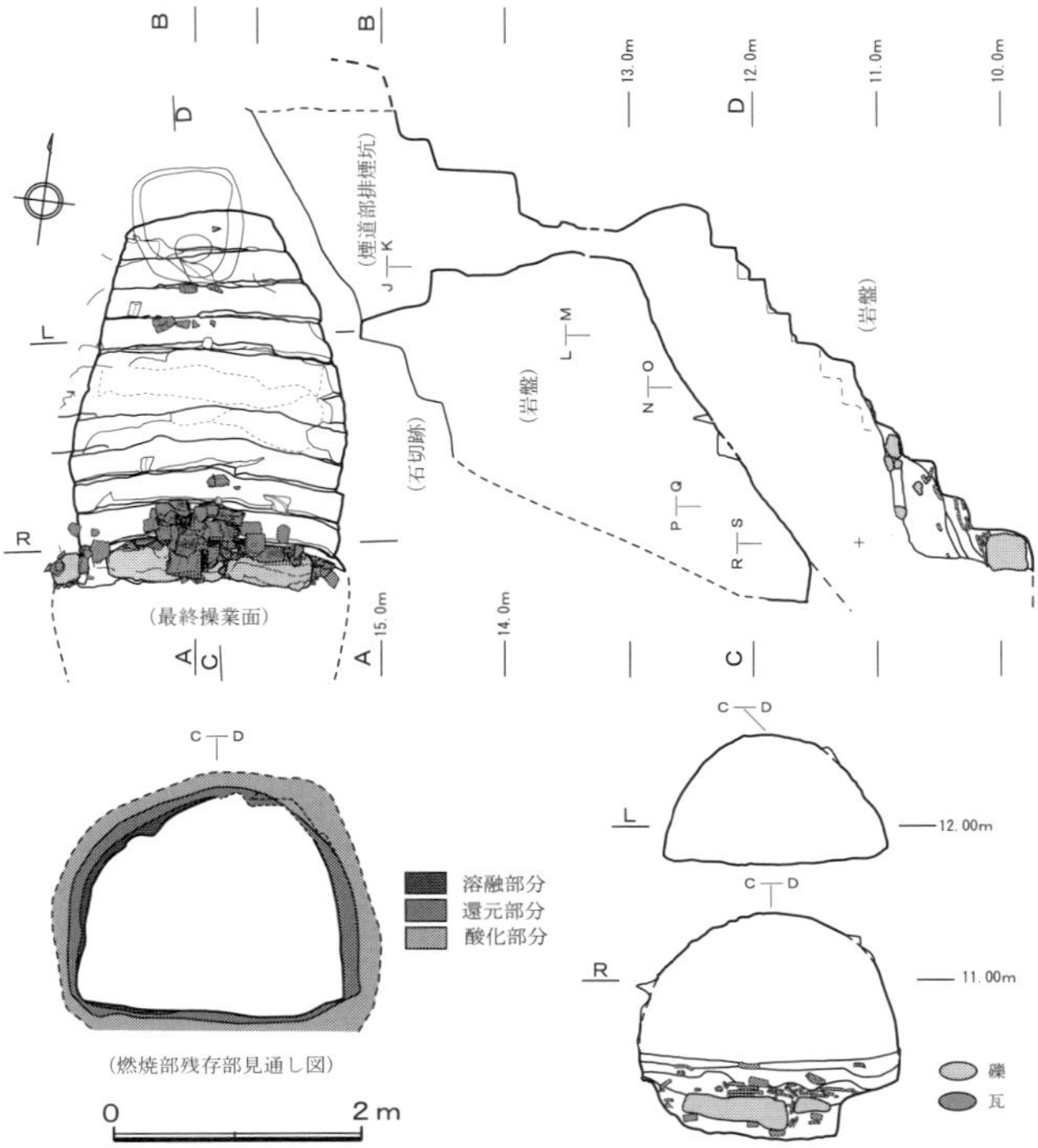

第5図　3号窯実測図(横須賀市教委 2012 より作成)

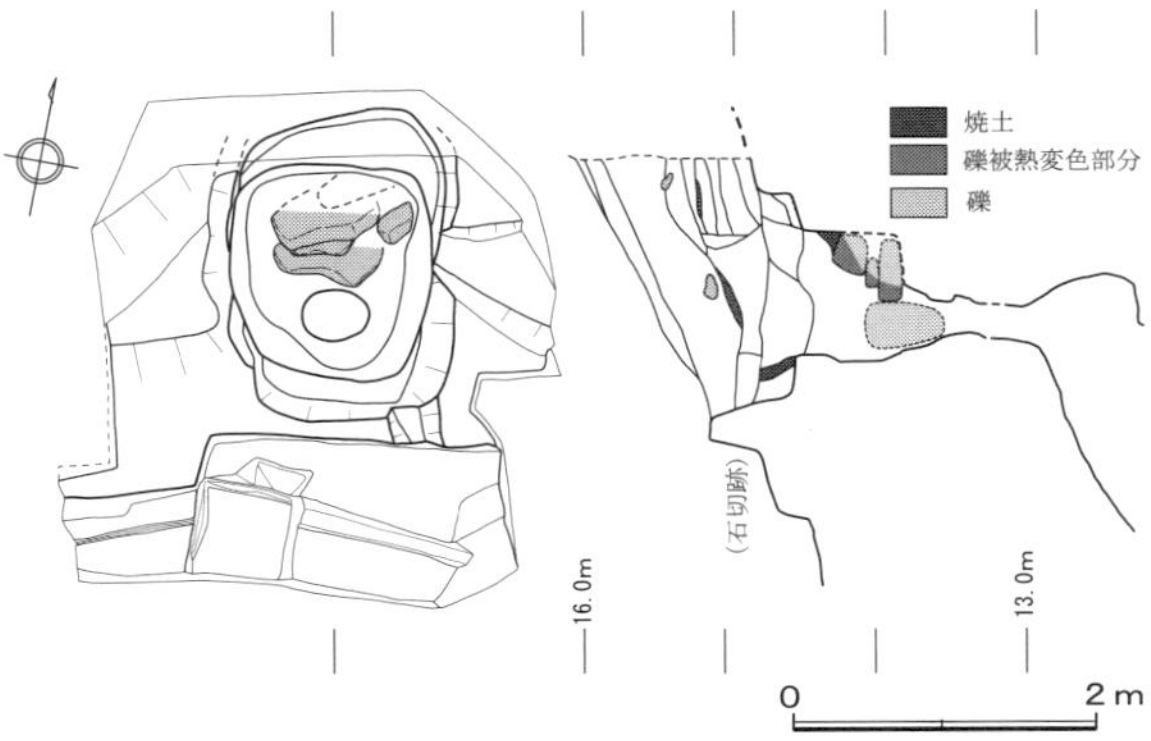

第6図　3号窯煙道部実測図(横須賀市教委 2012 より作成)

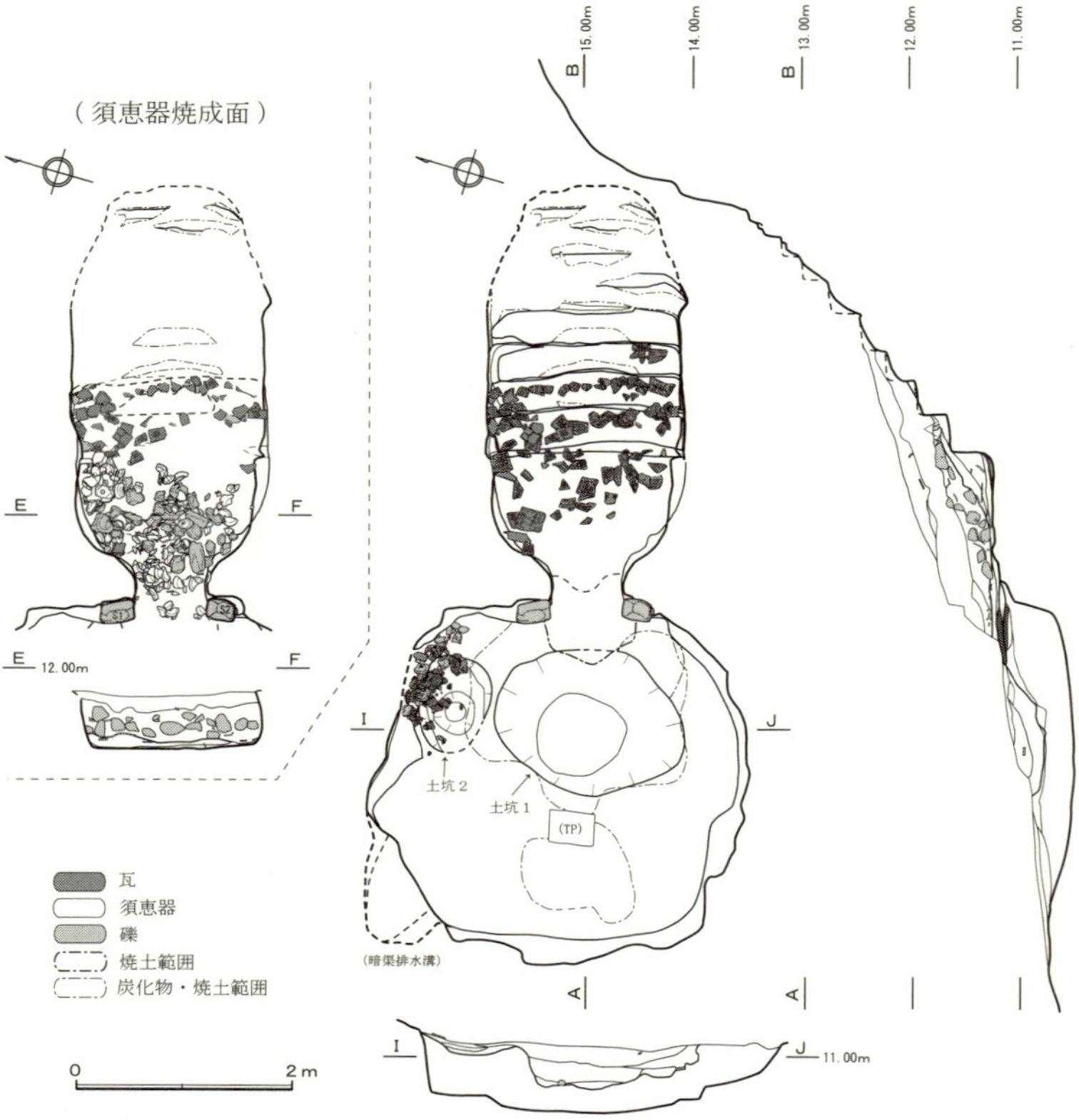

第７図　５号窯実測図（横須賀市教委 2012 より作成）

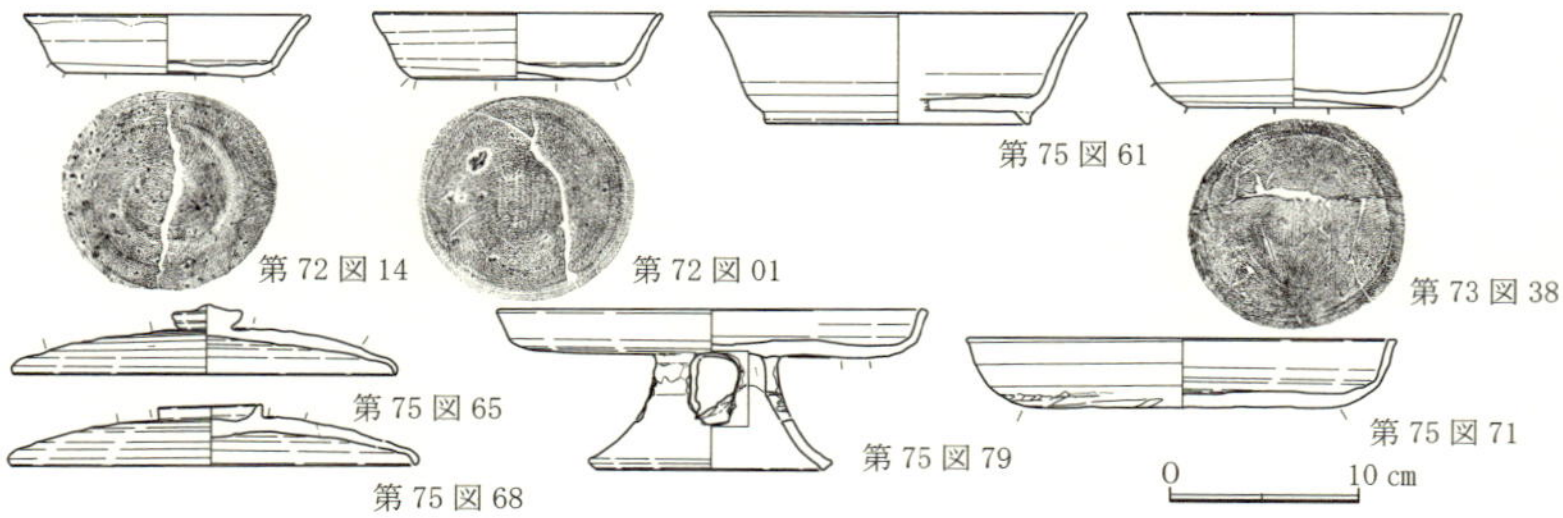

第８図　５号窯出土須恵器（横須賀市教委 2012 より）

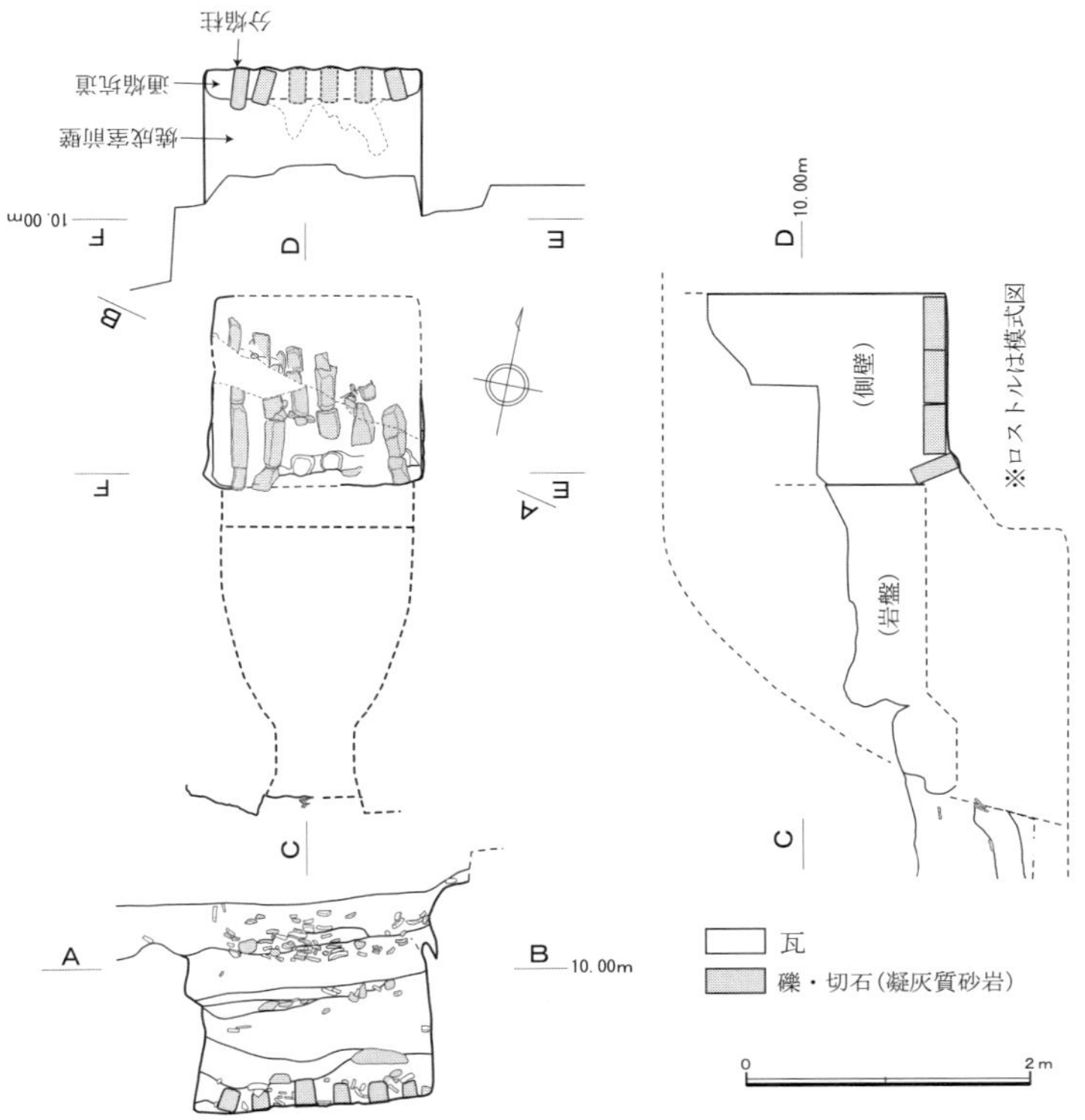

第９図　１号窯実測図（横須賀市教委 2012 より）

第２表　整形・調整技法による乗越瓦窯出土瓦の分類

１．平瓦
Ⅰ類＝凸面平行叩き
Ⅱ類＝凸面縄目叩き→平行叩き
Ⅲ類＝凸面縄目叩き
Ⅳ類＝凸面格子叩き
２．丸瓦
Ⅰ類＝凸面平行叩き→ナデ
Ⅱ類＝凸面縄目叩き→ナデ
Ⅲ類＝凸面ナデ（叩き具不明）

なお、5号窯は最終操業時に窯体床面を無階無段に改修し(第7図)、坏・埦・盤・蓋等の須恵器を焼成している(第7・8図)。また、6号窯でも坏・埦等が少量、2号窯で坏と円面硯各一点等の須恵器片が出土している。なお、燃料材であるが、5・6号窯出土炭化材の樹種同定結果[パリノサーヴェイ二〇一二]では、スダジイ・トベラ・クスノキ科、アカガシ亜属等、現在周辺地域に自生する材が用いられたと推定されている。

(2) その他の遺構

2号窯と3号窯の煙道部施設の中間にある1号横穴墓は瓦窯操業時には開口状態で作業場等として再利用されていたと考えられる遺構である(第3図)。しかし調査対象地が窯跡周辺に限られているため、粘土採掘坑や工房等の関連遺構は確認されていない。

3　出土遺物

(1) 瓦

出土した瓦は軒丸瓦片一点を除き、平瓦・熨斗瓦・丸瓦等の道具瓦片である(第10・11図)。出土瓦の分類は第2表に、窯跡ごとの瓦出土量(重量)は第3表に示したとおりである。なお、瓦胎土の蛍光エックス線分析では、異なる特徴を持つ粘土を同時に使用していたことが確認されている[池谷ほか二〇一二]。

軒丸瓦(第4図)は相模国分寺創建期軒丸瓦の珠文縁単弁五葉蓮華文軒丸瓦である。C地区遺構外からの出土のため、どの窯の製品かは断定できない。

平瓦類(第10・11図)は全て一枚作りで、凸面調整には平行叩きのみのⅠ類、縄目叩き後平行叩きのⅡ類、縄目叩き

第３表　乗越瓦窯遺構別出土瓦重量一覧表

種　別	丸　瓦（Ⅲ類は詳細不明瓦）			平　瓦			
分　類	Ⅰ類	Ⅱ類	Ⅲ類	Ⅰ類	Ⅱ類	Ⅲ類	Ⅳ類
１号窯	**9,312**	2,035	8,770	2,304	**6,491**	2,280	604
２号窯	1,707	**1,990**	4,291	575	3,791	**21,201**	0
３号窯	512	**7,173**	4,276	0	0	**76,596**	156
４号窯	910	**5,298**	3,483	282	0	**40,571**	0
５号窯	**2,689**	0	4,276	5,942	15,491	**29,898**	0
６号窯	**13,050**	813	1,281	2,851	**63,316**	63,252	0
７号窯	**486**	65	0	286	505	**2,132**	0
８号窯	650	0	1,911	0	465	**5,459**	0

のみのⅢ類、格子叩きのⅣ類がある。また、凹面側縁に枠板痕があるものや、凹面から端面まで布目痕を残すものもある。丸瓦(第11図)は凸面平行叩き後ナデ調整のⅠ類、縄目叩き後ナデ調整のⅡ類、叩き具不明のⅢ類がある。

遺構別の類別出土重量比を比較すると、1号窯は平瓦がⅠ類二〇％（小数点以下四捨五入、以下同）・Ⅱ類五六％・Ⅲ類二〇％・Ⅳ類五％である。Ⅰ類の比率も高いが大半が覆土中出土で、5・6号窯または2号窯等で焼成された瓦片を焼台として再利用したほかは、主に凸面縄目叩きの瓦類を焼成した窯である。

2号窯＝平瓦はⅠ類二％・Ⅱ類一五％・Ⅲ類八三％である。Ⅰ類とⅡ類の比率は低く、凸面縄目叩きのⅢ類が主体的である。丸瓦はⅠ類二一％・Ⅱ類二四％・Ⅲ類五三％である。Ⅰ類の大半が窯体改修時の切石裏込部からの出土で、窯体改修前には平瓦ではⅡ類が卓越するものの、窯体改修後は主に凸面縄目叩きの瓦を焼成した窯と考えられる。

3号窯＝平瓦は窯体改修裏込め出土の凸面格子叩きの平瓦Ⅳ類が一点あるものの、他は全て凸面縄目叩きの平瓦Ⅲ類である。丸瓦は窯体切石裏込めと煙道部出土の凸面平行叩きの丸瓦Ⅰ類が四点含まれるが、他は凸面縄目叩きの丸瓦Ⅱ類と詳細不明の丸瓦Ⅲ類である。本窯も2号窯同様、窯体改修前に凸面に平行叩きの丸瓦Ⅰ類を焼成した可能性はあるが平行叩きを施す平瓦Ⅰ・Ⅱ類はなく、主に縄目叩きの瓦類を焼成した窯である。

4号窯＝平瓦はⅠ類が窯体覆土中から一点出土しているが、他は縄目叩きのⅢ

類である。丸瓦はⅠ類九%・Ⅱ類五五%・Ⅲ類三六%である。丸瓦Ⅰ類は窯体覆土と煙道部からの出土であり、当初より凸面縄目叩きの瓦類を焼成した窯である。

5号窯=平瓦はⅠ類一二%・Ⅱ類三〇%・Ⅲ類五八%である。丸瓦はⅠ類三九%・Ⅲ類六一%でⅢ類が過半を占めるが、縄目叩き後ナデ調整の丸瓦Ⅱ類はない。また、以上は須恵器焼成前の焼成品である。

6号窯=平瓦はⅠ類二%・Ⅱ類四九%・Ⅲ類四九%で、Ⅱ類とⅢ類は同比率であるが、Ⅰ類はごくわずかである。丸瓦はⅠ類八六%・Ⅱ類五%・Ⅲ類九%で大半がⅠ類である。なお、これらの瓦の大半は6号窯出土須恵器より上層からの出土である。7・8号窯=いずれも部分的な調査のため詳細は不明であるが、基本的には1号窯とほぼ同時期の窯跡と考えられる。

次に各窯の操業時期であるが、窯構造及び出土瓦の構成比率の相違等から、前庭部埋め土に遺物を全く含まないC地区の5号窯が最初に築かれ、若干遅れて隣接する6号窯が築かれ一定期間同時操業していたと思われるが、5号窯は須恵器焼成後に天井部が崩落し廃棄され、6号窯も最終的に天井部が崩落し廃棄されている。この間に5号窯を代替する形でA地区に2号窯が築かれ、おそらくは6号窯廃窯前後に3号窯が、その後に4号窯が築かれたと想定される。このような変遷過程は、階が相対的に高く明瞭な5・6号窯から階が低く無階有段に近い4号窯へと変遷する階高の減少傾向からも指摘できると思われる。

平窯については登り窯がC地区からA地区に展開する過程とほぼ同時期に新たに導入され、A地区の登り窯群とともに瓦生産にあたったと考えられる。ちなみに横須賀市域では宗元寺の創建期瓦を嚆矢として七世紀後半代から瓦生産が行われていたと考えられ［中三川 二〇一五ほか］、地下式有階有段登り窯の技術的基盤はすでに存在していたと思われるが、平窯は当時最新の瓦窯形態であり、その導入に当たっては天平十九年の国分寺建立督促の詔のような大きな契機が存在したと考えられる。

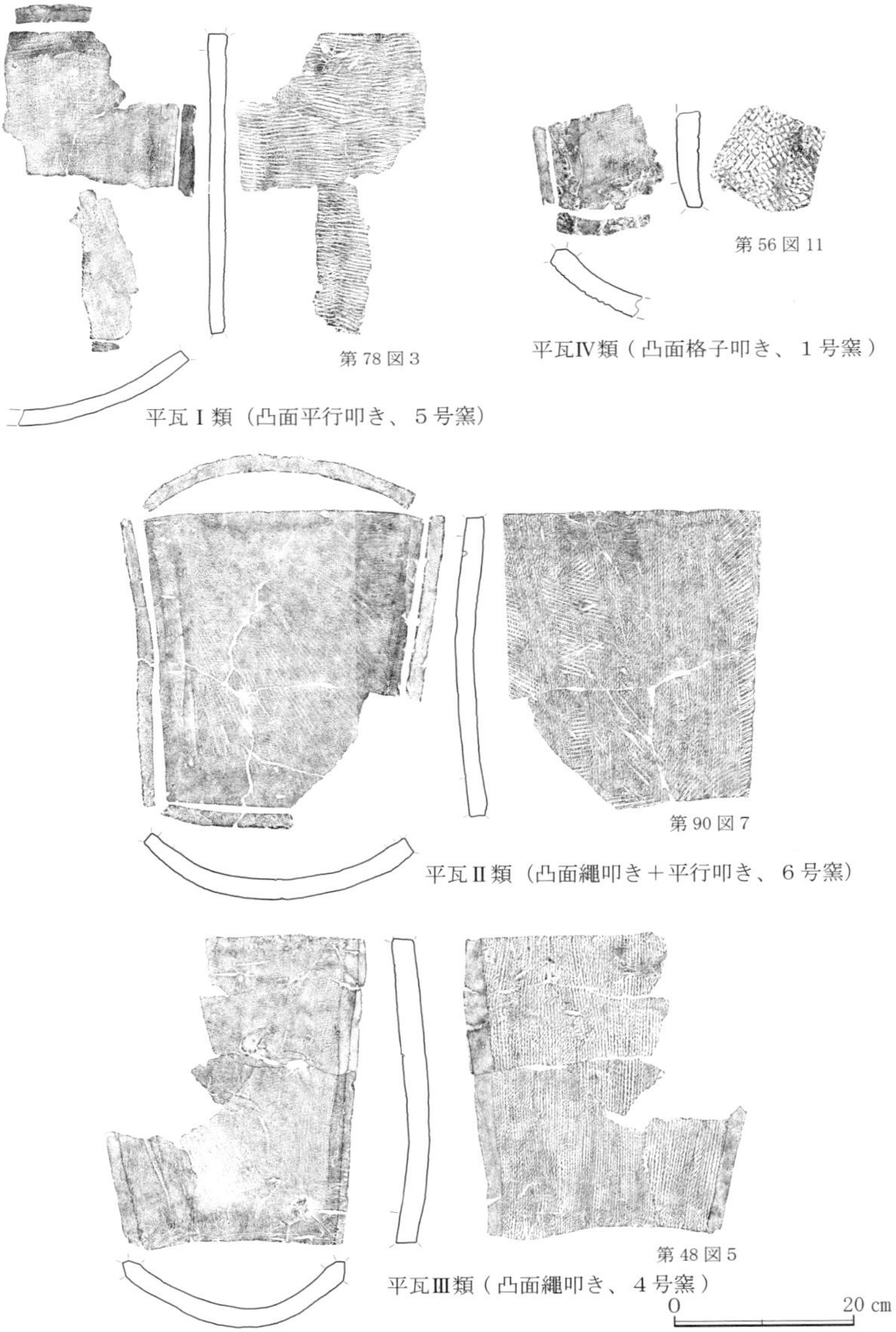

第10図　乗越瓦窯出土平瓦（横須賀市教委 2012 より）

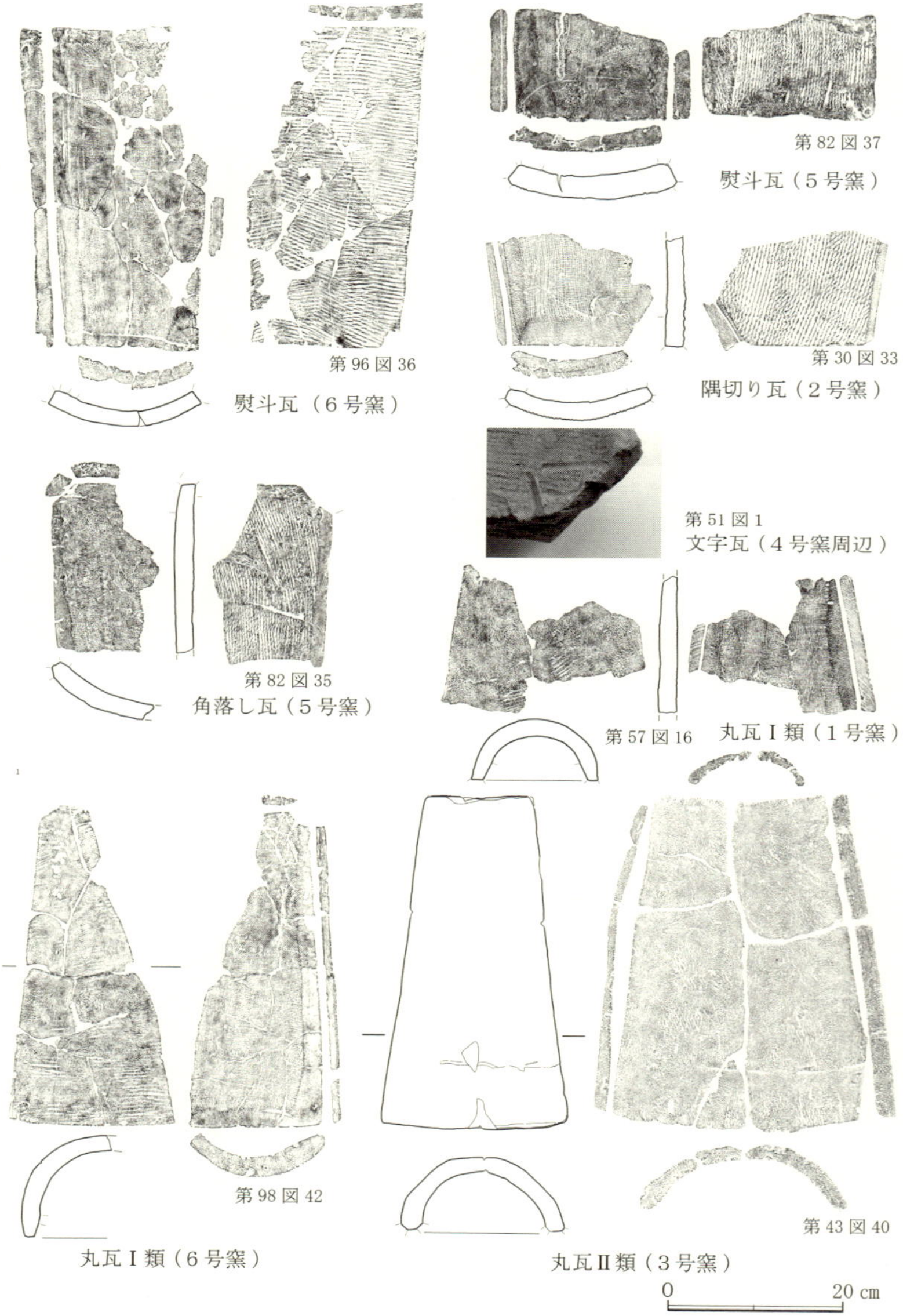

第11図　乗越瓦窯出土丸瓦ほか（横須賀市教委2012より）

なお、5号窯と6号窯を中心に出土した丸瓦Ⅰ類の分割技法は糸切り分割で、南多摩窯跡群中の御殿山窯跡群の平安時代の丸瓦にも認められる技法である〔遠藤ほか 二〇〇〇〕。同技法の伝搬過程の解明は相模国分尼寺建立過程を検討する上でも重要かと思われる。また、B地区の遺構外から凹面に文字と考えられるヘラ書きのある平瓦片が一点出土している。文字全体は不明であるが「田」を含む文字と思われる。また、過去の乗越瓦窯出土の平瓦片に「沙」のヘラ書き文字があると指摘されているが〔軽部 一九七六〕、発掘調査で出土した文字瓦は一点のみで、基本的に乗越瓦窯では文字瓦は必要とされなかったと考えられる。

⑵ 須恵器

5号窯と6号窯及び2号窯から須恵器が出土している。総数量は九六点（坏四一点・埦二二点・小埦三点・高台付埦四点・蓋一五点・盤三点・高盤八点・円面硯一点）である。5号窯からは坏・高台付埦を含む埦・脚付きの高盤を含む盤・環状つまみと宝珠状つまみを持つ蓋等が出土し、6号窯は坏・埦のみ、2号窯は坏と円面硯かと思われる脚部片各一点である（第8図）。5・6号窯出土の須恵器坏・埦類の底部切り離し技法は静止糸切り離しで、底部外面外周を中心に回転ヘラ削りが施され、大半はさらに軽いナデ調整を加えている。坏類の口径は一四・二㌢～一五・六㌢と比較的大型である。

これらの製作技法と他器種を含めた形態的な特徴等は、武蔵国の鳩山窯他の須恵器類との親縁性が強く感じられるところである。また、これらの須恵器はこれまでの須恵器編年研究の成果等では八世紀前半の中頃前後に位置付けられると思われるが〔渡辺ほか 一九八八ほか〕、相模国分寺跡からは5号窯の須恵器焼成面より下層からも出土する平瓦Ⅰ～Ⅲ類が出土しており、乗越瓦窯出土須恵器の年代が相模国分寺創建期を大きく遡ると想定することは困難である。また、2号窯の出土品を除き供膳形態の器種のみが焼成されており、何らかの事情により特注品的に焼成されたものと思われ、現在のところ他遺跡では明確には確認されていない。

3　乗越瓦窯と相模国分寺

神奈川県海老名市に所在する相模国分僧寺跡の出土瓦について、昭和五十九年に河野一也が分類・集計を行い、推定産地別割合を提示している［河野 二〇〇三・第13図］。その結果では横須賀市内の公郷（瓦窯、以下省略）系瓦約（約、以下省略）三九％・法塔系一％未満・乗越系二九％・松田町のからさわ系瓦一％未満、改修または補修瓦とされる東京都所在の瓦尾根系瓦三一％・南多摩系瓦一％未満との数値が示され、僧寺創建期の道具瓦は乗越系が主体的で軒先瓦は公郷系が主体的であるとされた。

しかし、乗越瓦窯発掘調査の結果、公郷系とされた創建期の軒先瓦が全て乗越瓦窯産であることが確認されたほか、河野分類の旧公郷系＝乗越瓦窯瓦Ⅲ類・丸瓦Ⅱ類三四％＋旧乗越系＝乗越瓦窯平瓦Ⅰ～Ⅱ類・丸瓦Ⅰ類二九％、合計六三％、法塔系＋からさわ系＝一％未満、瓦尾根系・南多摩系＝三一％と解釈することが可能となり、僧寺創建期の瓦に関しては乗越瓦窯の瓦が主体的であることが明らかとなった。また、公郷瓦窯については国分寺創建期より新しく、飛雲文軒平瓦が出土していることからも宗元寺や相模国分寺の改修・補修用瓦を焼成した窯跡と考えられることとなった。

なお、乗越瓦窯産瓦の流通範囲であるが、軒先瓦は相模国分寺（僧寺）のみからの出土であるが、平瓦Ⅰ・Ⅱ類は相模国分寺を中心に宗元寺跡や鎌倉市の千葉地東遺跡で少量出土し、平瓦Ⅲ類および丸瓦Ⅱ類は相模国分寺を主に、横須賀市の宗元寺跡から平塚市の相模国府跡周辺まで広範囲に出土していることが確認されている。

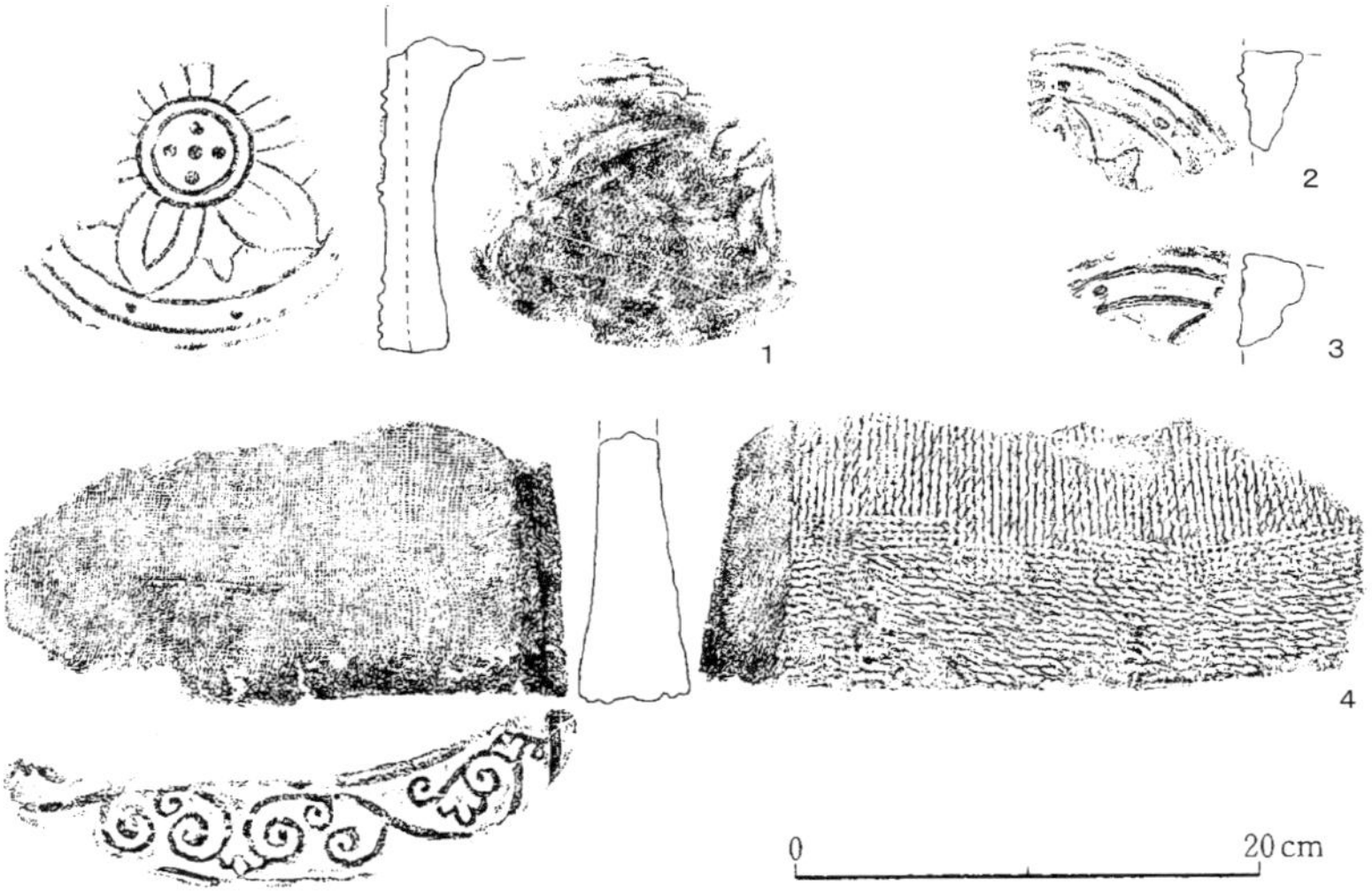

第 12 図　相模国分寺創建期の軒先瓦（國平 2008 より）

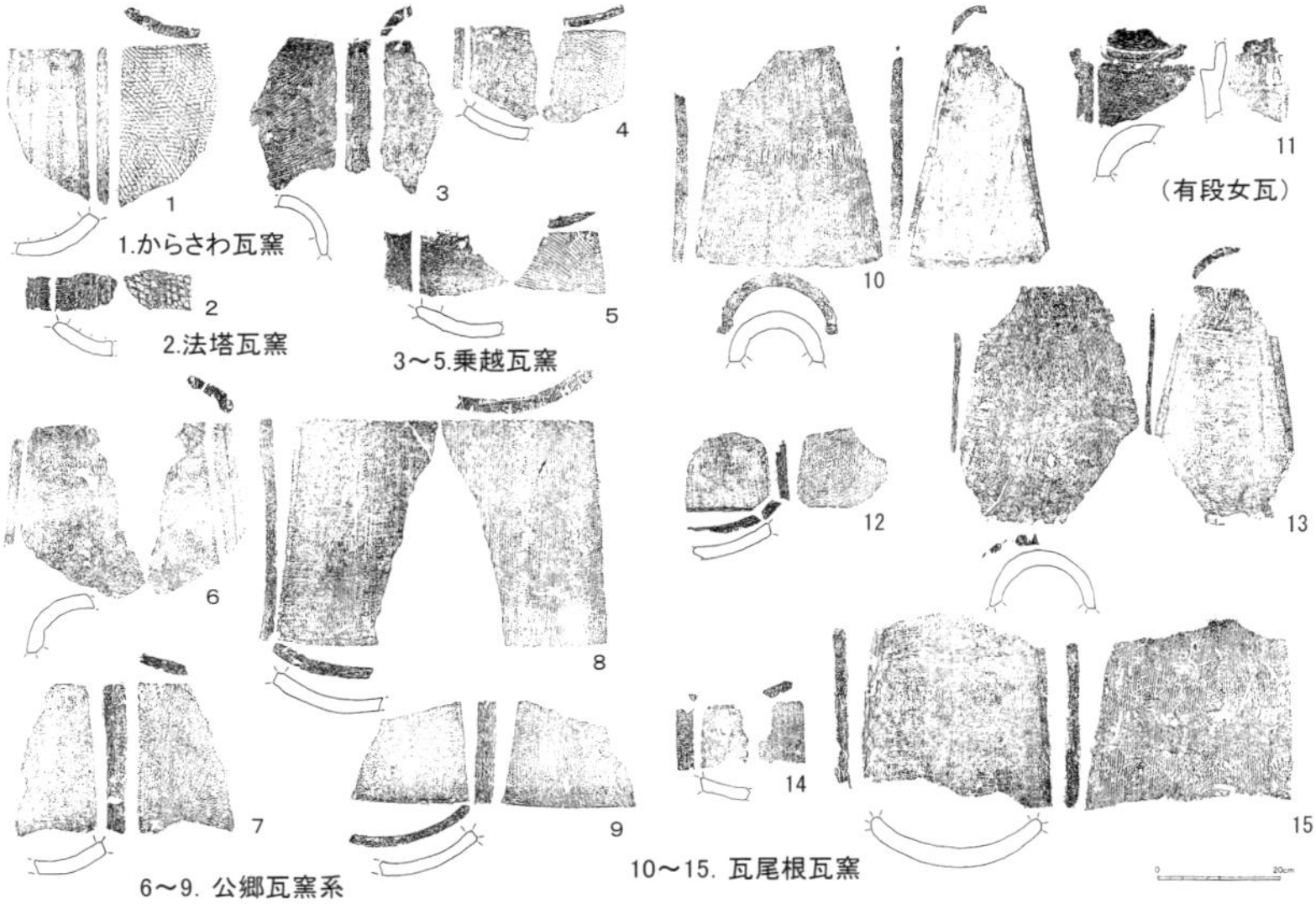

第 13 図　相模国分寺の平瓦と丸瓦（河野 2003 より一部改変）

まとめ

乗越瓦窯の発掘調査により相模国分僧寺創建期瓦の生産状況の一端が明らかになったが、残された課題は多い。瓦窯の構造や変遷過程等は概ね明らかとなったが、未確認の窯跡の存在も予想され、工房や粘土採掘坑等の関連遺構の実態は不明である。確認された軒先瓦は軒丸瓦片一点のみであるが、各窯の灰原部分が残されており、その部分の調査が進展すれば、実態はより鮮明になると思われる。

乗越瓦窯産瓦は、相模国分寺のみならず、横須賀市内を始め相模国府が所在した平塚市内まで広範囲に及んでいるが、その実態は詳らかではない。まずは最大の供給地であった相模国分寺跡出土瓦の詳細が鮮明となることが期待される。また、被熱に強い凝灰岩主体の岩盤を掘り抜いて構築された瓦窯の類例は全国的にも多くはないと思われるが、乗越瓦窯の中に1号横穴墓が存在するとおり、三浦半島地域は古墳時代後期以降の墓制として横穴墓が卓越する地域であり、鑿や手斧等で岩盤を掘削する作業自体に困難はなかったと思われる。なお、乗越瓦窯の窯体には粘土等による壁面の補修痕はなく、全て掘削された状態のまま廃棄されていた。

最後に本瓦窯の操業時期であるが、各窯の操業時期を示す具体的資料はないものの、基本的には相模国分寺の造営開始期前後にC地区の5号窯で始まり、天平十九年(七四七)の国分寺建立督促の詔前後の時期からA・B地区の瓦窯による瓦生産のピークを迎え、相模国分寺(僧寺)完成後に生産を終了したと考えられる。なお、登り窯の2～4号窯は窯体が空洞で使用可能な状態のまま遺棄されており、1号窯他の平窯も同様であったと思われる。確たる根拠は乏しいが、僧寺所用瓦生産のため乗越瓦窯に集められた工人の一部は、僧寺に続く相模国分尼寺所用瓦を生産した瓦尾根瓦窯等に移動した後、宗元寺跡に隣接する公郷瓦窯に再度移動し、飛雲文軒平瓦等を焼成したのではと考えている。

註

（1） 乗越（のりこし）遺跡が埋蔵文化財包蔵地としての名称であるが、本稿では瓦窯とその関連遺構の総称として「乗越瓦窯」とした。

引用・参考文献

赤星直忠 一九五五年「横須賀市子安寺院跡」『日本考古学年報』4
赤星直忠 一九九八年「公郷瓦窯址」『赤星直忠博士文化財資料館だより』7
池谷初恵・池谷信之 二〇一二年「乗越瓦窯跡出土瓦の胎土分析」『乗越遺跡』横須賀市文化財調査報告書49
遠藤正孝ほか 二〇〇〇年『南多摩窯跡群Ⅲ』八王子市南部地区遺跡調査会
大川 清 一九六九年『瓦尾根瓦窯跡』町田市埋蔵文化財調査報告2 町田市教委
軽部一一 一九七六年「横須賀市秋谷出土の古瓦」『横須賀考古学会年報』19
河野一也 一九九〇年「奈良時代寺院成立の一端について（Ⅱ）」『神奈川考古』26
河野一也 二〇〇三年「相模国分寺の年代観」『シンポジウム 国分寺の創建を考える 資料集』相模古代史研究会
河野一也・須田誠・向原崇英・浅井希 二〇一三年「相模国分寺」『国分寺の創建 組織・技術編』吉川弘文館
河野一也・國平健三 一九八八年「奈良時代寺院成立の一端について（Ⅰ）」『神奈川考古』24
國平健三 二〇〇二年「相模国分寺と地方寺院の研究」『神奈川県立歴史博物館総合研究報告』
國平健三 二〇〇八年『瓦が語るかながわの古代寺院』神奈川県立歴史博物館
國平健三 二〇一〇年「相模国にみる古代寺院の展開」『神奈川地域史研究会誌』27
須田 誠 一九九六年「相模国分寺」『第7回考古学講座 神奈川の古代寺院』神奈川県考古学会
須田 勉 二〇一六年『国分寺の誕生』吉川弘文館
中三川昇 二〇一五年「石井系瓦窯から乗越瓦窯へ」『相模国を造る 古代の役所と寺院』神奈川県考古学会
中三川昇 二〇一七年「乗越瓦窯について」『東国古代遺跡研究会第8回研究大会発表要旨 関東甲信越の国分寺瓦窯』
パリノサーヴェイ 二〇一二年「乗越遺跡出土炭化材の樹種」『乗越遺跡』横須賀市文化財調査報告書49
向原崇英・須田誠 二〇一二年『史跡相模国分寺 第1分冊（遺構編）』海老名市教委
向原崇英 二〇一五年「相模国分寺の創建」『相模国を造る 古代の役所と寺院』神奈川県考古学会

横須賀市教委　二〇一二年『乗越遺跡』横須賀市文化財調査報告書49
渡辺　一ほか　一九八八年『鳩山窯跡群Ⅰ』・一九九〇年『鳩山窯跡群Ⅱ』鳩山窯跡群遺跡調査会・鳩山町教委

相模国分寺瓦窯2

町田市 瓦尾根瓦窯跡

髙橋 香

はじめに

瓦尾根瓦窯跡は、多摩丘陵内にある「南多摩窯跡群」を構成する「瓦尾根支群」の一つで、東京都町田市に所在する（第1図）。瓦尾根支群を構成する窯跡として、他に長谷戸瓦窯・セイカチクボ瓦窯・小山窯、№944遺跡1号瓦窯がある。大栗川と境川の分水界となる丘陵尾根の北側に瓦尾根瓦窯・長谷戸瓦窯が、尾根の南側にはセイカチクボ瓦窯・小山窯・№944遺跡1号瓦窯が位置する。瓦尾根瓦窯跡は、平窯四基が発掘調査で確認されており、報告としては一九五八年に「東京都町田市小山町瓦尾根第1号瓦窯址」が『古代』第28号にて、一九六九年に『東京都町田市瓦尾根窯跡　相模国分寺瓦窯跡の

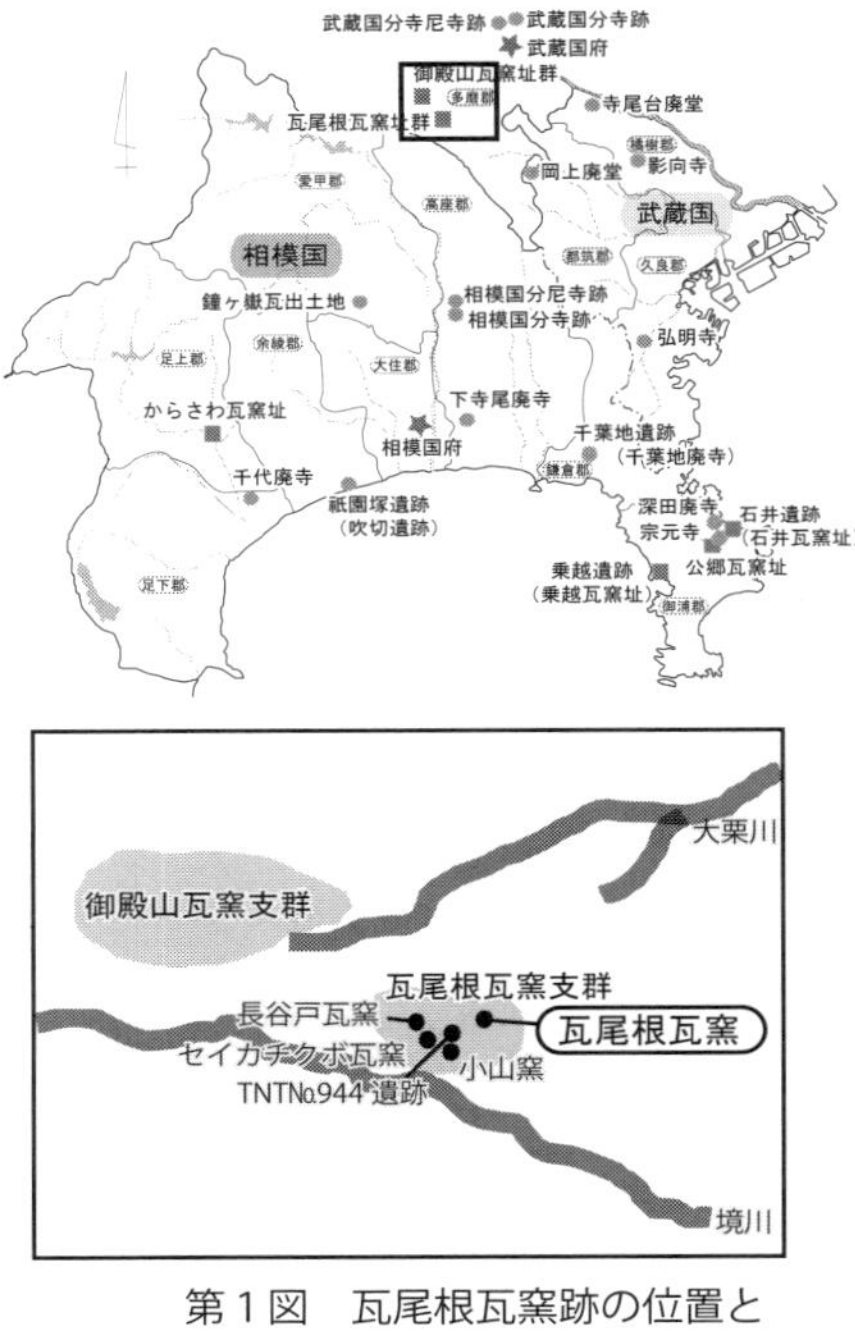

第１図　瓦尾根瓦窯跡の位置と相模古代寺院位置図

第２図　瓦尾根瓦窯跡瓦位置図（左：1969 年報告　右：1979 年報告　一部改変引用）

調査』が町田市と国士舘大学によって報告書が刊行されている。その後、一九七九年に東京都教育委員会から『多摩丘陵窯跡群調査報告』として報告されているが、各報告書によって窯跡の名称が混在している（第２図）。また、各瓦窯の出土瓦の様相はいずれも簡単に触れられているが、窯ごとの瓦の様相などの検討はなされておらず、詳細は不明な状況であった。二〇〇三年に「相模国分寺瓦の年代観」の中で河野一也が瓦尾根瓦窯跡の資料について少し触れ、新たに窯ごとの資料を紹介した。ここでは一九六九年報告の窯№を用いて報告している［河野 二〇〇三］。実際の瓦に対しても、一つの個体に異なる窯名の注記が行われるという事態になっており、現在資料が収蔵されている東京都埋蔵文化財センターにて再整理が進められている。今回の報告では、各窯名称については一九六九年の報告において「かつて報告したものについては、今次の報告によって補訂していただければ幸甚の至りである」［大川 一九六九］としていることから、こちらの窯跡名称を基準としつつ、一九七九年の窯名称を（　）で表記することを明記しておく。

１　瓦尾根瓦窯跡について

瓦尾根瓦窯跡は、多摩丘陵の境川沿いにあたる尾根にあり、北側から入り込んだ谷の最奥部、谷にむかって東側の斜面に四基構築されている。標高は約一

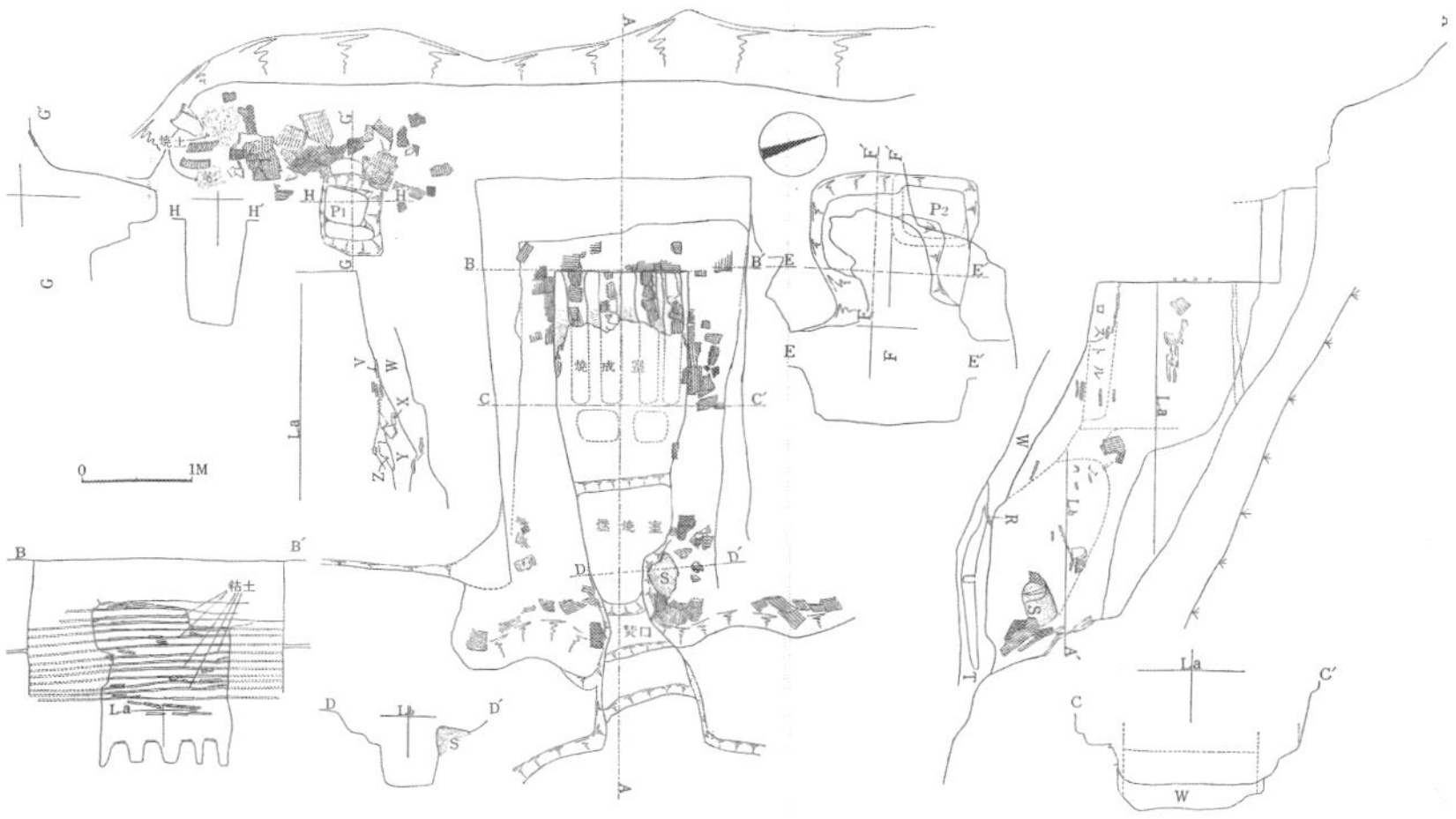

第3図(1) 1号窯遺構図(大川 1969 より引用)

六〇㍍で、戦前に鈴木時政によって3号窯(1号窯)のトレンチ調査が行われた後、一九五七年に大川清を中心として第1次調査が、一九六〇年に東京都南多摩文化財総合調査の一環として第2次調査を、一九六九年には過去の調査の再発掘と一基の窯の計四基の調査を行っている。一九五八・一九七九年報告で1号窯跡とした窯(一九六九年報告では3号窯)からは「群青」「大」などの指ナデ文字がみられるなど、指ナデ文字瓦が特徴的な瓦窯として周知されている。四基の窯はすべて平窯ではあるが、1号窯(2号窯)は窖窯を改築したものと考えられている。以下、各窯の構造について述べていくことにしよう。

1号窯(2号窯)(第3図)

1号窯は全長約三・五㍍、焚口の幅約三五㌢、焚口から奥へ約一・六㍍のところで約一〇㌢の低い緩やかな傾斜に築かれた階をもつ構造である。窯底はほぼ平坦で、階から窯底の傾斜は急になり、奥壁より約六〇㌢手前の牀端にむかい約二五度の勾配があり、炕道の勾配は平均約八度、階から焚口までが燃焼室、階から奥壁までの間を焼成室としている。この両室を区別する幅は約八五㌢、奥壁の幅は約一・一五㍍で、焚口から奥壁に向かって次第に幅広くなっている。窯は、山に向かって約三・六㍍、幅は山寄りが約

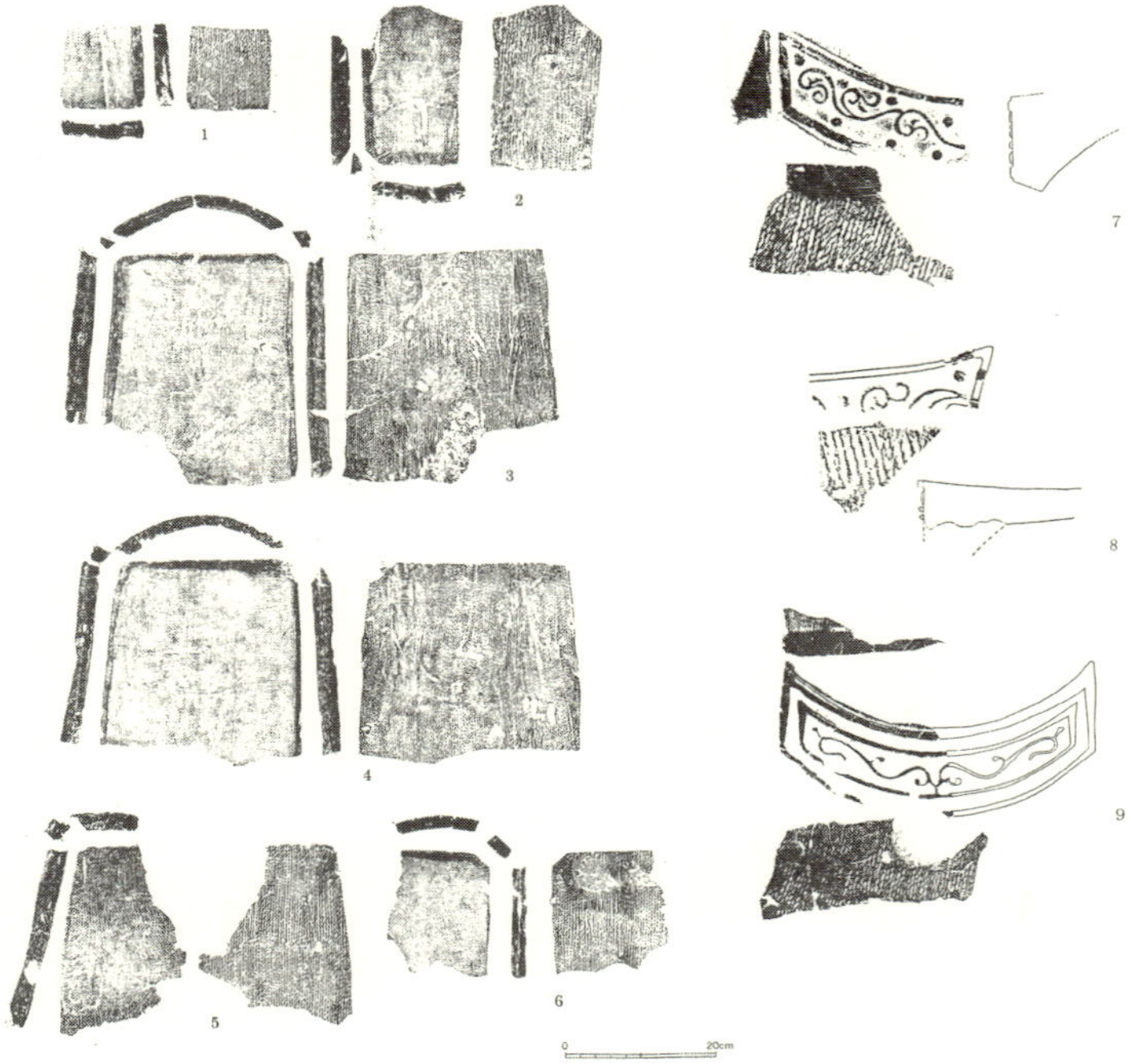

第３図(2)　１号窯出土瓦（大川 1969、河野 2003 より引用）

二・三《メートル》、谷寄りで約二・一《メートル》の長方形で、窯尻付近では約一・三《メートル》、推定障壁付近では約一・三《メートル》の深さに掘り込んだ中に築かれている。

牀の手前の窯底は、無階無段の窖窯のような構造になっている。牀は四条確認され、高さ、幅約二〇《センチ》、長さ最長で六〇《センチ》、短いもので五〇《センチ》である。報告書では、「牀の間にある5条の炕道底部の勾配が約8度であることから、少なくとも牀がこの炕道よりも極端に長かったとは考えられない」としている［東京都教委 一九七九］。奥壁部は平窯の構造にみえるが、牀の手前の窯底などは、無階無段の窖窯の形状にもみえる。焼成室奥壁と奥壁より約一・三《メートル》の左右の壁は、スサ入り粘土と瓦片を交互に積み重ねて構築、その上をスサ入り粘土で上塗りして仕上げている。側壁の現存高は、平均一・五《メートル》ほどである。牀はスサ入り粘土でつくりあげ、その上部に平瓦片をおいている。牀の傾斜は炕道と同様約八度の勾配で、焚き口部に向かって下

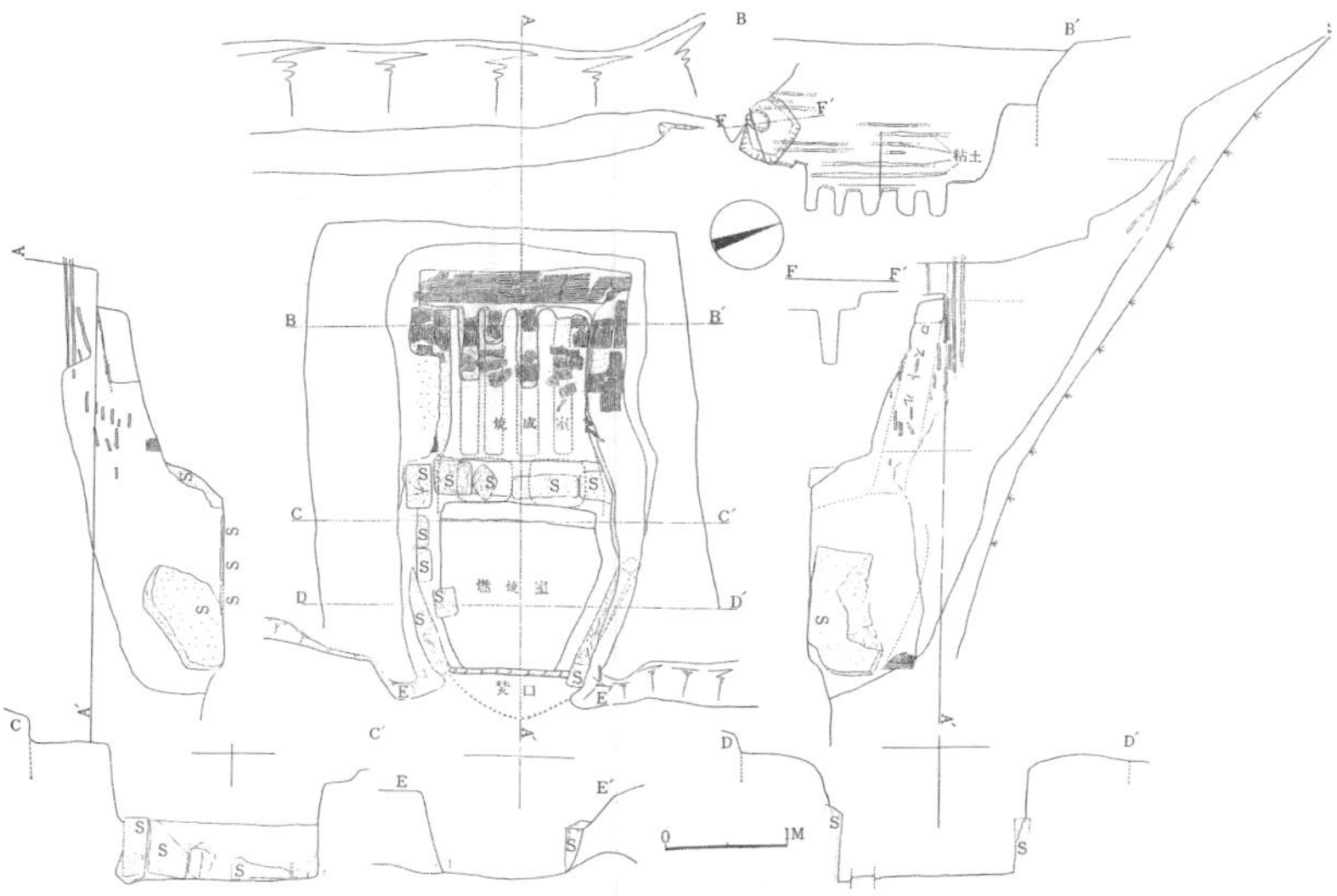

第４図(1) ２号窯遺構図（大川 1969 より引用）

降する。牀を使うスペースが比較的少なく、窯底上に窯詰めしているという窖窯的機能が強いことから報告書では「登窯と平窯の折衷形態」として報告［東京都 一九七九］、一方、一九六九年報告では、「当初登窯として構築したものを後に平窯に改造したものではなかろうか」と報告している［大川 一九六九］。窯尻から地山にかけて約一・七㍍幅のテラスがあり、柱穴などが確認され、窯出しなどの作業を行ったと考えられる。

出土遺物は、焼成室内の土砂内から均整唐草文の軒平瓦（第３図９）が、焚口外側の埋積土から偏行唐草文の二種の軒平瓦（第３図７・８）が出土した他、平・丸瓦が多く出土している。平瓦には指なで文字瓦が数点みられた。瓦以外では、砥石片が出土している。

２号窯（４号窯）（第４図）

第２次調査では調査されず、一九七九年報告では未発掘として報告されており、全体図の中ではトーン貼りで表現されている瓦窯で、第３次調査において初めて調査された。２号窯は、有牀式平窯構造で、全長約三・二五㍍、燃焼室は半円形で焚口部の幅は約〇・七五㍍、障壁基部の幅は約一・三㍍、

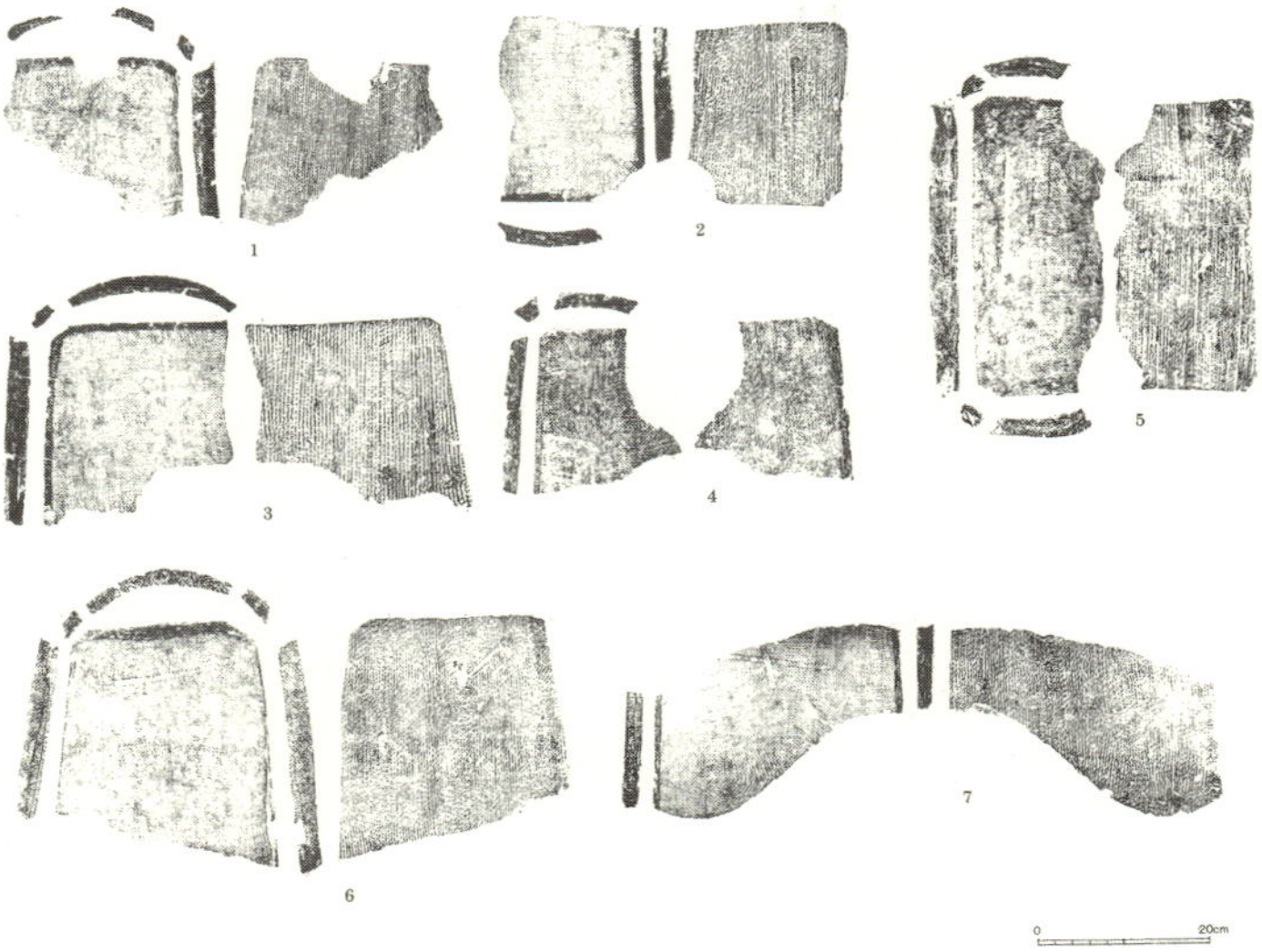

第４図(2)　２号窯出土瓦（河野 2003 より引用）

焚口部から障壁基部までの長さは約一・三五メートルでほぼ平坦であるが、約二度の勾配がある。焼成室は奥壁幅一・一五メートル、推定障壁基部幅約一・二五メートル、長さ約一・三メートルの方形を呈している。ロストルは現存するのは三条で、ロストル基底部痕跡によって四条あったと推定される。幅約一五センチ、現存する高さは約二五センチ、基部は平瓦とスサ入り粘土を交互に積み重ねて造られている。

焼成室の奥壁・両側壁は瓦積みで、内側はスサ入り粘土で上塗り仕上げをしている。窯の外郭掘り込み部は側壁を瓦積みしており、下から築きあげながら砂質土と粘土を交互に埋め込む構造をしている。通焔室の奥壁破壊が激しかったが、三孔推定される。焼成室の勾配についてはロストルより一・五〜一・六メートルの高さが推定され、ロストルの勾配とほぼ同じ約一〇度と推定される。

破壊が激しい背景に、テラス部に3・4号のテラスが延長してきた結果、斜めの切り込みが入り、焼成室が破壊をうけた、と考えられる。

2号窯から出土した瓦は、平瓦が主体で、「十」（第4図7）や「ナ」などの指なで文字瓦の他、凸面側に縄叩きに混じって同心円文の叩き具の痕跡がみられる平瓦が出土している（第4図1）。この痕跡は須恵器甕の胴部内面に残る当て具痕とよく似ている。

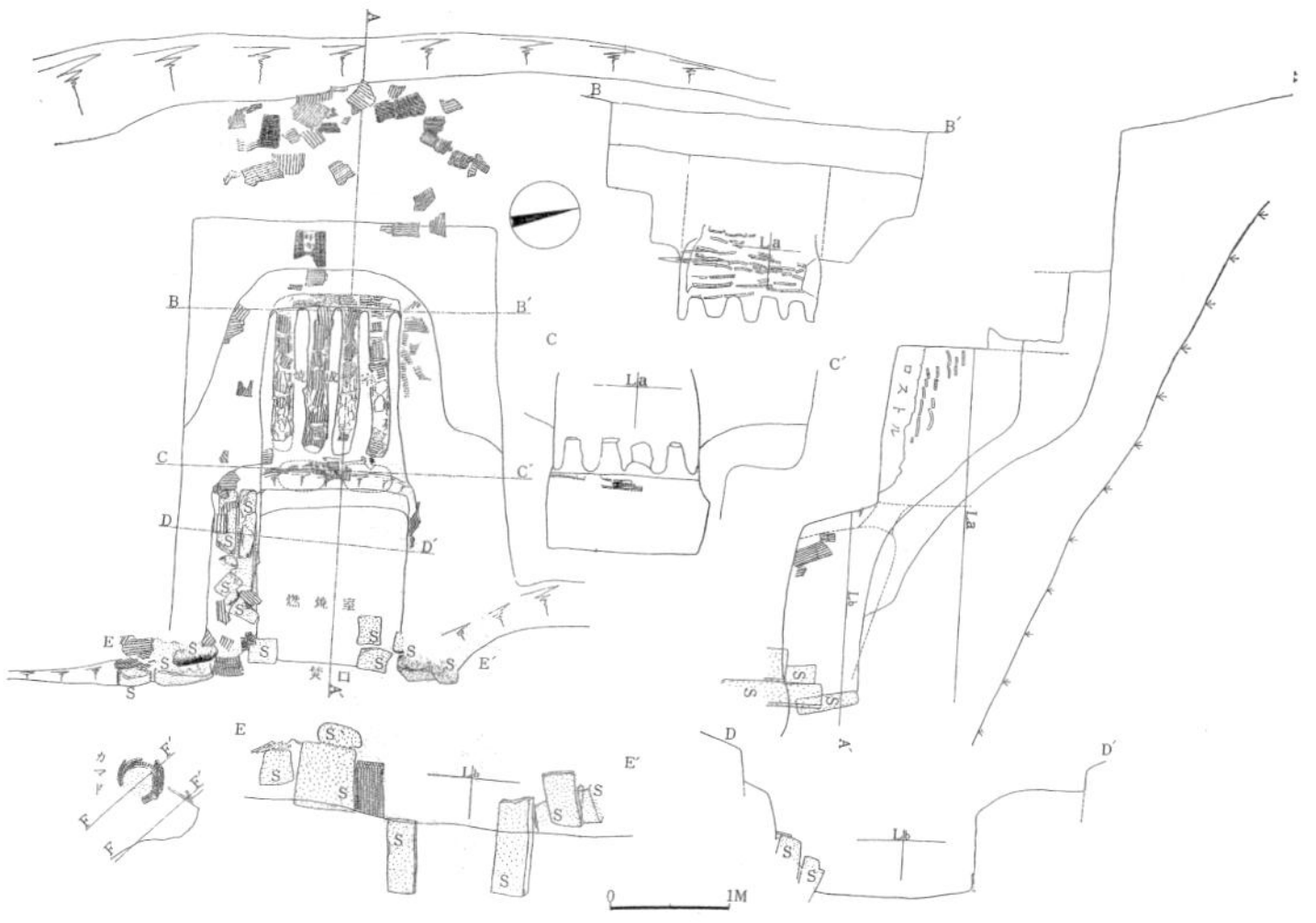

第5図(1)　3号窯遺構図（大川 1969 より引用）

3号窯（1号窯）（第5図）

3号窯は、有牀式平窯構造で、全長約三・三メートル、燃焼室は長さ約一・七五メートル、幅約一・三メートル、焼成室は長さ約一・五五メートル、幅約一・二メートルの方形を呈し、燃焼室より若干小さい。焚口の左右は、ブロック粘土で平瓦を使って土留めしている。この平瓦の中に「井」の指なで文字瓦があったと記録されている［大川ほか一九五八］。燃焼室は焚口へ向かった面が開口、左右端にブロック粘土を配して、焚口を狭くしている。牀は四条で、五条の溝ができている。スサ入り粘土と平瓦を交互に積み重ねて作られており、高さは平均三〇センチ、幅平均二〇センチ、長さ最長一・三五メートル、最短一・二メートルであるが、短い形状は、元々は長かったものが欠損していると考えられる。奥壁は瓦片とスサ入り粘土で交互に積み重ねて築き、スサ入り粘土で上塗りして仕上げている。側壁は現存高平均九五センチで、それより上部は破壊されている。側壁と掘り込み部分の間は、1・2号窯にみられた粘土と砂質土の交互ではなく、砂質土のみで埋め込まれていたようである。

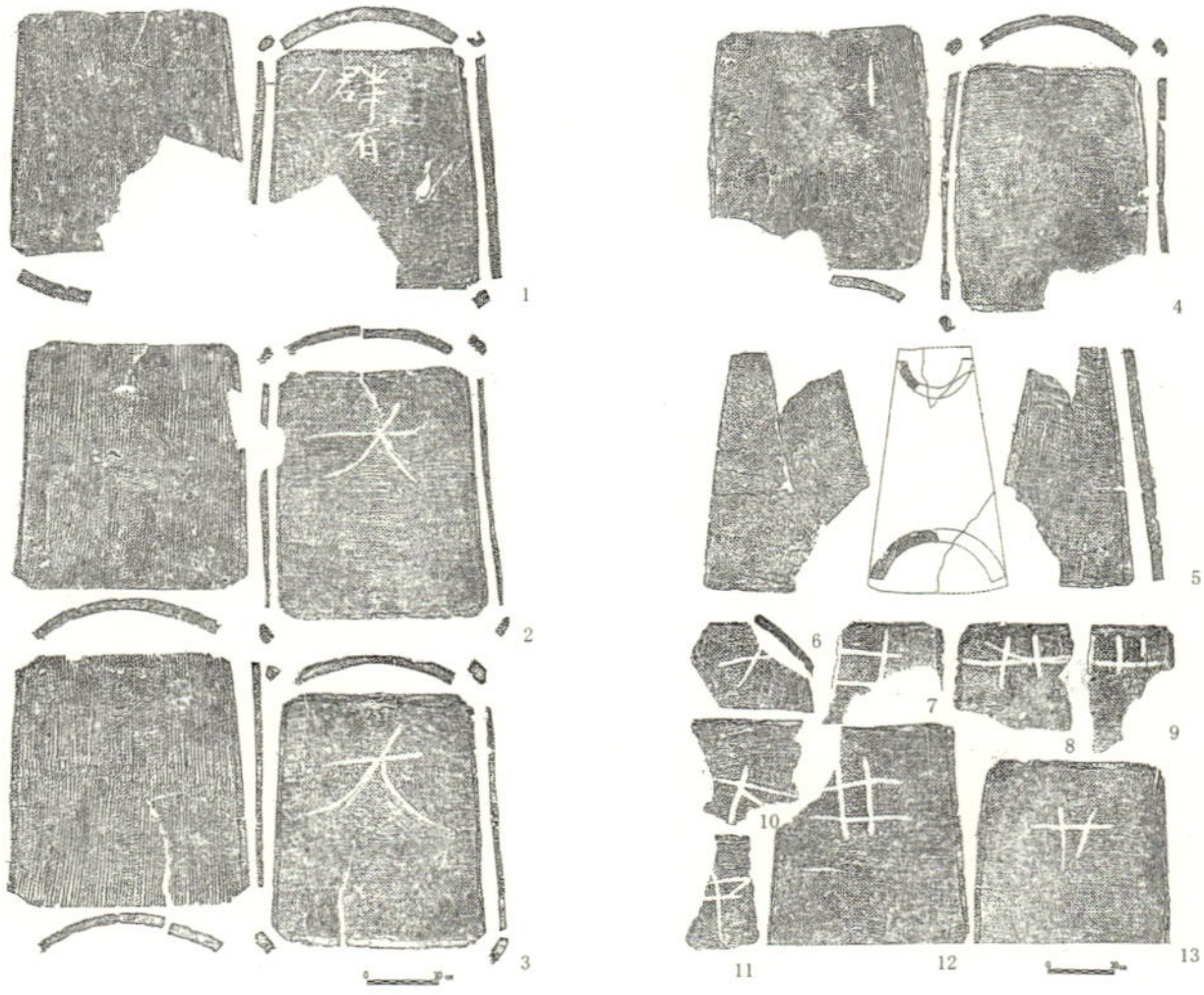

第５図(2)　３号窯出土瓦（東京都 1979 より引用）

焚口外側の左側手前には、平瓦を円形に組み合わせたカマドがある。直径は約三四センチで、南東方向に開口している。すべて一枚づくりの縄叩きの平瓦で、大型の平瓦六枚をまずは円形に組み、その間を埋めるように小型の瓦片をあてている。カマド内の覆土上部には灰、木炭片が赤く焼けた土に混ざっていたと記録されている。

出土遺物は、「群有」「大」「中」「二」等の指なで文字瓦の他、瓦当面に同心円文の叩きのある平瓦・丸瓦の他、武蔵型杯と小型甕がある。報告書によって若干表現が異なり八世紀第２四半期とも九世紀ともみられるような表現となっているが、実際の土師器杯をみると歪みのある杯であることがわかる。

４号窯（３号窯）（第６図）

４号窯は、有牀式平窯構造で、燃焼室と焼成室の二つからなり、焼成室のほうが燃焼室よりも一段高い位置にある。全長約三・〇五メートル、燃焼室は半円形の平面で、焚口部の幅約四〇センチ、障壁下部の幅は約一・一五メートル、燃焼室の長さは約一・〇メートルである。燃焼室側壁は砂岩ブロックを用いて基部を作り、スサ入り粘土で上塗り仕上げをしている。燃焼室の床面はほぼ平坦で、障壁部の基部は砂岩ブロックを四個配している。平面形は半円形にみえるが、二・三箇所砂岩ブロックをたてた痕跡がみられることから改造が行われたことが想定される。焼成室は奥壁で幅約一・三メートル、障壁部の幅約一・三メートル、長さ約一・二メートルの方形で、牀四条が造られている。

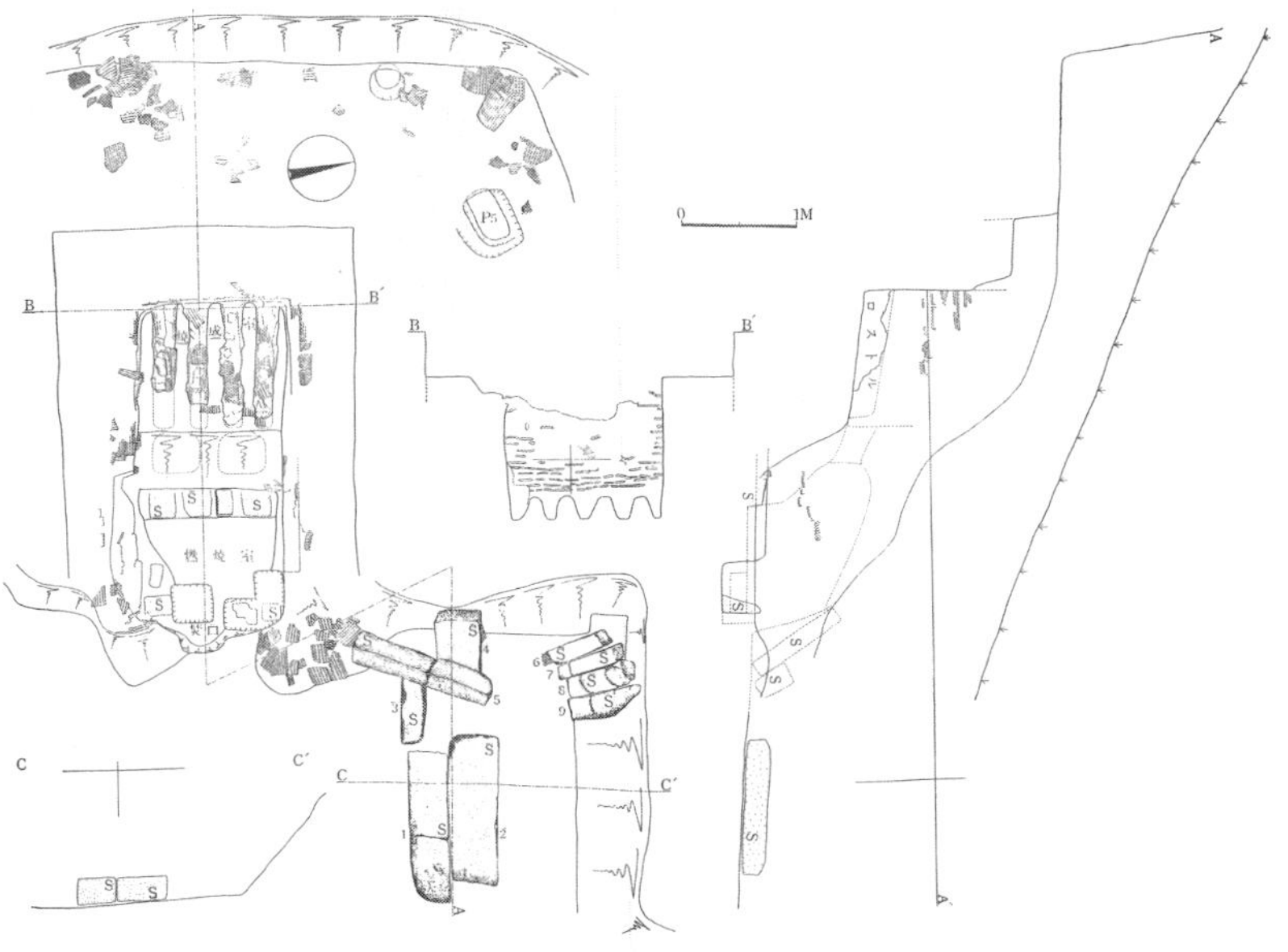

第６図　４号窯　遺構図・出土瓦
（大川 1969、河野 2003 より引用）

左側二本は欠損しているが、右二本は現存している。牀幅は約二〇㌢、高さ約二五㌢で、平瓦と丸瓦を使って構築している。焼成室炕道は約八度、牀上面は約一〇度の勾配で奥壁へのぼっている。砂岩ブロックの残存や方形の孔の状況により改造が行われていたことが推定される。障壁の基部は砂岩ブロックを使用しており、通焔孔は報告書によって三ないしは五つを想定している。テラス幅は約二㍍である。焚口左右は砂質土と粘土で構築され、平瓦をかぶせてあり、天井部架構の基部になっている。

出土遺物は、平瓦・丸瓦があり、平瓦は「十」などの指ナデ文字瓦が出土している。この他、窯の燃焼室を埋めていた土砂の中から軒丸瓦小片が一点出土している。

2　年代について

次に、この四基の築造順序についてみていこう。窯尻の西側に展開するテラスの構造によって、1・2号窯と3・4号窯の二グループに分かれるとし、1・2号窯のテラスを3・4号窯のテラスが切り込んでいることから、1・2号窯が機能停止してから3・4号窯が築造されたことが想定される。また、1号窯と3号窯のテラスの中間に崖とテラスによってL字状になったところに土が堆積して崖の中央部とテラスを埋めている部分があるが、その埋土は窯に向かって傾斜している。2号窯テラスが埋まり、表面が傾斜しているときに3号窯の瓦をおいたものと推定され、2号窯廃窯の後、3号窯が操業したことを裏付けている。窯構造の改築に関しては、1号窯が当初は登窯であったものを平窯に改造している事例、後に焚口部の内側に砂岩ブロックを使って半円形に改造している事例が報告されている。4号窯の燃焼室は当初は方形に設計し、1号窯の燃焼室を模倣して、板状の砂岩ブロックをハの字状においていることも指摘されている。

操業の時期については、３号窯の熱残留磁気の測定から九五〇年と想定されるとした結果を反映して十世紀前半とする見解、出土土器の土師器から九世紀前半頃とする見解、供給地である国分尼寺の遺構や遺物の様相を総合的に判断して瓦尾根瓦窯の操業を八世紀後半～九世紀第３四半期とする見解と様々であり、総合的にみると八世紀後半～十世紀前半と年代幅が大きいことが指摘されている。

３ 出土瓦について

瓦尾根瓦窯の製品は、平瓦はすべて一枚作りの瓦ではあるが、①粘土紐縦一枚作り、②粘土紐横一枚作り、③粘土板一枚作りの三種がみられるようである。窯ごとの違いかとも思われたが、どの瓦窯からもすべての技法の瓦が出土しており、時期差や工人集団の差ではない。多種多様な成形技法によって瓦づくりが行われていたことが指摘され、うち粘土紐一枚づくりの技法は御殿山瓦窯跡群でも展開しており、瓦工人の動向が注目される。凸面調整は基本的には縄叩きであるが、須恵器の甕などの内面にみられる同心円文の叩き具痕跡が縄叩きの上にみられる平瓦があり、須恵器工人が動員されていたことを想定できる資料としてあげられる。ただし、この平瓦は、消費地では未だ確認されていない。1～4号窯に満遍なくみられる平瓦で、瓦尾根瓦窯の工人集団を特徴付ける資料と考えられよう。縄叩きについては、「叩き」ではなく「ローラー回転による施文」ではないか、との指摘がなされている。端面から端面までまっすぐに縄目がのび、重複した痕跡が認められない、ということが根拠の一つになっている。また、凹面側に指でナデつけて文字を示す「指ナデ文字」の瓦が多く出土していることも特徴である。「群有」「大」の他、記号のようなものもあるが、これも窯ごとによる違いではない。

側面の調整については二面、三面、四面の面取りを施し、平瓦は四隅を、丸瓦も広端面側を切り落としている瓦

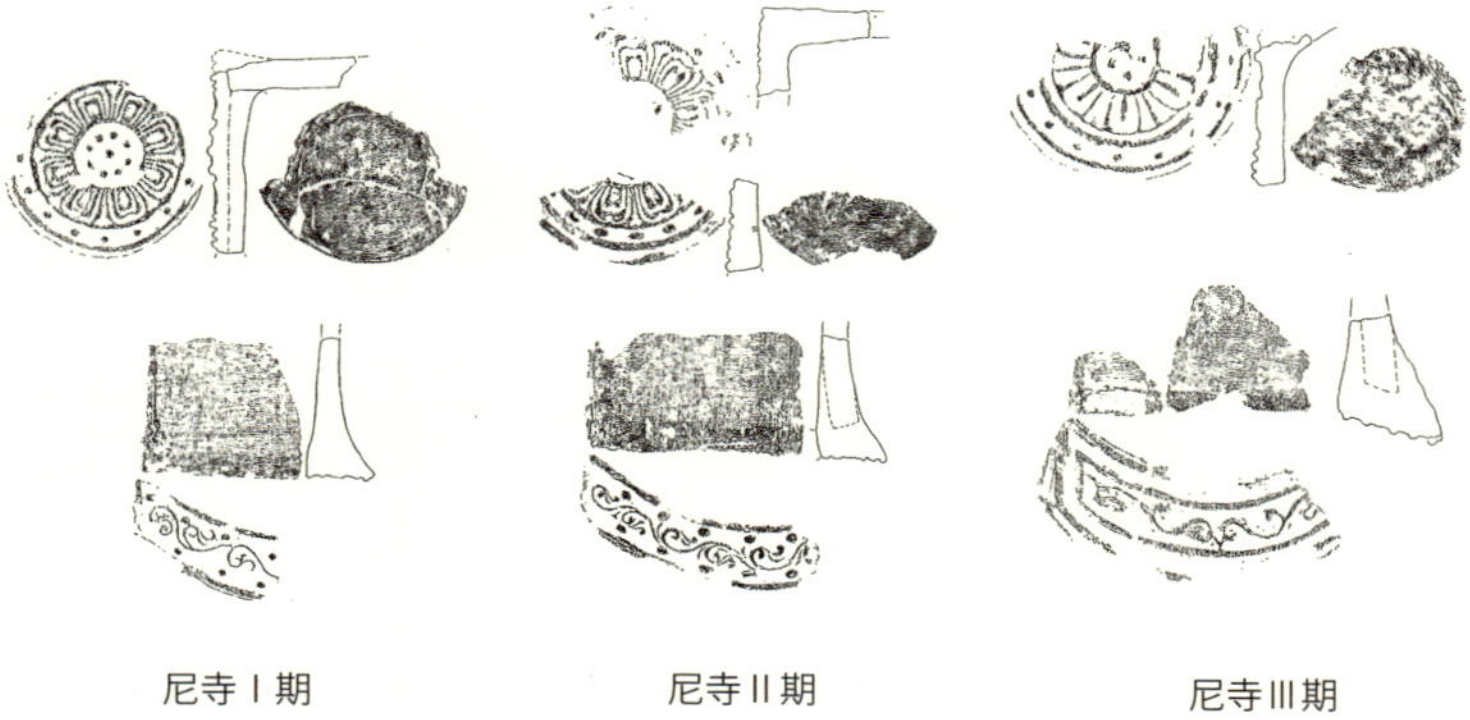

第７図　　相模国分尼寺　瓦編年（浅井 2007 より一部改変）

が出土しており、これらは瓦尾根瓦窯の特徴の一要素である。丸瓦は有段式、無段式と二種あるが、有段式はごくわずかで、基本的には無段式を主体とする。凸面は縄叩き調整の後ナデ調整を行い、凹面は布目痕跡をそのまま留めている。瓦以外の出土遺物としては、土師器杯と台付甕が出土している。台付甕は3号窯テラス部から、杯は3号窯焚口左手前にあった瓦組カマド付近から出土している。

4　消費地について〜相模国分尼寺の様相〜

瓦尾根瓦窯の製品は、出土した軒瓦から相模国分尼寺へ供給していた瓦窯として想定される［大川他 一九五八］。尼寺Ⅰ期の偏行唐草文や尼寺Ⅲ期の均整唐草文の軒平瓦が1号窯から、4号窯から尼寺Ⅲ期の単弁六弁蓮華文軒丸瓦が出土していることを考慮すると、創建期から再建期の段階まで、相模国分尼寺の瓦は瓦尾根瓦窯で生産されていたことがわかる。また、1号窯では創建期と再建期の両時期の軒平瓦が出土していることを考慮すると、窖窯の段階では創建期の軒平瓦、平窯に改築した段階に再建期の軒平瓦を生産していた可能性がある。相模国分尼寺の出土瓦の生産地別割合を見ると、ほぼ瓦尾根瓦窯産で占めているとされ、瓦尾根瓦窯が創建期から一貫して尼寺の瓦生産の中心となっていることが明らかにされている［浅井 二〇〇七］。

瓦尾根瓦窯の瓦は、相模国分尼寺以外でも、相模国府や下寺尾廃寺をはじめとする官衙・寺院でも出土しているほか、近隣の集落、特に海老名市内の古代集落にみられる傾向がある。相模国には瓦生産窯が少ないことから、武蔵国からの供給を念頭においた瓦生産体制が組み込まれていたことが想定される。

おわりに

相模国では瓦窯を含めた生産遺跡がほとんど確認されておらず、周辺の国から供給をうけるといった、流通を巧みにこなして成り立つ国と考えられていたが、横須賀市における乗越瓦窯の発見から、自国で国分寺瓦を生産していたことが明らかになった。

一方、相模国分尼寺に関しては、武蔵国内に立地する瓦尾根瓦窯支群の一つである瓦尾根瓦窯から供給を受けていたとし、国を超えた生産体制となることから、その背景について様々に論じられた。瓦尾根支群周辺は、武蔵・相模の境界が明確ではなかったか、瓦窯の管理者に起因しているのではないかといった見解があるが、未だ明確ではない。瓦尾根支群では、武蔵国分寺や相模国分寺・尼寺など、両国の国司が関わるような施設に瓦を供給しており、国の枠組みを超えた生産地エリアであったことは確かであろう。

また、東国は窖窯が主体で、平窯が根付かなかった地域であるのに、瓦尾根瓦窯では平窯で生産していることは明らかに特異であり、窯遺構の検出状況からしてもいわゆる畿内の瓦窯体制で論じられているような「二窯一対」で操業されていた可能性が高い。さらに1号窯(2号窯)は、窖窯から平窯への改造が指摘されている窯構造であるが、京都府の梅谷瓦窯7号窯や山陵瓦窯Ⅱ号窯で確認されているように、瓦生産の効率化を考えた現象が時期は若干下がるが遠く離れた東国でも起こっていたのであろう。

乗越瓦窯での窖窯から平窯へ変化するスタイルは、畿内的な要素が強く、相模国は平窯での生産体制を嗜好したのであろう。平窯は国分寺造営後も、三浦半島では公郷瓦窯へと続くが、南多摩窯跡周辺では続かず、窖窯での操業を続け、十世紀後半には御殿山窯の操業をもって南多摩窯跡群の操業が終息する。

窯構造の特徴は注目されるが、一方で生産された瓦の情報が極めて少ない。一九六九年の報告において瓦の概要は記録されてはいても一部の情報にとどまり、一九七九年の報告で掲載されている瓦もまだ全てではない。様々な経緯があって今に至ることは承知しているが、やはり生産地の生データを公開してこそ、消費地の理解がより深められるのである。多くの「指ナデ文字瓦」を生産する瓦窯であり、注目される窯資料でもある。まだ眠る資料の公開をまちたい。

参考文献

浅井　希　二〇〇七年「相模国分尼寺の研究―出土瓦の分析の中心に―」『えびなの歴史』第17号　海老名市文化財課

大川清・坂井利明　一九五八年「東京都町田市小山町瓦尾根第1号瓦窯址」『古代』第28号　早稲田大学考古学会

大川　清　一九六九年『東京都町田市　瓦尾根瓦窯跡　相模国分寺瓦窯跡の調査』考古学研究室報告乙種第2冊　国士舘大学文学部考古学研究室

梶原義実　二〇一八年「地方からみた瓦窯の構造」『窯跡研究第17回研究会　瓦窯の構造研究8』窯跡研究会

河野一也　二〇〇三年「相模国分寺瓦の年代観」『シンポジウム国分寺の創建を考える～安芸国と相模・遠江・駿河・伊豆国の事例～』相模古代史研究実行委員会

河野一也・須田誠・向原崇英・浅井希　二〇一三年「相模国分寺」須田勉・佐藤信編『国分寺の創建　組織・技術編』吉川弘文館

竹花宏之　二〇一二年「多摩丘陵における瓦窯について―多摩ニュータウン遺跡群を中心として―」『研究論集ⅩⅩⅥ　東京を掘る―東京都埋蔵文化財センター30年の軌跡―』㈶東京都スポーツ文化事業団東京都埋蔵文化財センター

東京都教育委員会　一九七九年『多摩丘陵窯跡群調査報告』東京都埋蔵文化財調査報告第6集

深澤靖幸　二〇一五年「第5章　文化をまとめ、生きようとした時代」『新八王子市史』通史編1　原始・古代　八王子市史編集委員会

上総国分寺瓦窯[1]

市原市 川焼・神門・南田瓦窯

——上総国分僧寺跡の調査成果からの検討——

鶴岡 英一

はじめに

上総国分寺に屋根瓦を供給した瓦窯は、これまでのところ、川焼・神門・南田・祇園原・南河原坂の五か所が知られており、千葉市南河原坂瓦窯を除く全てが市原市(市原郡)内に所在する。

本稿では、市原市内に所在する川焼・神門・南田・祇園原の各瓦窯のうち、尼寺に補修瓦を供給したと考えられている祇園原を除く三か所について取り上げ、上総国分僧寺跡出土瓦の調査成果をもとに検討を行う。

1 市原市内の瓦窯跡

(1) 川焼瓦窯跡

遺跡の位置

市原市の最北部に当たり、河口部で千葉市との境をなす村田川の中流域に位置する。瓦窯跡は、村田川に南面した台地斜面部に立地し、現在は「まきぞの自然公園」として保存されている。台地上の平坦部には川焼台遺跡が位置し、

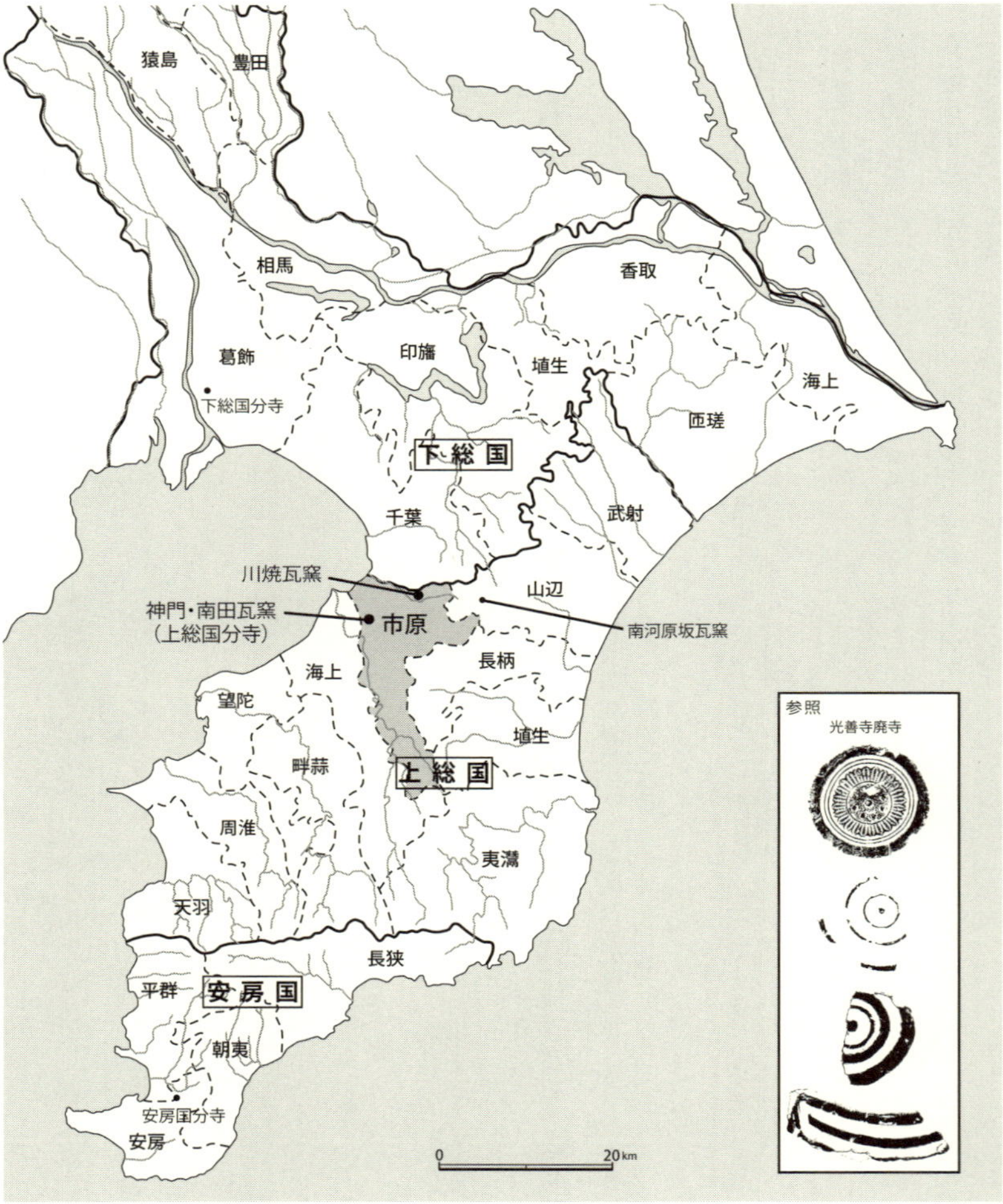

第１図　上総国分寺瓦窯の分布

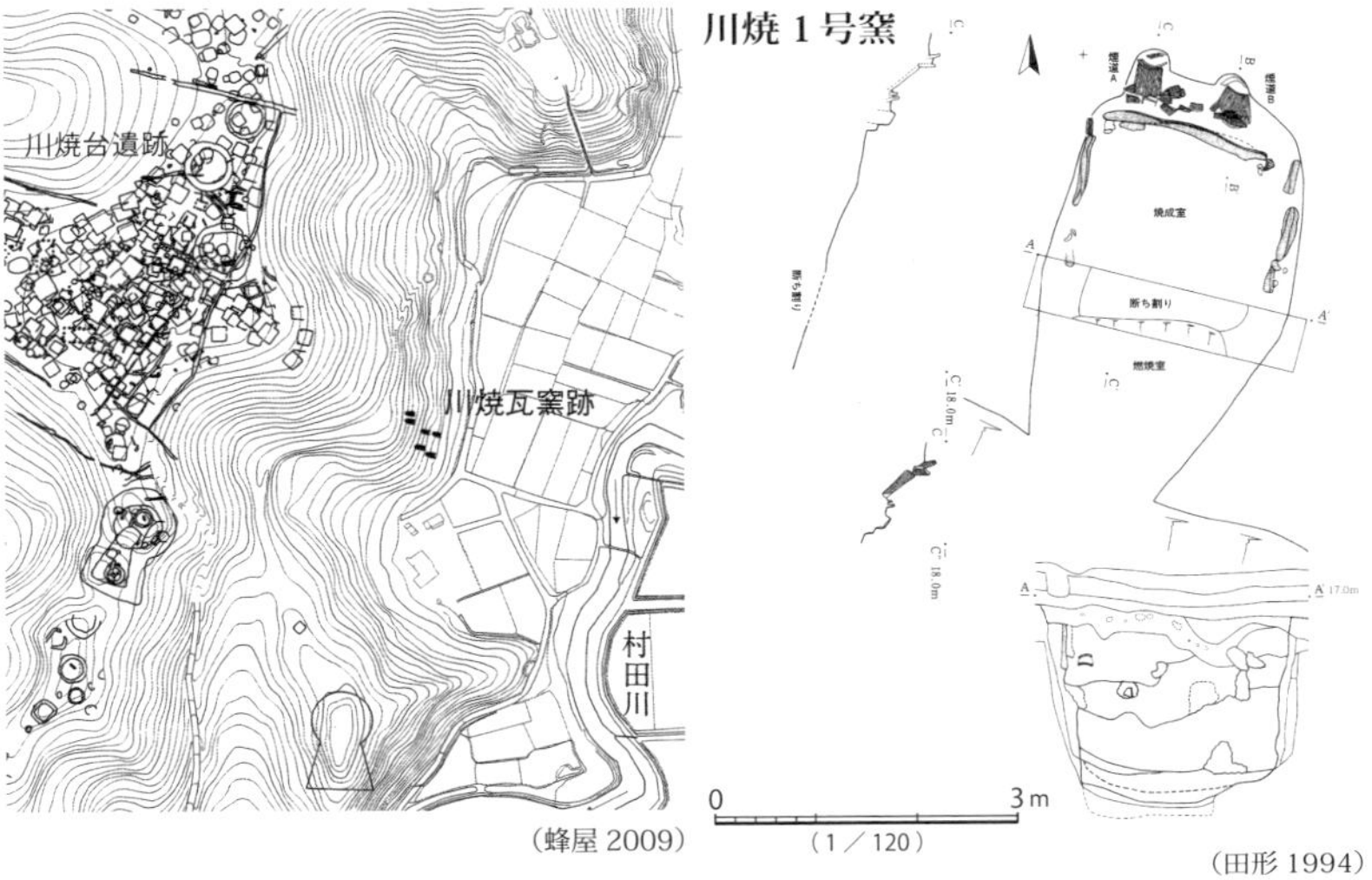

第２図　川焼瓦窯跡 周辺地形図・遺構

瓦窯の操業に関わった人々の生活痕跡と考えられる、掘立柱建物跡や竪穴建物跡が見つかっている。

村田川の上流域には南河原坂窯跡が所在し、川焼瓦窯と同様に、村田川の船運によって、創建期の屋根瓦を運んだものと考えられている。

瓦窯の構造

平成四・五年（一九九二・一九九三）に千葉県教育委員会による確認調査が行われ、六基の瓦窯跡が検出されている。このうちの一基（1号窯）は有畦式平窯とされるが、基底面まで掘り下げられていないため、構造は明確でない。また、方形を呈する焼成室の奥壁から二か所の煙道が確認されているが、本来は三か所の煙道を持つ無畦式平窯の可能性が指摘されている［今泉二〇一八］。

出土瓦の様相

平城宮6225型式と6691型式の流れをくむ、単弁二十四葉蓮華文軒丸瓦（軒丸瓦Ⅰ型式）と均整唐草文軒平瓦（軒平瓦Ⅰ型式）のほか、重圏文軒平瓦（軒平瓦Ⅸ型式）が出土している。

蓮華文軒丸瓦は接合式で、瓦当部と丸瓦側縁の角度が直角になるほか、丸瓦広端隅部を切り欠くなどの特徴が認められる。

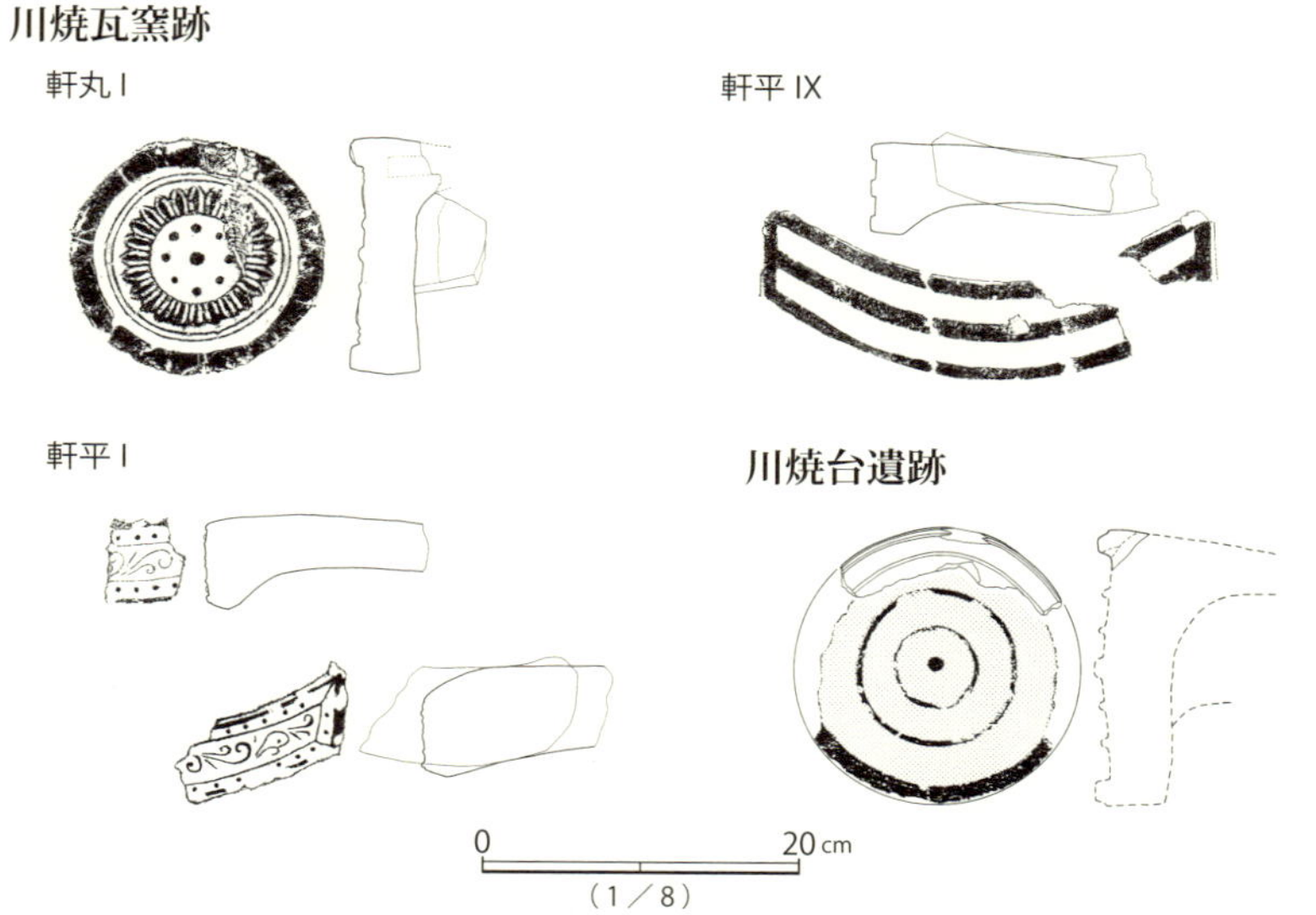

第３図　川焼瓦窯跡・川焼台遺跡 遺物

隣接する川焼台遺跡からは、圏線の細い有心二重圏文軒丸瓦の破片が出土しており、重圏文軒平瓦（軒平瓦Ⅸ型式）との組合せにより、国分寺創建瓦に先立って生産されていた可能性が指摘されている［蜂屋二〇〇九］。圏線の細い重圏文軒丸瓦は尼寺からのみ出土しており、補足瓦として利用されたものと考えられる。

丸瓦には玉縁式と行基葺式があるが、圧倒的に玉縁式が多いとされる。平瓦は凸型台を利用した一枚作りで、凸面調整はいずれも縄叩きであるが、一点のみ格子叩き目が含まれる。また、平瓦広端隅部は、軒丸瓦と同様に切り欠きが施される。

瓦窯の操業順序と時期

軒丸瓦の笵傷の進行段階から、「1号窯→2号窯」の順に推移したものと考えられるが、その他の瓦窯については明らかでない。操業時期は、台地平坦面に隣接する川焼台遺跡の遺構から出土する土器の特徴から、八世紀中葉（第2〜第3四半期頃）と考えられる。

(2) 神門瓦窯跡

遺跡の位置

第４図　上総国分僧寺跡周辺地形図

市原市の中央を南北に貫流する養老川の右岸下流域に当たり、上総国分僧寺寺院地の南西側斜面地に位置する。東西方向に入り込む谷筋に面して立地し、谷の入口付近に当たる。斜面地を上がった台地上には、出現期古墳として知られる神門古墳群が所在する。

瓦窯の構造

昭和四十九年（一九七四）に、上総国分寺台遺跡調査団による確認調査が行われ、五基の瓦窯跡が検出されている。

いずれも半地下式の窖窯と考えられているが、トレンチによる確認調査のみで、窯体内の調査が行われていないことから、構造については明確でない。また、トレンチと窯跡の位置を示す概略図以外の記録図面が存在せず、トレンチ番号や窯番号に関する記載がないことから、出土遺物と各窯との対応関係を特定できない。

検出された五基の瓦窯跡はすべて保存措置が図られ、国史跡に指定されているが、前面の谷は農業用の溜池となっており、窯体の一部と灰原は水没しているものと考えられる。

出土瓦の様相

軒丸瓦は出土していない。明確な根拠に乏しいものの、胎土（粘土質）や焼成（黄橙色）の特徴から、重圏文軒丸瓦三種（軒丸瓦Ⅱ・Ⅲ・Ⅳ型式）は神門瓦窯ないし南田瓦窯で焼成された可能性がある。軒平瓦は、

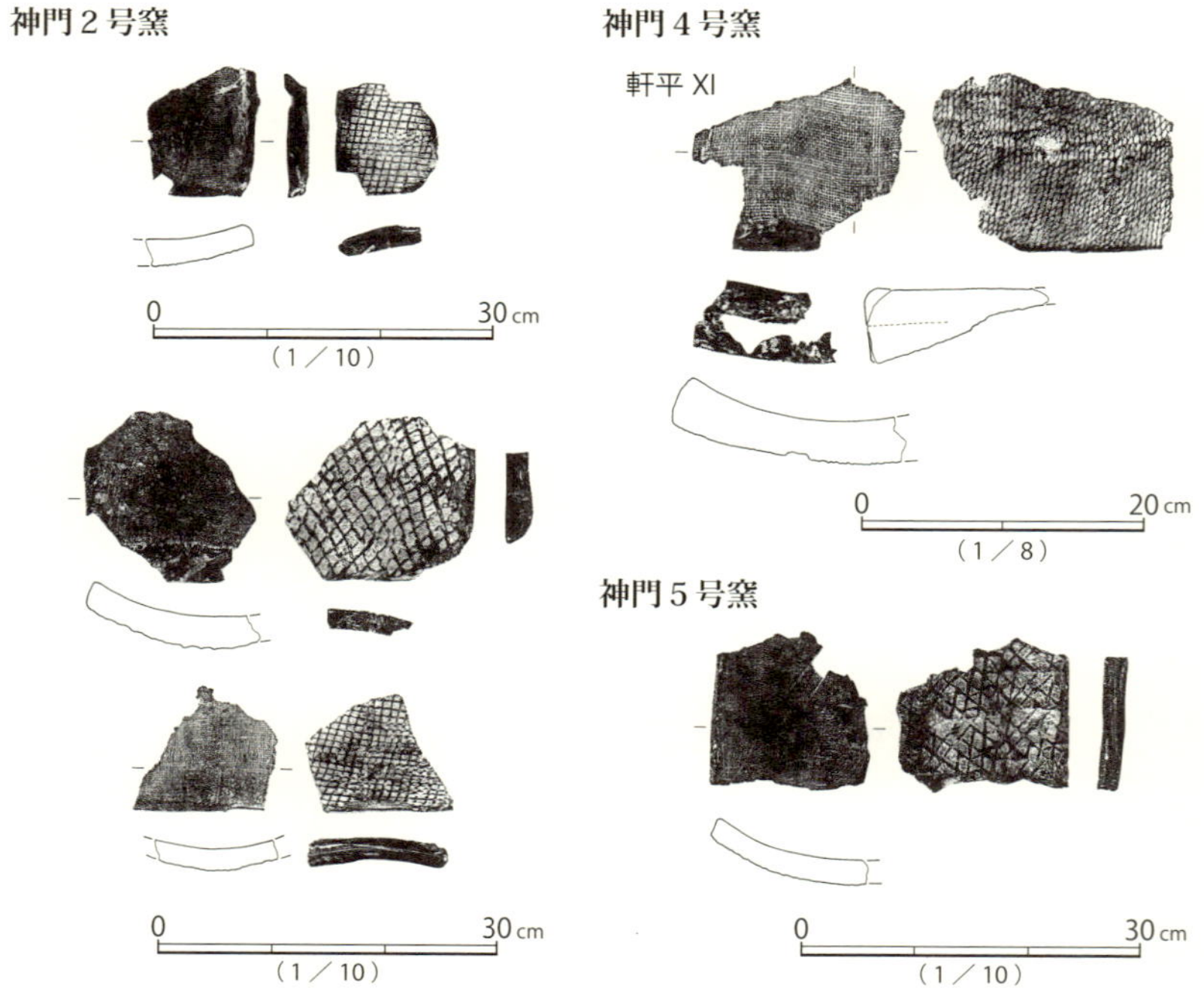

第5図　神門瓦窯跡遺物

凸面縄叩き調整で無文の個体が4号窯から一点のみ出土しているが、本瓦窯で焼成されたものかは明確でない。

丸瓦で形態が分かるものは一点のみで、焼き歪みの激しい行基葺式の個体が2号窯から出土している。平瓦の凸面調整には格子叩きと縄叩きがあるが、格子叩きが主体となるのが大きな特徴である。格子叩き目には、正格子と斜格子の二種があり、2号窯では正格子目が多いのに対し、5号窯では斜格子目が多く、各窯の特徴を示す可能性がある。寺院地から出土した凸面格子叩き目の均整唐草文軒平瓦(軒平瓦I型式)は本瓦窯で焼成された可能性が高いと考えられるが、これと同じ叩き目を持つ平瓦は認められない。

瓦窯の操業順序と時期

平瓦の凸面調整の違いから、格子叩き主体の「2号・3号・5号窯」と縄叩き主体の「4号窯」に分類することができる。先後関係は明確でないが、4号窯の平瓦凹面に残るハケ目調整痕や熨斗

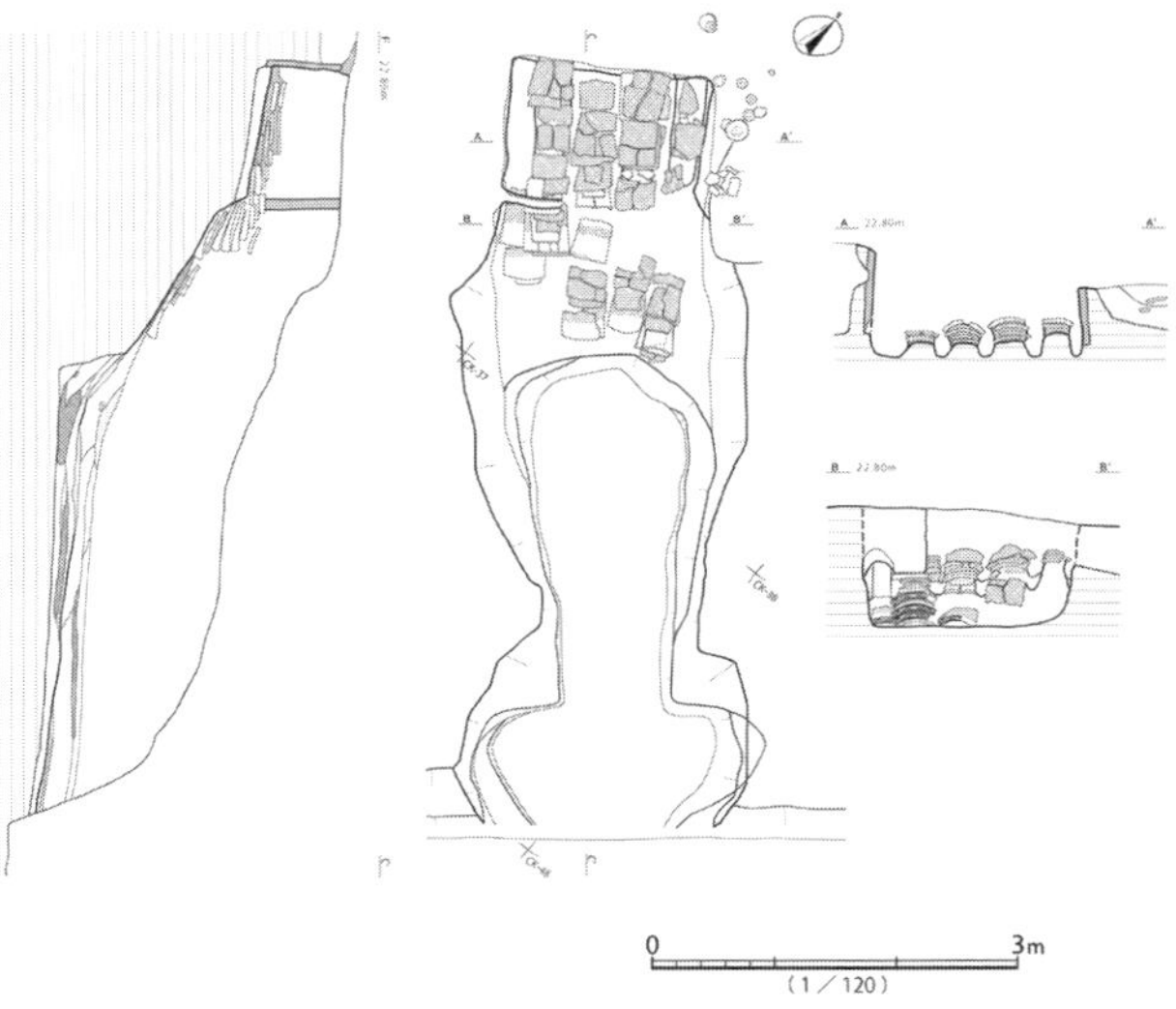

南田２号窯全景

南田３号窯全景

第６図⑴　南田２号窯 遺構

瓦・塼の形態が、後続する南田2号窯出土資料と類似することから、「2号・3号・5号窯 → 4号窯」の順に推移したものと考えられる。土器等を伴わないことから時期を特定しがたいが、上総国分僧寺編年Ⅳ—2期には、凸面に格子叩き目を残す平瓦が寺院地や隣接する荒久遺跡の遺構内より出土することから、八世紀末葉～九世紀初頭には操業が開始された可能性がある。

⑶ 南田瓦窯跡

遺跡の位置

神門瓦窯跡と同じ支谷に位置し、上総国分僧寺寺院地の南側斜面地にあたる。谷の入口付近に神門瓦窯跡、谷の奥側に南田瓦窯跡が近接して所在する。

瓦窯の構造

昭和四十九・五十年（一九七四・一九七五）に、上総国分寺台遺跡調査団による調査が行われ、四基の瓦窯跡が検出されたほか、粘土採掘跡と粘土貯蔵跡がそれぞれ一基見つかっている。

いずれも有畦式平窯であるが、構造に違いが認められ、燃

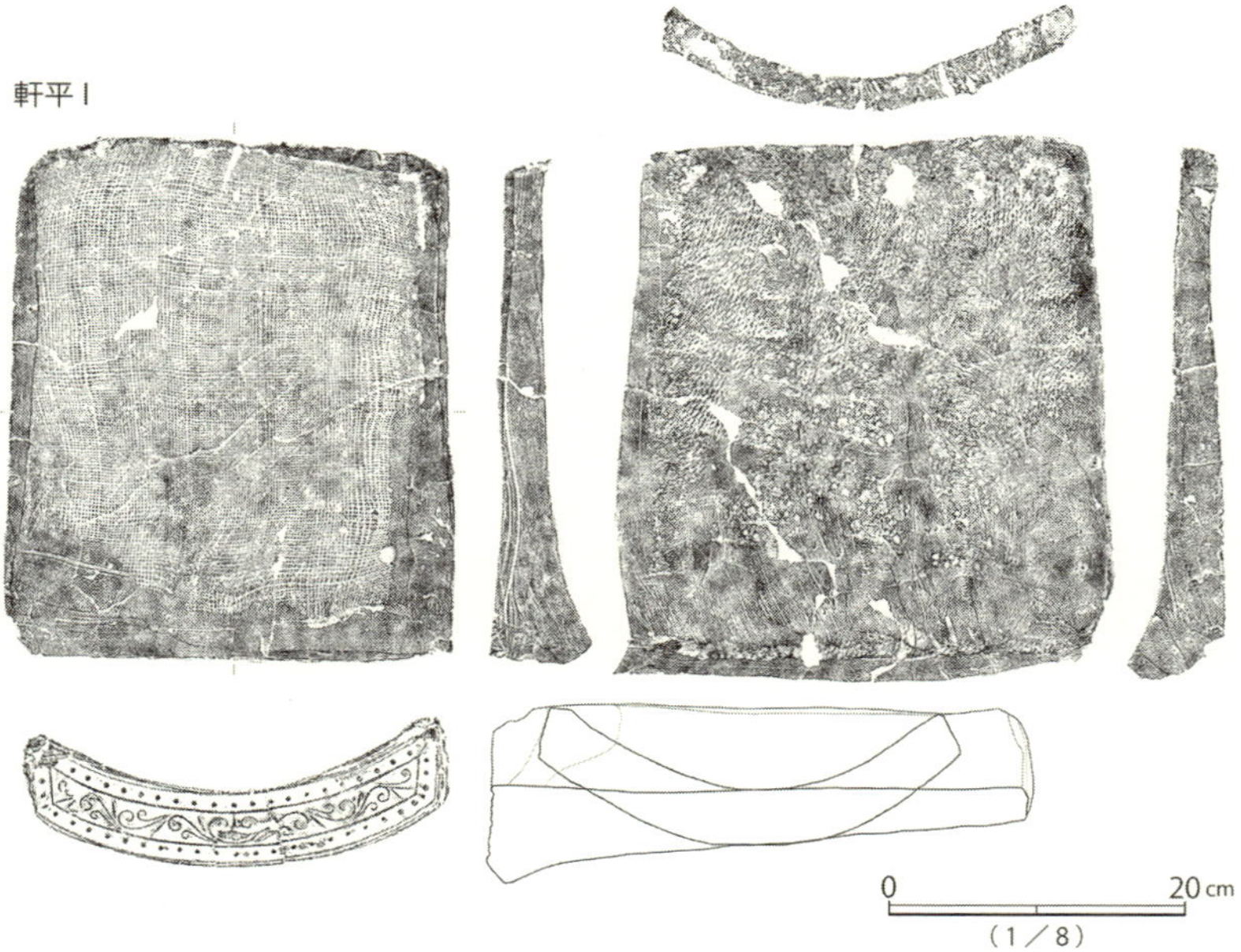

第6図(2)　南田2号窯 遺物

焼室床面が平坦な「1号・4号窯」と、窖窯のように傾斜をもつ「2号・3号窯」とに分けられる。2号窯は、燃焼室と焼成室の境に障壁の一部が残存し、壁の下部には半円形の分焔孔が付けられている。障壁の土台はほぼ完形の軒平瓦を積み重ねたものである。3号窯の焼成室と焚口部からは、それぞれ左右四本の柱穴が検出され、窯体全体を覆屋で保護していたものと考えられる。また、焼成室には平瓦が窯詰め状態のまま残されていた。1号・4号窯は、いずれもローム層を削って平坦面を造り出すが、1号窯は壁面を粘土で構築するのに対し、4号窯はローム層を直接壁面としており、最も簡略化された構造となる。

最初に調査が行われ、比較的保存状態が良好だった1号窯は保存措置が図られ、国史跡に追加指定されている。

出土瓦の様相

軒丸瓦は、1号窯から有心一重圏文(軒丸瓦Ⅴ型式)と宝相華文(軒丸瓦Ⅵ型式)が出土している。宝相華文は丸瓦部が鋭角に取り付くのが特徴で、その文様は直

南田3号窯

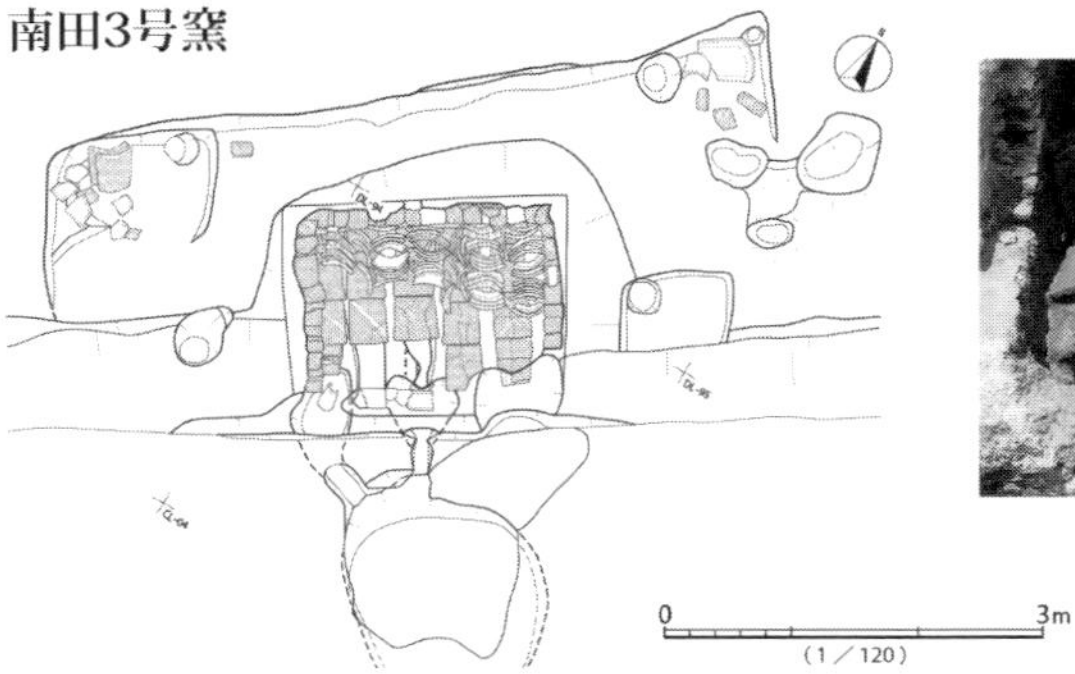

焼成室 窯詰め状況

第７図　南田３号窯 遺構・遺物

接的か間接的かはともかく、新羅の影響が少なくないとされる。このほかに上総国分僧寺跡からは、「花弁」模様の特殊なスタンプ文が施される資料が出土しており、類似したスタンプ文が出土する真行寺廃寺では、貞観十二年(八七〇)に上総国の定額寺に移配された新羅人が関わりを持った可能性が指摘されている[山路 二〇一三]。

2号・3号窯からは瓦当面が剥離した軒丸瓦が出土しており、いずれも丸瓦部は行基葺式である。また、平瓦に認められるハケ目調整を伴うという共通性から、有心二重圏文(軒丸瓦Ⅳ型式)についても、2号・3号窯で焼成された可能性がある。

軒平瓦は、最も笵傷の進行した

南田1号窯

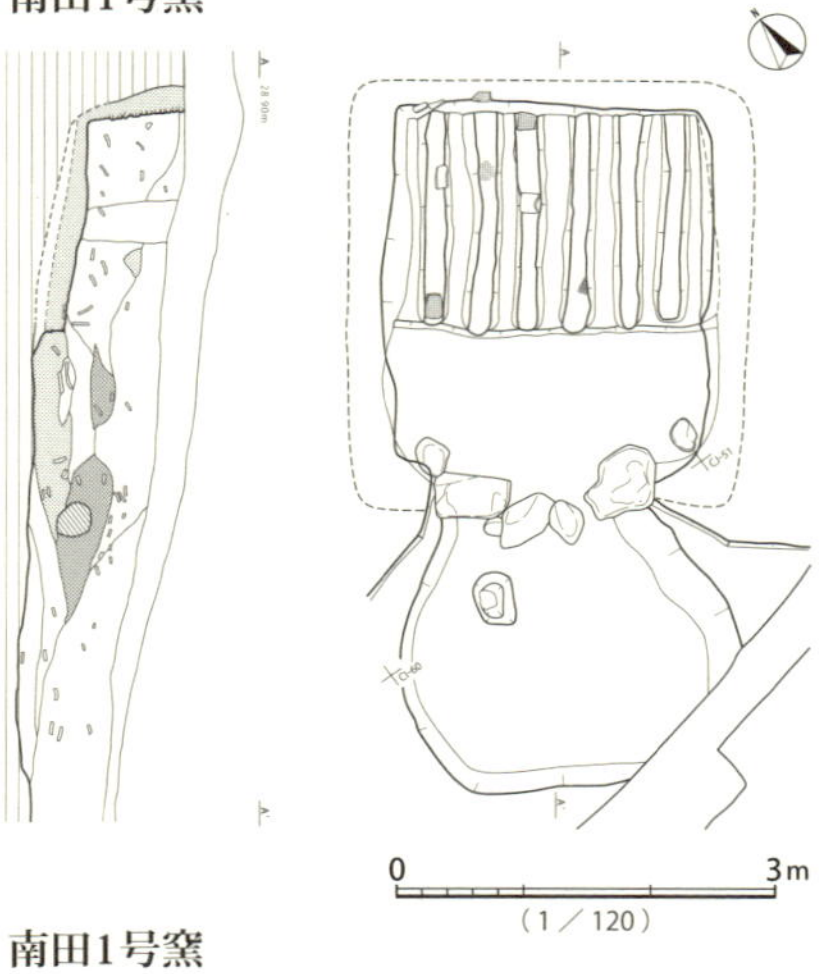

南田１号窯全景

南田４号窯全景

南田1号窯

軒丸Ⅴ　軒丸Ⅵ

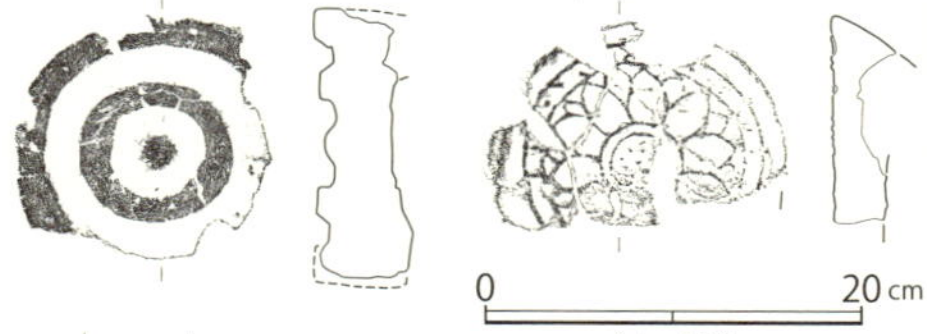

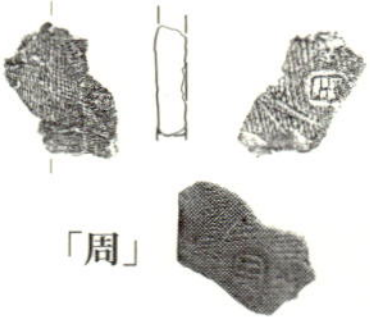

南田4号窯

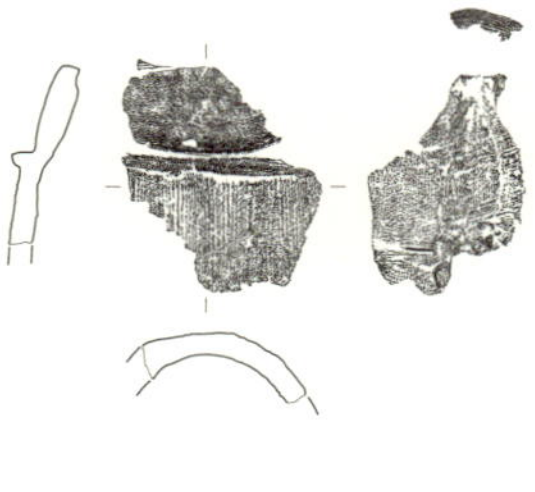

第８図　南田１号窯 遺構・遺物、４号窯 遺物

均整唐草文(軒平瓦Ⅰ型式)が2号窯から出土している。これは障壁土台として二次利用されていたものであるが、南田瓦窯の前半期(2号・3号窯)までは、創建期当初の笵型が引き継がれていた可能性が高い。なお、1号窯から蕨手状唐草文(軒平瓦Ⅶ型式)が出土しているが、凸面格子叩き目の検討から、南河原坂窯跡で焼成されたものと考えられる。

丸瓦は、2号・3号窯は行基葺式、1号・4号窯は玉縁式が主体で、玉縁式の胴部凸面には、原体の細かい縄叩き目が残るのが特徴的である。平瓦は2～4号窯が凸面縄叩き主体で、縄叩きと格子叩きの両方が出土する1号窯も、本来は縄叩きが主体であったものと思われる。ただし、縄叩きという技法は共通するものの、1号・4号窯で用いられる縄は、丸瓦同様に原体が細かく、前半期と後半期とでは、様相が大きく異なる。また、1号窯からは、凸面に「周淮郡」を表すと考えられる「周」の字が押印された瓦片が出土しているが、胎土や焼成の特徴から、2号ないし3号窯で焼かれた可能性がある。

瓦窯の操業順序と時期

窯構造の簡略化をもとに、「3号窯→2号窯→1号窯→4号窯」とする変遷案が示されており〔須田 一九九八〕、概ねこの順序で推移したものと考えられるが、窯の構造と瓦の特徴からは、一定期間の断絶があったものと考えられ、前半期の「2号・3号窯」と後半期の「1号・4号窯」に分離される可能性が高い。

操業時期は、窯跡周辺の遺構から出土する土器の特徴をもとに、九世紀前～中葉(第2四半期前後)と考えられる。

2 瓦の供給体制と時期

(1) 瓦窯の変遷

上総国分僧寺は、仮設的な整備段階のA期と、中心伽藍及び付属施設が整備されるB期に分けられるが、屋根瓦が

軒丸瓦

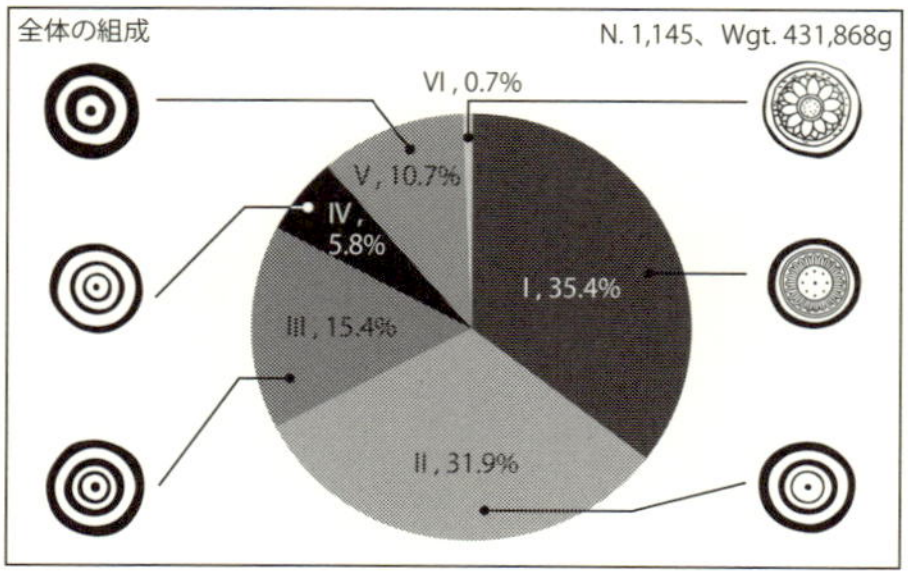

※ 重圏文軒丸瓦は、南大門付近の瓦溜りから多量に出土

軒平瓦

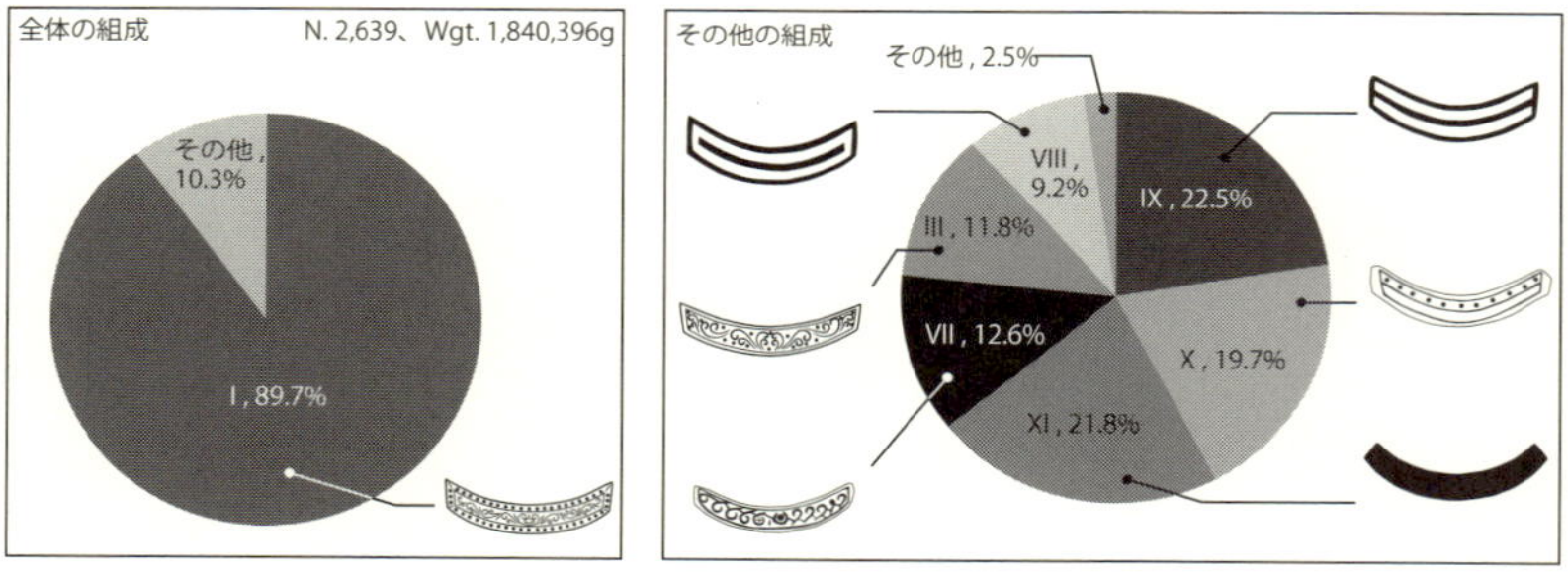

第9図　上総国分僧寺跡出土軒先瓦 型式別出土重量比率

葺かれるのはB期伽藍の創建期段階以降で、軒丸瓦が六種、軒平瓦が一一種存在する。このうち創建瓦と捉えられるのは、出土量が最も多い蓮華文軒丸瓦(軒丸瓦I型式)と均整唐草文軒平瓦(軒平瓦I型式)の組合せである(第9図)。

創建瓦は、いずれも笵型は一つであったことが確認されているので、瓦笵の彫り直しや笵傷の増加、技法の特徴などから、それぞれ大別4段階を設定した(第10図)。また、各瓦窯出土資料との比較を行った結果、軒丸瓦は、1・2段階が川焼瓦窯、3・4段階が南河原坂窯第1期、軒平瓦は、1段階が川焼瓦窯、2段階が南河原坂窯第1期、3段階が神門瓦窯、4段階が南田瓦窯前半期に焼成されたものと考えられ、「川焼瓦窯→南河原坂窯第1期→神門瓦窯→南田瓦窯前半期→南田瓦窯後半期・南河原坂窯第2期」の順に変遷したものと考えられる。なお、南河原坂窯第1期と第2期は、南河原坂窯跡群変遷[森本二〇一八]の第一期(八世紀第3四半期)と第四期(九世紀中葉)にそれ

市原市 川焼・神門・南田瓦窯

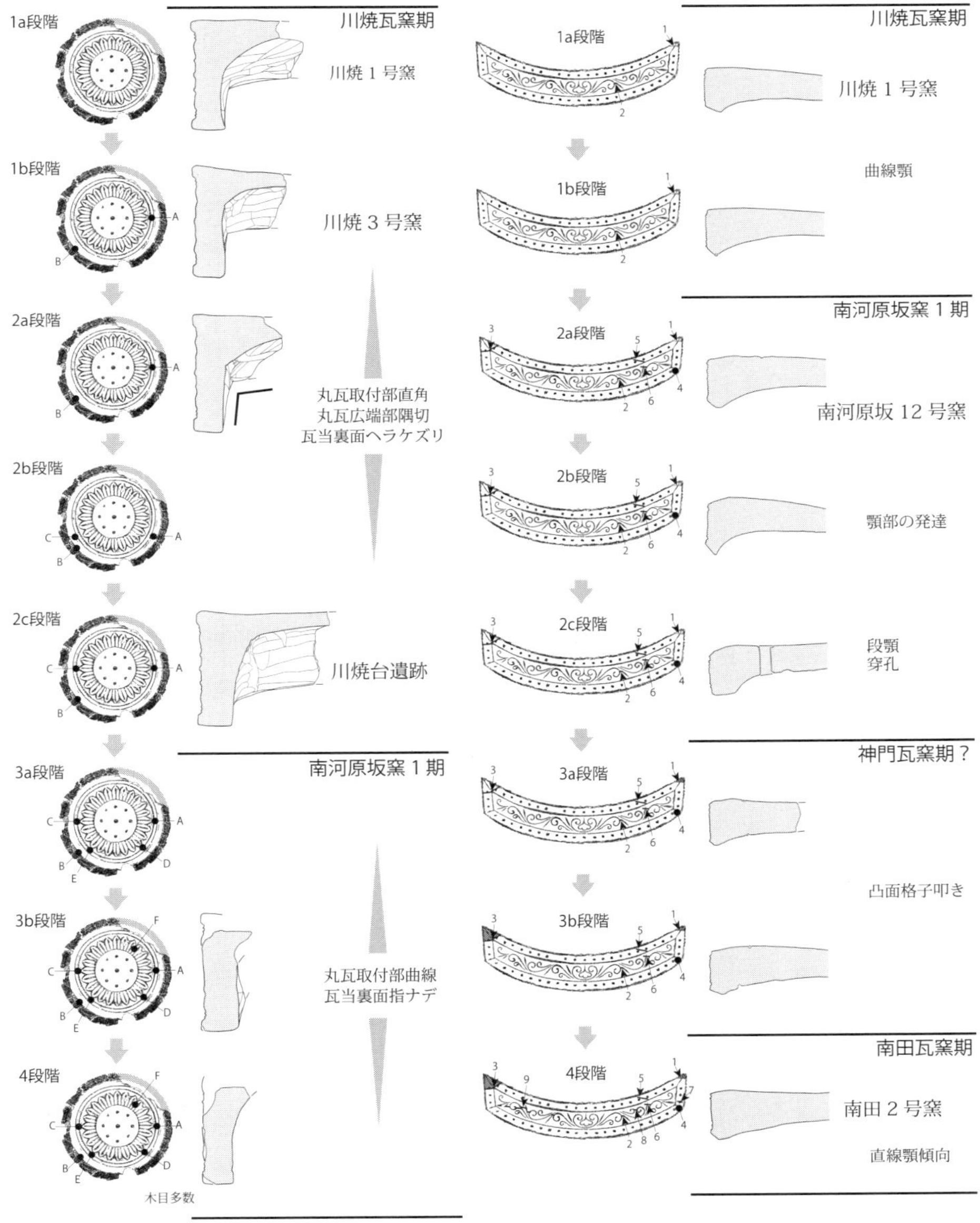

第 10 図　創建期軒先瓦の段階設定と瓦窯との対応

ぞれ対応する。

⑵ 瓦の変遷

第11図は上総国分僧寺跡出土瓦の変遷案である。瓦の年代観は、各窯の操業時期を基本とするが、分類された軒丸瓦六型式、軒平瓦一一型式のうち、窯との対応が確認されたのは、軒丸瓦・軒平瓦ともに三型式で、合計六型式に限られる。このため、これ以外の軒瓦については、凸面格子叩き目の共通性や、寺院地内及び隣接する荒久遺跡内の瓦出土遺構の時期をもとに推定した。

上総国分寺における創建瓦は、平城宮6225―6691型式の系譜を引く文様の組合せである。宮内で6225型式と組み合う最も一般的な軒平瓦は6663型式であり、第二次大極殿院・朝堂院をはじめとする中枢部の建物で用いられるが、京内では6225―6691系の組合せが存在することも確実視されている〔原田 二〇一七〕。これらの組合せには、平城宮・京瓦編年第Ⅲ―1期（天平十七年〔七四五〕～天平勝宝元年〔七四九〕）という年代が与えられており、上総国にもほぼ同時期に導入されたものと考えられる。

創建瓦である蓮華文軒丸瓦（軒丸瓦Ⅰ型式）の瓦笵は、南河原坂窯第1期のうちに失われ、神門瓦窯期以降、重圏文に切り替わったものと考えられる。一方、均整唐草文軒平瓦（軒平瓦Ⅰ型式）の瓦笵は、南田瓦窯前半期以降失われ、南田瓦窯後半期及び南河原坂窯第2期に多種の軒平瓦が一斉に出現する。これらの軒平瓦は、顎形態の特徴や凸面格子叩き目の共通性から、短期間のうちに生産されたものと考えられ、国内諸郡から瓦笵が掻き集められた可能性がある。確認できる限り、九世紀中葉と考えられる南田瓦窯後半期及び南河原坂窯第2期を最後に、新たな瓦窯の操業は認められない。この頃の東日本は、地震や火山噴火、日照りや水害等の自然災害が頻発していたほか、上総国や下総国では俘囚が度重なる反乱を起こしたことが正史に記されており、不安定な社会情勢下で、更なる騒乱状態を生み出

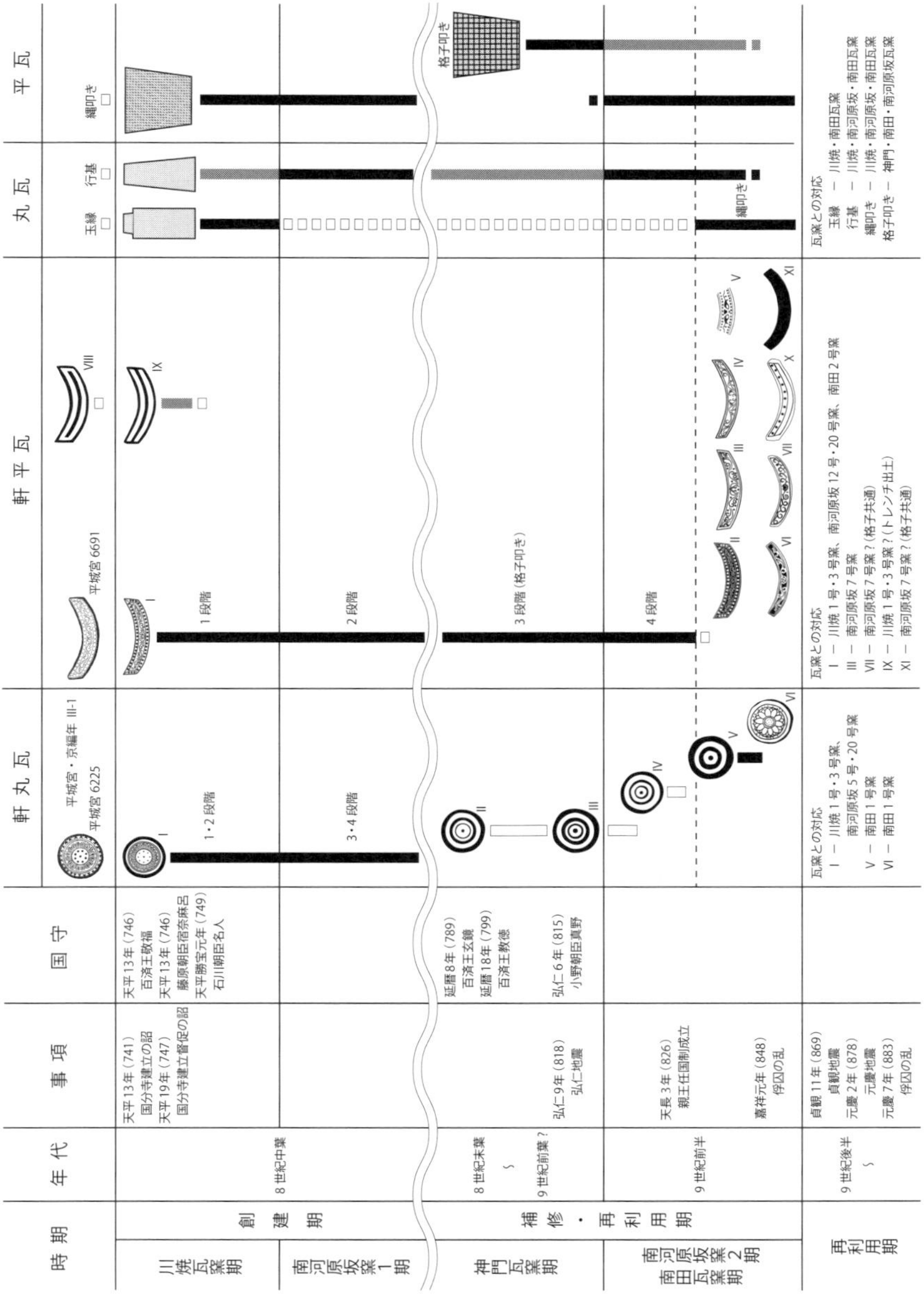

第11図　上総国分僧寺跡 出土瓦変遷案

し、徐々に国内が疲弊していった可能性がある。

おわりに

川焼瓦窯の操業開始は、国分寺創建瓦に先行し、国府政庁所用瓦であった可能性が高い重圏文系軒瓦の出土から、国衙主導で進められたものと思われる。

上総国分寺のB期伽藍の造営と平城宮系軒瓦の採用に当たっては、天平勝宝元年(七四九)に上総国司に補任した石川朝臣名人が主導した可能性が高いとされる[須田　一九九四]。石川朝臣一族には、天平十六年(七四四)に東海道巡察使、天平十九年(七四七)に国分寺造営督促使となった年足がおり、年足の影響下で名人が造営を推進したとも考えられよう。また、石川朝臣年足は、陸奥守であった百済王敬福が天平十八年(七四六)に上総守となり、同年九月に陸奥守として復任するまでの間、陸奥守として補任されるなど、年足と敬福が連携して、重要課題であった東国の国分寺造営に取り組んだ[西野　二〇一六]とする興味深い指摘がある。

天平十九年(七四七)の国分寺造営督促の詔で、協力の見返りとして、郡司の地位を保証する優遇措置が執られたことから、上総国分寺創建瓦の生産においても、国内郡司層の協力があったことが考えられ、須恵器生産が同時に行われ、瓦陶兼業となった南河原坂窯(山辺郡)への移動は、その表れとも捉えられよう。

八世紀末葉以降、補修期の瓦窯は再び市原郡内に移動し、失われた蓮華文に代わって重圏文が軒丸瓦の文様として採用される。南河原坂窯からは、国分寺創建瓦と異なる単弁二十四葉蓮華文軒丸瓦が出土しており、蓮華文の更新が試みられた可能性があるが、国分寺からは見つかっていない。蓮華文から重圏文への変更は、瓦笵の作出が技術的に困難であったことによると思われるが、重圏文自体は国府政庁に用いられた正統派の文様であったとも言えよう。この頃の上総守は、延暦八年（七八九）に敬福の子である百済王玄鏡、延暦十八年（七九九）には敬福の曾孫である百済王教徳が補任しており、補修瓦への重圏文の採用に当たっては、いずれかが関わった可能性も考えられる。上総国分寺の重圏文軒丸瓦は、南大門とその前面に位置する廃棄土坑（瓦溜）から大量に出土することから、寺の顔となる南大門で多用されていたことは間違いなく、意図をもって行われたものと考えられる。

参考文献

今泉　潔　二〇一八年「市川市北下遺跡と周辺の調査成果」『関東甲信越地方の国分寺瓦窯』東国古代遺跡研究会
櫻井敦史　二〇〇九年『上総国分僧寺跡Ⅰ』市原市教育委員会
須田　勉　一九九四年「国分寺造営期にみる中央と在地　上総国分僧寺改作期の造瓦から」『古代』第九七号　早稲田大学考古学会
須田　勉　一九九八年「上総国分僧寺跡」『千葉県の歴史』資料編　考古3（奈良・平安時代）千葉県
田形孝一　一九九四年『市原市川焼瓦窯跡発掘調査報告書』千葉県教育委員会
鶴岡英一・小橋健司・櫻井敦史　二〇一六年『上総国分僧寺跡Ⅱ』市原市教育委員会
西野雅人　二〇一六年「市原市稲荷台遺跡の円丘祭祀　桓武・文徳朝の郊祀との関係について」『千葉史学』第六九号
蜂屋孝之　二〇〇九年『市原市川焼台遺跡（上層）』千葉県教育振興財団
原田憲二郎　二〇一七年「平城京内出土の6225・6663系軒瓦」『古代瓦研究Ⅶ』奈良文化財研究所
宮本敬一・牧野光隆　二〇一四年「関東地方の重圏文系軒瓦　上総国の場合」『古代瓦研究Ⅵ』奈良文化財研究所
村田六郎太・松原典明　一九九六年『土気南遺跡群Ⅶ　南河原坂窯跡群　鐘つき堂遺跡』千葉市文化財調査協会
山路直充　二〇一三年「真行寺廃寺の造営」『論集「幻の大寺真行寺」』山武仏教文化研究会
森本　剛　二〇一八年「南河原坂窯跡群の瓦窯跡について」『関東甲信越地方の国分寺瓦窯』東国古代遺跡研究会

下総国分寺瓦窯

市川市 北下瓦窯

今泉　潔

はじめに

北下遺跡は東京外かく環状道路建設に伴って平成十四年から調査を開始し、これまでに四冊の発掘調査報告書〔千葉県教委二〇〇七、千葉県教育振興財団二〇一一・二〇一四・二〇一六〕を刊行してきた。路線幅ということもあって調査範囲は限られ、土地の改変等で失われたものも多いが、遺構の重複が比較的少なく、生産遺跡としてはさほど規模は大きくはなかったことをうかがわせる調査結果となった。そうした中に下総国分寺関連の生産工房として瓦窯、そして鋳造遺構という窯業とは異なる生産部門などが重層的に存在したことは大変興味深い事例となった。

なお調査した瓦窯二基は、平成二十二年に国指定史跡「下総国分寺跡附北下瓦窯跡」として追加指定された。したがって瓦窯の呼称にあたっては指定の名称である「北下瓦窯」とし、遺跡名は従前どおり「北下遺跡」とした。

1　遺跡の地理的環境と歴史的環境

北下遺跡は市川市北部の下総台地西南部にある（第1図）。生産工房は標高一二㍍～一四㍍の台地と段丘を形成する

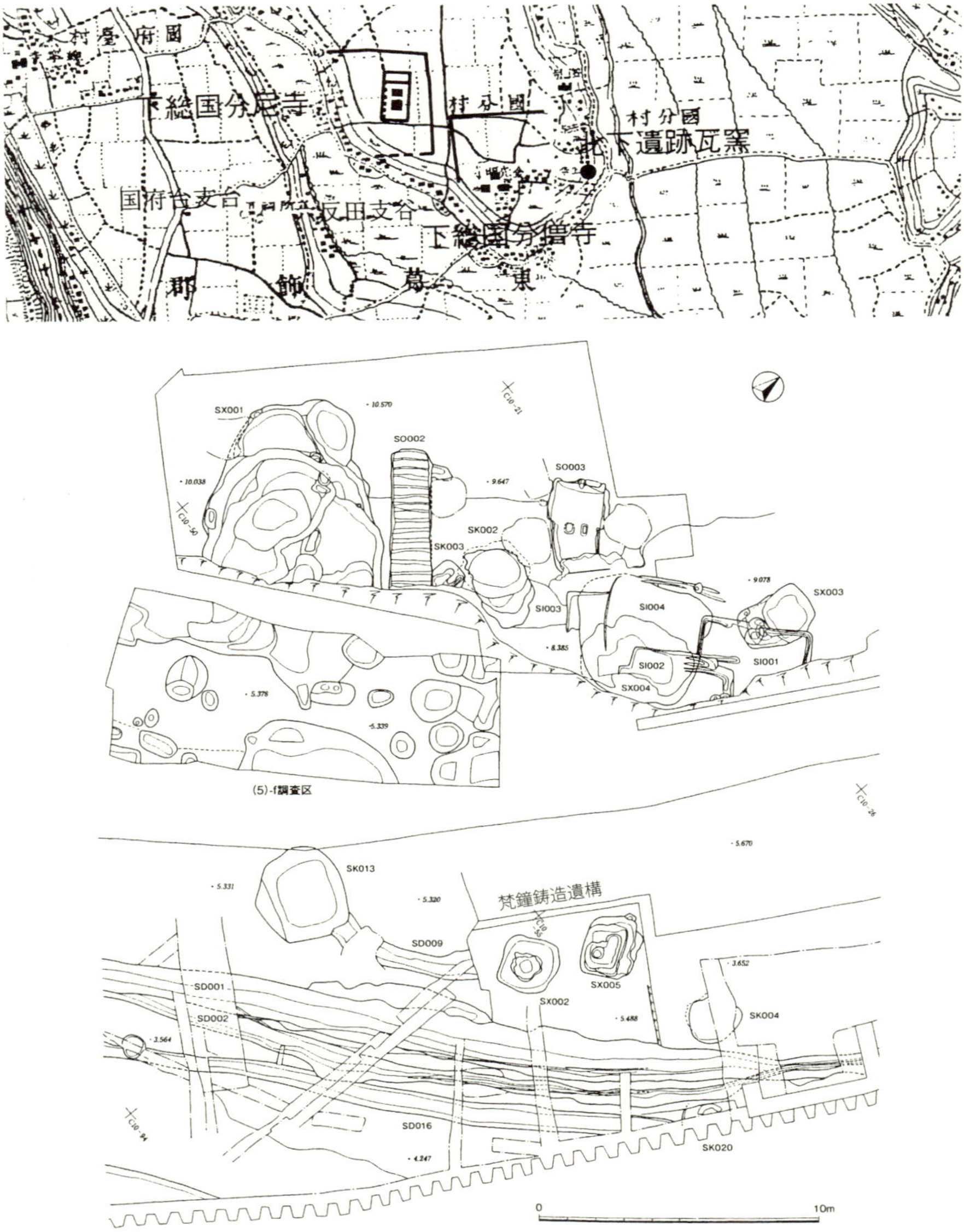

第1図　北下遺跡の位置と部分図

緩斜面を利用して築かれていた。調査地東側の台地裾部には古代の自然流路が南北に走行したことがわかっている。

北下遺跡が位置する中国分支台には国分二寺が造営され、さらにその南西の国府台支台には下総国府が設置され、一帯が古代下総国の枢要な一角を形成していた。僧寺は支台南端部に、その北西に尼寺が位置する。僧寺は法隆寺式伽藍配置を採用し、塔を基準に寺院地が決定され、後に造営方位を変更して金堂・講堂が造営されたと考えられている〔山路 一九九八a〕。九世紀前半に補修期を迎え、十世紀代まで創建時の景観を維持していたようである。尼寺は金堂・講堂が南北一直線に並ぶ伽藍配置で、僧寺の金堂・講堂の造営時期よりやや遅れる〔山路 一九九八b〕。なお供給瓦窯については、かつて付近の崖上に残っていた窖窯二基の窯尻部分が調査されている〔滝口 一九七二〕。具体的な調査地が不明だったが、その後の地元民への聞き取り調査等から、北下瓦窯から北に十数㍍の地点と考えられる。

2 瓦窯と出土瓦類

瓦窯 瓦窯二基（SO002・SO003）は国分谷西岸緩斜面に、中軸線をほぼ平行させて四・二㍍の間隔をおいて、設置されていた（第1図）。いずれも瓦専業窯と考えて差し支えないであろう。

SO002は半地下式有段窖窯で、焼成部の最下段近くから残る。現存長は水平距離で五・二二㍍、幅は一・五㍍前後ある。主軸をN—四八度—Wにとり、最高点は標高一〇・五三㍍になる。窯壁内側はレンガ状に硬化するほど被熱痕跡が顕著だった。焼成部は階段状に一四段残り、瓦片を並べて踏み段端部の段鼻を保護していた。深さは最深で四五㌢あり、底面の傾斜角は一七度だった。埋土中に灰黒色のスラグ堆積層があり、それらは高温にさらされた天井構築材が崩落したものと考えられる。窯尻から二段目右横には煙出しを敷設し、窖窯としてはやや特異な構造であった。

SO003の焼成室はほぼ水平の床面で、床面に畦の痕跡を確認できなかったことから、有畦式平窯が定型化する以前

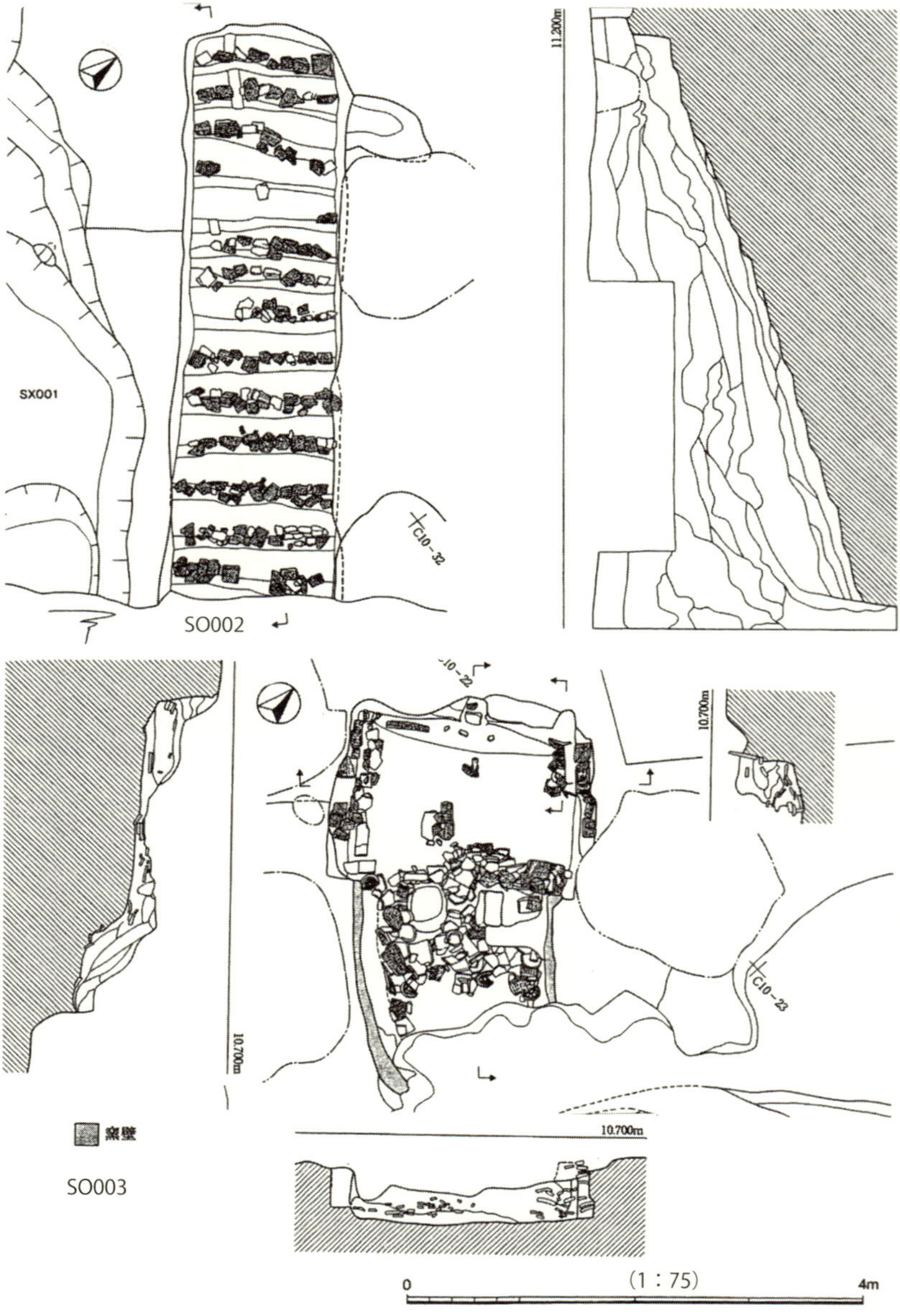

第２図　SO002・SO0003

の無畦式平窯と考えられる。焼成部は幅二・三㍍、奥行き一・九㍍で、窯体主軸に対してやや横長で、深さは確認面から六四㌢あった。最高点は標高一〇・五五㍍になり、主軸がN―四六度―Wで、SO002の中軸線に近い。両側壁は壁体を保護するのに「切り熨斗瓦」の凸面を上にして前後二列に小口積みにしていた。奥壁は基底部に熨斗瓦が原位置で残り、奥壁下部には被熱していない部分が帯状に広がっていたことから、左右の側壁と奥壁の三面の壁面は、本来、熨斗瓦等で保護され、窯を廃棄する際にほとんどが取り外されたと考えられる。

　奥壁に設置されていた三カ所の排煙装置は、窯体を二〇㌢ほど外側に掘り込んだもので、右隅の煙出し部には平瓦を立てかけ、煙道部壁面を煙突状に補強していた。平坦な底面には焼土が広く堆積していた。焼成室と燃焼室の境界付近にはブロック状の軟砂岩が左右に一対あり、この付近で窯体が括れて狭くなることから、軟砂岩は分焔柱として機能したと考えられる。燃焼部は内法で幅一・六㍍あり、左側壁は内側へ弧を描き、開口部の幅を狭めて焚口部とし、内壁をスサ入り粘土で被覆していた。埋土中に暗紫灰色に変色し髭が入った塊と焼けたスサ入り粘土が混在した層があり、天井架構材の崩落したものと考えられる。なお二基の瓦窯が操業を終了した後も周辺一帯には、梵鐘鋳造遺構・竪穴住居や大型土坑などが連綿と作られていく。

出土瓦類　軒丸瓦の主文様には対葉花文と複弁系の二種類があり、対葉花文はさらに四型式ある(第3図)。A類Ⅰは下総国分二寺を代表するもので、数量的にもっとも卓越し、国分寺創建期のなかで長期にわたって生産されたことをうかがわせる。次の段階がA類Ⅱで、瓦当裏面に布目圧痕が残る。そしてA類Ⅲ・Ⅳが続く。複弁系B類は修造期の所産と考えられ、胎土に白色粒を多く含むのが特徴で、対葉花文の一群とは明らかに胎土が異なる。

　軒平瓦の主文様は対葉花文と唐草文の二種類があり(第3図)、対葉花文はさらに「独立文」(A類)と「つなぎ文」(B類)とがある。数量的に抜きん出ているのがA類Ⅰで、軒丸瓦A類Ⅰに対応する。段顎と曲線顎があり、平瓦との接合はいわゆる「包み込み技法」を採用する。B類は瓦当文様が精緻な表現(B類Ⅰ)と稚拙な表現(B類Ⅱ)がある。

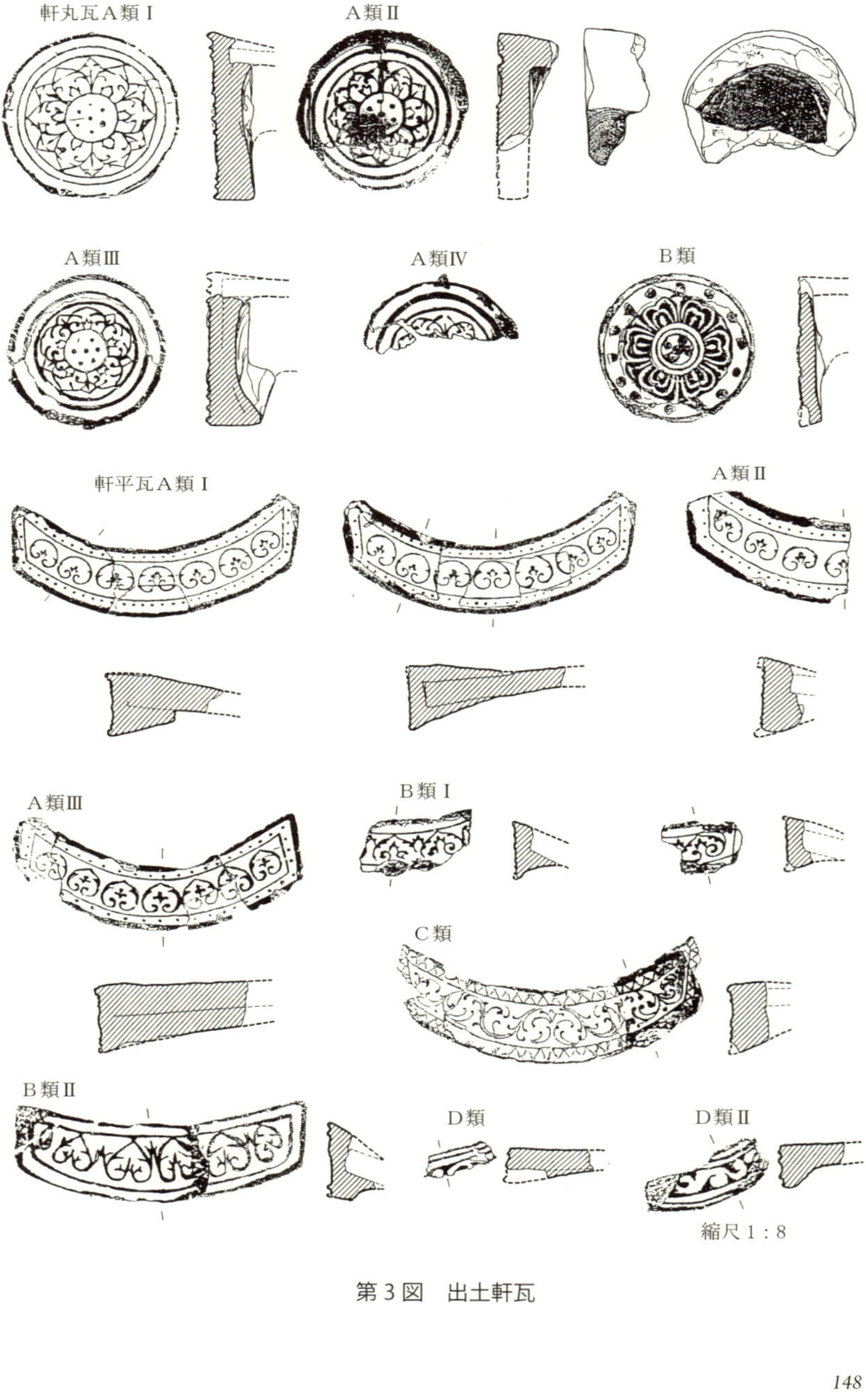

第３図　出土軒瓦

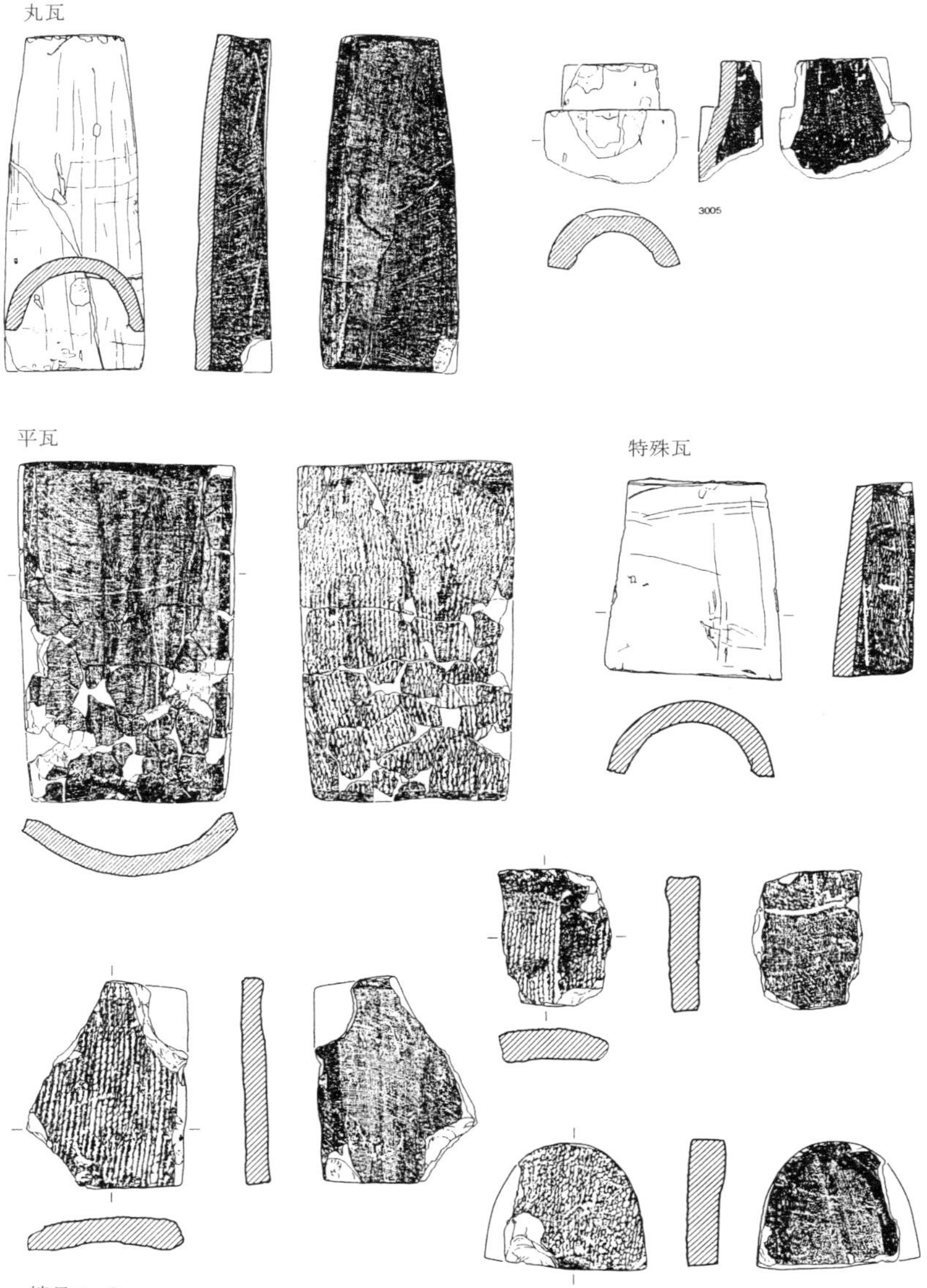

縮尺 1：8

第４図　丸瓦・平瓦・特殊瓦

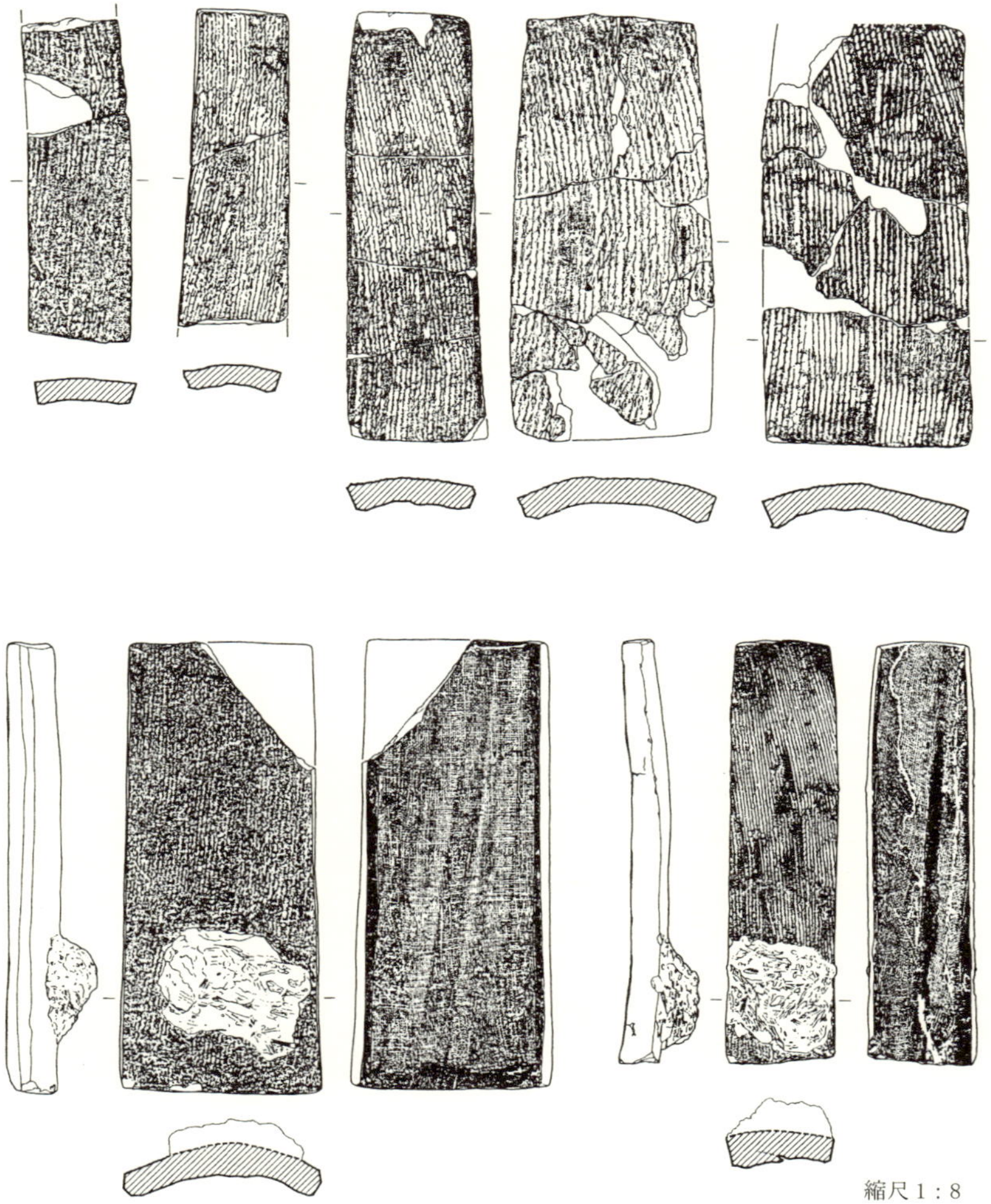

縮尺1：8

第5図　熨斗瓦

以下は唐草文を主文様とする一群で、C類は巻き込みの強い唐草文で、文様の先端を玉状に丸め、外区四周に線鋸歯文をおく。D類は主文様の唐草文を陰刻と陽刻で表現する二種類がある。瓦当面の厚みが極端に薄くなる。軒丸瓦B類に対応する。なお平瓦部の成形技法は、A類Ⅲ・B類Ⅱ・D類が一枚作りで、それ以外は桶巻作りと考えられる。

丸瓦は行基丸瓦と玉縁丸瓦があるが、大半は前者である(第4図)。平瓦はほとんどが桶巻作りで、凸面に離れ砂を撒き、縄目の叩き板で叩き締めた痕跡が残る(第4図)。全長は三五㌢~四〇㌢で、成形時に使用した桶が円筒形に近かったことをうかがわせる資料が多い。叩き目はほかに斜格子・正格子・平行目などがあるが、数量的にはかなり限られる。一枚作りの資料はすべて縄叩き目で、叩き締めの際に凸面に離れ砂を撒く例はなくなる。

出土瓦類の特徴として、まず熨斗瓦の出土量が相対的に多いことが上げられる。すべて桶巻作りで、焼成以前に幅を整えた「切り熨斗瓦」になる(第5図)。幅は平均で約一一㌢になり、平瓦の弧長が二五㌢前後なので二枚取りと考えられるが、幅の頻度分布にはかなりバラつきがあり、任意性が強い。なお(八)次までの調査で、瓦類が約七五〇箱出土し、熨斗瓦は一〇〇〇点近くあった。またSO003からは熨斗瓦が一四五点出土し、取り上げた平瓦は六四枚分に相当し、単純な数量比では熨斗瓦が平瓦の二倍以上出土したことになる。こうした大量の熨斗瓦の存在は、多くは平窯の壁体保護材として生産されたものと考えている。それを裏付けるのが、熨斗瓦凸面に残る数㌢大の瘤状付着物で、SO003の窯体の壁面保護に熨斗瓦を積み重ねていたことを示す痕跡になる。つまりスサ入りのツナギで熨斗瓦を上下に接着しながら積み重ね、焼成時の高温にさらされた結果、ツナギが溶着したもので、鬆が入るものもある。

瓦類のもう一つの特徴として、丸・平瓦を生瓦段階で全長を通常の長さの二分の一や三分の一に寸詰めして加工したものの存在がある(第4図)。丸瓦では玉縁部を残す資料もある。平瓦の場合は全幅を残す資料ではないから、鉤の手状に切り取ったような部分資料になる可能性もある。ほかに平瓦を半楕円形に成形して面戸瓦風に仕上げたものや、平瓦の両端部を左右から弧状に切り落としたものなどがある。小型ということもあって、完形資料が多い。これらが消費地へ供給されることなく、生産現場から出土していることを考えると、瓦窯の操業時に使用する資料になるのかもしれないが、それを直接物語る使用痕跡までは確認できなかった。

まとめにかえて

北下遺跡は、遺構・遺物ともに多岐にわたる内容を伴った遺跡である。生産遺構に限っても瓦窯以外に梵鐘鋳造遺構などがあり、バラエティーに富む。また今回はテーマからはずれるので省略したが、旧流路の調査成果では祭祀に関連する出土資料が充実し、連続する一つの遺跡内であっても、立地によって様相が全く異なるのが特徴である。

下総国分寺は塔の造営が先行することから、一般にいわれている国分寺創建期のなかで造営が始まり［須田 一九九五］、造瓦体制も整備されていったのであろう。この段階の軒瓦の組合せは、圧倒的な出土量から軒丸瓦A類Iと軒平瓦A類Iになる。そして後続する軒丸瓦A類IIが横置型一本造りの折り曲げ技法を採用し、積み上げ技法から折り曲げ技法への転換が平城第IV期後半頃の神護景雲年間（七六七～七七〇）とされているので［奈文研 一九九二］、この頃までには二基の瓦窯（SO002・SO003）は操業を終了していたのであろう。

二基の瓦窯は既述のようにSO002が半地下式有段窖窯、SO003が無畦式平窯になる。瓦窯を恒常的に運営するには、二基以上の瓦窯を併設する必要があるといわれており、発掘調査例でも奈良時代には瓦窯を二基一組で操業していた場合が多い。北下瓦窯の場合、二基一組の操業ということを考えると、少なくとも窖窯に関しては調査した範囲で近距離に組み合う瓦窯の存在は確認できなかった。したがってSO002・SO003の二基の瓦窯は焚口の高さや主軸方向がほぼそろうことから、複数の瓦窯を一組で操業するという前提に立てば、二基の瓦窯は構造こそ異なるものの、配置状況等から同時操業と考えたい。出土軒瓦でも明らかな先後関係は認められず、とくにSO003からは古い段階の笵傷の軒丸瓦しか出土していない。

ところで無畦式平窯ＳＯ003の初源は、少なくとも藤原宮への供給瓦窯である奈良県日高山４号窯までたどることができる［網干 一九六二］。平面形態は撥形で、壁に日干しレンガを積み上げ、奥壁に三本の煙道を敷設していた（第6図）。そしてそこに従事していた工人が移って、新たに築窯したと考えられているのが奈良山瓦窯跡群の梅谷瓦窯である［京都府埋文 一九九九］（第6図）。窖窯二基（4・5号窯）、平窯二基（6・7号窯）、その中間形態が三基（1～3号窯）の計七基あり、窖窯二基が先行する。出土軒瓦は興福寺創建期軒瓦の六三〇一Ａと六六七一Ａ、そして六三〇一Ｄと六六七一Ｅの組合せである。平城遷都から平城第Ⅱ期―一（七二〇年代）までが操業期間と考えられている。調査した7号窯は、全長四・一七㍍、最大幅二・二一㍍、焼成部長は一・六八㍍で、焼成部と燃焼部の段差は五七㌢ある。焼成部底面は水平で、底面には一五㌢ほどの厚さで瓦片を敷き詰めてあった。壁体はスサ入り粘土で覆い、地山面には窯の主軸線上に丸瓦を連結した排水施設を敷設していた。規模等は北下瓦窯ＳＯ003とかなり似通っているが、窯体の保護方法や排水施設・分焔柱の有無など、細部で相違点もある。

焼成部奥壁に排煙装置を敷設した平窯に注目すると、千葉県内の市原市川焼瓦窯群1号窯が北下瓦窯ＳＯ003の構造に近い［千葉県教委 一九九四］。確認調査で六基確認したうちの一基になる。ただし保存目的という限定的な調査だったため、最終的な構造の解明には再調査を待つしかないが、とりあえず確認調査時の所見から概要を述べておく。焼成部は確認面で幅約二㍍、奥行き一・八㍍のやや横に長い方形である。調査では中央部近くを横方向に幅五〇㌢のサブトレンチで焼成部と燃焼部の境界付近の段差を確認しているが、畦の痕跡や分焔柱の存否までは確認していない。また奥壁上部には平瓦の凹面どうしを合わせて煙突状にした排煙装置を二本確認している。ただ本来、排煙装置は三本あって、右隅の排煙装置は使用した瓦類が窯体内にずり落ちたか、抜き取られたために確認できなかったと推測する。出土した均整唐草文軒平瓦は天平勝宝年間（七四九～七五七）に成立した六六九一Ｂと同時期かそれより先行すると考

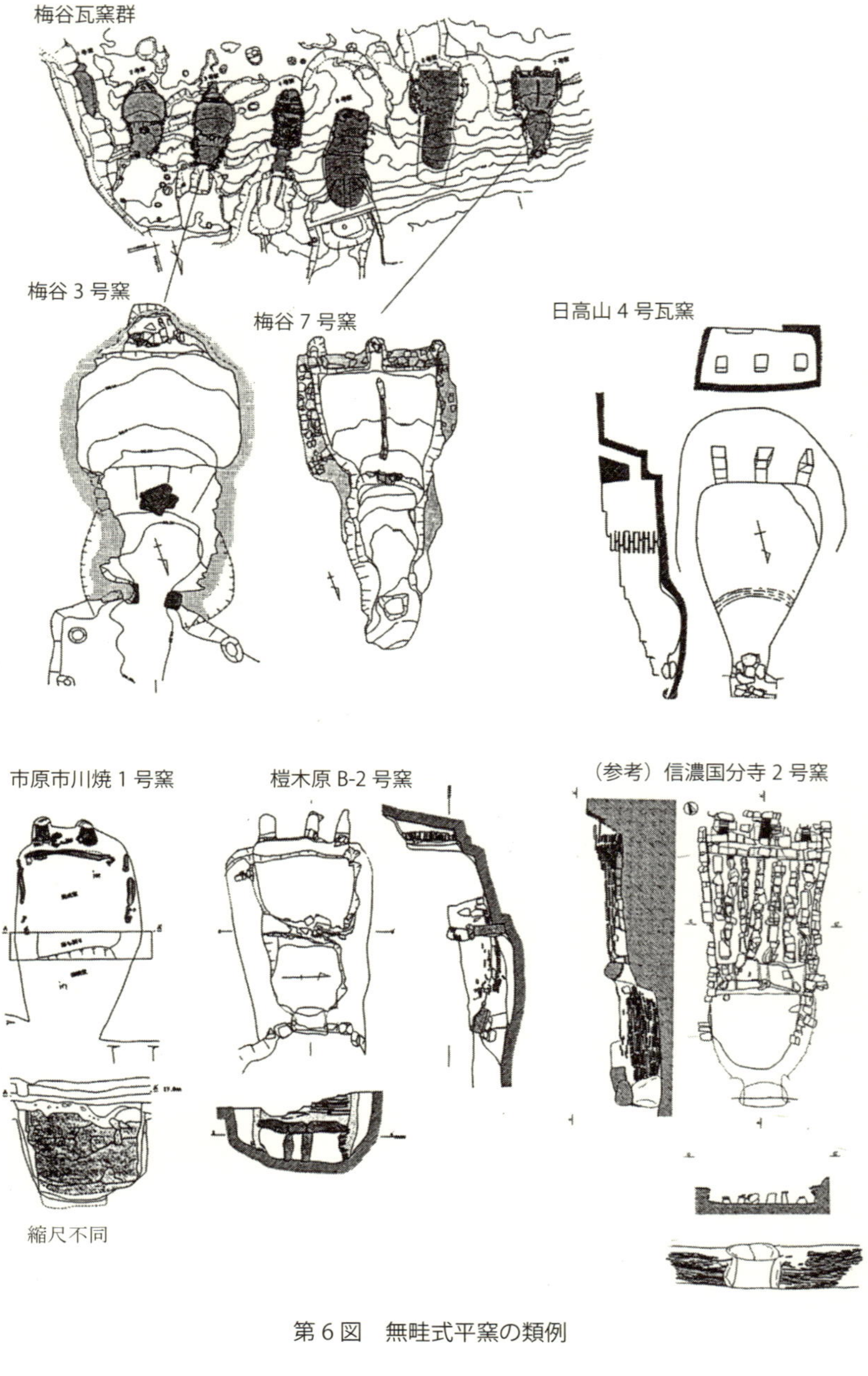

第６図　無畦式平窯の類例

えられており［宮本 一九九八］、1号窯の操業時期もほぼその頃と考えられる。

県外の例では滋賀県榿木原B―2号窯例がある［滋賀県教委 一九八一］（第6図）。横長の焼成部の奥壁に三本の煙出しを設け、焼成部と燃焼部のあいだに二本の分焔柱（自然石）を立てる。焼成室の幅は一・六㍍～二・〇㍍、奥行きは一・四㍍ほどである。報告書では操業時期を九世紀中頃以降とするが、梅谷瓦窯例などを祖型と考えるならば、構造形態がかなり忠実に模倣されているので、そこまでは下らないと考えるのが妥当であろう。

榿木原B―2号窯はともかく、北下瓦窯SO003と川焼1号瓦窯はいずれも国分寺創建期の瓦窯となり、梅谷瓦窯の操業期間とは年代的にやや隔たりがある。しかも構造的な相違点もあり、梅谷瓦窯例を直接の祖型とするとは言いがたい。しかし別の言い方をすれば、年代的に隔たっているにも関わらず、ほぼ同じ形態を踏襲しているのは、すでに梅谷瓦窯で試行錯誤を繰り返すなかで、基本的な窯体構造の完成をみていたと評価したい。そして梅谷瓦窯の操業に従事した工人の一群は、六三〇一Dと六六七一Eを生産している段階で、荒池瓦窯へ移る。瓦当笵を伴い、軒丸瓦・丸瓦・平瓦の製作技法もそのまま引継いでいることから、工房そのものがそっくり荒池瓦窯に移動したと考えられている［奥村 二〇一四］。当然、築窯技術も継承され、おそらく荒池瓦窯のなかでさらに改良が加えられて、SO003の直接の祖型となる形態の瓦窯が存在していたと推測する。有畦式平窯で奥壁に三本の排煙装置を敷設する例に注目すると、伊勢国分寺への供給瓦窯である川原井瓦窯［伊藤 一九八三］や、信濃国分寺瓦窯［大川 一九七三］などがある。最終的には単なる有畦式平窯に吸収されていくのであろう（第6図）。

このように下総国分寺では中央で完成された築窯技術を速やかに導入しているにも関わらず、いっぽうで対葉花文に代表される新羅系ともいわれる地方色の強い瓦当文様を採用している。とくに軒平瓦の包み込み技法は故地を忍ばせる製作技法を背景としているのが特徴である［梶原 二〇一四］。また畿内ではほとんど廃れてしまった平瓦桶巻作りを主流とする造瓦体制を少なくとも創建期のあいだは維持する。下総国分寺の造瓦という生産部門で、複雑な系統の流れを読み取ることができ、国分寺造営における特質の一端を垣間見ることができるといえよう。

参考文献

網干善教　一九六二年「橿原市飛驒町日高山瓦窯跡」『奈良県文化財調査報告書(埋文編)』第五集　奈良県教委
伊藤久嗣　一九八三年「三重県川原井瓦窯跡」『日本考古学年報』三三　日本考古学協会
大川　清　一九七三年『日本の古代瓦窯』考古学選書三　雄山閣
奥村茂輝　二〇一四年「梅谷瓦窯と荒池瓦窯の興福寺式軒瓦」『古代瓦研究Ⅵ』奈文研
梶原義実　二〇一四年「古代日本における造瓦技術の変遷」『考古学ジャーナル』六五二　ニュー・サイエンス社
滋賀県教委　一九八一年『榿木原遺跡発掘調査報告書Ⅲ—南滋賀廃寺瓦窯』
須田　勉　一九九五年「国分寺造営勅の評価」『古代探叢』Ⅳ 滝口宏先生追悼考古学論集編集委員会
滝口　宏　一九七一年「国分寺造立の発詔」『市川市史』第2巻 古代・中世・近世 吉川弘文館
宮本敬一　一九九八年「上総国分尼寺跡」『千葉県の歴史 資料編 考古3(奈良・平安時代)』千葉県
山路直充　一九九八年a「下総国分僧寺跡」『千葉県の歴史 資料編 考古3(奈良・平安時代)』千葉県
山路直充　一九九八年b「下総国分尼寺跡」『千葉県の歴史 資料編 考古3(奈良・平安時代)』千葉県
京都府埋文調査研究センター　一九九九年「梅谷瓦窯」『京都府遺跡調査報告書』第二七冊
千葉県教委　一九九四年『市原市川焼瓦窯跡発掘調査報告書』
千葉県教委　二〇〇七年『市川市北下遺跡瓦窯跡発掘調査概報』
千葉県教育振興財団　二〇一一年『東京外かく環状道路埋文調査報告書三—市川市北下遺跡(一)〜(八)』
千葉県教育振興財団　二〇一四年『東京外かく環状道路埋文調査報告書六—市川市北下遺跡(九)〜(一二)—』
千葉県教育振興財団　二〇一六年『東京外かく環状道路埋文調査報告書一一—市川市北下遺跡(一四)ほか』
奈文研　一九九一年「平城宮・京出土軒瓦編年の再検討」『平城宮発掘調査報告XⅢ』奈文研

常陸国分寺瓦窯

松山瓦窯跡・瓦塚窯跡

――常陸国府における八世紀中葉以降の瓦生産の様相について――

小杉山大輔

はじめに

常陸国分寺跡における瓦の研究は、瓦吹堅・黒澤彰哉・阿久津久らにより牽引され、八世紀中葉以降、国府に瓦を供給していた窯跡として柏崎窯跡群・金子澤瓦窯・松山瓦窯・瓦塚窯跡が知られているが、現時点の調査では窯跡すべてが茨城郡内に存在するという特徴を持つ。

近年、筆者は瓦塚窯跡の発掘調査を担当する機会に恵まれ、報告書を刊行することができた。今回はこれらの成果に加え、松山瓦窯跡も合わせて報告し、最後に常陸国府における瓦生産体制とその供給関係を改めて考察するが、その前提として、平城京に祖形と持つとされる素縁複弁十葉蓮華文軒丸瓦(七一〇四)とそれとセットになる均整唐草文軒平瓦(七二六〇)について紹介しておきたい。

七一〇四は黒澤彰哉によりその文様の劣化具合からaからgまで細分されている。aは柏崎窯跡群(ロストル窯一基)、金子澤瓦窯(未発掘、遺物のみ)、瓦塚窯跡(後述、三基)の三ヶ所で確認され、現時点では笵は一つとされている。成形の特徴は瓦当面から玉縁部へのヘラ削りを丁寧に行うことであり、この点に関してはb以降と比べ面径が小さくなるといった差異がある。七二六〇は笵傷の進行によりⅠからⅤに細分されている。ⅠとⅡ以降の瓦当面は七一〇四と同様、瓦当面周辺の成形過程に違いがあり、Ⅱ以降は瓦当面が厚く、幅が広い。これらの七一〇四と七二六〇に共通する特徴は製造過程の省略により発生するもので七一〇四b・七二六〇Ⅱ以降より大量生産を意識した傾向があると言える。現在、七一〇四a及び七二六〇Ⅰは国庁や茨城郡・茨城廃寺、信太郡・下君山廃寺から確認されるが常陸国分寺跡からは確認できないことから、瓦塚窯跡の報告書ではこの段階を八世紀中葉古段階とし、国分寺から確認される七一〇四b段階を八世紀中葉新段階としている〔石岡市教委 二〇一五b〕。また、瓦塚窯跡では八世紀中葉古段階の窯跡で長縄叩き一枚作りの平瓦と短縄叩き桶巻作りの平瓦が同層から出土しているのに対し、八世紀中葉新段階の松山瓦窯では長縄叩きの桶巻作り平瓦が一枚報告されている以外は全て長縄叩き一枚作りである。丸瓦は両者ともに玉縁付であることを踏まえたうえで本題に入りたい。

1　松山瓦窯跡について（第2〜6図）

松山瓦窯跡は、かすみがうら市中志筑にあり、谷を挟んだ北側に瓦窯、南側には工房跡が確認されている。現在、瓦窯は一一基だが、A〜Cの三群に分類できる。A支群は遺跡の東側南向き斜面にあるSY1〜5、B支群はA支群から六〇㍍ほど西側の南西向き斜面に位置するSY6〜8、C支群はB支群に隣接するSY9〜11であり、現在、かすみがうら市の指定史跡として保存が図られている。

A支群では軒丸瓦七一〇四aは検出されず、b・cが確認されており、軒平瓦七二六〇Ⅲも出土していることから、常陸国分寺の創建期の瓦窯とされている。笵傷から確実に七二六〇Ⅱと断定できるものは確認していないが、窯の操業はⅡの時期まで遡ると考えられている。C支群では素縁複弁十葉蓮華文軒丸瓦（七一〇八A）を検出しており、この瓦は黒澤彰哉により西隆寺にその祖形が求められているので、八世紀後葉に位置づけられる。したがって、松山瓦窯

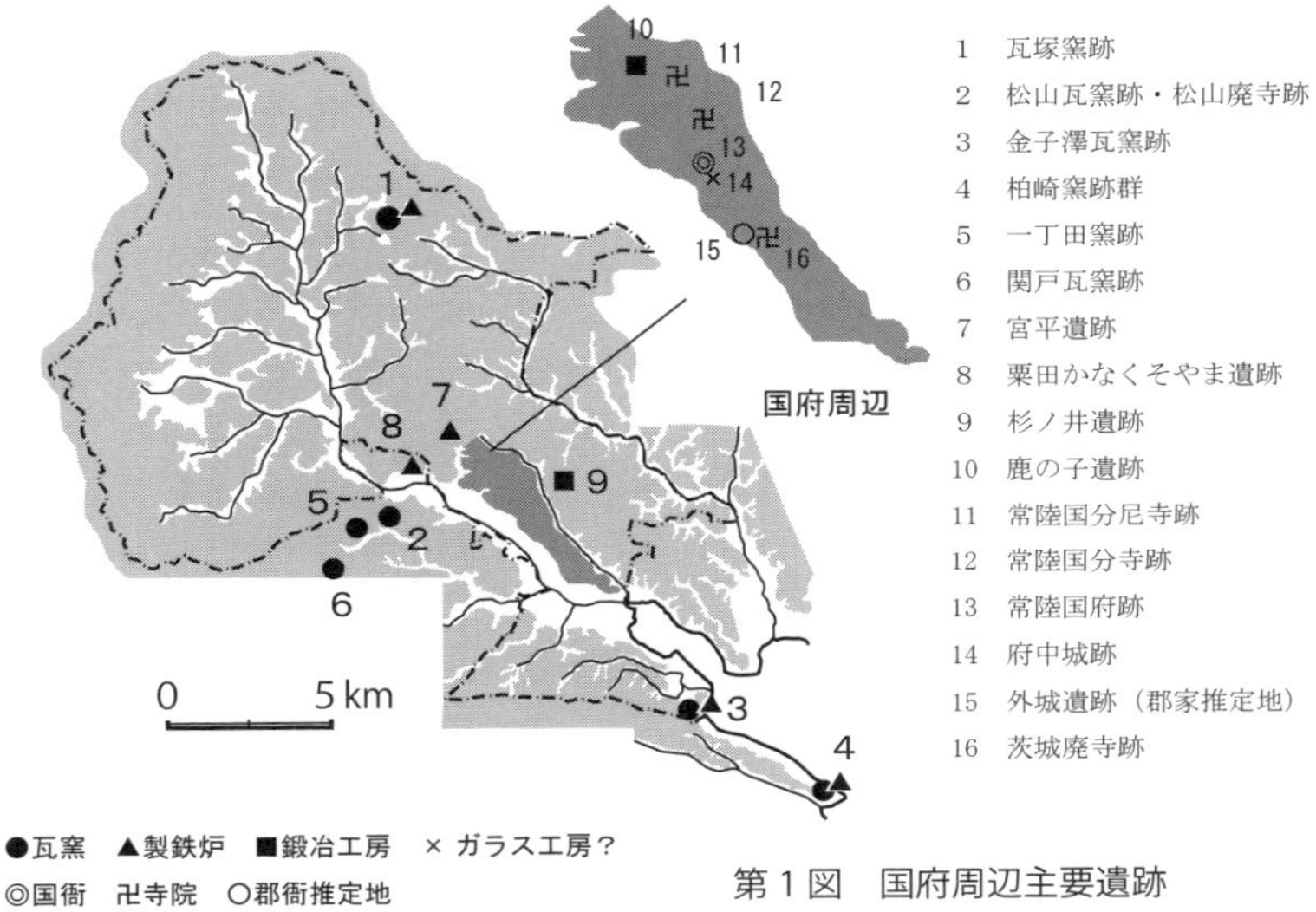

第１図 国府周辺主要遺跡

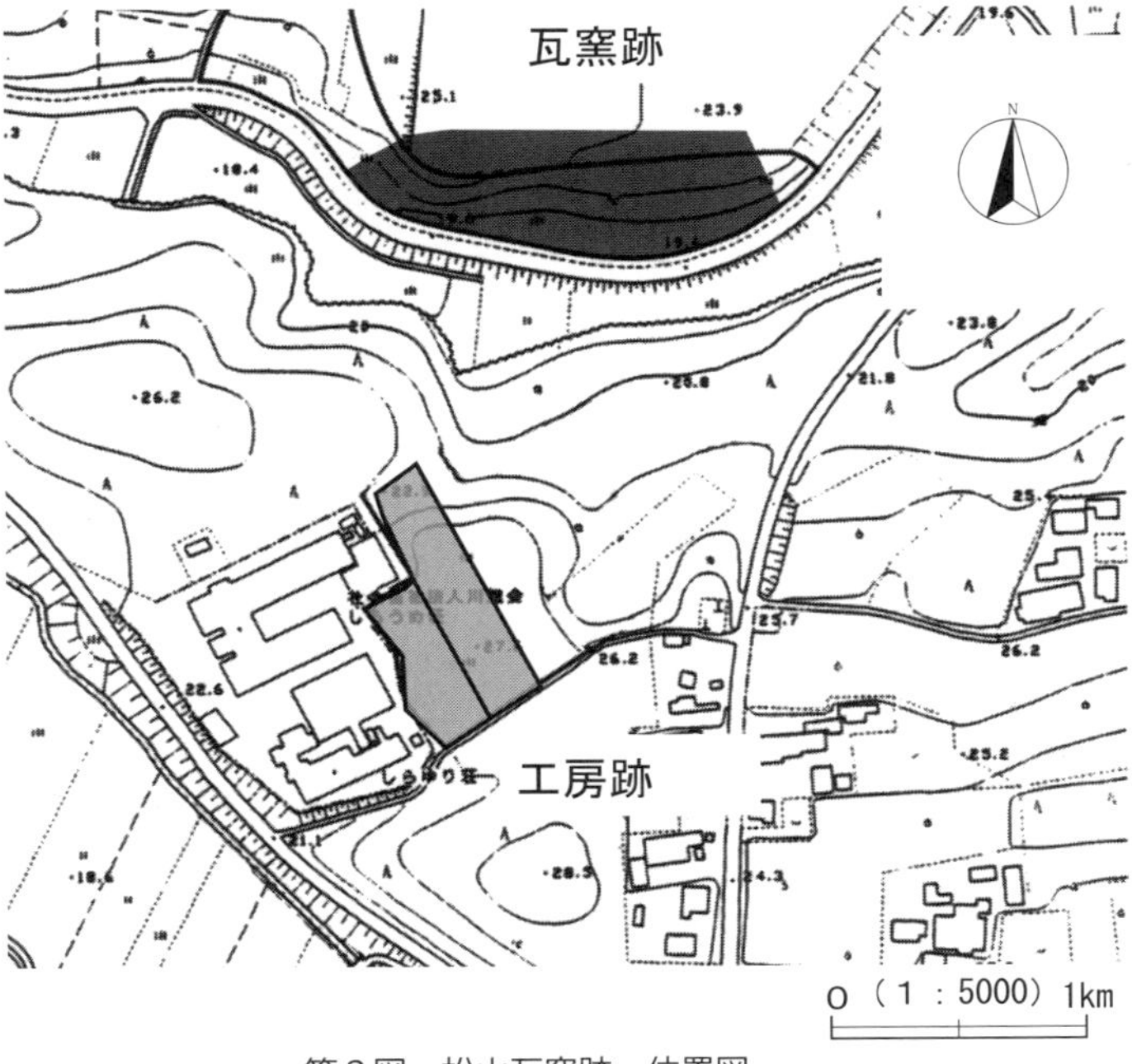

第２図 松山瓦窯跡 位置図

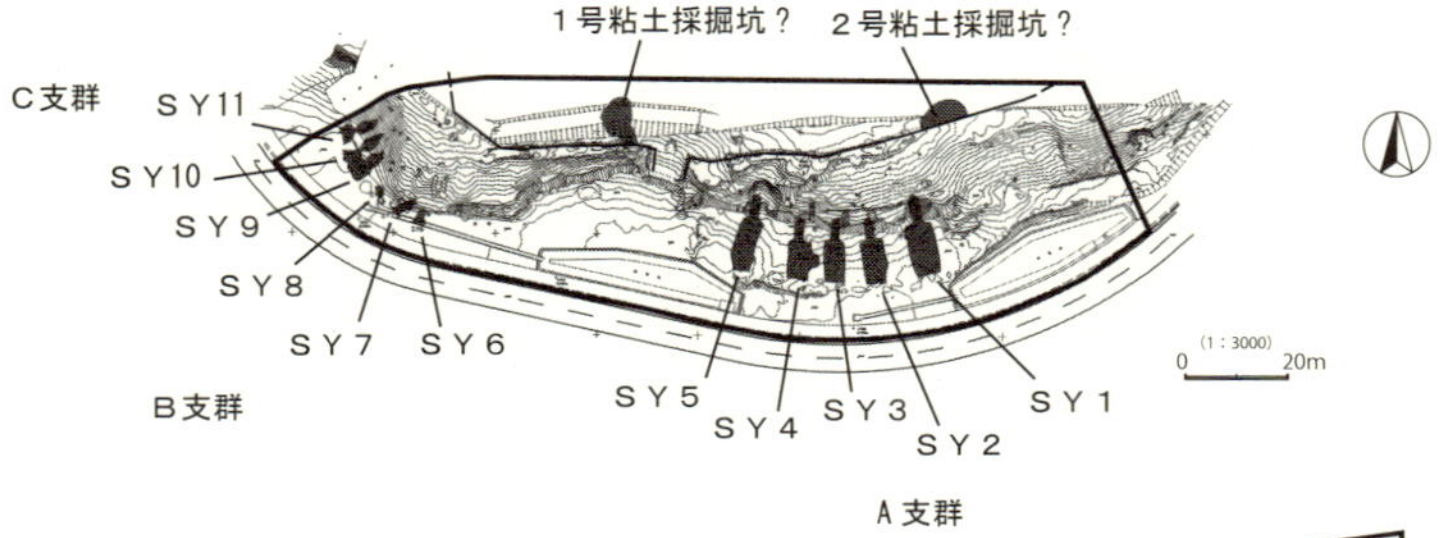

第３図　松山瓦窯　遺構配置図

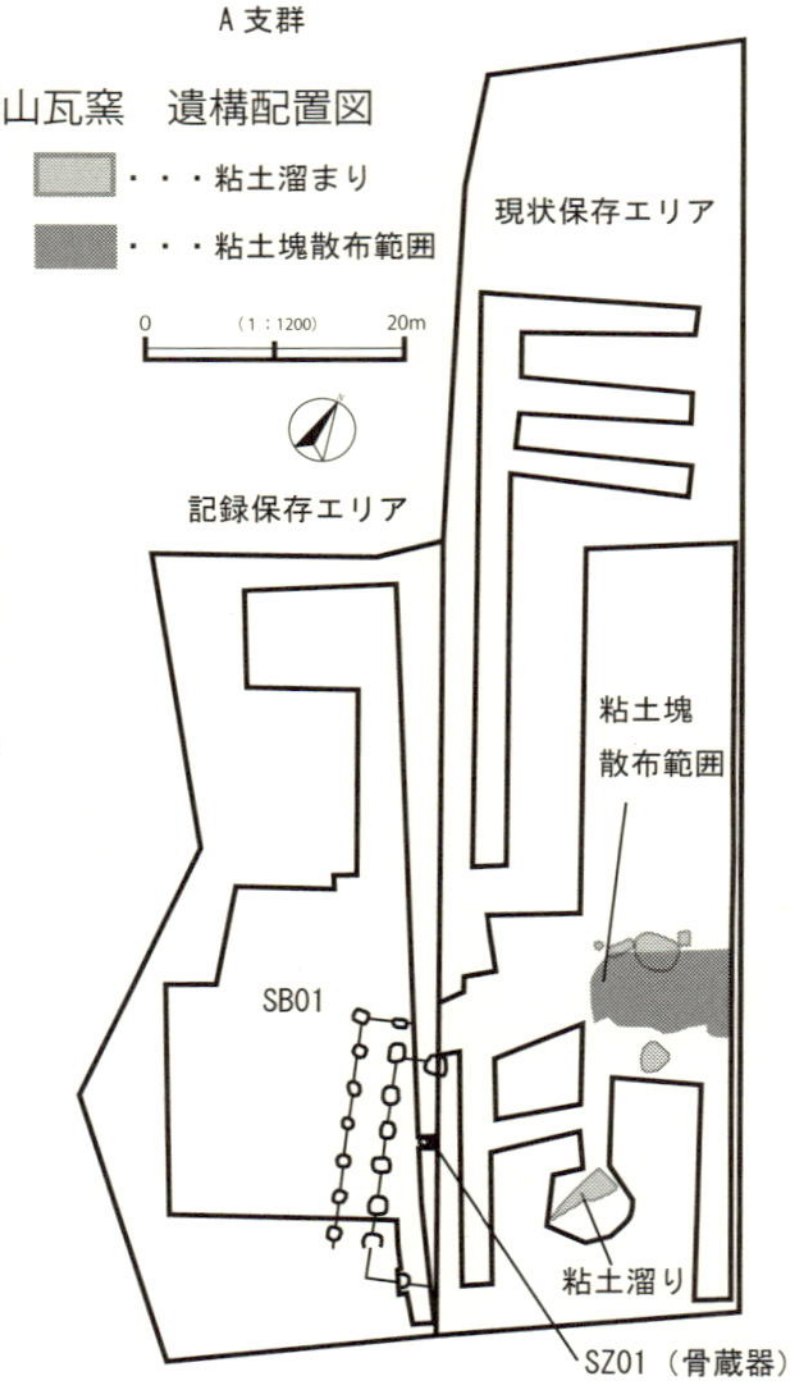

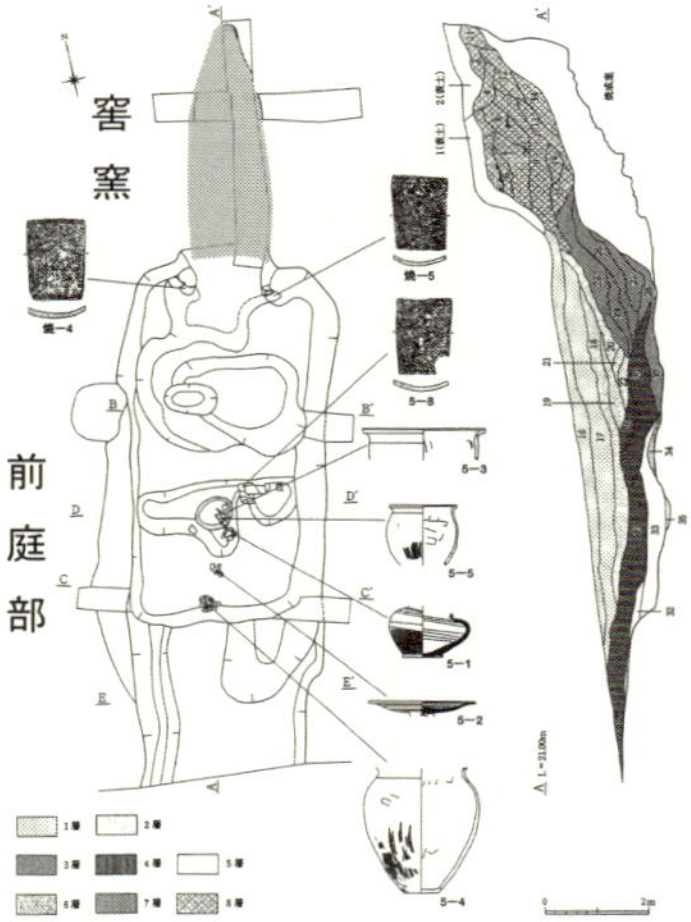

第５図　ＳＹ５(1：300)

第４図　工房跡　遺構配置図

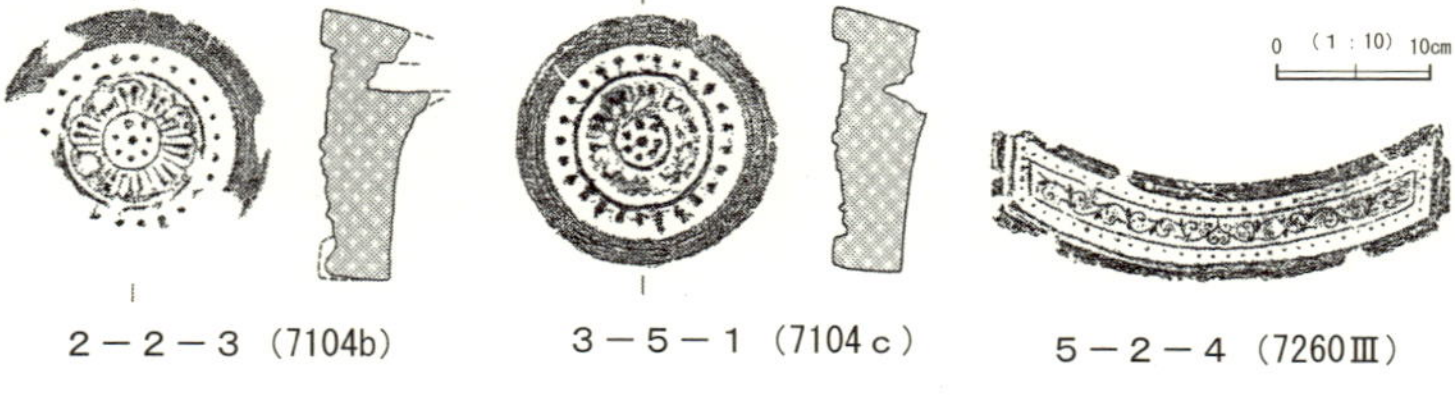

第６図　松山瓦窯跡出土軒先瓦

は国分寺創建期である八世紀中葉新段階から八世紀後葉の窯跡群と評価しておきたい。

松山瓦窯の窯構造を確認しておきたい。A支群のSY1~4の窯跡は内部まで掘削していないため前庭部以外の規模は不明だが、SY5は窯内部までトレンチ調査しており、窯の様相が判明している。窯は地下式有段窖窯で全長五・五㍍、推定幅一・四㍍と大きく、傾斜は二〇度と緩い。内部は階段状になっているものの、段数に関しては平瓦が床面に組み込まれていたため不明確である(第5図)。また窯のサイズは、前庭部が幅四・〇㍍以上、長さ一〇㍍以上であり、瓦塚窯跡と比べると巨大である。

B支群のSY6・7は道路工事により大きく削平を受けているため全容は明らかでないが、前者は煙道部分、後者は燃焼部付近が残存しており、天井部の状況から地下式窖窯であることがわかっている。SY8の調査は天井部の検出で止められている。

C支群のSY9・10の調査もまた天井部の検出のみで留めているが、全長約七㍍×幅約二・五㍍の規模が記録されている。前庭部灰原では七一〇八Aが検出されている。SY11は遺構確認面での調査であり、半地下式有段窖窯と報告されている。調査では六段を確認しているが、ボーリングの結果、二段は存在するとされ、合計八段以上の段を持つ窖窯である。調査者は前庭部灰原に炭化物を含まず、壁面の焼成も弱く未還元であることから未焼成(未完成)の窯と判断している。

以上、松山瓦窯A~C支群計一一基の窯について紹介した。なお、当地の微地形測量を行った三井猛はC群の西側及び南側にさらに窯が広がっている可能性を指摘している[かすみがうら市二〇〇九]。

松山瓦窯の工房跡は、瓦窯の南側にある谷津を挟んだ平坦な台地上に営まれている。かつては松山廃寺と呼ばれた場所であるが(遺跡名に関する詳細は報告書に譲る)、考古学的な調査が行われたのは平成二四年の開発に伴う試掘調査である。かすみがうら市教育委員会によるこの調査の結果、「現状保存エリア」と「記録保存エリア」が設定されている。

まず、「現状保存エリア」は試掘調査のみが行われ、本格的な調査は行われていない。この成果の中で注目されるのは「粘土塊散布地区」が確認されたことである（第4図）。この粘土塊散布地区は南北約六・五㍍×東西約一一㍍以上の範囲で均等ではないが、一〇㌢から二〇㌢の厚さで粘土塊がほぼ一面に散在している。報告者は古代と近世の遺構が入り混じる中で不明確な掘り込みや不規則なピットの位置に悩みながらも「瓦生産に関わる工房的遺構と想定される」としている。これ以外にも「粘土溜まり」とされる粘土を集積した状況で廃棄された遺構が周囲にも多数確認されている。

永井智教はこれらの遺構が常陸国分寺瓦屋であることを前提として、「粘土素材が浅い土坑を中心に集積された状況で検出されており、正に「さらし」の痕跡」であり、「さらし」とは露天で雨ざらしにして粘土のアクを抜く行為としている［永井二〇一四］。

一方、粘土塊散布範囲の土層図をみると、粘土層下層に「柱穴」や「掘方」、さらには「貼床」が記録されている。柱穴を散布範囲に合わせて復元すると軸がずれており、貼床にも二時期あることから一定期間かけて維持管理された屋根付きの施設だろうと思われる。

以上のことから、工房跡には採集した粘土で瓦を成形していた簡易的な施設があり、状況に応じて床面や柱の修理を行っていたものと想定したい。仮に出土した粘土塊が操業終了後の竪穴遺構内に廃棄されたものとすると、長辺が一一㍍以上となり、簡易的とはいえ国分寺創建期の窯にふさわしい大規模な遺構と判断できる。さらに永井の見解を踏まえると、周辺に広がる粘土溜まりがさらしの工程、粘土散布範囲が瓦の成形を行う工房と評価することも可能ではないだろうか。

「記録保存エリア」は試掘調査終了後、本格的な発掘調査が行われた。主な遺構は掘立柱建物跡（ＳＢ01）で（第4図）、桁行六間×梁行二間以上の規模で少なくとも二面の廂を持つ。報告書では柱穴より瓦・土師器が出土していることから八世紀後半以降としている。ただし、ＳＢ01は建て替えがなく、存続期間は比較的短期間であり、瓦生産と関連の深い建物であったと判断できる。ここでは瓦窯・粘土塊散布範囲の存在や廂付建物であることから総合的に判断し、瓦の成形から焼成を主導管理する管理棟と想定しておきたい。

その他の遺構としては窯跡群の北側、台地の端部より「粘土採掘坑」とされる遺構が二基報告されている。名称は粘土採掘坑であるが、実際には粘土を採掘していない。台地上からローム層を掘り下げていき、白色の粘土が検出されたところで掘削を止めている。報告者は何らかの理由で粘土の掘削には至らなかったか試し掘りの痕跡としている。遺物は出土していない。したがって、現時点では確実に粘土採掘坑といえる遺構は検出されていない。

以上が松山瓦窯跡の概要である。谷を挟んだ両側に存在する遺跡から国分寺創建期の瓦の成形・焼成及びその管理といった各工程が復元できる可能性を強く秘めており、今後の調査の進展が期待される。

2　瓦塚窯跡について（第7～12図）

石岡市部原に存在している瓦塚窯跡は、西宮一男・黒澤彰哉により調査が行われてきたが、直近では平成一九年から平成二五年にかけて範囲確認調査が行われ、平成二九年に国史跡に指定された。調査の結果、須恵器窯一基と瓦窯三四基、製鉄炉一基を検出し、一ヶ所に集中する瓦窯跡としては全国的にも屈指の規模であることが判明している。

七世紀前葉の遺構では須恵器窯を一基確認している（ＳＹ1）。全長一〇㍍以上で、燃焼部は傾斜が七度と緩やかであるが焼成部付近になると二四度と急勾配になる。後世の削平を受けており煙道部の様子を確認できなかったが、典型的な須恵器窯である。常陸国内の須恵器生産は七世紀から開始されるとされ、常陸国内でも古手の窯である。瓦塚窯跡の西四八〇㍍ほどの位置には兜塚古墳があり、七世紀前葉の馬具や武具など豊富な副葬品が報告されているため、

第７図　瓦塚窯跡　位置図

0　（1：10000）200m

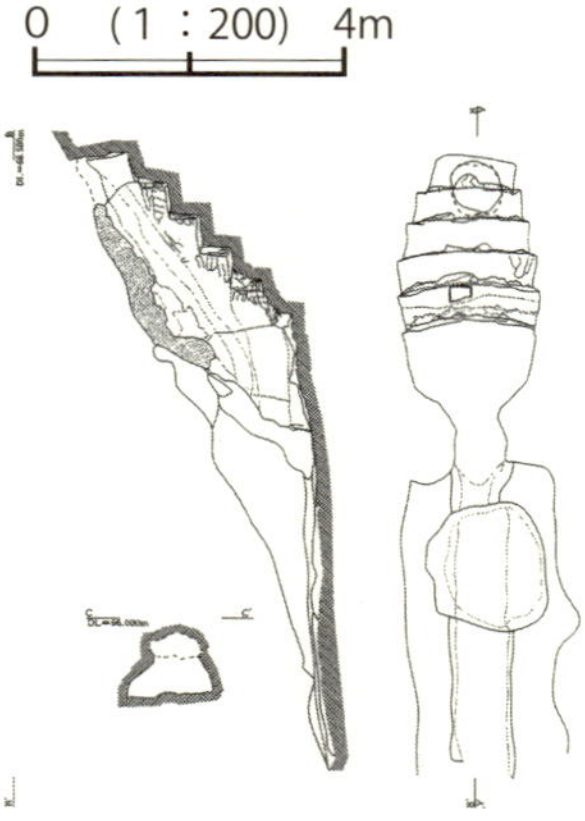

第８図　ＳＹ－34

7105

素縁単弁十八葉蓮華文軒丸瓦

7109

素縁単弁二〇葉蓮華文軒丸瓦

第９図　瓦塚窯跡出土軒丸瓦（1：8）

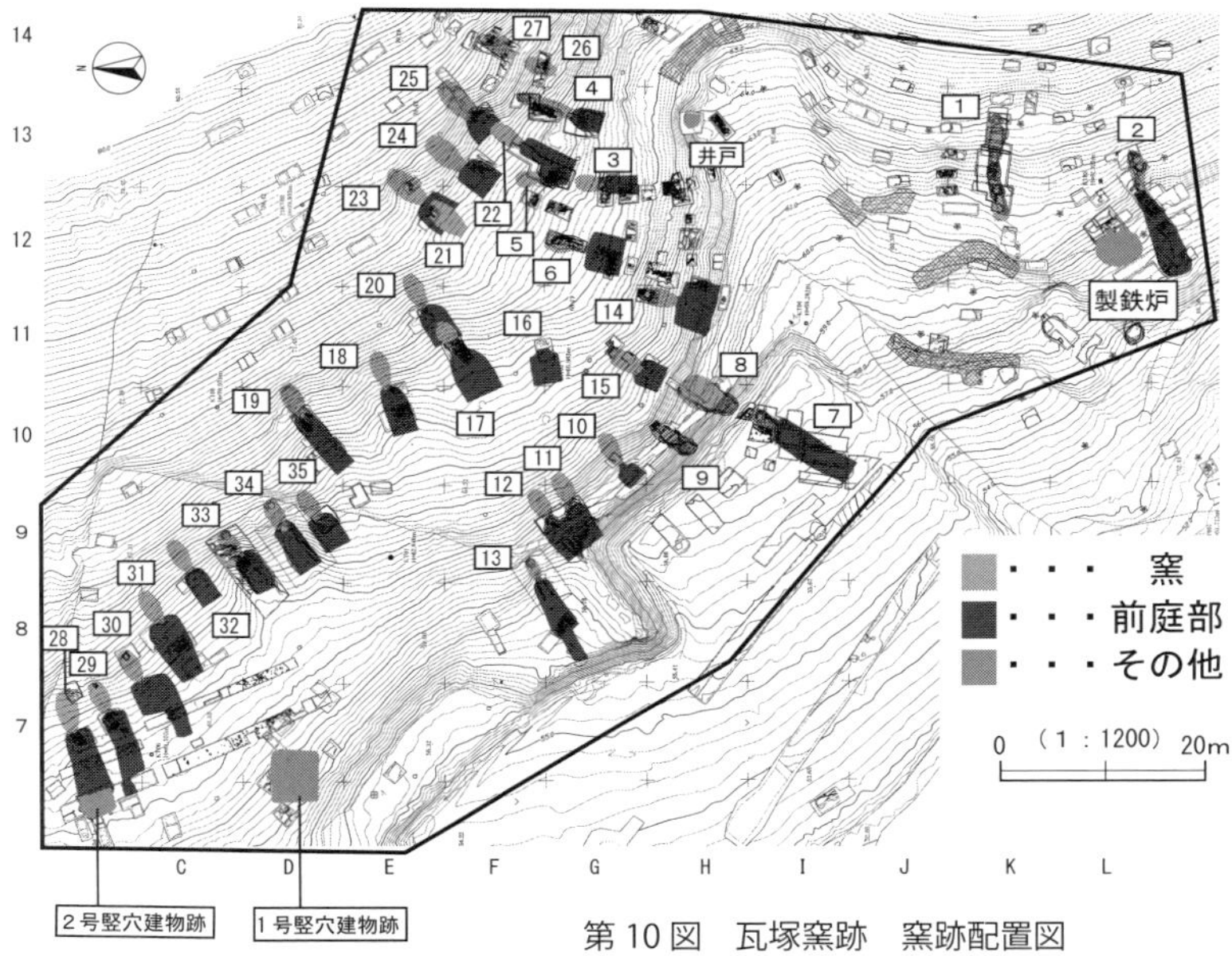

第10図　瓦塚窯跡　窯跡配置図

在地の有力豪族による須恵器窯の操業が想定できよう。

八世紀前葉の窯は一基(SY3)で、須恵器とともに重弧文軒平瓦が出土している。瓦陶兼業窯であるが、平瓦は桶巻作りであった。窯の形態は不明である。当該期の竪穴建物跡(SI1)も確認しており、窯一基建物一軒の小規模な操業体制である。

瓦塚窯跡では、八世紀中葉の七一〇四aを確認したが、七一〇四b・cは見つかっていない。すでに述べた通り、七一〇四aの時期は国分寺創建の直前期と考えられ、報告では八世紀中葉古段階とした。この時期の窯跡は常陸国内で少なくとも三ヶ所確認されており、瓦塚窯跡の他に柏崎窯跡群(かすみがうら市)と金子澤瓦窯(石岡市)がある。柏崎窯跡群ではいわゆるロストル式の平窯が検出されていることから技術の導入期と考えられる。金子澤瓦窯は調査していないが、七一〇四aとされる軒丸瓦が紹介されている。

瓦塚窯跡では三基の窯跡を確認し、SY5の形態は不明で、SY6は平面がしゃもじ形を呈する平窯、SY4は地下式窖窯であった。しゃもじ形の窯は類例をみないが、新治郡寺である新治廃寺に伴う上野原瓦窯の平窯に祖形が求められるかもしれない(第12図)。一方、地下式窖窯は一丁田窯跡にみられ、茨城郡では八世紀前葉以来の伝統的な窯跡である。平瓦の成形技法は、短縄叩き桶巻作りと長縄叩き一枚作りの両者が確認される過渡的な様相を呈するが、丸瓦は玉縁付のみである。須恵器の生産も行われており継続して瓦陶兼業窯である。SY6からは炭化材としてアカガシ亜属が確認されている。

八世紀中葉新段階の明確な遺構は確認できない。しかしながら、七一〇四b・cに伴う軒平瓦七二六〇Ⅱが過去に資料紹介されており[茨城県立歴史館　一九九四]、SY2が相当すると考えた。SY2と並んだ位置に竪形炉の第1号製鉄炉があり、遺構面直上から七二六〇型式の軒平瓦が確認されたため、八世紀後半に位置づけることが可能だからである。また、製鉄炉と瓦窯が近接するのは八世紀中葉古段階の柏崎窯跡群・金子澤瓦窯でも認められる現象であり、時期的にはやや新しくなるが矛盾はない。ちなみに、第1号製鉄炉は常陸国内で奈良時代まで確実に遡り得る竪形炉であり、この時期に箱形炉から竪形炉へと変化することが判明した貴重な調査例である。この時期は松山瓦窯の全盛期であることから、瓦塚窯跡では国分寺創建の補助的な作業を行っていたことになる。

八世紀後葉(SY7、8〜10、13〜15)はSY7から七一〇八Aの外縁部が出土している。したがって、松山瓦窯C支群と同時期以降であり、この時期に瓦の笵が移動し、操業の主体が瓦塚へと一元化されていくこととなる。さらに、SY7は窯底のみの検出だが、平底を呈しており、燃焼部が一段下がっていた。分煙柱などは確認できなかったが、平窯の系譜を引くものだろうか。

九世紀前葉はSY16〜19の四基が相当する。SY16の灰原で七一〇四gと七一〇五(第9図)が同時に検出されている。SY19は五段の階段状を呈する窯で四〇度の傾斜を持つ。窯の長さは三・七六㍍である。素縁単弁十八葉蓮華文軒丸瓦(七一〇五)の生産地は現時点で瓦塚窯跡のみで確認しており、この時期に生産が一元化していることは確実である。この段階の瓦は茨城郡・茨城廃寺、行方郡・井上廃寺、信太郡・下君山廃寺でも検出しており、八世紀同様に

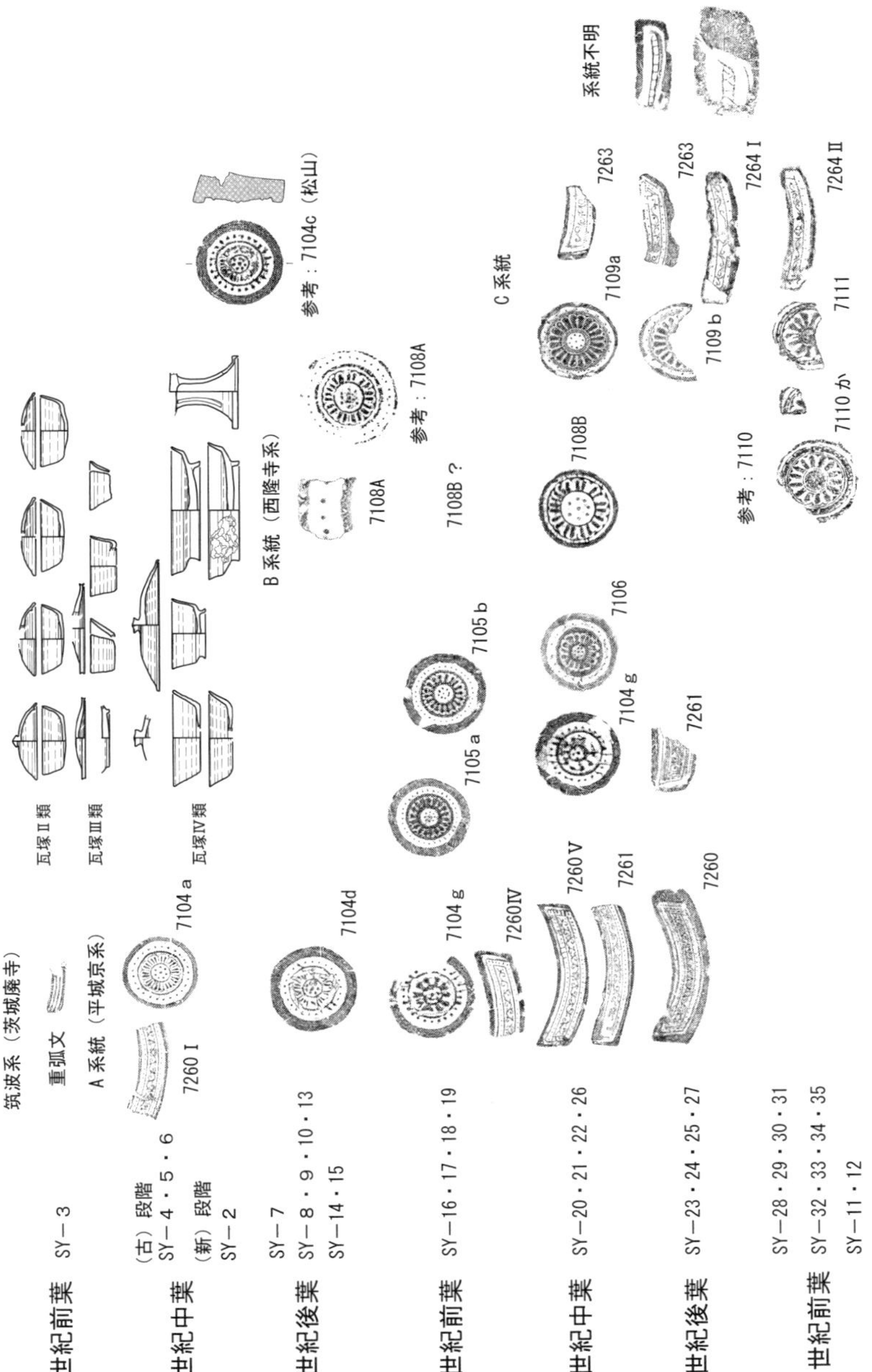

第11図　瓦塚窯跡出土瓦　変遷図

郡域を越えて瓦が供給されている。

九世紀中葉はＳＹ20の前庭部から七一〇九（第9図）と七一〇四ｇが共伴する。やはり四基の窯が同時期に操業している（ＳＹ20～22、26）。七一〇九は那賀郡・台渡里廃寺、新治郡・新治廃寺へと供給されており、やはり郡域を越えての供給である。九世紀後葉はＳＹ23～25、27の四基が相当し、ＳＹ27では唯一、窯の周囲を囲む溝を確認している。

十世紀前葉はＳＹ11と12、28～35が相当し、基数も一〇基と多い。切り合いがなく、細かい前後関係ははっきりしないが、ＳＹ28～31、ＳＹ32～35が四基並行して築かれていることから、ある程度の時間差はあるものと思われる。ＳＹ11と12は前庭部を共有している唯一の窯である。これらのうち、ＳＹ11・29・33・34で内部を実測したが、全て地下式窖窯であった。ＳＹ11はダルマ形の平面形を呈し様相が異なるが、内部が五段であることは他の窯と共通している。傾斜角度は一五度と緩い。内部には素縁単弁十三葉蓮華文軒丸瓦（七一一一）が残ることから最終段階に位置付けた。ＳＹ29もやはり内部が五段で傾斜角度は二五度と緩く、全体的に天井が低い。ＳＹ33・34付近では素縁単弁十四葉蓮華文軒丸瓦（七一一〇）の小破片が出土した。ＳＹ33は全長約三・九六㍍、内部は五段で傾斜角度は三七度と比較的急である。ＳＹ34は全長二・九四㍍、内部五段で傾斜三八度を測る。ＳＹ28では前庭部埋没土中に十世紀後半以降の土師器皿が出土しており、埋没するまでの期間を考慮して、十世紀前葉とした。なお、ＳＹ28からは炭化材としてクヌギ節が確認されている。

十世紀前葉以降、窯の操業は行われなくなり、竪穴建物跡がＳＹ28の前庭部を切っているのが瓦塚窯跡の最後の様子である。これより新しい瓦は十二世紀後半までは国分寺からも検出されておらず、瓦塚窯跡は国分寺と運命を共にするように操業を終了している。

以上のように、瓦塚窯跡では七世紀前葉に在地有力者層によりまず須恵器生産が開始され、その後八世紀前葉の小規模な生産から八世紀中葉以降大規模化していく様子が確認できた。遅くとも九世紀には生産が一元化され、継続して茨城郡外へも瓦が供給されていることから、常陸国の中心的な窯場となっていくことがわかる。大きな発見があった一方で粘土採掘坑や瓦を成形する工房は確認できず、今後の課題となっている。

3　瓦と窯跡の変遷及び供給地について（第12・13図）

常陸国分寺に関する軒瓦の編年は一九八七年と一九九七年に二つの案が提示された［黒澤 一九八七、瓦吹・黒澤 一九九七］。近年は後者が用いられることが多かったが、瓦塚窯跡の調査の結果、七一〇四と七一〇五、七一〇四と七一〇九が共伴している状況が確認できたことを考慮すれば、前者に近い印象を持っている。いずれにしろ、瓦塚窯跡の発掘調査の過程はこれらの編年を追認する作業であったことは明記しておきたい。ここでは上記の成果をまとめつつ、常陸国府周辺の瓦生産の変遷と供給先について述べたい。

八世紀前葉は瓦塚窯跡で検出したが、平瓦は桶巻作りで、軒平は重弧文を確認している。燃焼部のみの調査で窯の規模は明確でないが、遺物には須恵器が含まれるので瓦陶兼業である。供給先は茨城廃寺跡や常陸国府跡である。瓦塚窯跡では窯跡一基に竪穴建物跡一軒を確認しており、小規模な操業形態であった。遺物の分布は主に茨城廃寺跡で、操業主体としては茨城郡司が想定できる。

八世紀中葉古段階は柏崎窯跡群・金子澤瓦窯・瓦塚窯跡で確認したが、柏崎窯跡群でロストル式の窯跡が確認されている。金子澤瓦窯は未調査である。瓦塚窯跡では三基の窯跡のうち一基が窖窯で、しゃもじ形の平窯が一基である。瓦は平城京の瓦を祖型とする軒瓦七一〇四a・七二六〇Ｉのセットが出土している。平瓦は桶巻きと一枚作りが同時に検出された。茨城郡外では信太郡・下君山廃寺跡で七二六〇Ｉと思われる軒平瓦が認められる［小杉山 二〇一四］。都からの窯の技術・瓦笵が導入されており、八世紀中葉古段階は瓦生産の大きな画期である。また、三ヶ所の窯場で

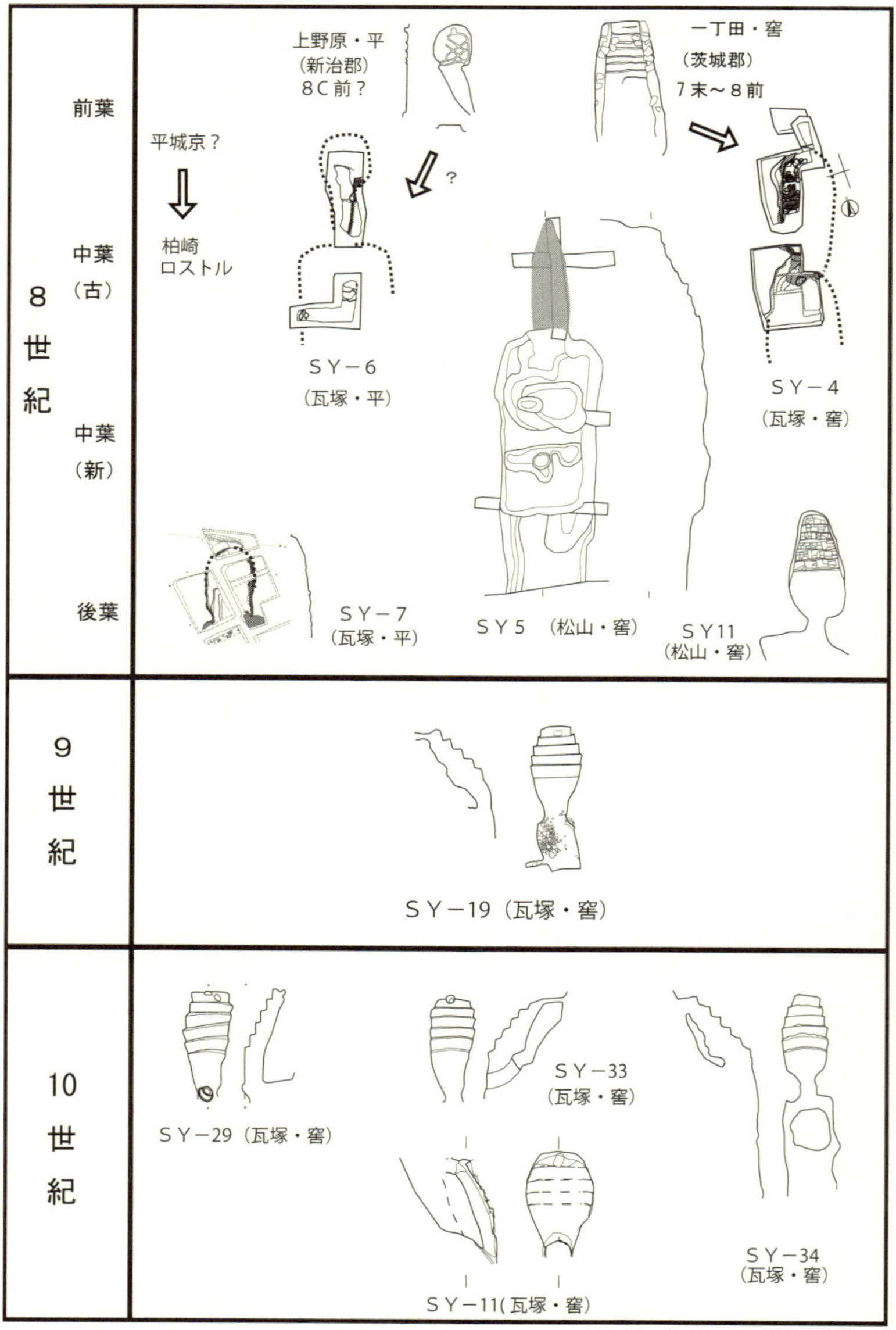

第12図　8世紀以降の瓦窯の変遷

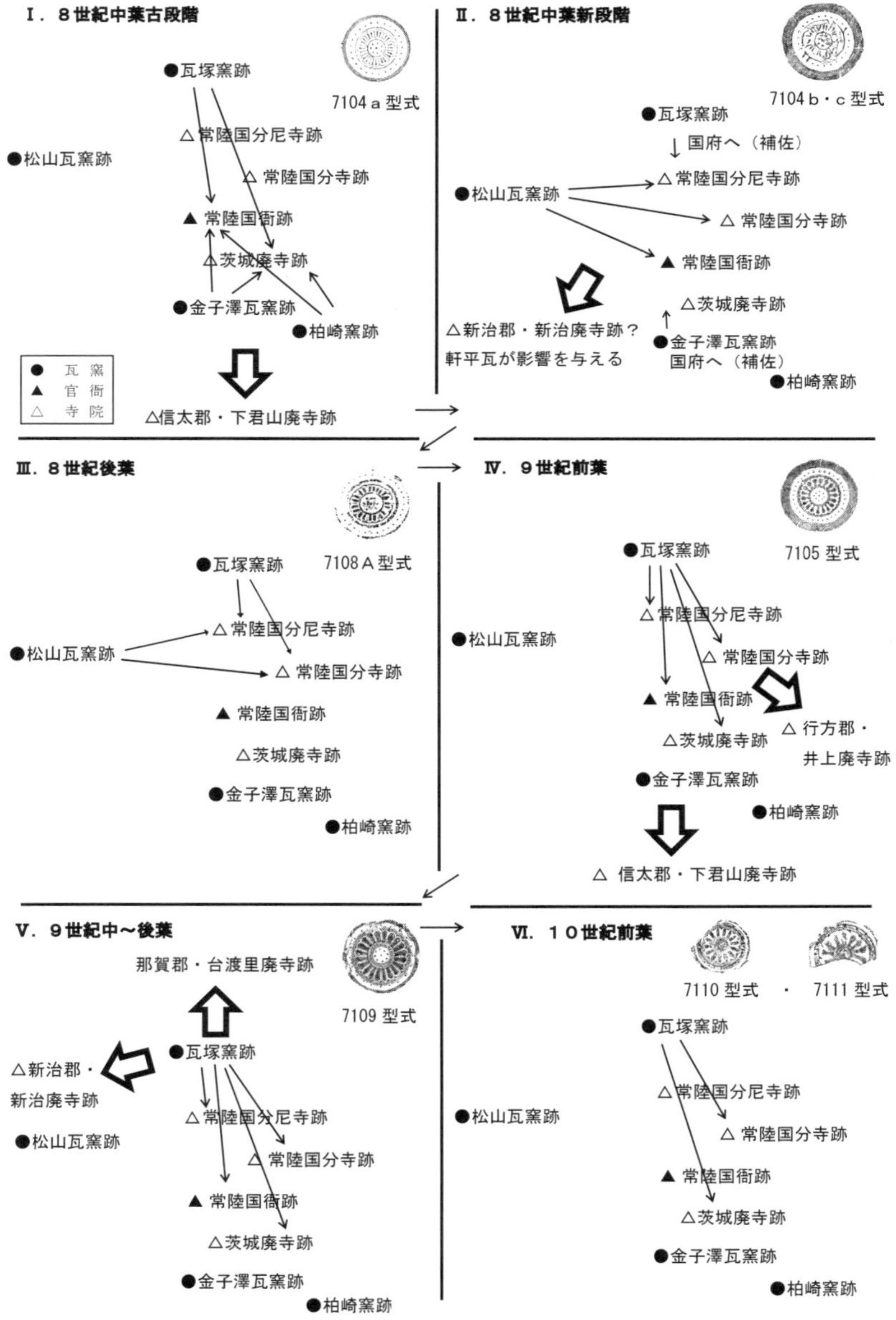

第13図　時期別にみた常陸国府周辺の瓦の生産地と供給地

少なくとも五基の窯が同時に操業するなど生産が大規模化していることからすれば、主体者は国司であると思われる。しゃもじ形の平窯は茨城郡内には類例がなく、ロストル式同様、郡外から導入された可能性がある。この点に関してはかつて常陸国分寺の南五〇㍍付近で採集された文字瓦が参考になる。常陸国府で検出した文字瓦は数点しかないが、「□□山前郷　山道　新新治【　】部人見」と刻まれていた（【　】内は人名が記された後消去されていることを示す）。澤畑俊明によると、山前郷に存在する瓦塚窯跡でこの瓦が焼かれ、瓦工人か瓦の供給者によって文字が刻まれたとみている。「新新治」を澤畑は習書としているが、記入者の出身地の可能性もあろう。

瓦陶兼業は瓦塚窯跡で継続されるが、従来はほぼ坏及び坏蓋で構成されていた器種に盤が加わり、大量生産していることも国司の主体的な関与を示している。ただし、七一〇四aは現時点では常陸国分寺跡からは確認できない。

八世紀中葉新段階の瓦生産は、金子澤瓦窯、瓦塚窯跡で補佐的な操業が行われ、主体は松山瓦窯である。松山瓦窯は前庭部や窯長の規模が大きく、傾斜が緩いのも大量生産に適している。一一基という基数の多さのみでなく、窯の大きさからも国分寺創建期の窯場にふさわしい。さらに瓦を成形する工房や管理棟と思われる廂付き建物跡も出土している。軒瓦は成形過程に省略がみられ、瓦当面が前段階に比べ大きい。この点も大量生産を意識してのことと思われる。これ以降、一貫して主体は国司であり、前段階でみられた製鉄炉は松山瓦窯に認められず、手工業生産の専業化が促進されている。窯跡は地下式有段窖窯が主体でロストル式は定着していない。軒平瓦の文様は七二六〇型式が新治郡に影響を与えるが、瓦当面幅を考慮すると八世紀古段階よりはこの時期であろう。

八世紀後葉は西隆寺の影響を受けるとされる七一〇八Ａの時期である。松山瓦窯・瓦塚窯跡で確認されており、この時期に窯場が移動する。瓦塚窯跡で一基の平窯を確認したが、これ以降、平窯は検出できない。また、松山瓦窯のＳＹ11は八段の造成であり、比較的大きい。

九世紀以降は窯場が瓦塚窯跡に一元化される。前葉の七一〇五と中葉の七一〇九は数が多く、画期となる瓦である

〔黒澤・小杉山 二〇一三〕。窯は窯長三〜四㍍ほどに小型化する一方で、角度は三〇度を越え急傾斜となる。国分寺等の寺院を維持するため、量よりも質を高めた結果と思われる。さらに窯は全て地下式窖窯で、五段の造成であり、四基一セットで安定的に操業されている。七一〇五は行方郡・井上廃寺、信太郡・下君山廃寺、茨城郡・茨城廃寺で出土している。七一〇九は那賀郡・台渡里廃寺、新治郡・新治廃寺で認められ、定期的に郡外へも供給している〔茨城県立歴史館 一九九四〕。

十世紀は瓦塚窯跡で一〇基の窯が確認できるが、天井部が低く角度が緩いものがあり全体的には衰退期と思われる。出土状況から四基一セットの操業を継続していると思われるが、比較的短時間で窯の使用が終了している。常陸国分寺ではこれ以降の瓦は十二世紀の巴文軒丸瓦まで確認できなくなる。古代の国分寺の終焉と瓦塚窯跡も運命をともにしている。

おわりに

以上、各遺跡の紹介をかねて常陸国分寺を中心とした瓦生産と供給関係をまとめてみた。先学の調査研究と瓦塚窯跡の報告書の成果をもとにしたが、心がけたことは生産・供給関係を端的に説明するために可能な限り簡潔に理解することで、実際の様相はより複雑になるものと思われる。現に石岡市内では新たに確認された八世紀末から九世紀初頭の須恵器窯で瓦も出土している〔石岡市 二〇一五ａ〕。今後はこれらの成果も踏まえたうえで、より実態に近い手工業生産を通した常陸国府像を構築していきたい。

参考文献

石井清司　二〇一六年「奈良山瓦窯跡群―平城京を飾った瓦―」『シリーズ遺跡を学ぶ』一一二　新泉社
石岡市教育委員会　一九七八年『常陸国分寺書院新築予定地発掘調査報告』
石岡市教育委員会　二〇一五年ａ『市内遺跡発掘調査報告書』第10集
石岡市教育委員会　二〇一五年ｂ『瓦塚窯跡発掘調査報告書』
茨城県立歴史館　一九九四年『茨城の古代瓦』学術調査報告書4
かすみがうら市教育委員会　二〇〇八年『かすみがうら市内遺跡発掘調査報告書』
かすみがうら市教育委員会　二〇〇九年『かすみがうら市内遺跡発掘調査報告書』
かすみがうら市教育委員会　二〇一三年ａ『かすみがうら市内遺跡発掘調査報告書』
かすみがうら市教育委員会　二〇一三年ｂ『松山廃寺―社会福祉施設建設事業に伴う埋蔵文化財調査報告書―』
瓦吹堅・黒澤彰哉　一九九七年「常陸」角田文衞編『新修国分寺の研究』第7巻　吉川弘文館
黒澤彰哉　一九八四年「八郷町瓦塚瓦窯跡について」『婆良岐考古』6
黒澤彰哉　一九八七年「常陸における国分寺瓦の研究Ⅱ」『婆良岐考古』9
黒澤彰哉　一九九八年「常陸国分寺」『聖武天皇と国分寺』雄山閣
黒澤彰哉・小杉山大輔　二〇一三年「瓦から見た常陸国府内の災害復興」高橋一夫・田中広明編『古代の災害復興と考古学』高志書院
小杉山大輔　二〇一四年「茨城県稲敷市下君山廃寺出土の常陸国分寺系軒瓦について」『茨城県考古学協会誌』第26号
澤畑俊明　一九八五年「石岡市府中三丁目出土の文字瓦」『婆良岐考古』7
千葉隆司　二〇〇八年『柏崎窯跡群Ⅱ―古代茨城郡の地場産業―』かすみがうら市郷土資料館
千代田町　二〇〇二年『松山瓦窯跡―農村総合整備事業に伴う埋蔵文化財調査報告書―』
千代田町教育委員会　二〇〇四年『松山瓦窯Ⅱ―志筑小学校移転事業に伴う埋蔵文化財調査報告書―』
永井智教　二〇一四年「国分寺と瓦生産」『季刊考古学』一二九　雄山閣
西宮一男　一九八八年『八郷町の文化財―瓦塚史跡整備への提言―』八郷町教育委員会
野中完一　一八九八年「常陸国新治郡瓦会村の古墳」『東京人類学雑誌』一五三

信濃国分寺瓦窯

信濃国分寺瓦窯跡——調査成果と課題——

柴田　洋孝

1　信濃国分寺跡の発掘調査と瓦窯跡の発見

長野県上田市の中心地から南東へ約二・五㌔のところに信濃国分寺跡は所在している。信濃国分寺跡はこれまでに、一九六三年から一九六七年までの間で三次にわたる緊急発掘調査が行われ、僧寺の伽藍中心部の建物跡や、尼寺の金堂跡などが明らかとなった。一九六七年の僧寺での調査では、西回廊跡の推定場所から平安時代後期の竪穴建物跡が検出されたことから、僧寺は平安時代後期には衰退・消滅したと考えられた。一九六八年から一九七一年までの間では、四次にわたる保存整備発掘調査が行われ、不明瞭だった各建物跡の確認や、規模の把握に主眼が置かれた。一九七二年には史跡公園が完成し、一九八〇年に信濃国分寺資料館が開館している。その後、二〇〇二年からは記念物保存修理に伴う発掘調査として、二〇一二年までに合計九回の調査が行われている［児玉二〇一四］。

瓦窯跡が発見されたのは、一九六七年の第3次緊急発掘調査が行われた一ヶ月前のことである。尼寺の北東部で民間の事務所設置工事が行われた際、土地の造成中に偶然二基の窯跡が確認された。その後、尼寺の緊急発掘調査と並行して調査が進められ、その全貌が明らかとなった。発見された二基の窯跡は、いずれも半地下式の有畦式平窯（当時はロストル式平窯と呼称・報告）で、東側を1号窯跡、西側を2号窯跡として調査が行われた。調査は保存を目的と

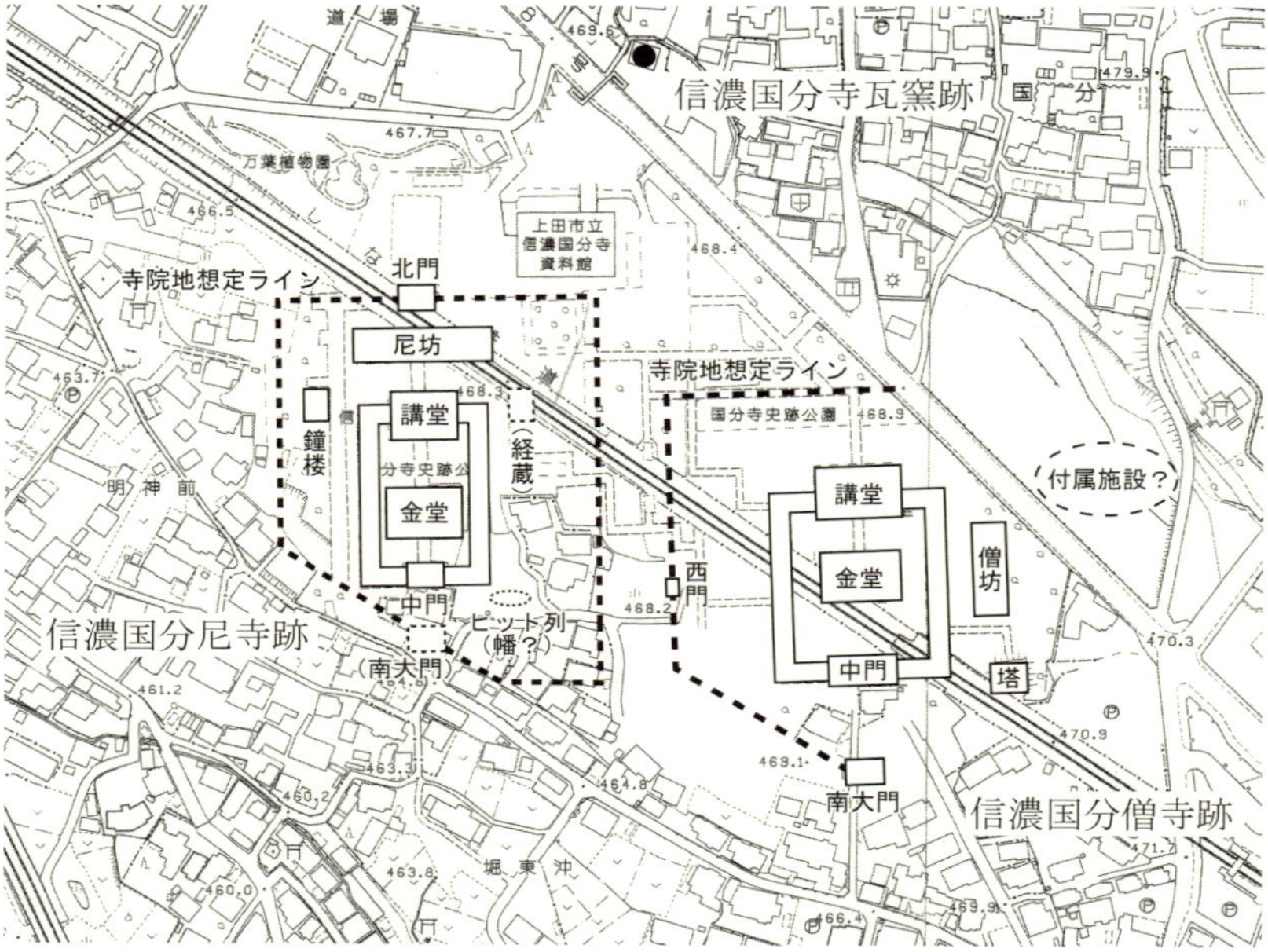

第１図　信濃国分寺跡伽藍配置概略および瓦窯跡位置図
（『上田市基本図 1:2,500』を 50％縮小、［児玉 2014］を参考に加筆）

していたため切開調査は行われず、一九七三年に屋外展示施設として2号窯跡が見学できるように整備され、1号窯跡は埋め戻しが行われた［上田市教委 一九七四］。

2　瓦窯の構造と出土遺物

(1) 構　造

1号窯跡（第2図）は現存長四・六㍍、焼成室の奥行き一・九㍍、幅一・九㍍、畦は六本を有しているが、うち三本は半壊していた。2号窯跡（第3図・写真1）は現存長五・四㍍、焼成室の奥行き二・〇㍍、幅一・八㍍、畦は七本を有している。窯の形状は二基とも同じで、焚口部は両袖に川原石を立て天井部にも川原石を使用し、燃焼室は焚口よりラッパ状に広がり焼成室へとつながる。燃焼室と焼成室の間には障壁が存在し、三つの通焔孔が設けられている。1号窯跡は障壁が損壊しているが、おそらく2号窯跡と同様に三つの通焔孔があったものと考えら

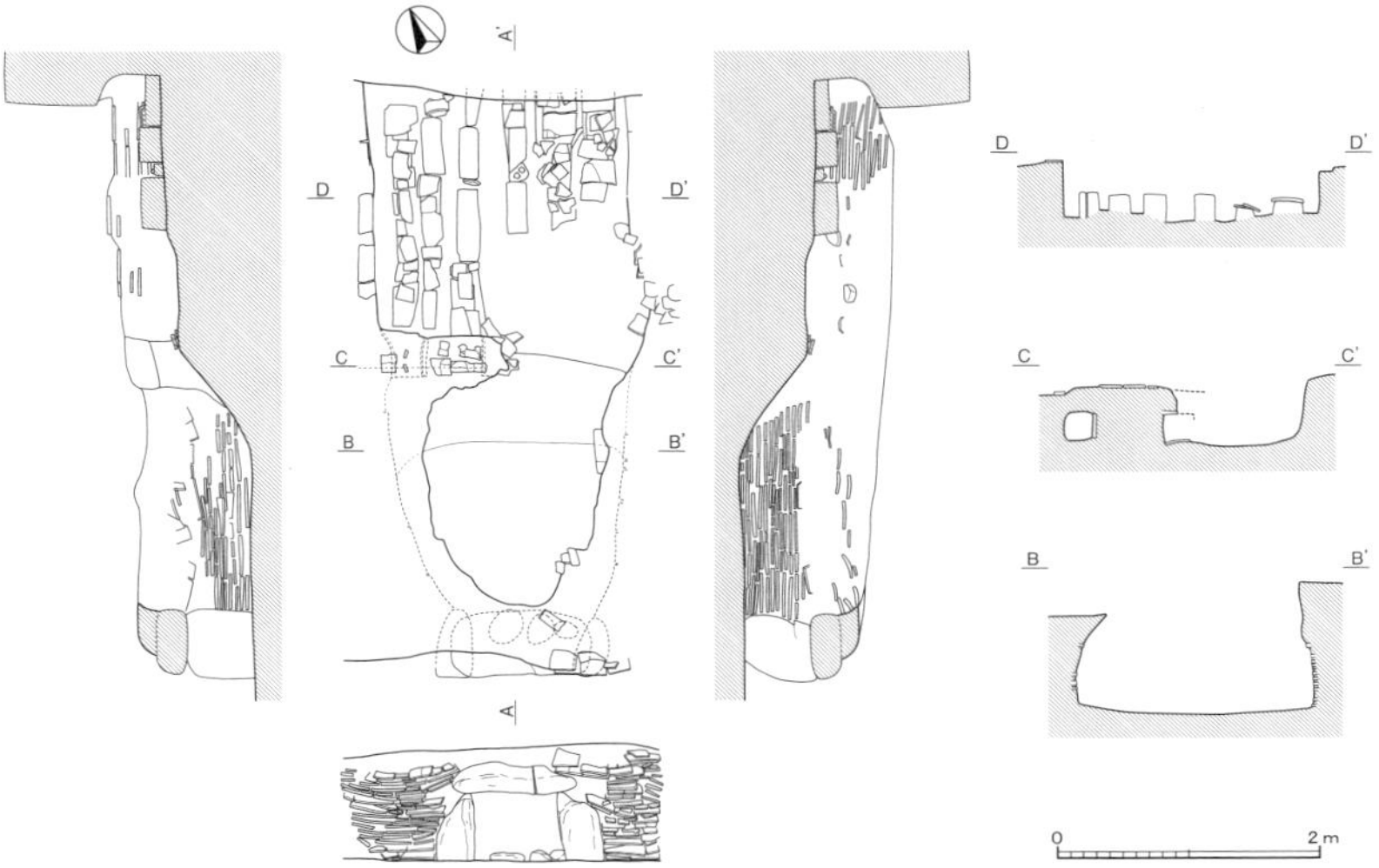

第２図　１号瓦窯跡(1：100)

れる。煙道は2号窯跡で三本確認されたが、1号窯跡は段丘面を保護する擁壁によって確認することはできなかった。畦は川原石・凝灰岩・丸瓦・平瓦などを積み上げてスサ入り粘土で固定しており、窯の側壁は主として平瓦をスサ入り粘土によって固定する方法で積み上げられていた［上田市教委 一九七四］。

(2) 出土遺物

瓦窯跡から出土した瓦については、「焼成品ではなく焼成室・燃焼室から遊離したもの、(中略)、縄目文系が全体の二〇パーセント程度であった。他は押型文系の～」と報告されている。このことから、発掘時に採取された平瓦は、縄目文系(以下縄叩き)と押型文系(以下押型)の比率がおよそ一：四と理解できる。なお、僧寺の調査によって出土した平瓦の総比率は二：一(縄叩き：押型)であり、瓦窯跡の出土瓦の比率とは異なる結果となっている。調査当時、縄叩きは創建期、押型(第5図3・4)は平安時代初期の平瓦と考えられていたため、平瓦の出土比率から窯の構築年代は平安時代初期であり、押型の平瓦が焼成されたと考えられた。他の出土遺物については、報告書において数点の拓本が掲載されるに留まり、軒丸瓦・軒平瓦・丸瓦・平

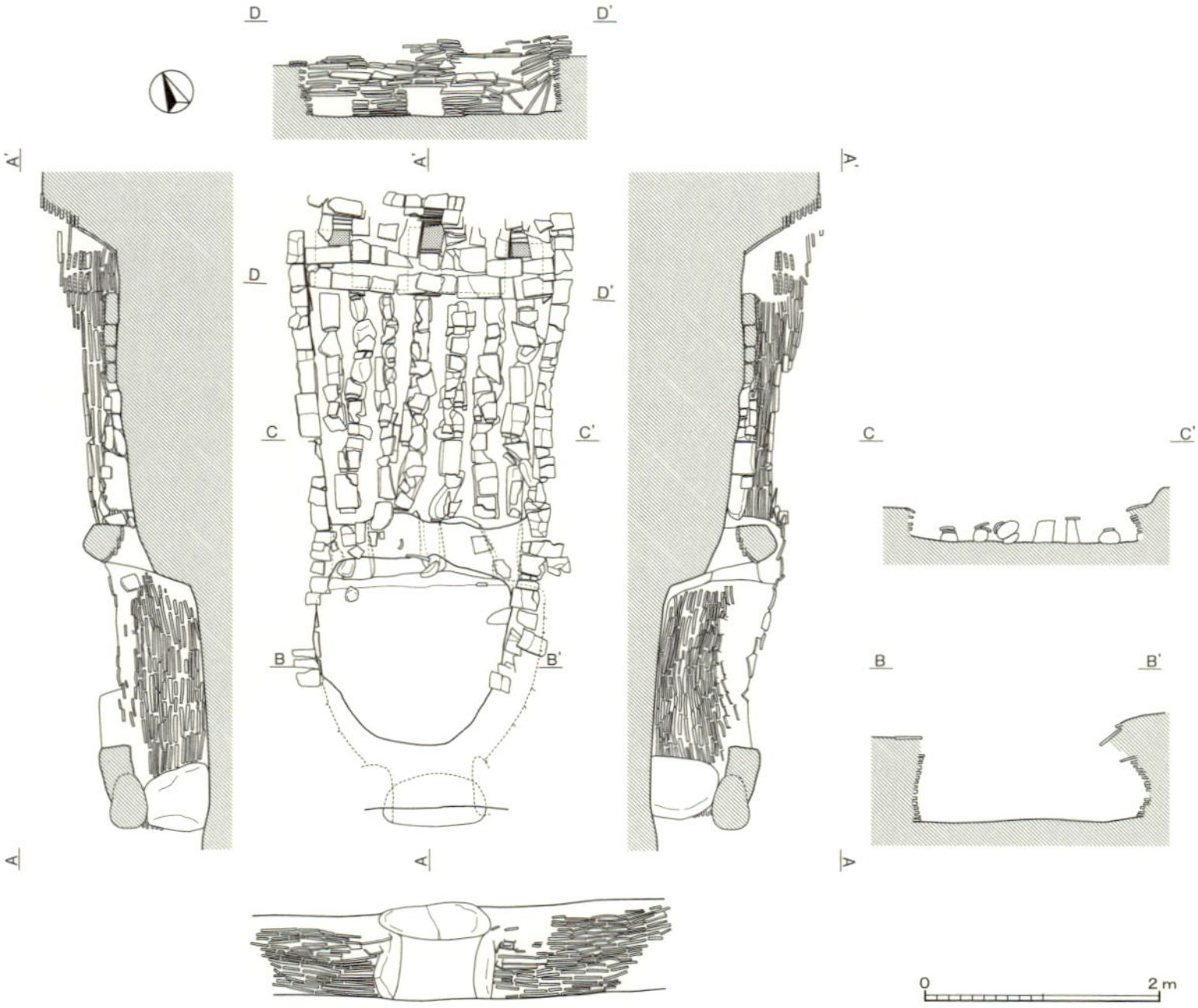

第3図　2号瓦窯跡(1：100)

瓦・文字瓦・素文鬼瓦・道具瓦(熨斗・隅切)・有脚土器脚部が掲載されている。なお、焼成された瓦について「焚口前庭部を発掘した程度で、ステ場は国道一八号線の下になっていて、発掘が不可能であったことから、自信をもって焼成された瓦について述べることはできない。」としている［上田市教委 一九七四］。

整理成果については、前述のように出土した瓦の総数から算出された比率が示されているが、その後の研究によって細部は異なっていたことが判明している。倉澤正幸が僧寺金堂跡出土軒瓦の再整理を行った際に、比較的大型の資料を対象として、丸瓦・平瓦の出土数量も算出している。その結果、縄叩きによる平瓦は八〇二点、押型による平瓦は二八二点となり、出土場所によっては押型の平瓦が五割を超える地点もあったという［倉澤 一九九四］。

二〇一七年に行われたシンポジウム『関東甲信越地方の国分寺瓦窯』にあたり、筆者が瓦窯跡出

通焔孔

焚口部構築状況

焼成室

燃焼室構築状況

写真１　２号瓦窯跡［管理用入口から柴田撮影（2017年現在）］

土の瓦を再整理したところ、倉澤の再整理と同様に、報告書の記述とは異なる結果、および報告書に未記載であった事項が複数確認された。おもに次の四点が挙げられる。

①縄叩きと押型の比率（第1表）

確認できた平瓦は全部で二八三点（道具瓦を含む）あり、縄叩きによるものは九八点（三五パーセント）、押型によるものは一〇七点（三八パーセント）となり、報告された比率とは異なる結果となった。ただし、当時の計測した瓦が実際に出土した瓦だけでなく、窯を構成している全ての瓦を踏まえた比率である可能性も考えられるため、一概に報告を否定することはできない。

②未記載の瓦

報告書で主に述べられている平瓦は、縄叩きと押型の叩き具によって整形されたもののみであるが、再整理によって少量ではあるものの、格子目や平行の叩き具痕を有する平瓦、ナデのみによって整形された平瓦などが確認された。

格子目の平瓦（第4図12～14）に関しては、叩き具が

第1表　信濃国分寺瓦窯跡出土瓦一覧

	1号窯跡		2号窯跡		地点不明		合計	
	点数	%	点数	%	点数	%	点数	%
軒丸瓦	0	0	1	1	1	1	2	1
軒平瓦	9	7	5	5	6	4	20	5
丸瓦	16	12	15	16	26	20	57	16
平瓦	110	81	65	67	96	74	271	75
道具瓦	0	0	11	11	1	1	12	3
合計	135	100	97	100	130	100	362	100

凸面整形	男瓦						合計	女瓦（道具瓦含む）						合計
	縄	押型	格子目	平行	ナデ	不明		縄	押型	格子目	平行	ナデ	不明	
点数	0	0	1	3	52	1	57	98	107	29	13	32	4	283
%	0	0	2	5	91	2	100	35	38	10	5	11	1	100

※地点不明は注記に1・2号窯などの明記がないもの。

少なくとも三〜四種あることが判明した。また、信濃国分寺跡および瓦窯跡から出土した丸瓦の中で、唯一の出土とされる行基式の丸瓦(第4図10)にも、格子目の痕跡が確認された。なお、格子目の叩き具に関しては、上田市吉田の東村遺跡から出土した重弧文軒平瓦(七世紀後葉〜八世紀初頭)の平瓦部凸面に確認できることから、格子目の叩き具は、信濃国分寺が創建されるより以前に使用されていたといえる。

平行叩きによる平瓦(第4図15〜18)で確認された特徴は、瓦窯跡出土(注記は窯跡であるが報告書では尼寺出土と記述)の文字瓦二点がいずれも平行叩きによるものであり、伊那郡を示すと考えられている「伊」が刻書されている点がある(第4図17・18)。ちなみに、瓦窯跡から出土した瓦の中で、郡名を示すと考えられる瓦は「伊」のほかに、更級郡を示すと考えられている「更」(第4図6)一点のみである。

ナデによって整形された瓦(第5図1・2)は、模骨痕や成形台の痕跡がみられず、表面に輪積みの痕跡や破断面に押圧の痕跡が確認されたことから、土器作りの要領で粘土紐を積み上げて作られた可能性が考えられる。

③構築材とみられる瓦

瓦窯跡出土とされる平瓦の中に、両端部が残存し、側部に平行するように縦方向に割れている瓦(第5図3・4)が複数確認された。これらの瓦は、窯の構築材として転用するために意図的に割られたもので、実際に瓦窯跡の観察でも

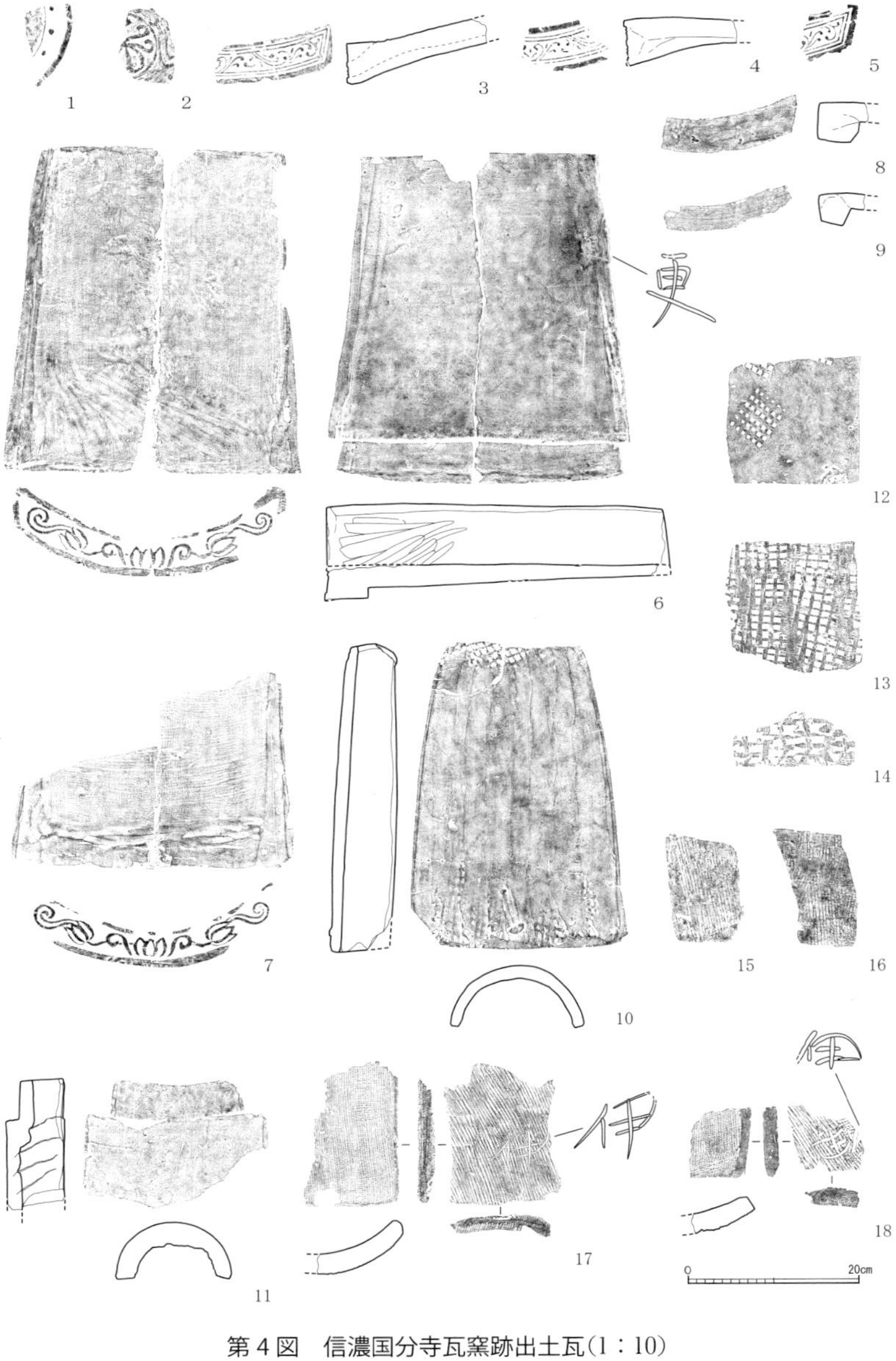

第４図　信濃国分寺瓦窯跡出土瓦（1：10）
（ヘラ文字部分は拡大しているため縮尺不同）

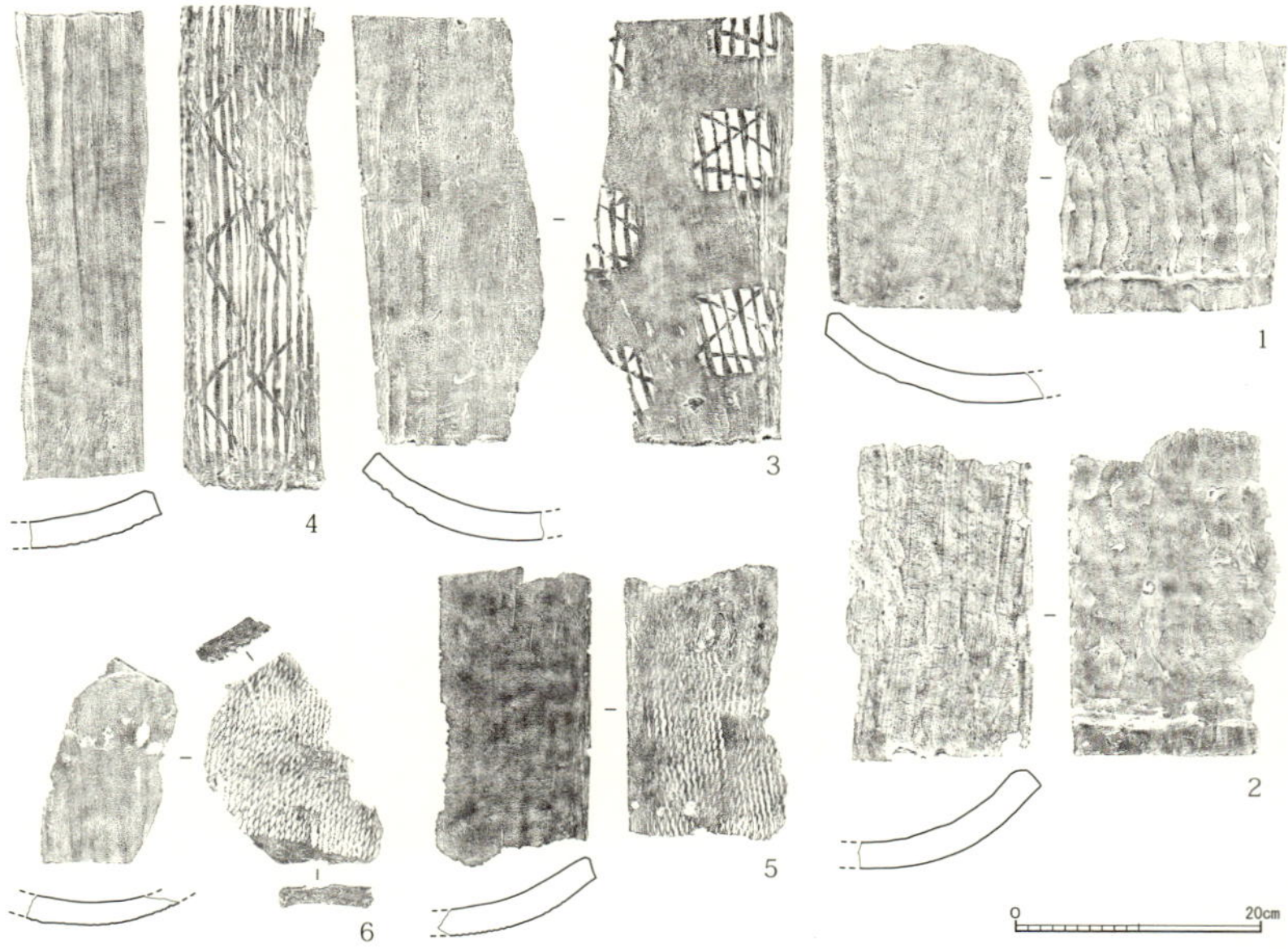

第5図　信濃国分寺瓦窯跡出土瓦(1：10)

同様の平瓦が使用されている状況が確認できた。また、瓦窯跡出土の均整蓮華文軒平瓦(第4図6・7)も不自然に中心で割れており、児玉も指摘しているように[児玉 二〇一四]、構築材として転用するために加工されたものであるとみられる。

④平瓦の調整痕

平瓦凸面の叩き具に関しては報告されているが、凹面の調整痕に関しては触れられていない。大多数の平瓦は凹面の布目痕が未調整のままだが、ナデやハケ状の工具によって布目痕を消している個体(第5図4〜6)を複数確認した。平瓦凹面に調整を施す瓦は、県内では長野市元善町遺跡や飯田市恒川遺跡群でも確認されており、技術的に一定の広がりをもっていたと考えられる。なお、伊那郡衙と考えられている恒川遺跡群からは、信濃国分寺跡および瓦窯跡から出土している素文の軒平瓦(第4図8・9)と同様の軒平瓦が出土しており、前述の伊那郡を示すと考えられる「伊」の文字瓦の存在からも、信濃国分寺の造営に関して、伊那郡の協力や技術的な支援があったことが伺える。

3　瓦窯の構築・操業と信濃国分寺の瓦葺化

瓦窯跡は調査当時の成果から、その構築・操業が信濃国分寺の補修期にあたる平安時代であると考えられた。しかし、近年の研究では半地下式有畦式平窯自体の出現が、八世紀中葉の造東大寺司における瓦屋の成立をもって出現したと考えられている。また、信濃国分寺瓦窯跡の形態・構造について、千葉県市原市の川焼1号窯跡（八世紀中葉）、三重県鈴鹿市の伊勢国分寺所用瓦を焼成した川原井2号瓦窯跡（八世紀第3四半期）と共通性が認められていることから、現在では、信濃国分寺瓦窯跡も同様に、八世紀第3四半期に構築・操業したと考えられている［倉澤・鳥羽 二〇一四］。形態・構造の観点からは年代が推定されているが、実際に構築材として使用されている多くの瓦はどのような年代を示すのか。また、寺域に隣接した場所に瓦窯を築いた事情はどのようなものであったのか。

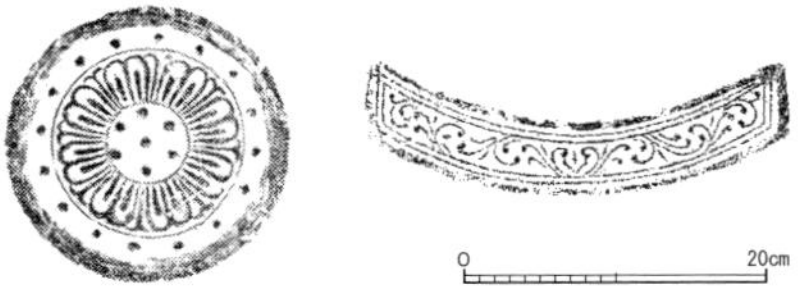

第6図　信濃国分寺跡出土主要文様瓦
（1：10）
（［山崎 2006］より引用・縮小）

全国の国分寺は、天平十三年（七四一）の詔によって本格的に造営を開始するわけであるが、その後の天平十九年（七四七）・天平勝宝八歳（七五六）には督促状が出されるなど、その造営は一筋縄ではいかなかったことが読み取れる。信濃国分寺もその例に漏れず、造営が順調に進んでいなかったと考えるのが妥当である。実際、信濃国分寺跡から出土した軒丸・軒平瓦の九割以上が単一の意匠（第6図）で構成されているが、軒丸瓦は東大寺式六二三五型式（七五六年以降）と同文様、軒平瓦は西隆寺所用の平城京六七三四C型式（七六九〜七七一年頃）と同范であることが確認され、文様面に瓦范の凹凸がほとんどみられないことから、八世紀後半の比較的まとまった期間に製作されたものと解されている［山崎 二〇〇六]。また、文様が示す年代(八世紀後半)は、須田勉が提唱する国分寺の造営過程におけるV期(七六四～七七〇年)にあたり、道鏡政権下において信濃国分寺は大きく手が加えられたとしている[須田 二〇一三]。おそらく、このときに中央から派遣された瓦工たちによって、国分寺に隣接する形で築かれたのが最新の有畦式平窯であり、短期間での造営および瓦葺化が優先されたため、遠隔地から瓦を運搬する時間と手間を省こうとしたのであろう。

では、瓦窯を構築した瓦はどこからもたらされたのか。構築材とみられる瓦について、加工された均整蓮華文軒平瓦や押型の平瓦があることを述べたが、これらの瓦は埴科郡にあった込山廃寺で使用されていた瓦であることが知られている。込山廃寺は信濃国分寺跡から直線距離にして一二キロほど北西に離れた寺院跡であるが、正式な発掘調査が行われておらず、礎石とみられる石が六つ確認されたのみで、伽藍は確認されていない[坂城町誌 一九八一]。込山廃寺からは均整蓮華文軒平瓦以外にも、信濃国分寺跡から出土している蕨手文と称される軒丸瓦(第4図2)と同文様の瓦が出土しており、信濃国分寺との関連が古くから指摘されていた。込山廃寺の創建年代については、蕨手文軒丸瓦が「横置型一本造り」によって製作されていること、込山廃寺の供給元である土井ノ入窯跡から平城京六六六三C型式(七四五年頃)の均整唐草文軒平瓦が出土していることなどから、信濃国分寺に先行する、八世紀第3四半期頃が上限とみられている[梶原 二〇一七]。

瓦窯の構築が信濃国分寺の瓦葺化が進められた八世紀後半であるとすれば、先行する込山廃寺で使用されていた瓦が瓦窯の構築材として転用されていても年代的な矛盾は生じず、有畦式平窯の出現年代(八世紀中葉)とも大きく矛盾しない。以上のことから、信濃国分寺の瓦葺化に際して築かれた瓦窯は、埴科郡が込山廃寺の瓦を提供するという形で協力・支援が行われ、八世紀第3四半期に成立したと考えられる。なお、構築材には押型の平瓦のほかに、縄叩きの平瓦も使用されており、込山廃寺だけでなく、別の地点の瓦も瓦窯を造るために搬入されていた可能性がある。

おわりに～課題と展望～

瓦窯跡の再整理を通じて新たな事実が判明したが、信濃国分寺跡も含めて検討すべき課題が複数あることも判明した。一点目は、瓦窯跡の構築状況・焼成品・焼成量の把握である。瓦窯跡は保存の観点から切開調査が行われていないため、その構築状況について不明な点もあるが、露出している部分からある程度の観察が可能であり、使用されている瓦の比率や特徴を再検証しなければならない。また、信濃国分寺跡出土の主要な文様瓦（第6図）は、現在までに国分寺瓦窯跡以外の遺跡や窯跡では一切確認されていないことから、二基の瓦窯で全ての文様瓦を焼成したと考えられるが、瓦窯跡からの出土量は僅少で、不良品などが確認されていない点もある。加えて、信濃国分寺が瓦葺化した際には数十万枚に及ぶ瓦が必要とされたはずであるが、はたして二基の瓦窯のみで軒瓦に加えて大量に必要となる通常の丸・平瓦の需要に対応可能であったのか。これらの疑問点について検討する必要がある。

二点目に、信濃国分寺における造瓦体制の解明である。瓦窯跡出土の瓦の整理から、少なくとも平瓦の凸面整形において縄・押型・格子目・平行など多種の叩き具が使用され、ナデによって成形された平瓦も確認された。また、凹面の調整によって布目痕を消す個体と未調整の個体がある点なども考慮すると、造瓦に関する工人のグループが複数存在していた可能性が指摘できる。中央から派遣された瓦工たちの存在も視野に入れながら、信濃国分寺跡出土の瓦に限らず、周辺の遺跡および窯跡出土の瓦の詳細を比較・検討しなければならない。

三点目に、信濃国分寺の造営過程と瓦葺化以前の様相の解明である。信濃国分寺跡からは在地の瓦が少量ながら確認されている点や、軸方向が異なる礎石栗石の存在などから、八世紀後半に瓦葺化されるより以前に先行する建物が存在していた可能性が指摘されている［倉澤・鳥羽 二〇一四］。しかし、調査によって出土した瓦に関するデータは大まかな報告しかされておらず、詳細が不明瞭であるため、各建物跡における瓦の出土量および比率の再整理を行い、伽藍がどのような順序で造営されたのかについて検討することが必要となる。

信濃国分寺跡および瓦窯跡は、最初の発掘調査から五十年以上が経過し、これまでの調査成果を見直す時期を迎えている。信濃小県の地で造営された国分寺は、一体どのような経過を辿ったのか。微力ではあるが、事実を積み重ね、真に迫ることができるよう尽力する所存である。

参考・引用文献

梶原義実　二〇一〇年「国分寺創建期の諸相―東海道および信濃国分寺を題材に―」『平城京と東海道諸国の国分寺』上田市立信濃国分寺資料館

梶原義実　二〇一七年「信越地方の国分寺瓦」『名古屋大学文学部研究論集』史学六三

倉澤正幸　一九九四年「信濃国分寺跡出土瓦の再検討―瓦当范と製作技法―」『中部高地の考古学Ⅳ』長野県考古学会

倉澤正幸　二〇一六年「長野県の瓦窯構造」『中部地方の瓦窯の構造―瓦窯の構造研究六―』窯跡研究会

倉澤正幸・鳥羽英継　二〇一四年「改作された国分寺―信濃国分寺跡の近年の研究成果から―」『季刊考古学』第一二九号

児玉卓文　二〇一四年『信濃国分寺跡発掘五十年』上田市立信濃国分寺資料館

須田　勉　二〇一三年「国分寺造営の諸段階―考古学から―」『国分寺の創建　組織・技術編』吉川弘文館

山崎信二　二〇〇六年「平城京内出土軒瓦と信濃国分寺出土軒瓦」『古代信濃と東山道諸国の国分寺』上田市立信濃国分寺資料館

上田市教育委員会　一九七四年『信濃国分寺―本編―』

上田市誌編さん委員会　二〇〇〇年『上田市誌　歴史編(三)　東山道と信濃国分寺』

坂城町誌刊行会　一九八一年『坂城町誌　中巻』

武蔵国分寺瓦窯1

南多摩窯跡群の瓦窯

竹花　宏之

はじめに

古代武蔵国の四大窯跡群の一つ南多摩窯跡群の研究は、昭和十五年、武蔵国分寺研究の一環として、原田良雄による大丸窯跡の採取資料の報告を嚆矢とし〔原田 一九四四〕、昭和三十四年には大川清による多摩丘陵窯跡群調査報告が刊行され、丘陵地帯の窯跡群は大丸窯跡群・御殿山窯跡群・瓦尾根窯跡群の三地区が報告されている〔大川 一九七六、町田市教委 一九六九〕。また昭和五十四年には神奈川考古学会〔服部 一九七九〕、昭和五十六年には東京都教育委員会による窯業跡を中心とした分布調査が相次いで行われている〔東京都教委 一九七九〕。以降も、多摩ニュータウン遺跡群の調査や、八王子南部遺跡調査会による南多摩窯跡群御殿山地区の継続的な調査も行われるなど〔服部 一九七九〕、多摩丘陵の古代窯業生産の実態解明が進められてきた〔有吉 一九九五〕。

本稿では、多摩丘陵の古代窯業活動について、御殿山窯跡群以東に展開する武蔵国分寺供給瓦窯を中心に紹介する。また、ここでは窯跡の分布状況から大川清〔大川 一九七六〕の設定した多摩川に面した大丸窯業跡群を大丸地区、多摩丘陵の南辺の瓦尾根窯業跡群を瓦尾根地区、大丸窯業跡群下落合瓦窯を乞田川地区に変更し、これに大栗川地区を加え、さらに単独ではあるが浅川北岸の谷野瓦窯についても谷野地区として紹介する（第1図）。

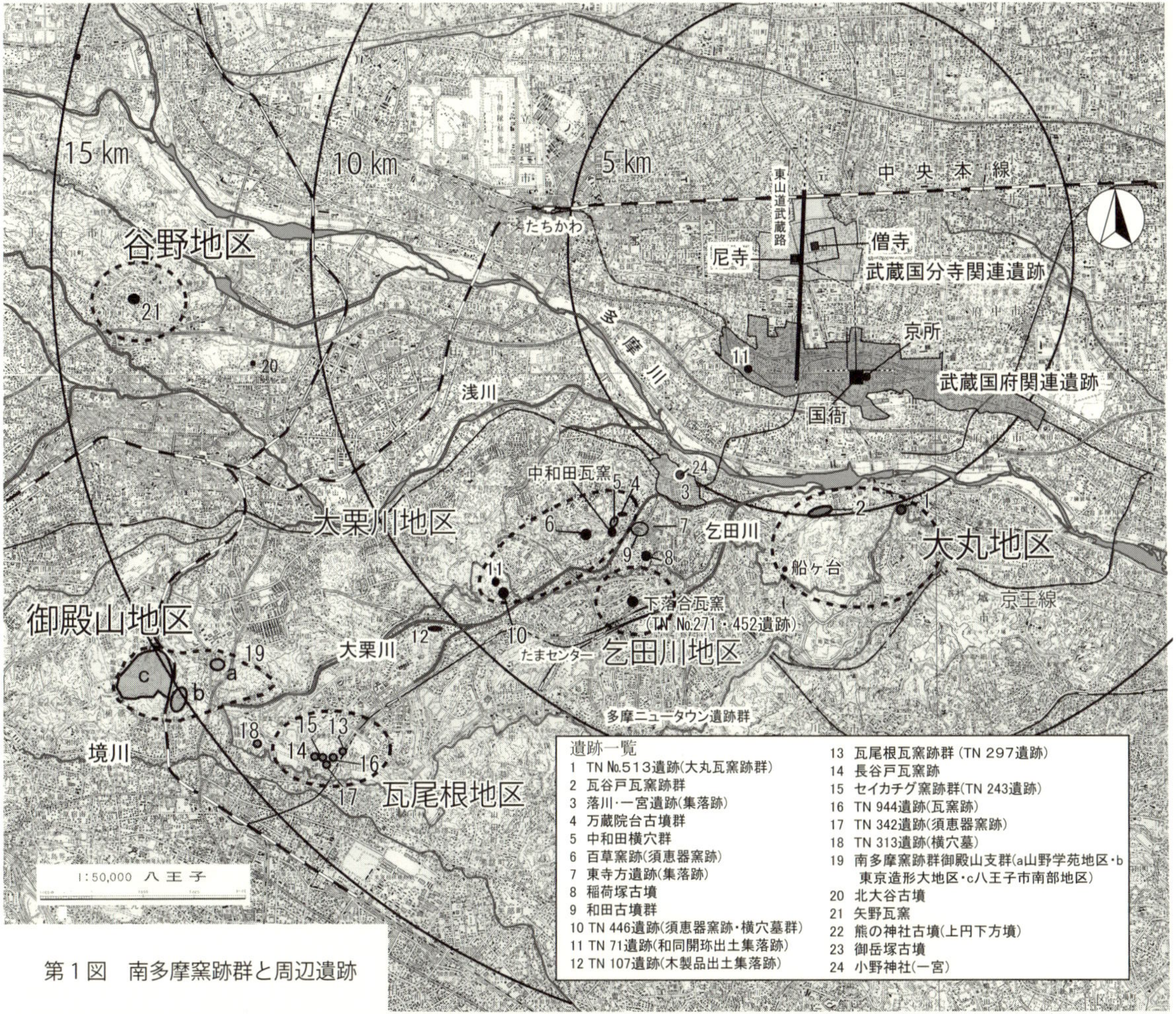

第１図　南多摩窯跡群と周辺遺跡

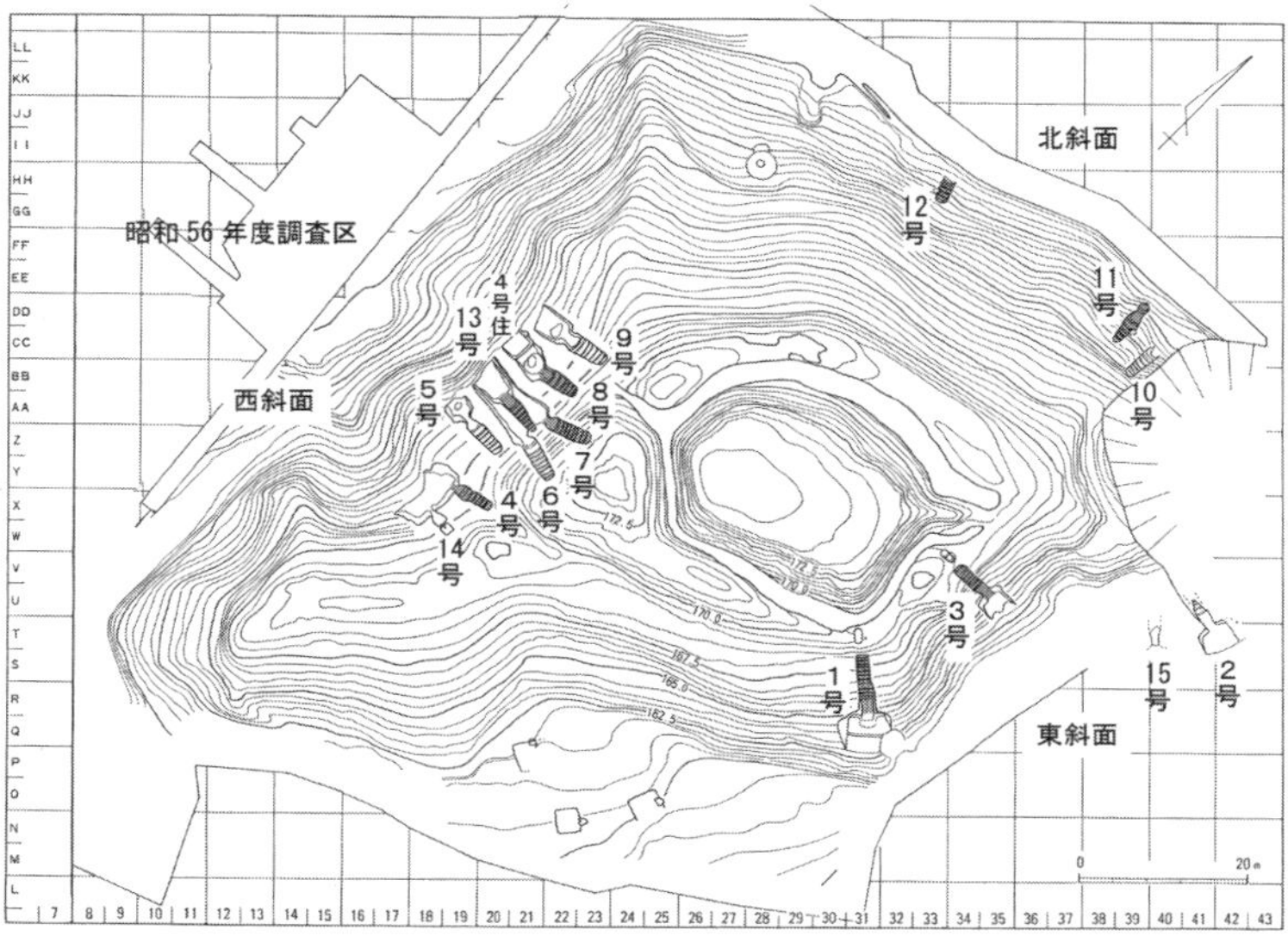

第２図　No.513遺跡遺構分布（窯跡・竪穴住居）

1　各地区の瓦窯

(1) 大丸地区

多摩川沿いの稲城市大丸に所在する窯跡群である。武蔵国分寺と国府域の南方にあり、多摩川を挟んで国分寺とは直線距離で約五キロの至近にある。窯の分布は、多摩川沿いの丘陵北辺を西に入り込んだ谷戸（通称瓦谷戸）に展開し、谷戸口に張り出した丘陵尾根の先端部分に多摩ニュータウン遺跡群No.513遺跡、谷の中程に瓦谷戸窯跡群が位置する。この二箇所の窯跡群は、江戸時代の『新編武蔵風土記稿』にも古瓦散布地として記され、大正十二年の『東京府史蹟名勝地調査報告書』「武蔵国分寺址の調査」では国分寺供給瓦窯として紹介されている（以下、多摩ニュータウン遺跡群を省略）。

① **No.513遺跡**　遺跡は多摩丘陵東端の多摩川方向へと張り出した尾根先端に展開する。遺跡の調査は昭和五十六年［東京都埋文 一九八二］と昭和五十九・六十年［東京都埋文 一九八七］に行われた。東・西・北斜面において性格の異なる一五基

の窯跡群が発見され、昭和五十六年の調査では西斜面下で多数の瓦が検出されている（第2図）。

東斜面（1・2・3・15号窯）　三基の瓦窯と二基の須恵器窯が分布する。15号窯は燃焼部から焼成部の床面がわずかに残る須恵器窯である。2号窯は、15号窯の東側に隣接し、窯尻が丘陵斜面の崩落のため失われ、築窯後の空焚き段階で天井が崩落し操業が行われなかった地下式有段有階登窯である。段の補強材には1・3号窯と同様の平瓦・丸瓦が使用され、いずれも不良焼成であることから3号窯の製品とみられる。3号窯は、2号窯の西方二〇㍍の位置にある地下式の有段有階登窯であり、生産された瓦は、四重弧文軒平瓦と粘土板桶巻き作りの大型の平瓦（熨斗・隅切り瓦などの道具瓦を含む）と丸瓦である。軒丸瓦は出土していない。文字瓦は「奉」の一部とみられる線刻文字瓦小片が出土している。1号窯は、地下式有階有段の瓦窯として築窯され、幾度かの操業を経た後、窯尻天井部へと煙道部を改変し燃焼室を埋め無段無階の須恵器窯へと改築したうえで、数回の操業を行っている。規模は、前庭部を含めた全長が一四・八三㍍を測り、焼成室の段数は一三、傾斜角度は三八度である。3号窯は1号窯と比べて小振りで、全長一一・四㍍を測り、段数は九である。最終面には未焼成の瓦と黒褐色の不良焼成の平瓦・丸瓦が残されている。窯体の壁面及び床面はすべて黒褐色を呈し充分な被熱に達していない状態であり、瓦生産が行われなかった可能性もある。

この二基の窯構造は、瓦を焼くための作業場である前庭部、製品が並べられる焼成室から窯尻にかけて方形を基調とし、煙道は窯尻奥壁からトンネル状に延びた後に排煙坑が造られるなど複雑な構造を見せ、奈良県川原寺瓦窯にも類似した古式の様相を呈したものである。製品もまた、南武蔵ではあまり類を見ない四重弧文軒平瓦、平瓦は粘土板桶巻造りの大型製品で、軒平瓦・丸瓦・平瓦凸面に格子目の叩きの後ナデ調整を施し、縄目は出土していない。

瓦の時期については、1・15号須恵器窯の製品が八世紀初頭の所産であることから、瓦はそれ以前の製品である。瓦及び須恵器の供給先としては、京所廃寺を含む国府域［府中市教委　一九九九］と、外区鋸歯文縁の単弁八葉蓮華文が出土している川崎市影向寺［川崎市教委　一九八二］等があるが、いまだ特定されていない。なお、東斜面での瓦窯三基のう

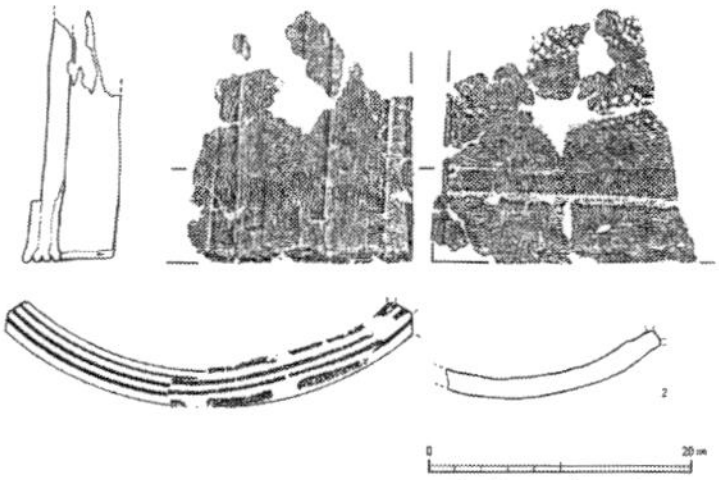

1号窯 軒平瓦

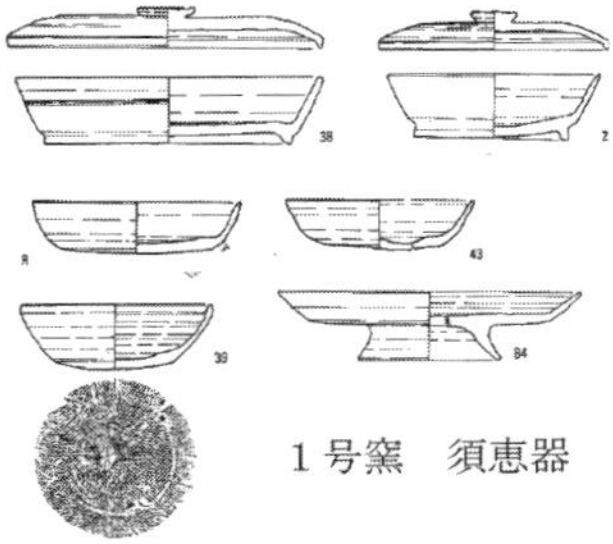

1号窯 須恵器

1号窯

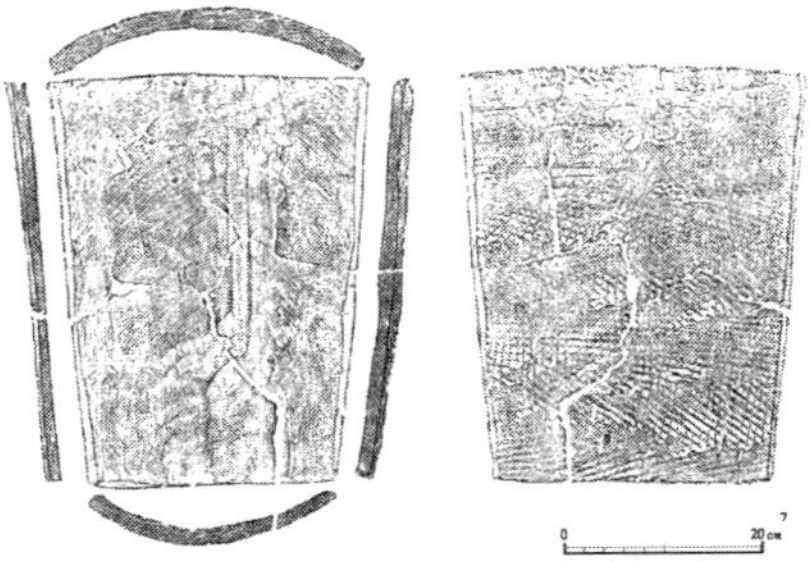

1号窯 平瓦

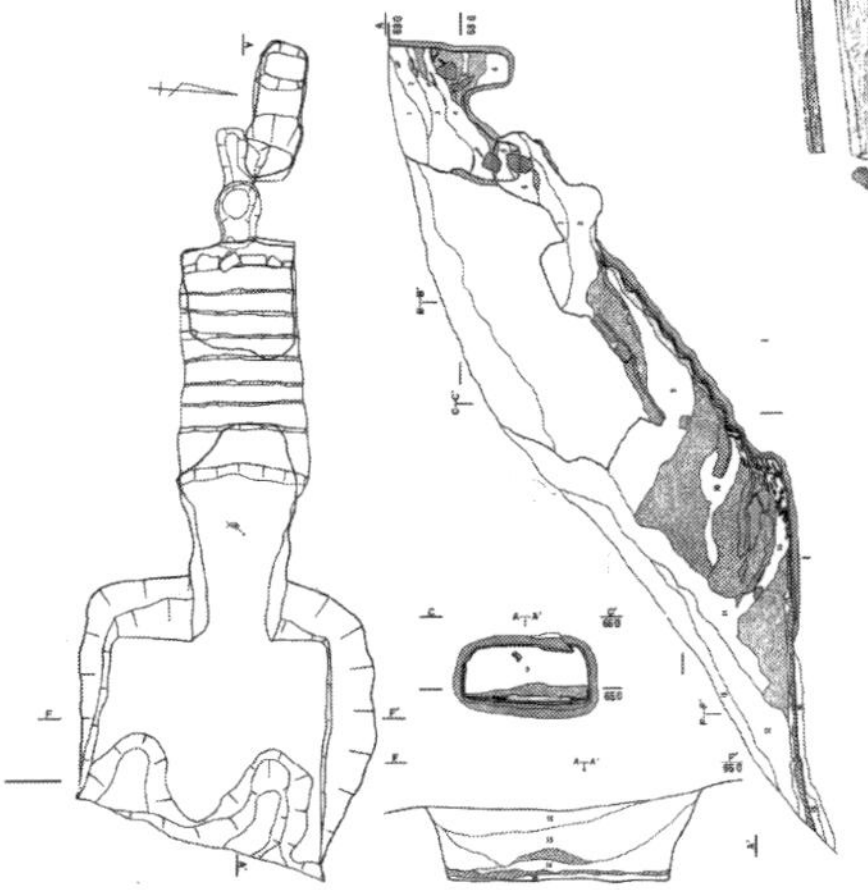

3号窯

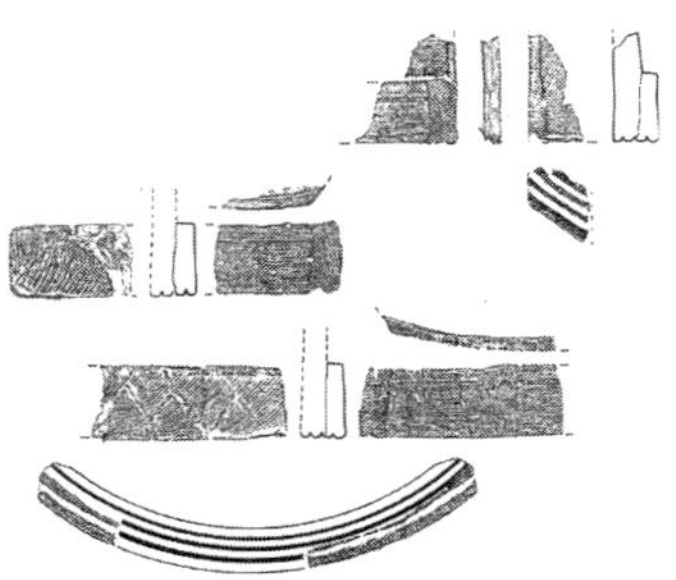

3号窯 軒平瓦

第3図 東斜面の窯跡・出土瓦

ち通常の操業が行われたのは1号のみであり、2・3号へと生産拡張あるいは移動が図られながらも、築窯の技術的な側面から果たせなかった状況がうかがえる(第3図)。

西斜面(4・5・6・7・8・9・13・14号窯)　八基の国分寺瓦供給瓦窯が距離三二㍍、比高差三・五㍍の範囲に密集している。4・14号窯と6・7号窯が前庭部を共有し、13号窯は6・7号窯に切られている。窯構造は、14号窯の有畦式平窯を除きすべてが地下式の有段有階登窯である。窯の規模は、焚口から窯尻までの長さが五・三～六・六㍍、燃焼部と焼成部境の階部分にもつ窯体最大幅は一・四～一・八㍍で、窯尻の幅は〇・九～一・四㍍を測る。形状の特徴として窯体最大幅と窯尻幅の差が大きく、窯体の長さが短い4・8・9号窯、その差が少なく窯体が長い5・6・7・13号窯がある。段数は六～九で、燃焼部に対して焼成部の傾斜角度は二二～二八度である。東側の一群と比べ窯尻や前庭部の角張った状態は消え、まるみを帯び、焼成室の傾斜角度も緩やかとなる。未操業であるが14号の有畦式平窯は、相模国へ供給された九世紀代の瓦尾根窯跡群で類例が知られているが、武蔵国分寺創建期には既に新たな窯業技術として導入が試みられている(第4・5図)。

　出土する瓦は、すべての窯跡で桶巻き・一枚造りの平瓦と行基式の丸瓦が混在し、その中で4・5・14号窯では玉縁式の丸瓦、4号窯では長方形塼が出土している。軒瓦は、八葉蓮華文軒丸瓦と三重弧文軒平瓦の組み合わせであるが、わずかに唐草文軒瓦の小片が4号窯の前庭部と5号窯から出土している。軒丸瓦は、盛り上がった中房に蓮子が配され、花弁の輪郭に圏線が伴い、間弁と直立した外縁が廻るものである。その中で細部が異なる4種があり、外区と内区の境に圏線が廻り花弁基部に微細な子葉を持つものをA類。中房が一回り小さく蓮子の数が1＋6のB類、A類と類似し子葉と外区境の圏線を持たないC①類、花弁の盛り上がりが頂部で平坦となるC②類に分けられている。軒平瓦は、施文の方法や形状で類別された三重弧文である。文字瓦には凹・凸面に児玉・都築・高麗・那珂・榛沢の郡名の押印があり、平瓦凹面の摸骨文字は大・小の「多」に限られる。凸面には斜格子の叩きに「多」の文字が5号窯か

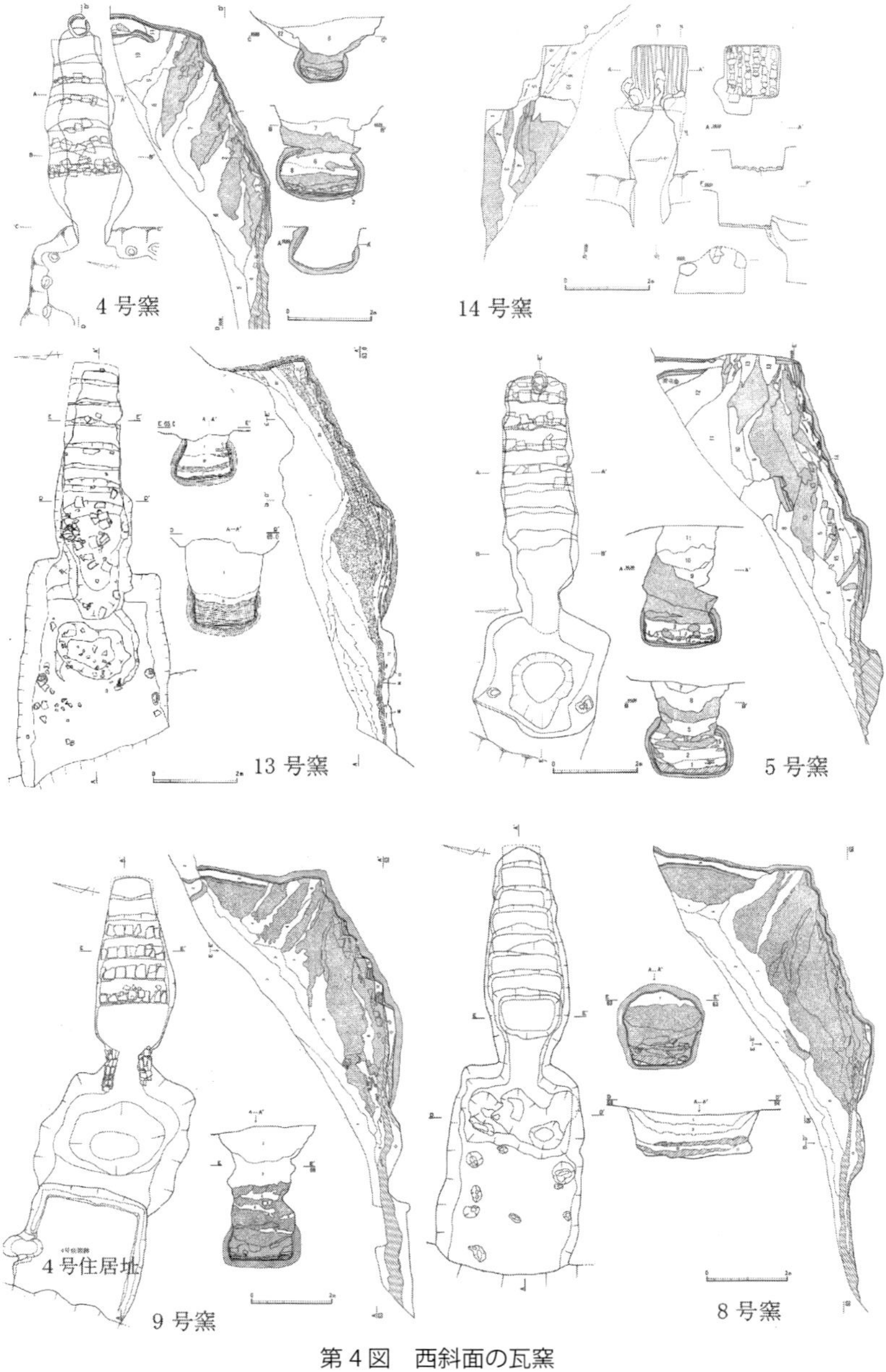

第４図　西斜面の瓦窯

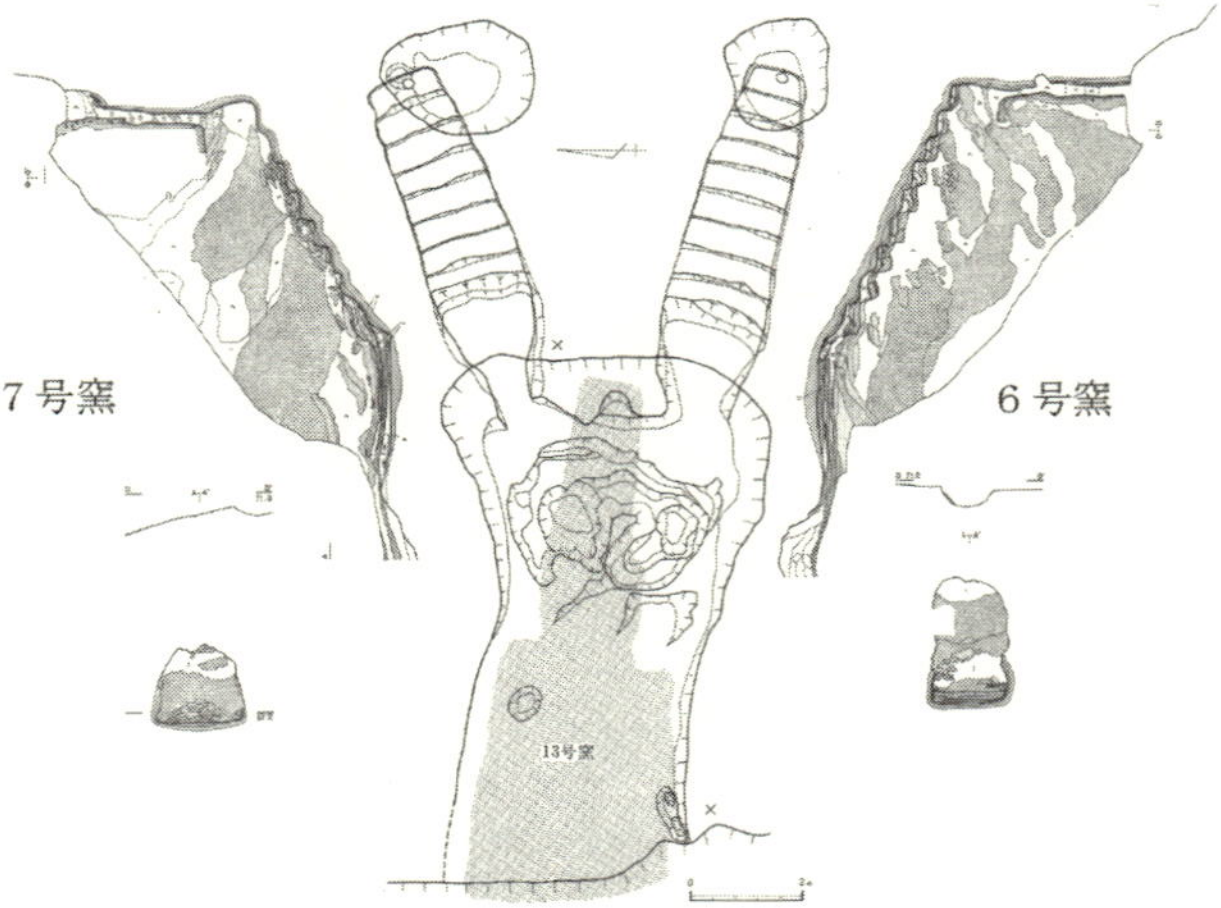

第５図　西斜面の瓦窯 (2)

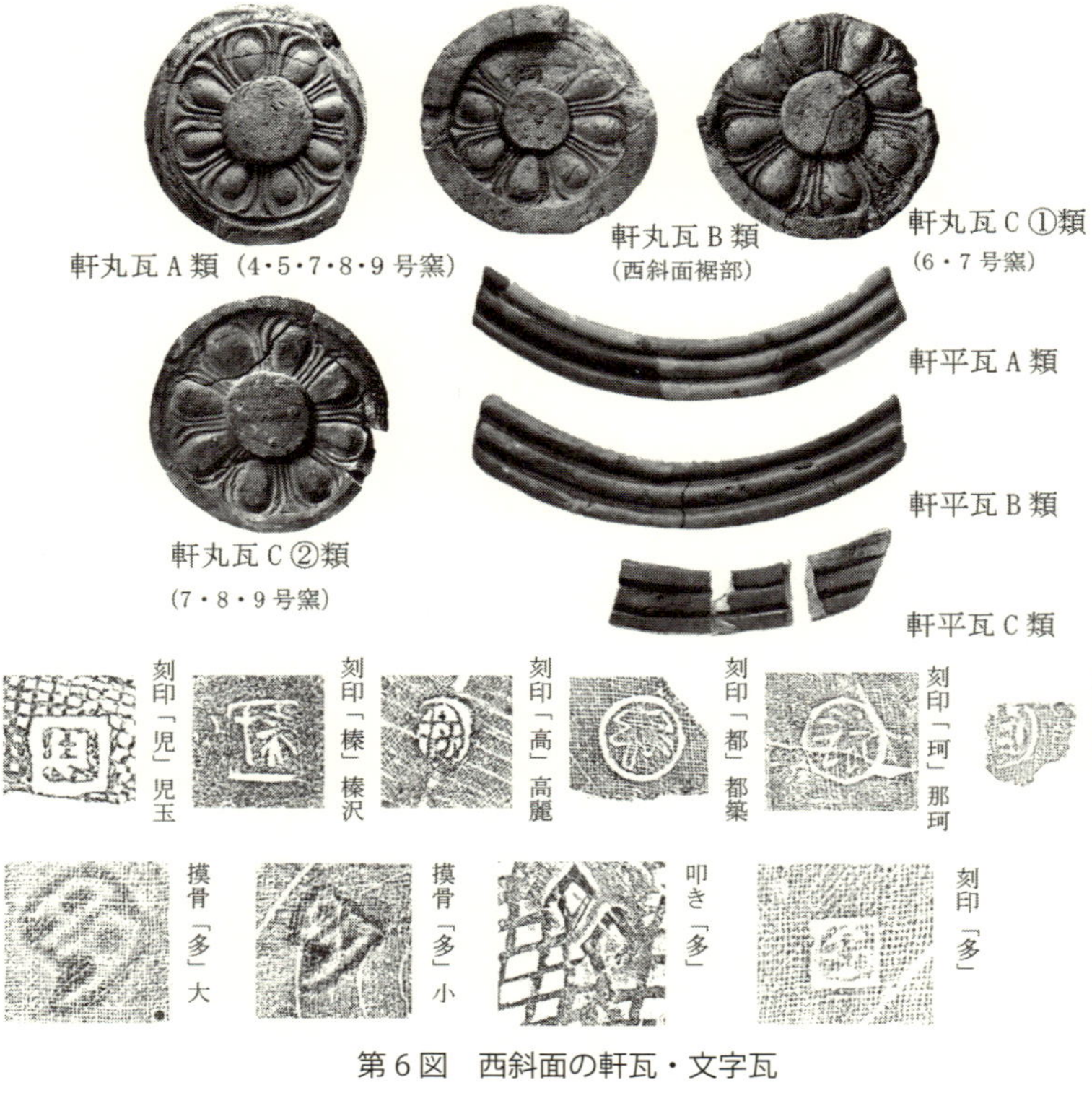

第６図　西斜面の軒瓦・文字瓦

ら出土している。西斜面の各窯は、４・５・13・14号が武蔵国分寺の変遷でⅠａ期、６・７・８・９号がⅠｂ期に位置づけられ、窯の群集状況から国分寺創建に焼成が集中的に行われたことを示す窯跡群である（第６図）〔国分寺 一九八六〕。

北斜面（10・11・12号窯） 三基の窯が発見され、10・11号窯が隣接し、12号は11号の西方約三〇㍍に位置している。10号窯は前庭部が失われているが、残存部分から地下式の有段有階登窯であり、全長五・二㍍、焼成部と燃焼部の境で最大幅一・八㍍、窯尻の幅一・三九㍍、焼成室の傾斜は四〇度を測る。段数は七段でスサ入り粘土と瓦積みで補強されている。最終操業面には鴟尾、道具瓦、一枚作りの平瓦、行基式丸瓦、剣菱状八葉蓮華文軒丸瓦、均整唐草文軒平瓦片等が多数残されていた。12号窯は燃焼部と焼成部の一部が残る有段有階の窯跡である。残存段数は四段で傾斜角度が三五度を測り、10号窯と同様に瓦とスサ入り粘土で補強している。最終面に残された瓦は、均整唐草文軒平瓦と中房の蓮子に笵傷がある鋸歯文縁剣菱文軒丸瓦がある。11号窯は前庭部を失うが、窯体は地下式有段有階の登窯である。全長五・九㍍、最大幅が焼成部と燃焼部の境にあり一・七七㍍、窯尻幅が〇・八七㍍と楔状を呈している。段数は五段、傾斜角度は三三度である。燃焼部の床面から唐草文軒平瓦の破片が出土しているが軒丸瓦は発見されていない。また郡名・郷名スタンプと格子目の叩きに多摩郡の「多」文字が押された平瓦が焼成部の段補強材として使用されている。11号窯は北側斜面に分布する他の二基とは異なり、西斜面４・５号窯に続く窯跡である。

素弁剣菱状八葉蓮華文軒丸瓦と牛角状中心飾均整唐草文軒平瓦は、国府〔府中市教委 一九九九〕・川崎市菅寺尾台廃寺〔川崎市教委 一九五四〕、日野市落川遺跡〔落川 一九九九〕・調布市染地遺跡〔福田 一九七九〕など、多摩川沿いの遺跡から同范・同意匠文様の瓦が出土している。また「多」の叩き文字は瓦谷戸窯跡群、矢野瓦窯から出土している。北斜面の操業時期については、調査段階では窯床の傾斜角度や少し角張った構造と11号窯が西斜面の５号窯に先行すると捉え、国分寺生産瓦窯に先行する窯場として位置づけられたが、11号窯と５号窯の両窯から出土した凸面の斜格子叩き文に

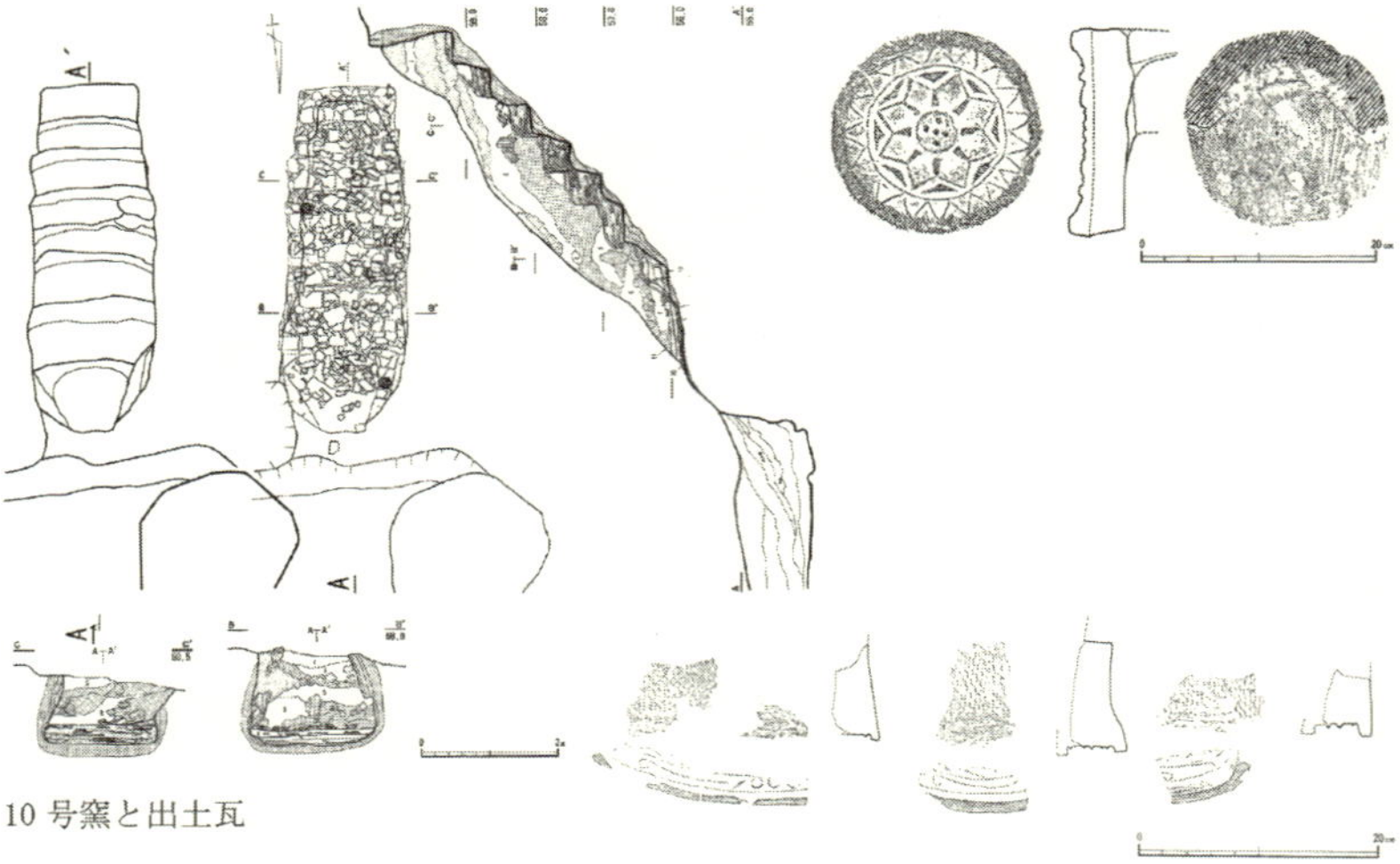

10号窯と出土瓦

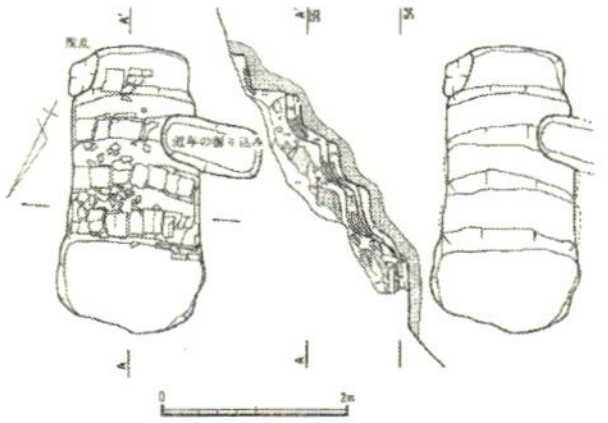

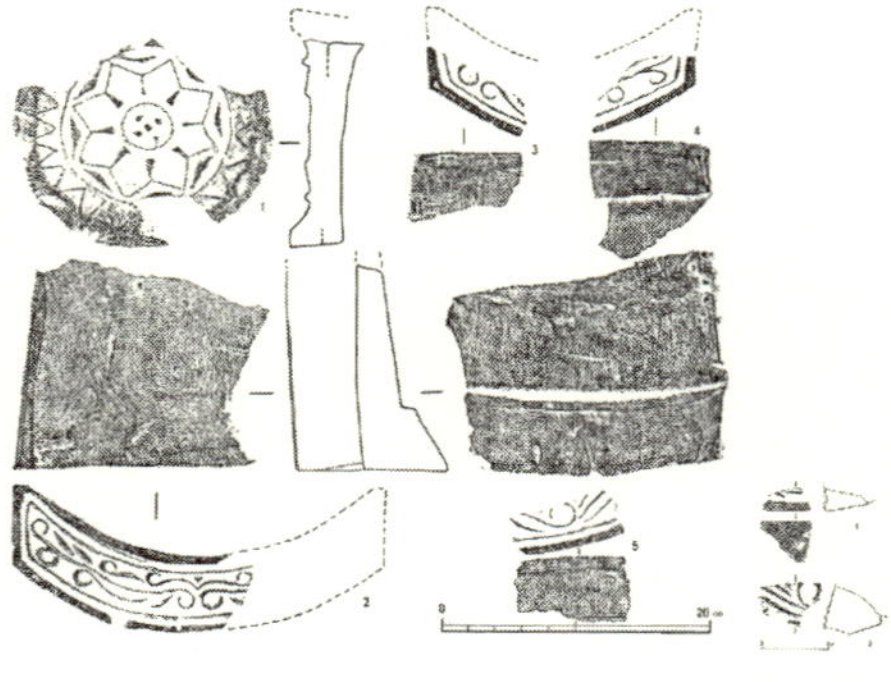

12号窯と出土瓦

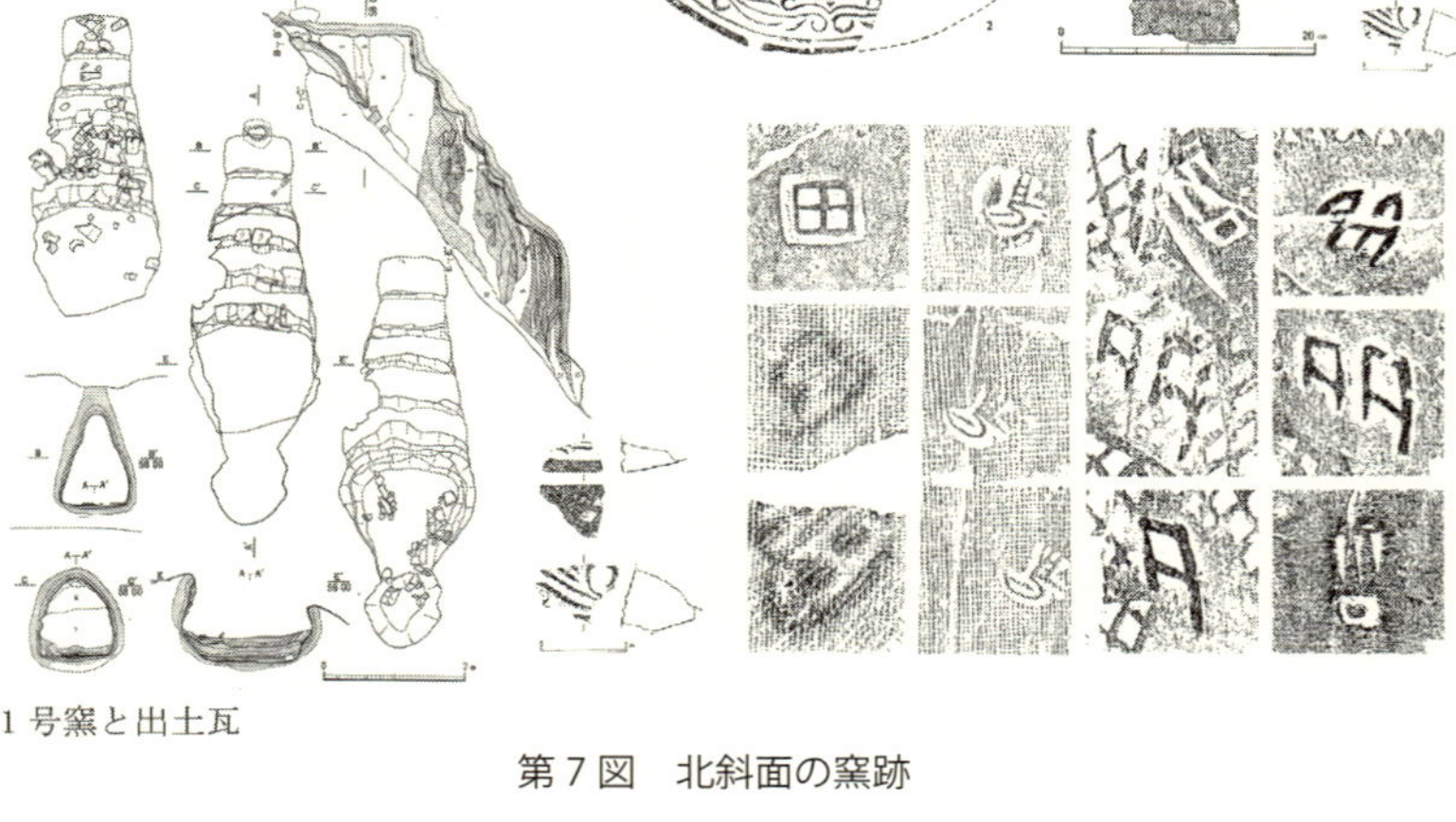

11号窯と出土瓦

第7図　北斜面の窯跡

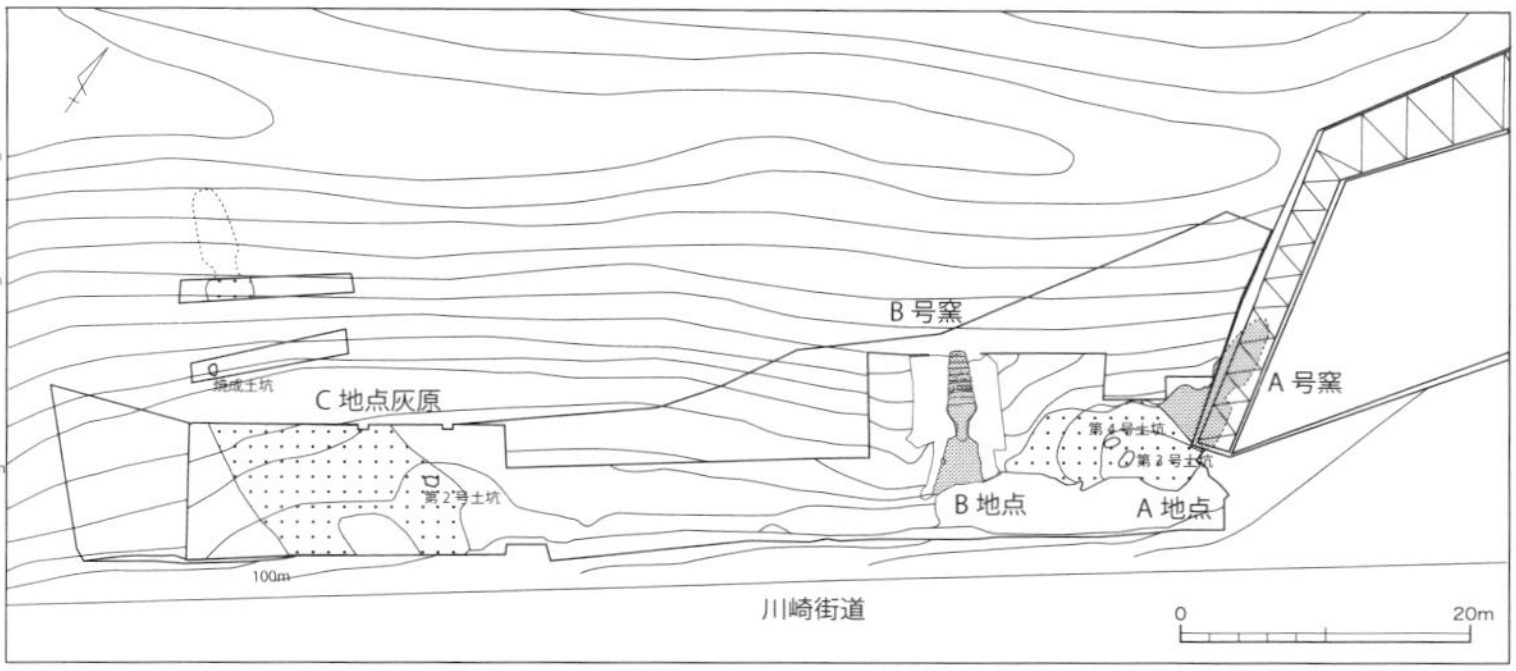

平成10年度調査遺構位置図

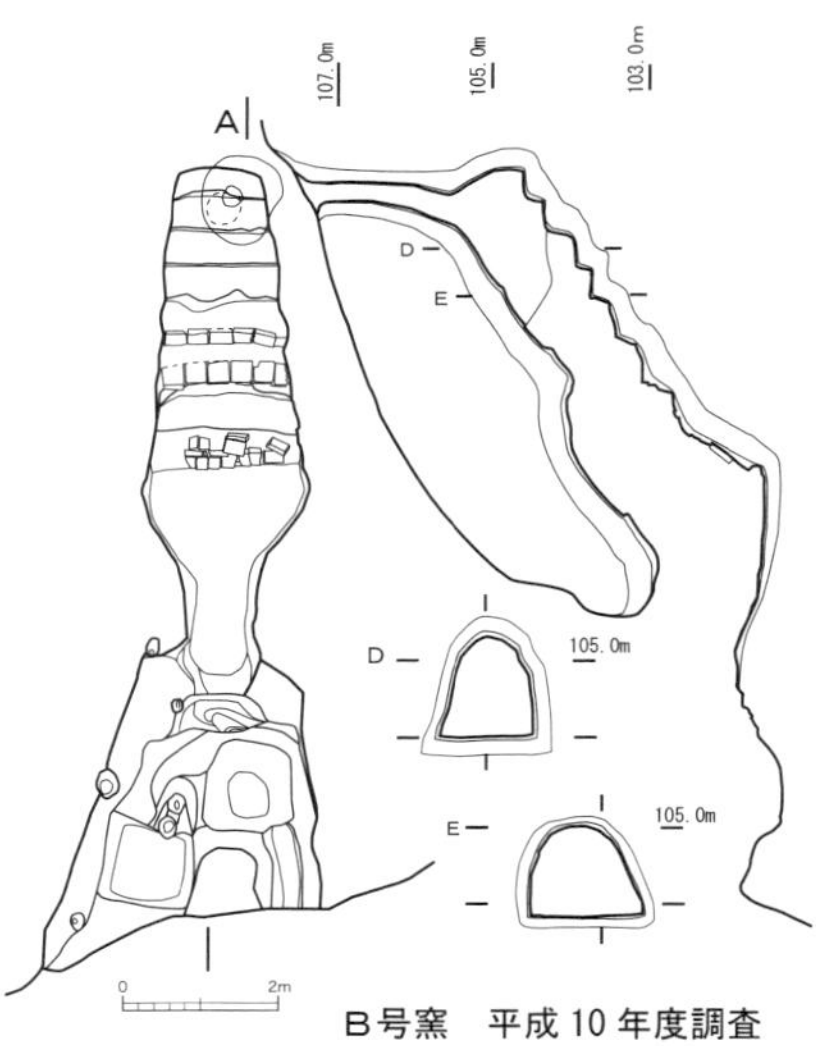

B号窯　平成10年度調査

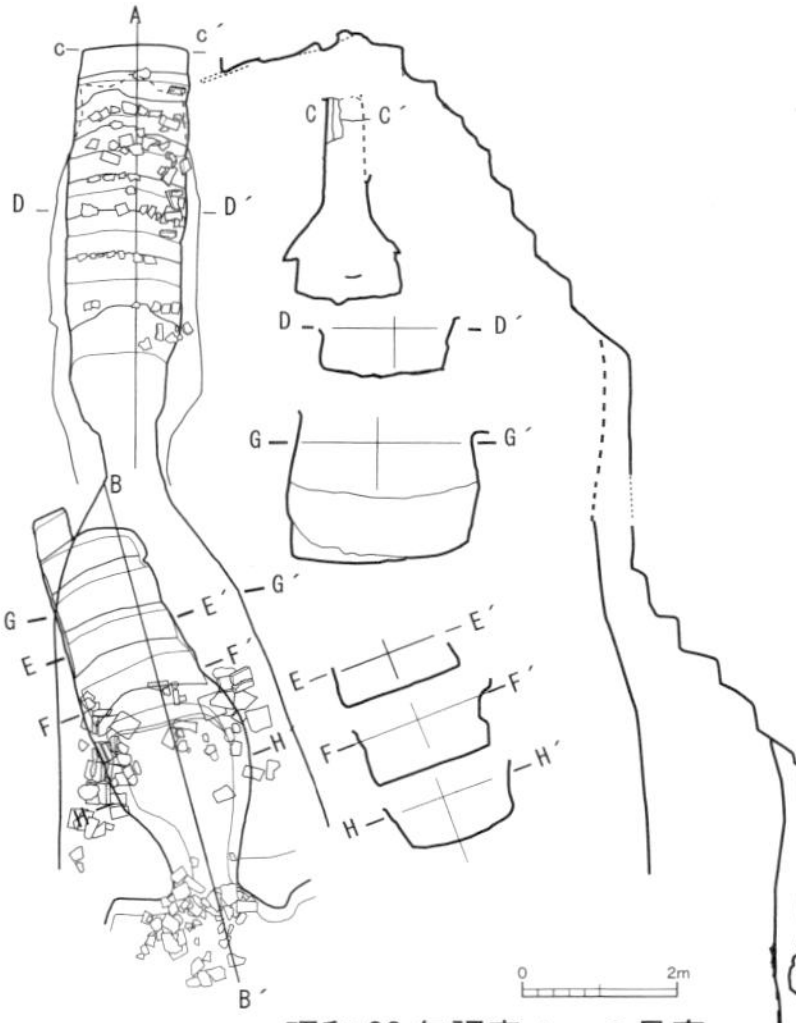

昭和32年調査1・2号窯

軒丸瓦Ⅰ類

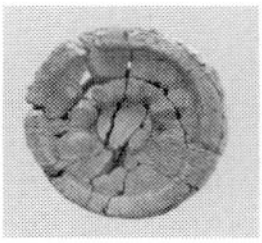

軒丸瓦Ⅱ類

軒丸瓦Ⅲ類

軒丸瓦Ⅳ類

軒平瓦Ⅰ類

軒丸瓦Ⅴ類

軒丸瓦Ⅵ類

軒丸瓦Ⅶ類

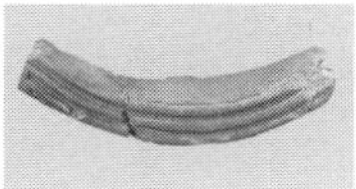

軒平瓦Ⅳ類

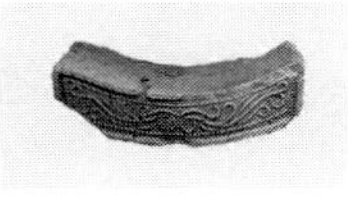

軒平瓦Ⅴ類

平成10年度調査出土軒瓦分類

第8図　瓦谷戸窯跡群

「多」の陽刻文字を持つ平瓦の出土状況が再検討され、11号がⅠｂ期、10・12号窯が国分寺創建期Ⅰａ期にあたるとの分析が示されている〔有吉 一九九三〕。

②瓦谷戸窯跡群　№513遺跡の西方約一・五㌔を隔て、多摩川に沿って東へと下った尾根筋中程の南斜面に立地している。発掘調査は昭和三十年に後藤守一・榊原松守・青木一美によって行われ、二基（１・２号窯）の重複する地下式有段有階登窯が調査された〔宇野 一九六三〕。出土する正方形塼から武蔵国府への供給瓦窯とされてきた。この地点の北方の谷奥で平成十年に野村幸希・松原典明により地下式の有段有階登窯一基（Ｂ号窯）、前庭の一部（Ａ号窯）、灰原の一部（Ｃ地点）が調査され。調査終了後にはさらに北側の谷奥で二基の窯の一部が不時発見されている〔都内遺跡調査会 一九九九〕。

窯の規模は、１号窯が焚口から窯尻まで六㍍、窯体最大幅一・四七㍍、窯尻の幅一・三七㍍、段数七。２号窯が焚口から窯尻までが五・九㍍、燃焼室最大幅一・五㍍、残存段数五。Ｂ号窯は全長五・九㍍、最大幅一・七八㍍、窯尻の幅一・一㍍を測り、Ｂ号窯がやや小振りである。平成十年の調査で出土した瓦は、軒丸瓦が八葉蓮華文の七種、これは№513遺跡と同意匠のⅢ・Ⅴ類と、後述する瓦尾根地区の№944遺跡と同意匠のⅡ類、武蔵国府域出土のⅣ類、乞田川地区の№271遺跡出土瓦と類似するⅥ類などの七類が報告されている。軒平瓦は、№513遺跡北斜面と同じ意匠の均整唐草文、型押しの三重弧文があり、ほかに飛雲文状の扁行唐草文がある。昭和三十一年調査の１・２号窯と同様にＡ・Ｂ窯出土の長・正方形の塼があり、国分寺と国府へと供給されている。また文字瓦も豊富で、Ａ号窯出土塼には新羅郡を除く一八郡の刻印が確認され、鎌田郷から荏原郡に宛てた解文などが出土している。報告ではＡ号窯の平瓦凸面に見られる「多」の叩き具が笵傷などの検討から№513遺跡11号窯へと移動した可能性が指摘されている。Ｃ地点は、外区に朱点を持つ均整唐草文から、№513遺跡北斜面に先行する操業とされている（第８図）〔都内遺跡調査会 一九九九〕。

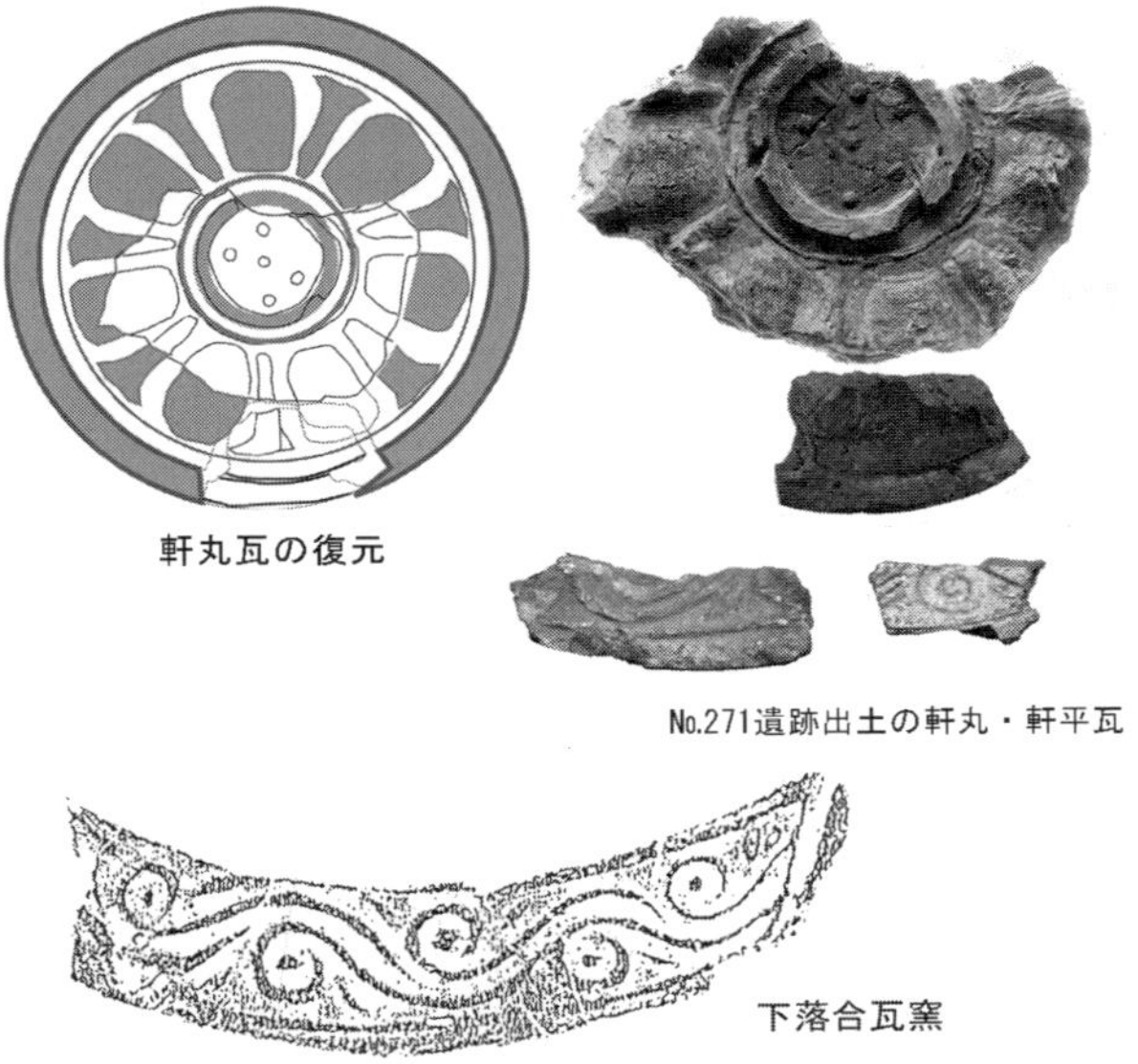

第９図　乞田川地区の瓦（No.274・下落合瓦窯）

(2) 乞田川地区

本地区には、窯業跡の調査例はないが、下落合瓦窯と瓦を出土する集落遺跡がある。下落合瓦窯は表採資料の瓦しかなく［宇野 一九六三］、昭和五十四年の分布調査でも窯体を確認できなかった［東京都教委 一九七九］。その後の多摩ニュータウン遺跡群の当該地区の調査では、下落合瓦窯とされる地点の丘陵斜面裾部分の集落遺跡No.271・451遺跡から軒丸・軒平瓦が出土し下落合瓦窯との関連が想起されている［東京都埋文 一九八七］。

271・451遺跡　須恵器と共に軒丸・軒平瓦破片を含む瓦類が出土する集落跡である。出土の状況は、住居内のカマド構築材や住居覆土内へ流入した瓦の他、埋没谷覆土中より八世紀から十一世紀の須恵器・土師器などに混じり二八〇〇点の瓦が出土している。瓦には、道具瓦（のし・面戸・隅切り）、縄目・格子目の叩き文様の平瓦、丸瓦、郡・郷名瓦、軒平・軒丸瓦がある。その性格については、窯壁等の出土もないことから検討の余地も残されるが、出土軒平瓦が下落合瓦窯と同じ偏行唐草文であることなどから、下落合瓦窯に関わる資料と考えられる。軒丸瓦は、中房から内区と、内区から外縁にかけての同一個体の破片二点であり、瓦当文様は太い圏線で区画された中房に1＋4の蓮子を配し、花弁の復元数七と撥形の間弁が配され、外縁は無紋である。中坊や間弁の形状から瓦谷戸出土の軒丸瓦VIと類似する。接合技法は残存部分から差し込み式であ

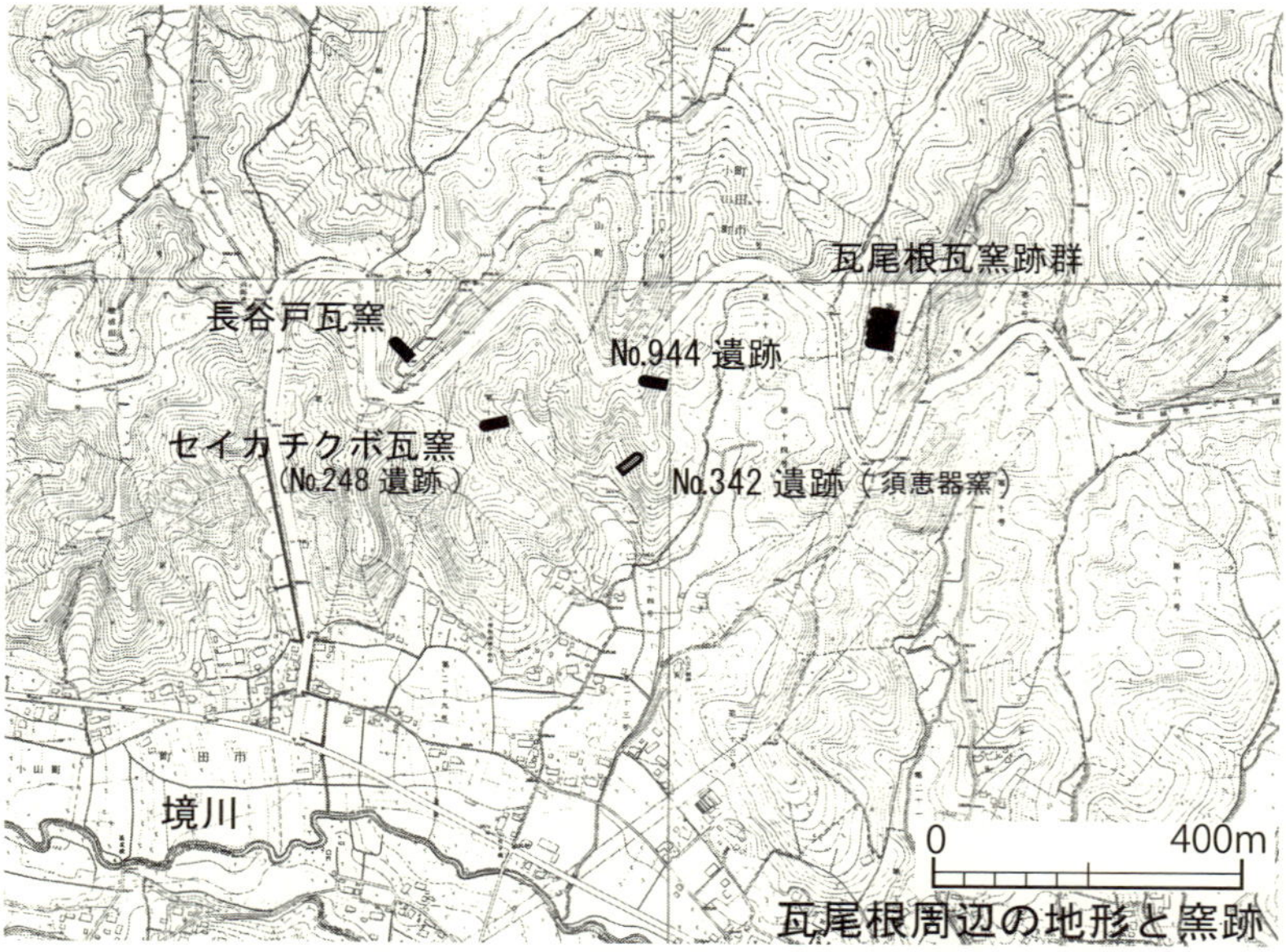

第10図　瓦尾根地区の窯跡分布

る。軒平瓦は、偏行唐草文が右から左へと展開し、主葉の巻き込み内に朱点を配した下落合瓦窯と同意匠の文様の破片である。平瓦は斜格子と長方形・正方形の格子目と縄目叩きで、文字瓦が四点出土している。豊島区小川郷、不明の文字が三点である（第9図）。

(3) 大栗川地区

大栗川と流域の瓦窯は、剣菱文軒丸瓦が採取された中和田瓦窯がある。近隣には、八世紀前半の須恵器窯である百草窯が知られ、中流域では七世紀後半の須恵器窯二基が調査された（No.446遺跡）〔東京都埋文　一九九九〕。大栗川水系で唯一の剣菱文軒丸瓦を焼成したとされる中和田窯跡については、昭和五十四年に東京都が行った窯跡の分布調査では窯体の位置は確認できなかった。

(4) 瓦尾根地区

多摩丘陵南辺の分水嶺に窯跡が集中する。七世紀後半のNo.342遺跡〔東京都埋文　一九九三〕の須恵器窯を最古例として、武蔵国分寺創建Ⅰb期の瓦窯No.944遺跡〔東京都埋文　一

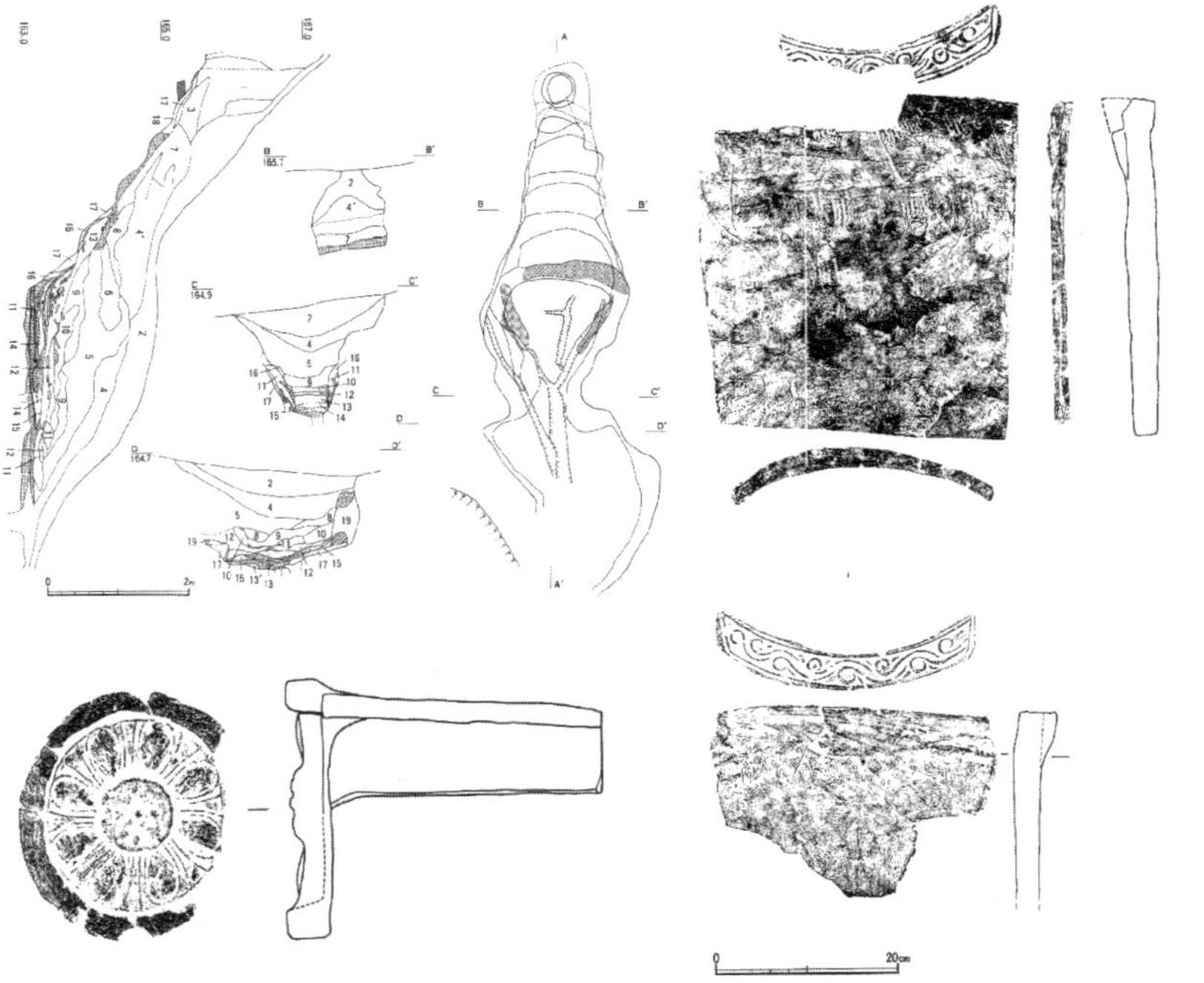

第11図　No.944遺跡瓦窯

九九八〕、相模国に瓦を供給した有畦式平窯四基の瓦尾根窯跡群〔町田市教委　一九六九〕、武蔵国分寺補修瓦を焼成したセイカチクボ瓦窯と長谷戸瓦窯がある〔大川　一九七六〕。ここでは相模への供給窯である瓦尾根瓦窯は省いたが、この地域が武蔵と相模の両国に明確に帰属していない可能性も考えられている（第10図）。

①No.944遺跡　相模原側に開口する谷の奥に築かれた単独の窯で、周辺には瓦尾根窯跡群が直線距離にして東方四〇〇㍍、セイカチクボ瓦窯が西方二〇〇㍍、長谷戸窯が西方四〇〇㍍に位置している。窯体は全長五・二㍍、地下式有段有階登窯である。焼成室の段数四段で傾斜角度は三四度。最大幅は焼成室と燃焼室の境付近にあり、全体が楔状を呈している。瓦は、軒丸瓦・軒平瓦、丸瓦・平瓦、道具瓦、文字瓦が出土している。軒丸瓦は、素弁八葉蓮華文であり、中房に1＋4の蓮子を配し、花弁の盛り上がりは低く、内区と外区は圏線で区画されている。間

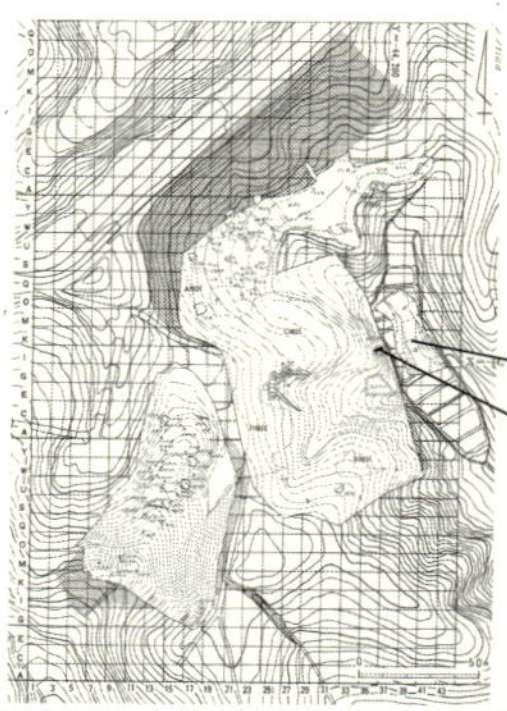

No.247・248(セイカチクボ瓦窯)遺跡

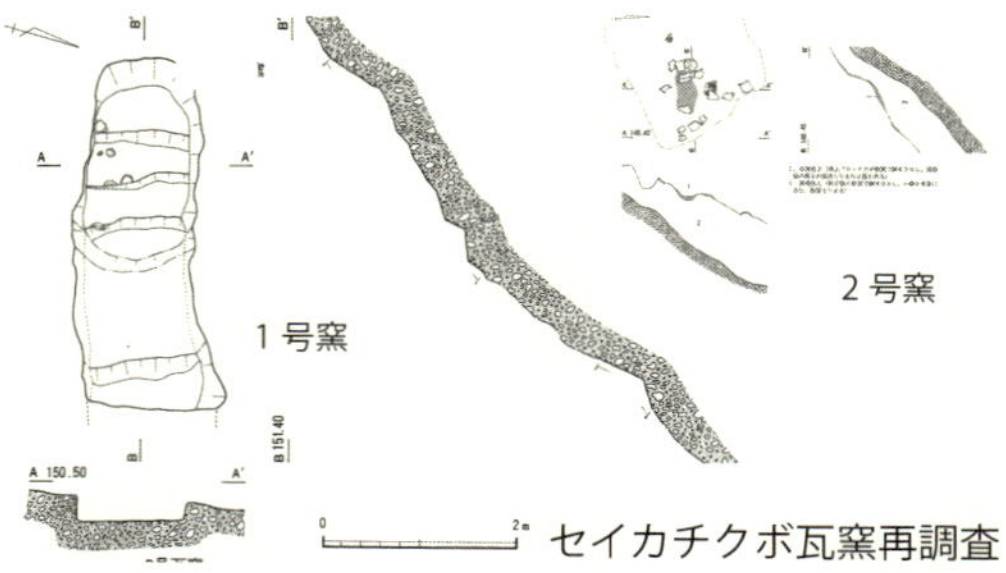

セイカチクボ瓦窯再調査遺構図

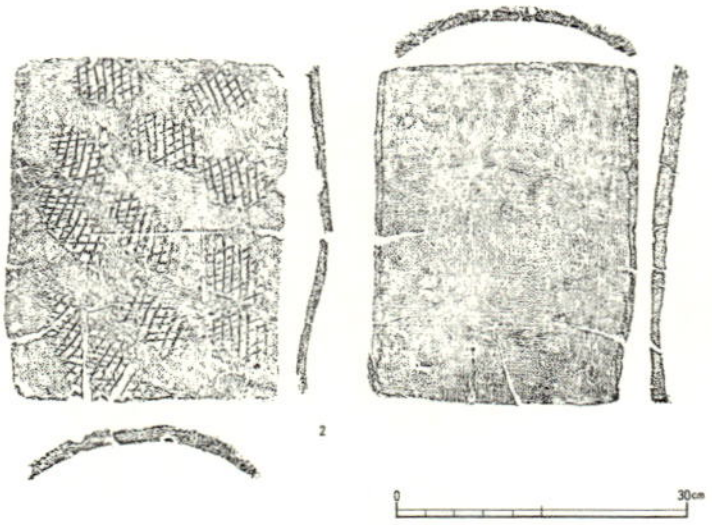

セイカチクボ瓦窯灰原出土女瓦

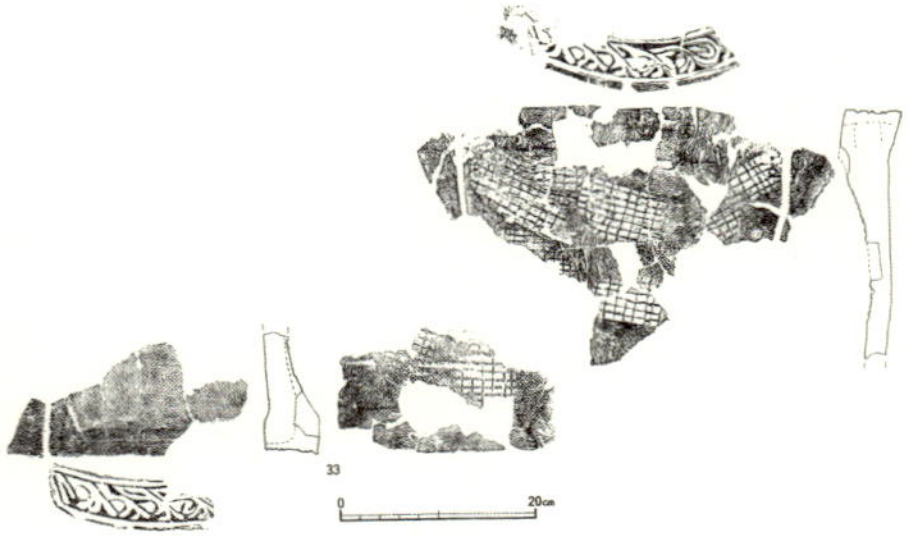

セイカチクボ瓦窯灰原出土宇瓦

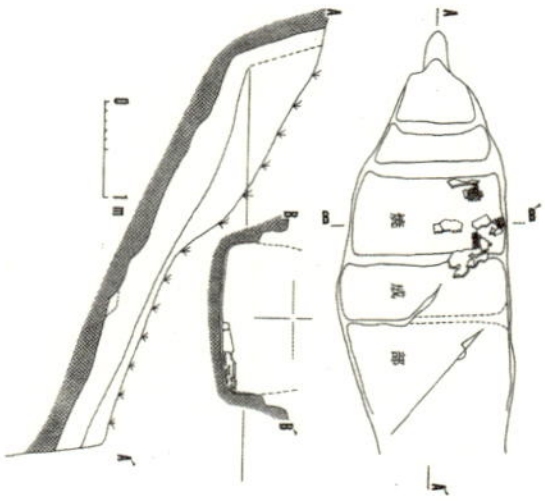

長谷戸瓦窯

第12図　瓦尾根地区の瓦窯と出土遺物

弁は外区圏線に接した撥形で、二本の凸線で表現されている。軒平瓦は内・外区の境に圏線を廻らせ、向かって左方向へ展開する偏行唐草文であり、右上端には反転逆字の「多」がかすかに残るものと、文字部分を棒状の道具で掻き消したと見られる軒平瓦が出土している。文字瓦には、線刻された久良郡の「久」が唯一である。丸瓦はすべて行基式で、平瓦は、縄、格子、平行叩きを残した一枚造りである。国分寺創建Ⅰb期の製品である（第11図）。

②セイカチクボ窯（No.248遺跡）　大川清によって調査された地点と周辺の遺物散布地とあわせ多摩ニュータウン遺跡群のNo.248遺跡に含まれている。平成二年に埋蔵文化財センターによってセイカチクボ窯の再調査が行われた［東京都埋文二〇〇〇］。遺跡は尾根上から谷部までの範囲で、尾根筋では多数の縄文時代の粘土採掘土坑、窯跡の南側谷部には新たに灰原の調査も行われ、軒平瓦を含む多数の瓦類が出土した。平安時代の所産と見られ、国分寺の補修瓦を生産していたとされている。灰原からは特殊文の軒平瓦が出土している。近隣に所在する長谷戸窯も同様の時期とされている。

(5) 谷野地区

谷野瓦窯　御殿山窯跡群の北方向に約七㌔、加住南丘陵の尾根先端に単独で発見された有段有階の地下式登窯である［内藤 一九六二］。規模は、焚口から窯尻までが四㍍、燃焼部にある最大幅一・六㍍、窯尻の幅〇・六㍍、焼成部の傾斜角度は二〇度、段数六と比較的小型の楔形である。出土する瓦は、中房1＋4の蓮子を持つ八葉蓮華文であり間弁を伴っている。軒平瓦は、瓦当面に「多」の文字を持つ左から右方向へと展開する偏行唐草文。平瓦の凸面に「多」の文字が押された格子の叩きが出土している。「多」の叩き文字は瓦谷戸A号窯、No.513遺跡11号窯と同種の文字瓦である。さらに軒平瓦については、No.944遺跡や下落合瓦窯と同意匠であり、国分寺創建Ⅰb期とされている（第13図）。

(6) 御殿山地区

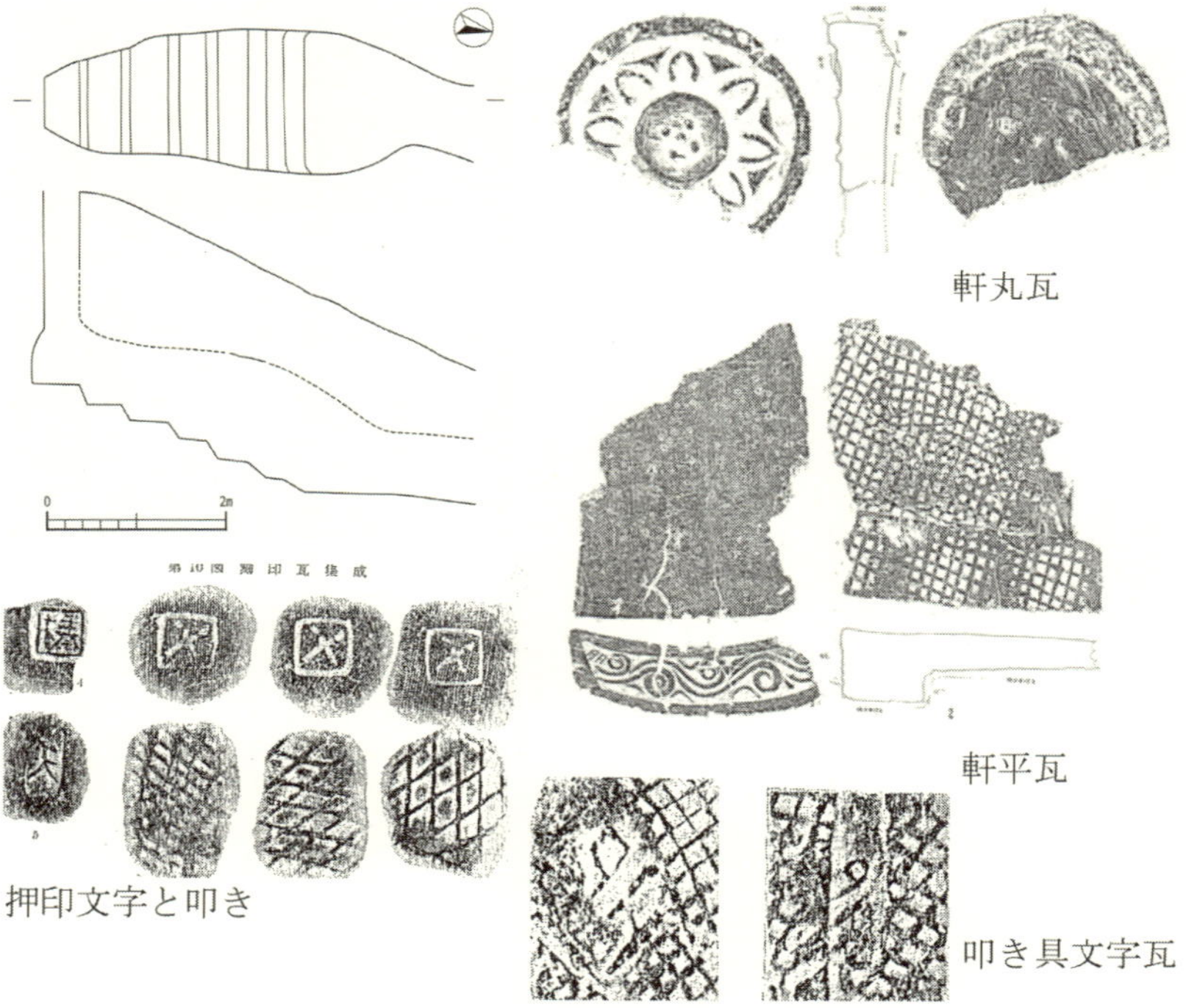

第 13 図　谷野瓦窯と出土遺物

御殿山地区の窯業は、八世紀後半から始まる須恵器生産が主体となり、九世紀に盛期を向かえ、古代社会の終焉とともに終息している。瓦の生産は須恵器と併焼され、窯には有段有階の地下式構造は認められなくなる。製品には丸瓦、平瓦、軒丸瓦が主体的で軒平瓦は焼成されていない。国分寺の補修瓦として生産されている［八王子 一九九七］。平瓦凹面に残された撲骨文字「山万」などは北武蔵から搬入された道具が用いられたと考えられ、北武蔵の窯業が衰退する中で南武蔵へと移行する様相を反映している。

まとめ

南多摩窯跡群は、乞田川地区を除いて各地域の窯業が須恵器生産から始まり、継続することなく終息し、後に瓦の生産が行われている。その中で大丸地区No.513遺跡東斜面において古式の地下式有段有階構造による瓦生産が開始される。年代は1号須恵器窯(八世紀第2四半)以前とするしかないが、窯構造と四重弧文軒平瓦から、七世紀後半代の可能性もある。その後、武蔵国分寺創建の瓦生産が生産実績のあるNo.513遺跡の西斜面において開始される。この段階の窯構造は、煙道が窯尻の天井から垂直に伸び、地表面には擂鉢状の排煙坑が伴っている。西斜面での窯跡の推移は武蔵国分寺変遷からⅠa期が4・5・13・14号、6・7・8・9号がⅠb期の操業である。その間、窯場の位置を変え北斜面で10号(Ⅰa期)、12号(Ⅰb期)が武蔵国府及び周辺寺院、11号は西斜面に引き続き国分寺への供給窯として操業する。この段階では窯構造は、11号窯で窯体が短く小型化し、窯体最大幅と窯尻幅の差が開き、平面形状と窯体規模に変化がみられる。また、平瓦には西斜面と同様に「多」の摸骨文字と押印を使用しながらも、丸・平瓦には郷名の押印が認められるなど、造瓦体制に変化がうかがえる。一方、大丸地区瓦谷戸窯跡ではC地区のⅣ類の軒丸瓦とⅤ類の軒平瓦からNo.513遺跡に先行し、同時期には1・2・B号窯が国府への供給が行われている。窯構造は1・2号が西斜面で共通し、B号窯は11号に近い形状である。このC地区の灰原ではNo.944・No.271遺跡(下落合瓦窯)と同意匠の軒丸瓦が出土している。また下落合瓦窯・No.944・矢野瓦窯では瓦谷野瓦窯・No.513遺跡11号窯・瓦谷戸窯跡群では叩き具に「多」を持つ平瓦など共通する。范型の移動は認められないものの、文様の意匠を継承し、国分寺Ⅰb期には各地区において単独の窯で生産が行われている。

以上、南多摩窯跡群での窯業生産は、国府・国分寺の最も近傍にあって国分寺の建立、国府の整備を機に、御殿山窯跡群の須恵器生産が開始されるまでの間、その需要に応えた造瓦のみが展開する窯跡群である。

参考文献

有吉重蔵　一九九三年「武蔵国分寺の創建期瓦」『月刊考古学ジャーナル』No.364　ニュー・サイエンス社

有吉重蔵　一九九五年「武蔵国分寺の創建期瓦窯」大川清博士古希記念論文集『王朝の考古学』雄山閣出版

宇野信四郎　一九六三年「東京都南多摩郡稲城村大丸窯跡群発掘調査概報」『歴史考古』第9・10号合併号

大川　清　一九七六年「多摩丘陵窯跡群調査報告」『東京都埋蔵文化財調査報告』第6集　東京都教育委員会
落川調査会　一九九九年『落川・一ノ宮遺跡Ⅱ』落川一ノ宮(日野3・2・7号線)調査会
川崎市教育委員会　一九五四年『川崎市菅寺尾台瓦塚廃堂址調査報告』川崎市文化財報告第一冊
国分寺市史編さん委員会　一九八二年『川崎市高津区野川影向寺文化財総合調査報告書』
酒井清治　一九八六年『国分寺市史』上巻 国分寺市
酒井清治　一九八六年「武蔵国分寺の創建期の瓦と須恵器」『埼玉考古』第26号　埼玉考古学会
東京都建設局南多摩東部建設事務所・都内遺跡調査会　一九九〇年「剣菱文軒丸瓦からみた武蔵国京所廃寺の性格」『研究紀要』12号　埼玉県立歴史資料館
東京都建設局南多摩東部建設事務所・都内遺跡調査会　一九九九年『東京都稲城市瓦谷戸窯跡群発掘調査報告書』～主要地方道稲城日野線第41号整備に伴う発掘調査報告書～
東京都教育委員会　一九七九年『南多摩窯跡群分布調査報告書』多摩丘陵窯跡群分布調査団
東京都埋蔵文化財センター　一九八二年「多摩ニュータウン遺跡」No.513遺跡Ⅰ『東京都埋蔵文化財センター調査報告』第3集
東京都埋蔵文化財センター　一九八七年「多摩ニュータウン遺跡」昭和60年(第5分冊)『東京都埋蔵文化財センター調査報告』第8集
東京都埋蔵文化財センター　一九八七年「多摩ニュータウン遺跡」昭和60年(第4分冊)『東京都埋蔵文化財センター調査報告』第8集
東京都埋蔵文化財センター　一九九三年「多摩ニュータウン遺跡」平成3年度(第5分冊)『東京都埋蔵文化財センター調査報告』第15集
東京都埋蔵文化財センター　一九九八年「多摩ニュータウン遺跡」先行調査報告9『東京都埋蔵文化財センター調査報告』第52集
東京都埋蔵文化財センター　一九九九年「多摩ニュータウン遺跡」先行調査報告11『東京都埋蔵文化財センター調査報告』第63集
東京都埋蔵文化財センター　一九九九年「多摩ニュータウン遺跡先行調査報告」13『東京都埋蔵文化財センター調査報告』第68集
東京都埋蔵文化財センター　二〇〇〇年「多摩ニュータウンNo.247・248遺跡」本文編『東京都埋蔵文化財センター調査報告』第80集
内藤政恒　一九六一年「八王子市矢野瓦窯址調査報告」『多摩考古』3
八王子市南部地区遺跡調査会　一九九七年『南多摩窯跡群』Ⅰ
服部敬史　一九七九年「南多摩窯跡群出土の須恵器とその編年」『神奈川考古』6
原田良雄　一九四四年「東京南多摩郡稲城大丸窯址」『考古学雑誌』第34巻6号
福田健司　一九七九年『調布市染地遺跡―第Ⅶ地区A・B地点―』調布市埋蔵文化財調査報告七
府中市教育委員会・府中遺跡調査会　一九九九年「武蔵国府関連遺跡調査報告書16」高倉・美芳町地域の調査4 府中東芝ビル建設に伴う事前調査『府中市埋蔵文化財調査報告』第16集
町田市教育委員会　一九六九年「瓦尾根瓦窯跡―相模国分寺瓦窯跡の調査―」『町田市埋蔵文化財調査報告第2冊』

武蔵国分寺瓦窯②

南比企窯跡群の瓦窯——新沼窯跡を中心に——

手島 芙実子

はじめに

南比企窯跡群は鳩山町を中心に嵐山町・ときがわ町・東松山市の一部にかけて広がる東日本最大級の遺跡である。六世紀初頭に操業を開始し、八世紀中葉には武蔵国内に限らず近隣諸国にまで製品が流通した。本稿では、武蔵国分寺創建期の中心的な瓦窯の一つである新沼窯跡の調査成果をとりあげたい。新沼窯跡は、古くは慶応年間よりその存在が知られており、明治三十六年には重田定一により武蔵国分寺の瓦窯跡として紹介されるなど、考古学会においても有数の遺跡として一部の識者には知られていた。しかし、窯跡の規模・構造などの詳細は不明であり、昭和三十四年に立正大学によって学術調査されるに至り、新沼窯跡が武蔵国分寺創建期の窯跡であることが広く知られるようになった。

1　遺跡の立地と周辺遺跡

鳩山町は埼玉県中央部に位置し、外秩父山地に沿った関東平野の東縁部に広がる比企丘陵南東部に所在する。比企丘陵は間を東流する都幾川を境として、北の比企北丘陵と南の比企南丘陵とに分かれている。鳩山町の地形は小規模

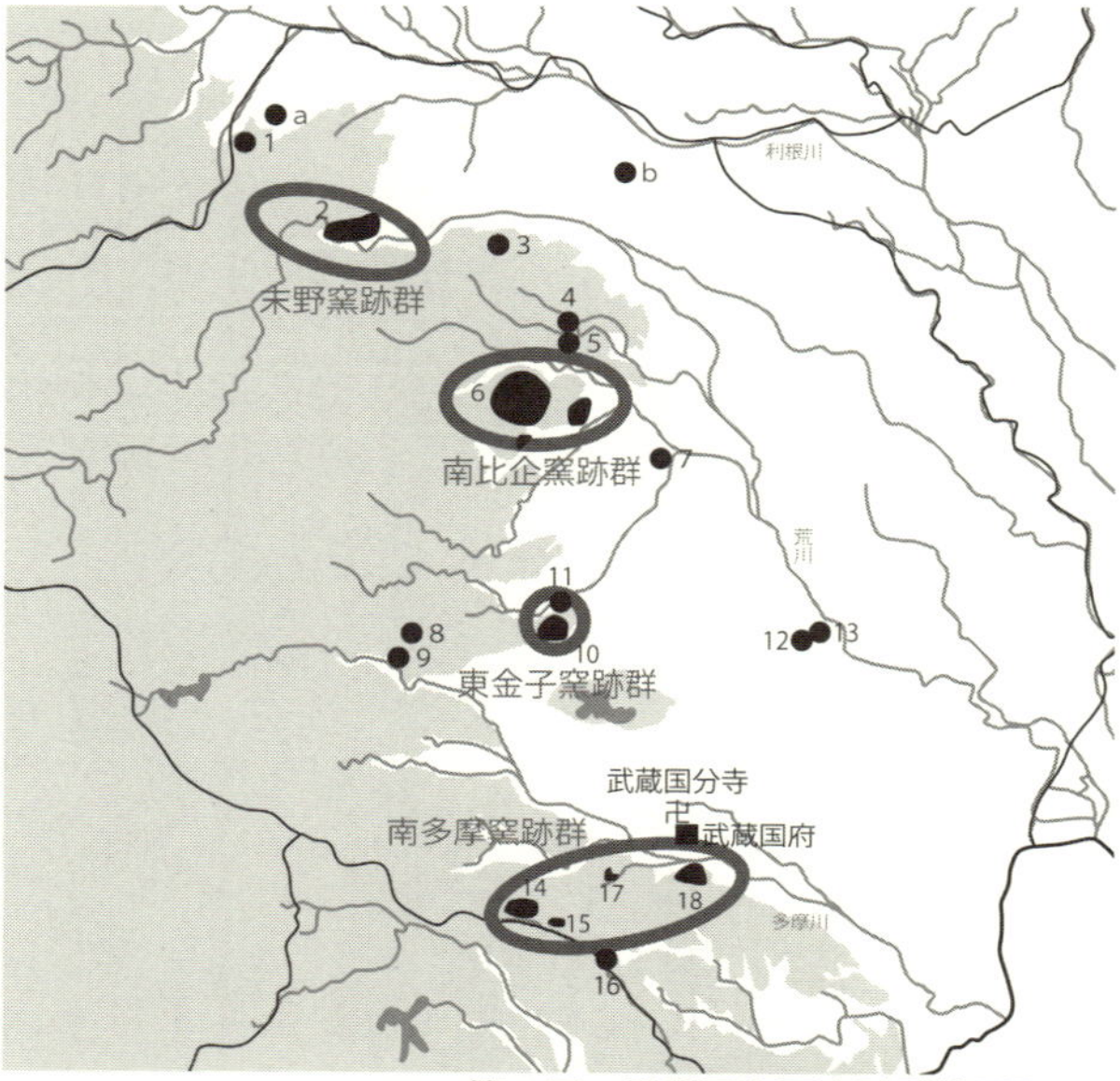

1. 児玉窯跡群
2. 末野窯跡群
3. 天神谷窯跡
4. 羽尾窯跡群
5. 大堀西窯跡
6. 南比企窯跡群
7. 西谷ッ窯跡
8. 高岡窯跡
9. 河原毛久保窯跡
10. 東金子窯跡群
11. 東八木窯跡
12. 新開窯跡
13. 栗谷ツ窯跡
14. 御殿山窯跡群
15. 南多摩窯跡群
16. 熊ヶ谷東窯跡
17. 百草・和田窯跡群
18. 大丸窯跡群

a. ミカド遺跡
b. 上敷免遺跡

第１図　武蔵国主要窯跡群位置図

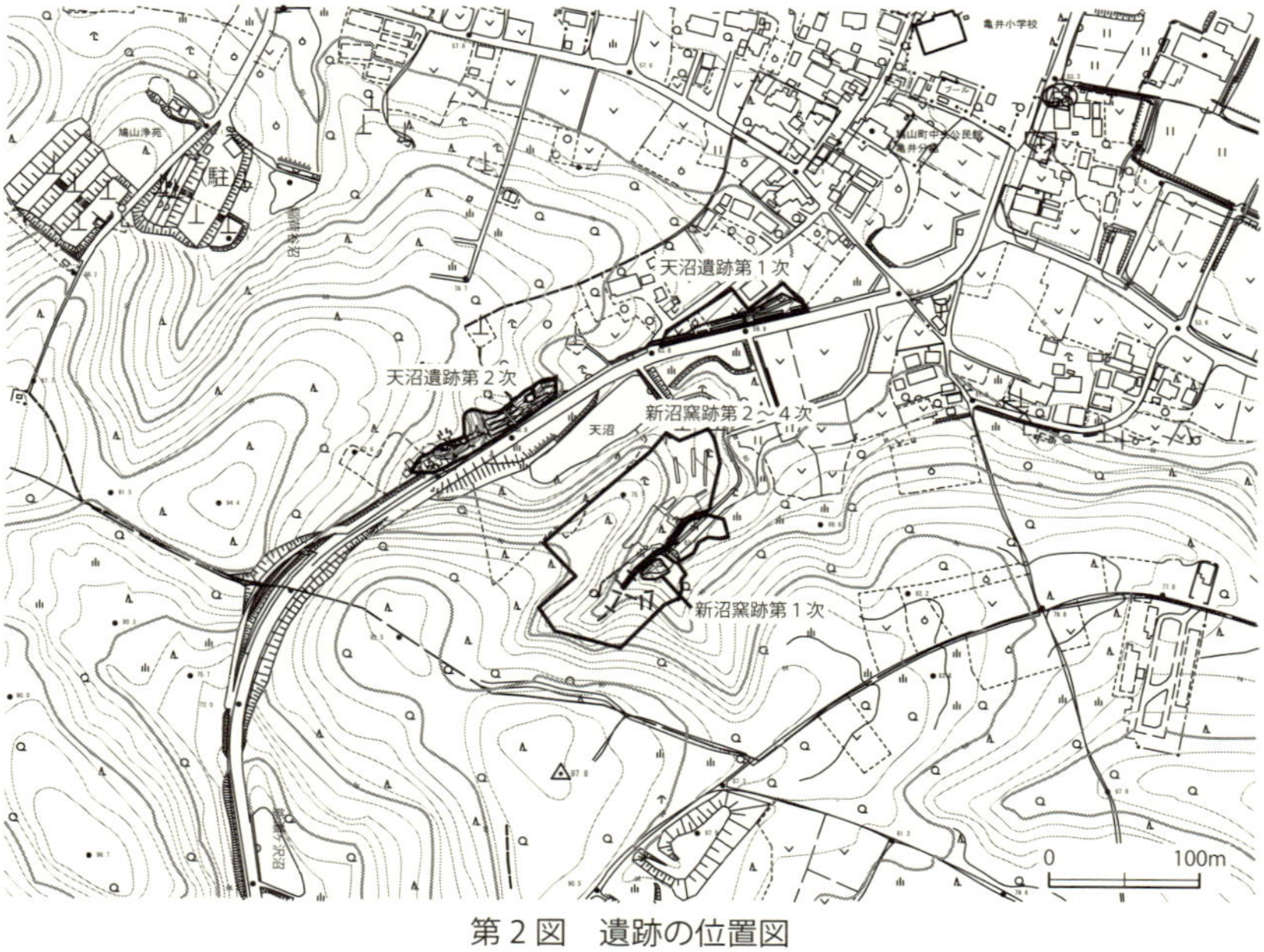

第２図　遺跡の位置図

ながら河岸段丘や扇状地も垣間見えるが、大部分は比企南丘陵、通称岩殿丘陵に包含され越辺川の支流である鳩川とその支流大橋川を中心に小河川が流れ込み、その浸食により大小の支谷が形成されている。かつて、この丘陵では豊富な森林資源をもとに窯跡が数多くつくられ、越辺川対岸では「入西条里」と呼ばれる肥沃な低地に古墳時代以降、集落など多数の遺跡が形成された。岩殿丘陵や越辺川、肥沃な低地を含む当地は古代においても窯跡とその操業を支える集落として密接な関係をもっていたと考えられる。

新沼窯跡は、鳩川・泉井川の浸食した開析谷に囲まれた南東向き緩斜面の裾部に立地し、対岸には緩斜面が広がることから工人集落の存在も推定されている。以下では、本稿に関連する飛鳥時代から古代にかけての主要な遺跡について述べることとする。

⑴ 飛鳥時代

比企南丘陵における須恵器生産は陶邑TK47型式頃から開始されると推測されているが、窯跡自体は未だ確認されていない。現在確認されている最も古い段階の窯跡は、東松山市高坂の丘陵東裾に位置する桜山窯跡群で、六世紀初頭の窯跡が二基調査されている。舞台遺跡では窯跡は未発見であるが六世紀後半の在地産須恵器が出土しており、上野系譜の技術で生産を行っていたと考えられている。その後、七世紀初頭の根平遺跡や七世紀中葉～後半の舞台遺跡で須恵器生産が行われるが、いずれも単発的な操業であった可能性が高い。また、越辺川上流域では七世紀前半とされる小用窯跡が丘陵縁辺部につくられるが、やはり単発的な操業であったと考えられる。

七世紀後半になると、それまで築窯がされなかった丘陵内部に石田遺跡が成立する。これらの窯で生産された瓦は、坂戸市勝呂廃寺や鳩山町小用廃寺、東松山市山王裏廃寺などへ供給されている。勝呂廃寺は七世紀第４四半期の創建と考えられ、近年、町東遺跡では勝呂廃寺の東側を通過する東山道武蔵路と考えられる道路遺構が検出されている。

小用廃寺は七世紀末の創建と考えられ、出土した交叉鋸歯文縁複弁八葉軒丸瓦は、さいたま市大久保領家遺跡と同笵で、毛呂山町西戸丸山窯跡で生産されたと考えられている。

(2) 奈良・平安時代

奈良時代には、鳩山町を中心に嵐山町・ときがわ町・東松山市の一部にまたがる比企南丘陵に、「南比企窯跡群」と呼ばれる東日本最大級の窯跡群が形成される。これら南比企窯跡群で生産された須恵器や瓦は武蔵国分寺や国府、国内の郡家などに供給され、八世紀半ばから後半には一般集落にも流通した。

八世紀前半になると小谷遺跡B地区・広町遺跡B地区・山下6号窯で小規模ながら須恵器生産が開始され、広町遺跡A・柳原遺跡B地区では工人集落が形成される。小谷B9号窯では特殊かえり蓋と呼ばれる二重口縁蓋を焼成し、若葉台遺跡や武蔵国分寺跡にも供給された。口径一七㌢前後の大形坏が出土した山下6号窯は学史上周知の資料であり、八世紀初頭に操業を開始したと考えられる。続いて、八世紀半ばには武蔵国分寺創建期の瓦陶兼業窯である新沼窯跡、金沢窯跡、石田国分寺瓦窯跡・久保1号瓦窯跡などが操業を開始し、武蔵国分寺創建期の瓦工房である雷遺跡も形成される。また、小谷遺跡B・広町遺跡B地区でも少量ではあるが、国分寺創建期の瓦を生産している。八世紀後半には、虫草山窯跡・大橋日影窯跡が新たに操業を開始し、虫草山遺跡では新たに工人集落が形成される一方、柳原・小谷遺跡などの工人集落は衰退していく。

九世紀になると石田遺跡や上鳴井窯跡・山下5号窯などの一部を除き、窯跡は須江・竹本地区および嵐山町将軍沢窯跡群、ときがわ町亀の原窯跡群など丘陵北部へ拠点を移し、武蔵国分寺再建期の瓦や須恵器を生産するようになる。また、ときがわ町の篩新田遺跡が当該期の拠点的工人集落として形成され、町内では丘陵部の竹之城遺跡が唯一の工人集落である。ただし、これらの窯跡や工人集落も九世紀後半には衰退していく。

十世紀初頭になると境田遺跡・石田遺跡など一部において操業が認められるが、窯の規模が小型化し築窯も単発的になるなど衰退に向かい、およそ二〇〇年続いた窯業生産も終焉を迎えることになる。

2　発掘調査の成果

(1) 調査の概要と主要な遺構

新沼窯跡では、立正大学による昭和三十四年の調査と平成二十二年度から二十四年度までの調査によって、窯跡二六基、溝跡四条、土坑二基、灰原が確認されている。構造の判明した窯跡はいずれも地下式無段無階窖窯であり、それ以外の窯跡についても同様の構造であったと推定される。ここでは、窯体規模や構造の分かる6号窯と12号窯について記述する。

6号窯は平面プランの確認時、長軸が異常に長く重複が予想されたため半裁し、重複関係を明らかにする目的で右半部を掘り下げた。調査の結果、二基の窯が直列して重複しており、古段階の窯が天井部の崩落により廃絶後、細い窪地となっていた場所を作業通路として整地し、新たな窯を築いたことが判明した。また、新段階の窯は1号溝を掘り込んでおり、1号溝は位置関係から古段階の窯に伴う排水溝の可能性も考えられる。

新段階の窯は煙道部から前庭部にかけて検出した。全長一一・九六㍍、最大幅一・八㍍、天井部高一・九二㍍を測る地下式無階無段窖窯である。煙道部は、検出時直径〇・三㍍の直立煙道で、ほぼ垂直に一・三㍍立ち上がり、焼成部から燃焼部側壁は被熱により、窯内側から青灰色・赤色・褐色へと変化している。新段階の窯は堆積状況により、四回以上の操業が行われていたと推定されており、遺物の出土状況からは、創業時および第二次操業面では瓦類を中心に焼成し、第三次操業面では須恵器(坏類)を中心に焼成していたと考えられる。一方、最終操業面ではほとんど遺

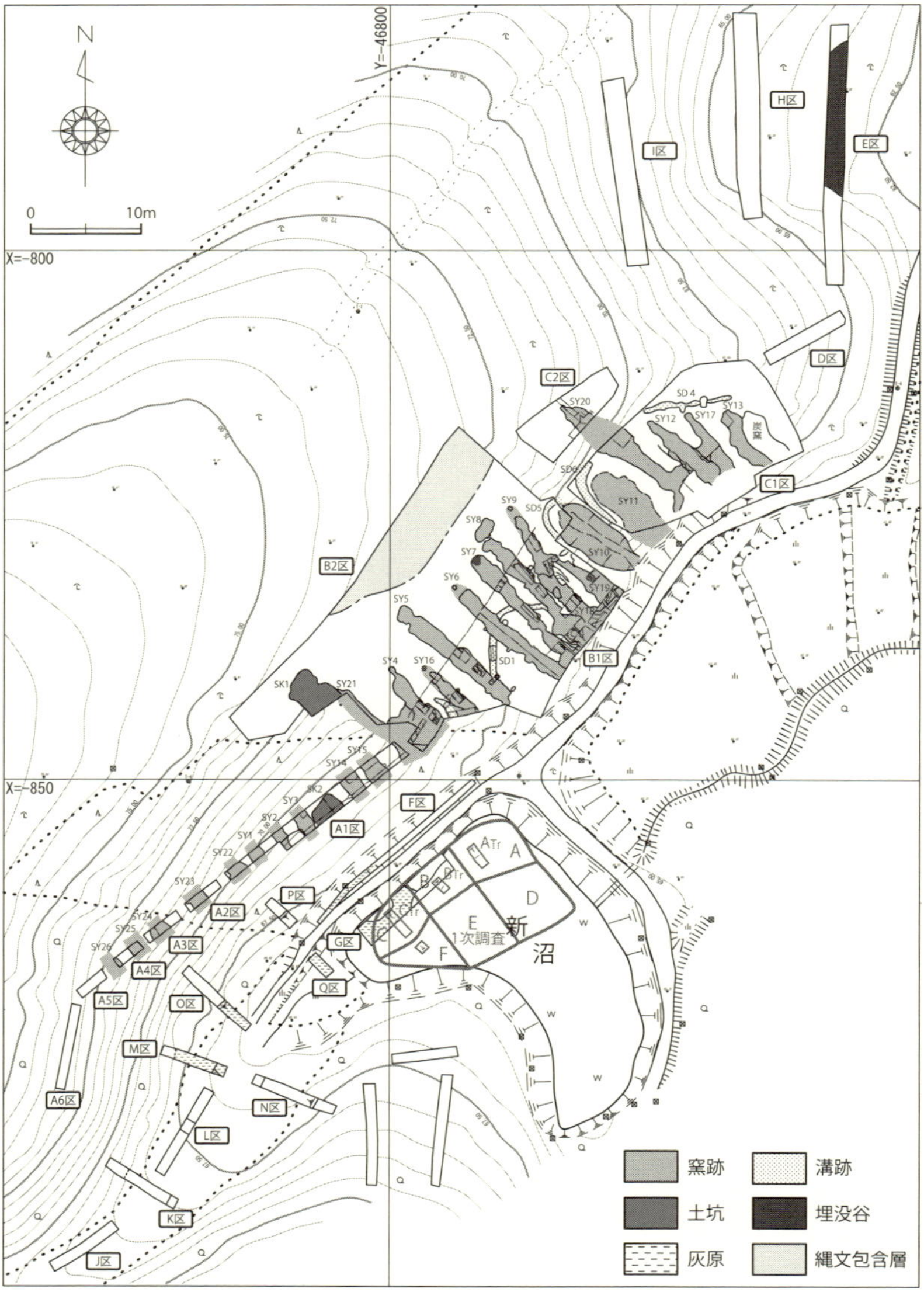

第３図　新沼窯跡調査区全体図

物が出土しておらず、炭化物が多量に出土している。以上のことから、当初瓦生産を主体とする瓦陶兼業窯として操業を開始し、最終的には炭窯に転用されたものと考えられる。

古段階の窯は、燃焼部から前庭部にかけて検出した。検出長八・九㍍、最大幅一・八㍍、天井部高〇・九二㍍を測る地下式窖窯である。燃焼部は東壁側の天井部分が一部アーチ状に残っていた。前庭部には、燃焼部から掻き出された炭化物が約一〇～三〇㌢堆積している。

12号窯は他の窯跡とほとんど重複していない遺構であったため、新沼窯跡における標準的な窯跡構造を明らかにする目的で、堆積状況や遺物の出土状況を記録しながら、ほぼ完掘した。その結果、全長六・八㍍、最大幅一・六二㍍、窯壁最大残存高一・二八㍍を測る地下式無階無段窖窯を検出した。煙道部は、検出時直径約〇・六㍍の直立煙道でほぼ垂直に一・三㍍立ち上がり、排煙口付近は被熱のため赤褐色に変色している。焼成部は、堆積状況から、三回以上の操業が行われていたと考えられ、第一・二面では多量の須恵器と瓦が出土している。また、燃焼部は瓦とスサ入り粘土を使って補修している状況が確認された。

(2) 遺構の変遷

窯の分布状況はいずれも一～二㍍の間隔で並列しており、ほぼすべてが同時に操業していたと考えられるが、窯跡や前庭部の切り合い関係から前後が判明するものもある。以下、その例をあげながら前後関係について記述する。

C1区の12・13・17号窯は、すべて4号溝を共有するとみられるが、12号窯の前庭部が17号窯の前庭部を掘り込んでいることから、17号窯から12号窯の順に構築されたと考えられる。B区の9号窯は前庭部が18・19号窯の窯尻を掘り込んでいるため、18・19号窯から9号窯の順に構築されたと考えられる。また、8号窯の前庭部は18号窯の燃焼部を掘り込んでおり、18号窯から8号窯の順に構築されたと考えられる。12・20号窯の前後関係は判然としないが、20

号窯は斜面上方に構築されていることから、やや後出すると推定される。

Ａ１～Ａ４区の22～26号窯は、斜面下の灰原（Ｇ・Ｏ・Ｑ区）で九世紀末葉から十世紀前半（鳩山編年Ⅸ期）の須恵器が少量出土していることから、このうちいずれかで単発的な操業が行われていたと考えられる。ただし、Ⅸ期とした須恵器は口径と底径の比率から十世紀中葉まで下るとの指摘〔酒井　一九九三〕もあり、廃絶期の年代については検討が必要である。窯跡の変遷については、後述する出土遺物の年代を考え合わせると、谷の入口から奥部へ築窯が進められたものと考えられる。

３　新沼窯跡の出土遺物について

⑴　須恵器

新沼窯跡で生産された須恵器の器種は、坏・高台坏・蓋・埦・佐波理模倣埦・盤・高盤・鉄鉢形・鉢・甑・横瓶・水瓶・壺・短頸壺・長頸壺・甕・ミニチュア短頸壺・円面硯で、その大半を供膳具である坏・蓋が占めている。これらの年代について、坏の製作技法から検討すると、旧来の浅身坏や全面回転ヘラケズリや手持ちヘラケズリなどやや古相の資料により、八世紀中葉から後半（鳩山編年Ⅲ期ないしⅢ期末）に須恵器生産を開始し、回転糸切後外周回転ヘラケズリ主体の八世紀後半（鳩山編年Ⅳ期）に最盛期を迎えたと考えられる。また、灰原出土の口径一二㌢前後で底部回転糸切無調整の坏と無鈕の蓋の資料により、九世紀後半～末葉（鳩山編年Ⅷ～Ⅸ期）にかけて、断続的に須恵器生産が行われていたと考えられる。

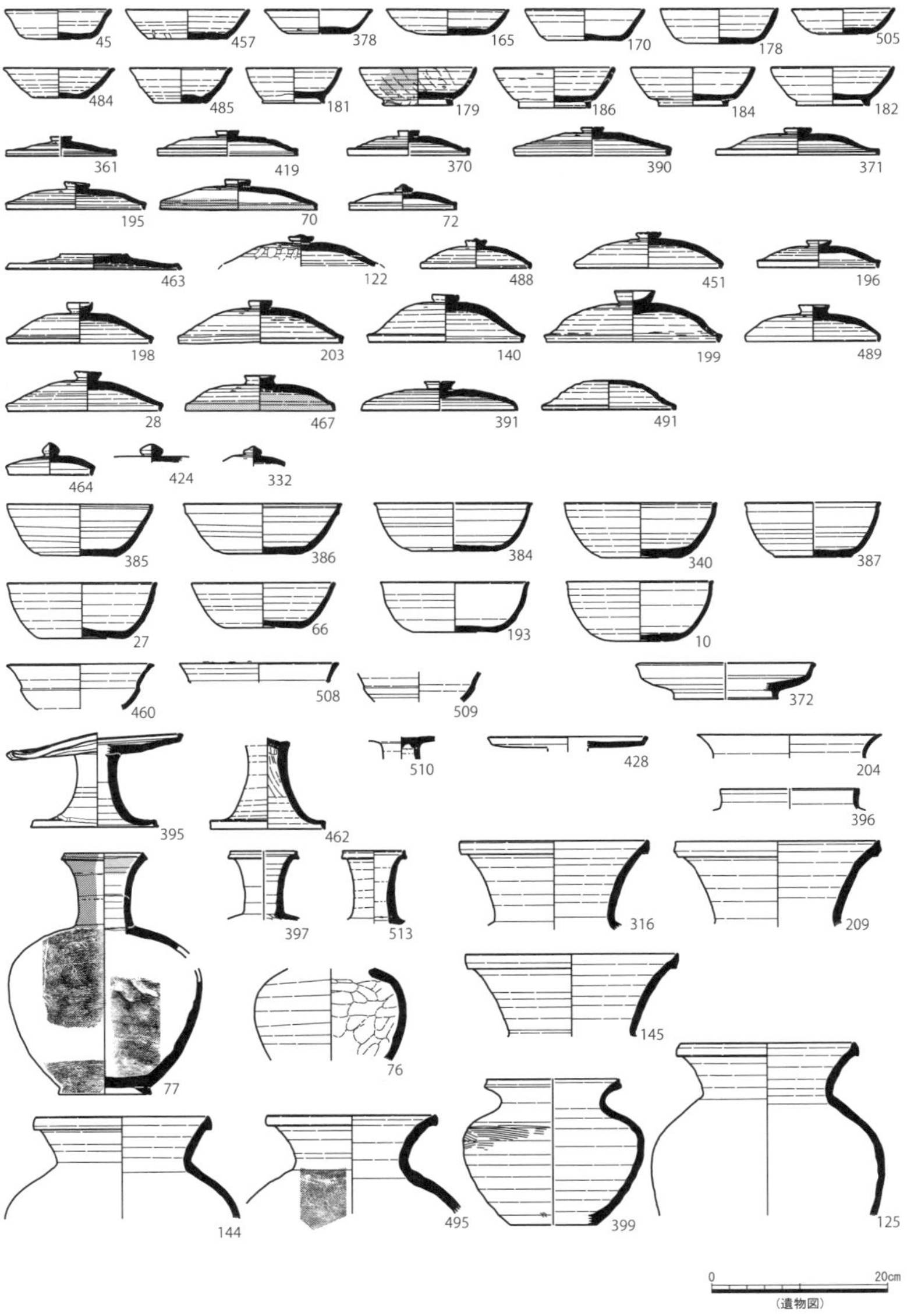

第４図　新沼窯跡出土須恵器

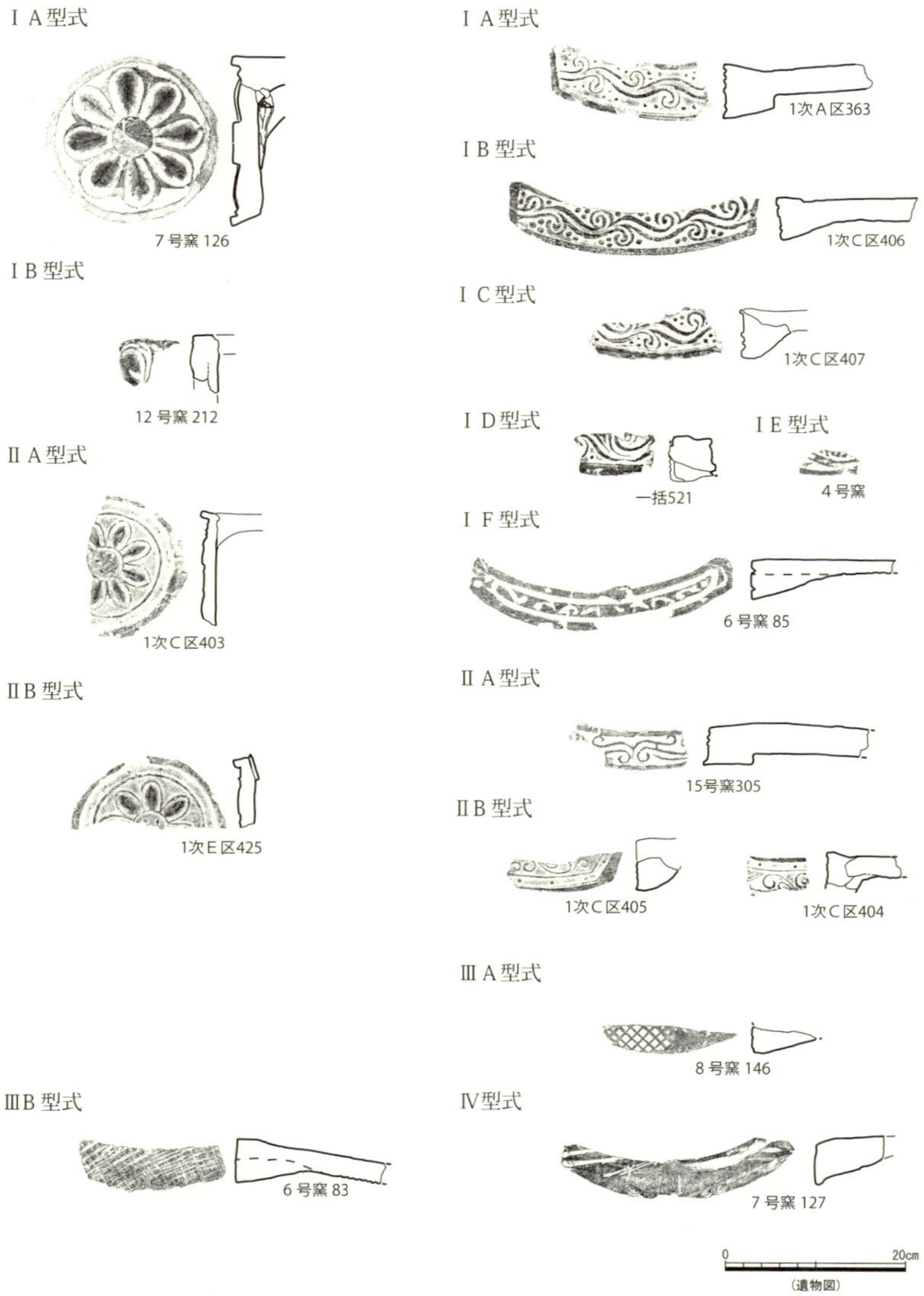

第5図　新沼窯跡出土軒瓦

(2) 瓦類

軒丸瓦　在地系の単弁八葉蓮華文軒丸瓦二種(ⅠA・ⅠB)と平城宮系六一三三型式を祖形とする単弁蓮華文軒丸瓦二種(ⅡA・ⅡB)が出土している。Ⅰ型式はいずれも肉厚でやや丸みを帯びた弁端、凸線による輪郭線の表出などの特徴から、勝呂廃寺系の一種と考えられる。ⅠA型式の同笵品は小谷B11号窯から出土しているが、7・12号窯の資料が接合式であるのに対し、小谷B11号窯の資料は無絞り一本づくりである。

軒平瓦　在地系の偏向唐草文軒平瓦六種(ⅠA〜ⅠF)、南多摩国府系(ⅡA)と平城宮系六七二五・六七二六型式を祖形(ⅡB)とする均整唐草文軒平瓦二種、型押し施文・ヘラ描き施文による斜格子文軒平瓦二種(ⅢA・ⅢB)、無文軒平瓦一種が出土している。偏向唐草文軒平瓦の変遷は新しくなるにつれ主葉の巻きこみが大きくなり、段顎から曲線顎に変化すると考えられている[酒井 一九八九]。

丸　瓦　有段式と無段式の二種類が出土しており、製作技法は粘土紐巻き作りと粘土板巻き作りがあり、無段式の粘土紐巻き作りが主体を占める。また、枠板痕がほとんどみられないため、多くは一木の杵型を使用していたと考えられる。叩き具の種類は大半が丁寧なナデ調整を施すため、叩き目をほとんど残さないが、一部に縄叩きの痕跡を確認できる。

平　瓦　粘土紐桶巻き作り・粘土板桶巻き作り、粘土板一枚作り・粘土紐一枚作りがあり、粘土板一枚作りと粘土紐一枚作りが主体を占める。叩き具の種類は格子叩き二五種、縄叩き八種、平行叩き三種、特殊叩き二種等が確認できる。

道具瓦　新沼窯跡出土の道具瓦については、隅切瓦一〇点、熨斗瓦一一点、鬼瓦四点、塼八点が出土している。鬼瓦については、頂部の巻き毛以外の表現が類似することから南多摩窯跡群のNo.513遺跡11号窯出土の鬼瓦を祖形とするものと考えられる。

瓦　塔　新沼窯跡出土の瓦塔については、屋蓋部二点、初軸部二点、斗栱部一点が出土している。瓦塔の分類および編年については、池田敏宏の論文［池田 一九九九］に詳しいが、屋蓋部破片は、垂木間隔が狭い幅広工具押し引きB手法で垂木表現がヘラ削り出しB手法であることから、大仏類型に該当すると考えられる。斗栱部一点は、宝珠状透かしの類例が東京都東村山市の宅部山遺跡で出土している。また、昭和三十四年の立正大学による調査でも大仏類型の資料が出土している。

これらの年代については、軒丸瓦ⅠA型式が八世紀中葉（武蔵国分寺Ⅰa～Ⅰb期の過渡期）、軒丸瓦ⅠB型式と軒平瓦ⅠA～ⅠD型式・ⅡA型式が八世紀第3四半期前半（武蔵国分寺Ⅰb期）、軒丸瓦ⅡA・ⅡB型式と軒平瓦ⅡB型式が八世紀第3四半期後半（武蔵国分寺Ⅰc期）に該当すると考えられる。また、軒平瓦ⅡA型式は八世紀第3四半期前半としたが、大丸地区で生産されたと考えられる外区に珠文・圏線をもたない牛角状中心飾の均整唐草文軒平瓦について、有吉重蔵は八世紀第2四半期後半（武蔵国分寺Ⅰa期）に位置づけている［有吉 二〇〇二］。このことから、これと同文である軒平瓦ⅡA型式についても、八世紀第2四半期から第3四半期前半（武蔵国分寺Ⅰa期ないしⅠa～Ⅰb期）に含まれる可能性が高いと考えられる。

⑶ 文字瓦

新沼窯跡出土の文字瓦は、三五五五点出土しており、記載方法は押印・押型・刻書の三つに大別できる。記載内容については、郡名・郷名・人名・記号などがあり、郡名・郷名瓦が約二五〇〇点を占める。新沼窯跡では、昭和三十四年の調査も含め一六郡の郡名瓦と六郡九郷の郷名瓦が出土していることから、郡を単位とした造瓦体制であったと推定できる。

このうち、入間5・那珂5は南多摩窯跡群の瓦谷戸窯跡、秩父4は小谷遺跡B地区1・5・11A号窯、広町遺跡B

第6図　新沼窯跡出土文字瓦

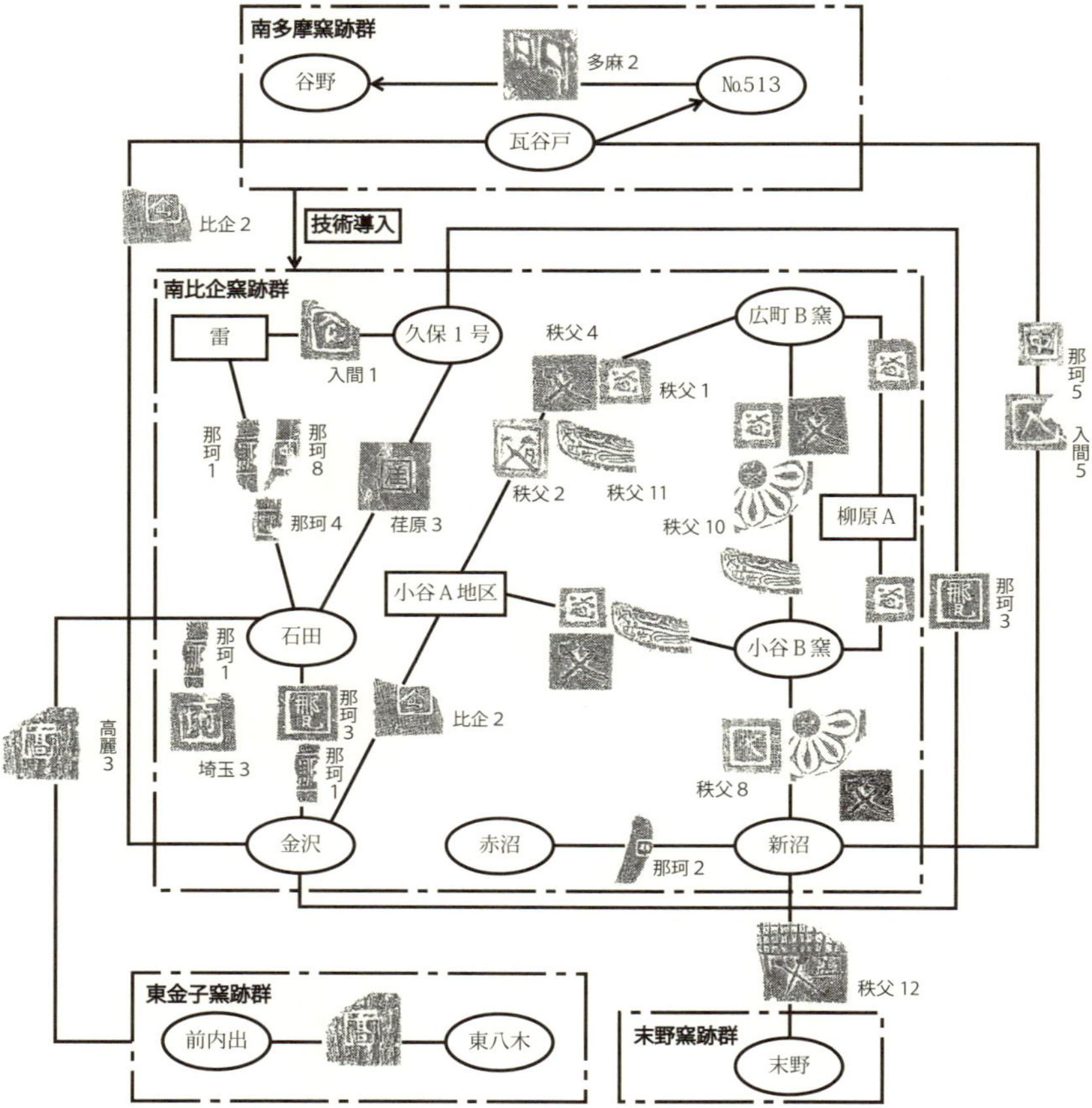

第７図　南比企各窯跡の同印関係（須田ほか 2014 より、一部改変）

地区11号窯、秩父8は広町遺跡B地区灰原、秩父10は小谷遺跡B地区11A号窯で同印の瓦が出土している。また、幡羅2・那珂5・横見1・加美2は武蔵国分寺跡だけでなく、武蔵国府からも出土している。

以上の点をふまえ、新沼窯跡における須恵器と軒瓦の生産体制をみていくことにする。新沼窯跡では、八世紀中葉(鳩山Ⅲ期前半)に、12・15号窯が操業を開始し、小規模ながら軒平瓦ⅡA型式や須恵器坏類の生産を行ったと考えられる。これにやや遅れて軒丸瓦ⅠA型式の生産窯である7号窯が操業を開始したとみられる。続いて、鳩山編年Ⅲ期半ばに5・6・9号窯が操業を開始し、軒丸瓦ⅠB型式・軒平瓦ⅠA～ⅠD型式や大量の丸瓦・平瓦・道具瓦・瓦塔、須恵器坏類などの生産も盛んに行われた。遺物の出土量からみると、この時期の主体は瓦生産にあったと考えられる。その後、国分寺創建直後の修理段階にあたる八世紀後半(鳩山Ⅲ期後半)には軒丸瓦ⅡA・ⅡB型式と軒平瓦ⅡB型式が少量生産されるものの、須恵器主体の生産になったと考えられる。それ以降、九世紀後半～末葉(鳩山編年Ⅷ～Ⅸ期)に一時操業が再開されるが、短期間で終了し生産を終えたと考えられる。

まとめ

最後に、南比企窯跡群での窯業生産体制について概観しておきたい。まず、国分寺創建以前の瓦生産については、七世紀末から八世紀初頭(鳩山編年0期後半)の勝呂廃寺創建を契機とした石田1号窯と赤沼古代瓦窯跡に始まる。続く八世紀初頭(鳩山編年Ⅰ期)には山下6号窯が須恵器窯として操業を開始し、その後金沢山1・2号窯が須恵器窯として、金沢2号窯が瓦陶兼業窯として操業を開始する。このうち金沢2号窯では、供給先は不明であるが国分寺創建以前の平瓦と重弧文軒平瓦が出土している。

国分寺創建期には、八世紀中葉(鳩山編年Ⅲ期前半)に新沼窯跡12・15号窯と小谷B6号窯、広町B6・13A号窯が

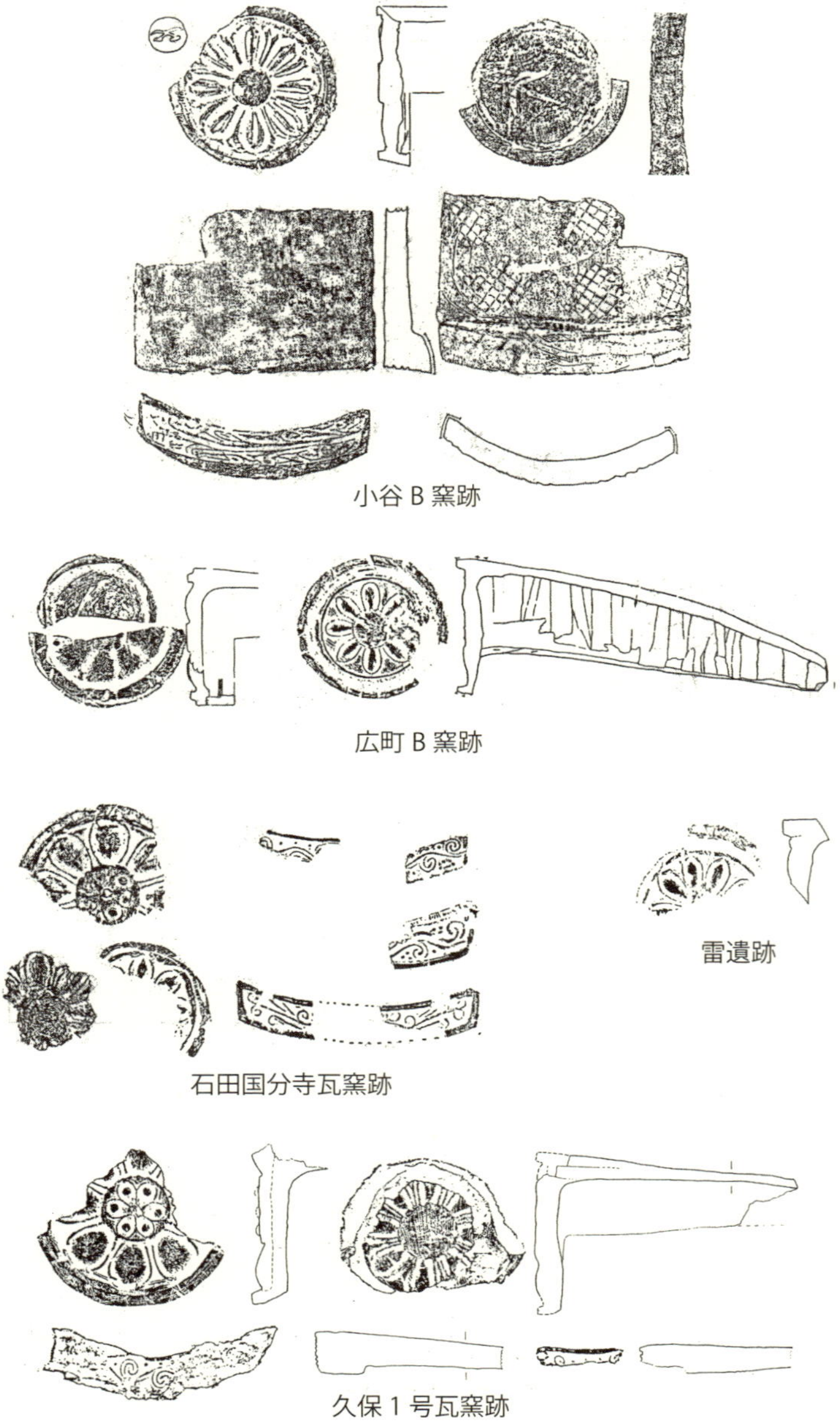

第８図　南比企窯跡群出土の国分寺瓦

操業を開始する。前者は牛角状中心飾りを有する均整唐草文軒平瓦（新沼ⅡA型式）を、後者は「父瓦作」の郡名を有する偏向唐草文軒平瓦を生産した。続いて、鳩山編年Ⅲ期半ばには新沼窯跡7号窯、小谷B1・5・11A号窯、広町B12号窯が操業を開始し、中房に「父」の押印を有する単弁蓮華文軒丸瓦（新沼ⅠA型式）や南比企在地系の偏向唐草文軒平瓦などを生産した。また、新たに金沢1・3号窯、瓦専用のロストル式平窯を導入した石田国分寺瓦窯跡・久保1号瓦窯跡が開窯し、付属工房である雷遺跡も設置される。その後、鳩山編年Ⅲ期後半には小谷B11A号窯や広町B11号窯を除く鳩山窯跡群での生産は減少し、新沼窯跡や天沼1・2号窯で生産が行われるのみとなる。特に、八世紀第3四半期（鳩山編年Ⅲ期中葉）の在地系軒瓦や郡名瓦の存在からは、郡司層の強い関与がうかがわれる。

鳩山編年Ⅳ期には、新沼窯跡と天沼1・2号窯で平城宮系の単弁八葉蓮華文軒丸瓦と均整唐草文軒平瓦、広町B11号窯で平城宮系の単弁八葉蓮華文軒平瓦の生産が行われた。当該期は武蔵国分寺創建期直後の修理段階にあたっており、差し替え用の瓦生産を行ったものと推定される。そして同型式の瓦は八世紀後半以降、武蔵国分寺再建期の所用瓦として石田遺跡・篩新田遺跡、東金子窯跡群の八坂前窯跡にも引き継がれることとなる。

その後、九世紀中葉（鳩山編年Ⅶ期）に広町B窯跡で東金子窯跡群・八坂前窯跡に後出する国分寺創建直後の修理段階の瓦を生産し、九世紀末葉（鳩山編年Ⅷ期）には石田遺跡でも再建期段階の瓦を生産するがいずれも短期間で終了し、生産を終えたと考えられる。

なお、本稿の見解は総括報告書刊行前のものであり、今後修正が加えられる可能性がある。予めご容赦いただきたい。

引用・参考文献

有吉重蔵　一九九五年「武蔵国分寺の創建期瓦窯―南多摩窯跡群を中心として」『王朝の考古学』雄山閣
有吉重蔵　二〇〇〇年「武蔵国分寺・武蔵国府」『文字瓦と考古学』日本考古学協会第66回総会国士舘大学大会実行委員会

有吉重蔵　二〇〇一年「軒先瓦、文字瓦から探る武蔵国分寺」『多摩のあゆみ』103
池田敏宏　一九九九年「関東地方瓦塔編年と他地域瓦塔編年の比較・検討」『研究紀要』7　栃木県文化振興事業団埋蔵文化財センター
石村喜英　一九六〇年『武蔵国分寺の研究』
大川　清　一九五八年『武蔵国分寺古瓦塼文字考』小宮山書店
国士舘大学考古学研究室　二〇一四年『金沢窯跡』国士舘大学
国分寺市　一九八六年『国分寺市史』上巻
古代生産史研究会　一九九七年『古代生産史研究会97'シンポジウム東国の須恵器―関東地方における歴史時代須恵器の系譜―』
酒井清治　一九八九年「武蔵国分寺創建期の瓦と須恵器」『埼玉考古』26号
酒井清治　一九九三年「須恵器の年代とその時代　生産地の様相と編年　多摩・比企」『季刊考古学』第42号　雄山閣
酒井清治　二〇〇二年『古代関東の須恵器と瓦』同成社
東京都埋蔵文化財センター　一九八二年『多摩ニュータウン遺跡―No.513遺跡Ⅰ―』
東京都埋蔵文化財センター　一九八七年『多摩ニュータウン遺跡　昭和60年度』（第4分冊）
鳩山窯跡群遺跡調査会・鳩山町教育委員会　一九八八年『鳩山窯跡群Ⅰ』
鳩山窯跡群遺跡調査会・鳩山町教育委員会　一九九〇年『鳩山窯跡群Ⅱ』
鳩山町教育委員会　一九九〇年『山下窯跡』
鳩山町教育委員会　一九九三年『久保1号瓦窯跡』
鳩山町教育委員会　一九九五年『竹之城・石田・皿沼下遺跡』
鳩山町教育委員会　二〇〇〇年『天沼遺跡　第2次発掘調査報告書』
鳩山町教育委員会　二〇一五年『新沼窯跡』
渡辺　一　一九九〇年「南比企窯跡群の須恵器の年代～鳩山窯跡の年代を中心に～」『埼玉考古』第27号　埼玉考古学会
渡辺　一　一九九四年「瓦生産体制―南比企窯跡群を例として―」『シンポジウム関東の国分寺　在地からみた国分寺の造営』関東古瓦研究会

武蔵国分寺瓦窯3

東金子窯跡群の瓦窯

宮原 正樹

はじめに

東金子窯跡群は武蔵国の南多摩窯跡群(東京都八王子)、南比企窯跡群(埼玉県比企郡)、末野窯跡群(埼玉県大里郡)と並ぶ四大窯跡群の一つで、八世紀には南比企窯跡群に少し遅れて生産を開始したとされている。その後、九世紀に入って南比企窯跡群以上の生産規模となり、その流通範囲は武蔵国内に限らず近隣国にまで及んでいたことが、各地で出土した東金子窯製品の分布から明らかとなっている。

さて、東金子窯跡群では、武蔵国分寺所用瓦が古くから窯跡周辺で採取され、すでに瓦の生産地として知られていたが、一九六〇年代に東金子窯跡群中の谷津池窯跡・新久窯跡・八坂前窯跡が発掘調査され、その所産瓦が武蔵国分寺塔跡から数多く出土することが確認された。その成果を受けて東金子窯跡群の瓦は、『続日本後紀』承和十二年(八四五)三月二十三日条の「前男衾郡大領外従八位上壬生吉志福正が神火のため焼落した国分寺七層塔の再建を願い出て、許可された」とする記事の七重塔再建用の瓦として生産されたと考えられている。また、八世紀後半の国分寺創建期にも前内出窯跡や東八木窯跡の出土例によって瓦を生産していたことがわかっている。さらに瓦の供給先は武蔵国分寺だけでなく、周辺の古代寺院跡からも東金子窯跡群所産の瓦が出土しており、南比企窯跡群と並んで、武蔵国

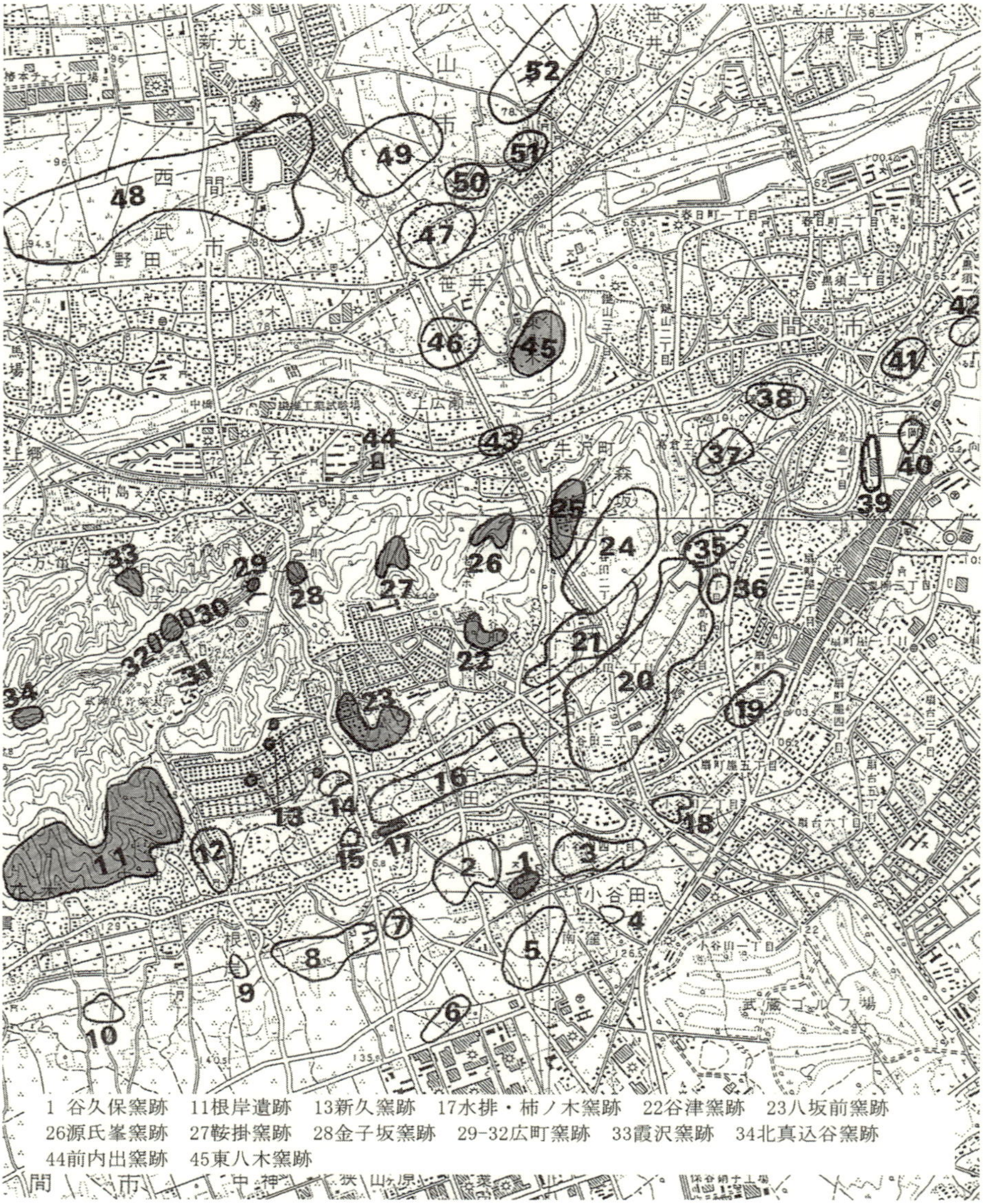

第1図　東金子窯跡瓦窯位置図（入間市教委 2001 に加筆）

内の瓦生産を支えていたのである。

武蔵国の瓦生産に関する研究は、近年の新沼窯跡・金沢窯跡をはじめとする南比企窯跡群の発掘調査や武蔵国分寺跡における研究の進展によって、さらに深まりつつあるが、東金子窯跡群の生産実態や製品の供給関係なども、再検討が求められる時期にあると思われる。そこで本稿では、東金子窯跡群の各窯跡から出土する国分寺所用瓦を再整理し、国分寺創建期から塔再建期における瓦生産の実態などを考えることにしたい。

1　東金子窯跡群の瓦生産窯跡

東金子窯跡群は埼玉県西部、外秩父山地から張り出す加治丘陵を中心とした範囲に展開した窯跡群である。加治丘陵は荒川に向かって東流する入間川とその支流である霞川によって南北を挟まれており、窯跡はこの丘陵と両河川の河岸斜面に分布している。分布調査によって八世紀から十世紀にかけて操業した窯跡が多数確認されているが、発掘調査は後述の窯跡を含め数例である。

(1)　加治丘陵北側の窯跡

①前内出窯跡　加治丘陵北側に位置し、前堀川とこれに合流する沢に面して確認された。この前堀川は入間川の支流であり、上流部には広町窯跡が所在する。四基の窯跡が確認され、開発に伴い二基の窯跡で発掘調査が実施された。瓦は丸瓦と平瓦が報告されている。報告書では1号窯から丸瓦が二点出土しているが、いずれも小破片である［埼玉県遺跡調査会　一九七四］。2号窯は報告書では図示はないが焼き台として瓦の破片が用いられていたとされる。また特殊平行叩きの平瓦が出土していることがわかっている［酒井　一九八九］。操業の時期については鳩山Ⅲ期八世紀第３四半

期と考えられている［古代の入間を考える会 二〇一五］。

②東八木窯跡　大きく蛇行した入間川左岸斜面に位置し、入間川を挟んだ対岸の南西約八〇〇㍍には前内出窯跡がある。昭和四十一年に早稲田大学考古学研究室によって発掘調査が行われ、これまで出土資料は先行研究に取り上げられてきた。発掘調査ではいずれも無階無段の窯跡が五基確認され、須恵器や瓦塔、瓦が出土している［児玉 二〇一六］。須恵器の編年より操業の開始は前内出窯跡と同様、鳩山Ⅲ期に平行する時期で八世紀中葉とされる［古代の入間を考える会 二〇一五］。出土した瓦は武蔵国分寺30型式軒丸瓦と丸瓦、平瓦である。丸瓦は凸面を縄目叩き後ナデ調整するものと、薄手で凸面を板状工具によりナデ調整するものがある。平瓦は平行叩きのものが一点、他は縄目叩きで、前者は凹面に糸切痕が残り粘土板一枚づくりであることがわかる。後者は「高麗郡」を示す「髙」が押印され、粘土紐を横に並べて整形した粘土横紐一枚づくりのものもみられる。それぞれの平瓦の側部は複数の削り調整が施された厚手のものを主体とするが、わずかに薄手のものもみられる。軒丸瓦は一点のみで、瓦当部の小破片ではあるが再建期以降の特徴を持つ素弁六葉蓮華文と推測され、瓦当裏面には縄目叩き痕がみられる。瓦の出土状況は窯の構築材または焼き台であるため本窯で生産されたかは不明であるが、瓦の様相は創建期と再建期の各期での生産を示している。

(2) 加治丘陵南側の窯跡

①谷津池窯跡　現在の谷津池の周囲で確認された窯跡である。昭和二十六年（一九五一）、宇野信四郎により東金子窯跡群で最初に発掘調査が行われ、「埼玉県入間郡東金子村窯址発掘概要」として翌昭和二十七年（一九五二）に発表された［宇野 一九五二］。その後、坂詰秀一が池の北東側の二基の窯跡を調査している［坂詰 一九六四］。出土瓦は軒平瓦、丸瓦、平瓦である。軒平瓦は武蔵国分寺232E型式均整唐草文、234D型式均整飜波状文、288型式偏行唐草文、ヘラ描き文が出土している。232E型式は中心飾り内の花頭がなく、外区にも珠文はない。国分寺出土例では左脇区に笵傷の進

行が現れるが、本窯出土例では欠損のため確認できない。288型式は瓦当面に縄目叩きが残る。平瓦は凸面縄目または格子叩きで、報告では粘土横紐一枚づくりもみられた。文字瓦は「十」、「キ」、刻書「高田」と「取」、押し型「男」が報告されている。操業は掲載されている出土須恵器坏の法量、特徴などから八坂前窯跡に近い時期と考えられよう。

②水排・柿の木窯跡　霞川左岸の河岸段丘上斜面に位置する。斜面に八基の窯跡が露出していたことが知られ、現在でも須恵器片が散布している。出土瓦は、軒丸瓦、軒平瓦、丸瓦、平瓦のほか、文字瓦では型押しの「荏原」と「橘」、刻印の「前玉」、刻書の「高」をもつものが報告されている〔坂詰 一九六四〕。ただし発掘調査は行われておらず、窯の形態など詳細は不明である。

③八坂前窯跡　加治丘陵南側の中腹部、開析谷の斜面に位置する。第1・2次調査によって地下式無階無段登窯が六基〔坂詰 一九八四〕、第3次調査で地下式無階無段登窯二基〔入間市教委 一九八九〕、その後分布調査によって二基、計一〇基の窯跡が確認されている。武蔵国分寺での出土状況などから承和十二年(八四五)の武蔵国分寺七重塔再建用の瓦生産窯跡とされる。これにより共伴した須恵器には九世紀中頃の年代が与えられ〔坂詰 一九七二〕、今日の武蔵国における須恵器編年の定点となっている。軒丸瓦は素弁六葉蓮華文の武蔵国分寺26A・C型式、27型式、29G型式、31型式、34型式、63型式、素弁七葉蓮華文の64型式、素弁八葉蓮華文の95型式が出土した。

本窯の出土量の半数は26C型式が占めているが、瓦当文様には内区に複数の笵傷がみられ、その進行状況によって瓦笵の使用回数がうかがえる。軒平瓦は平城宮系均整唐草文の232D型式、232C型式、均整飜波状文の233型式、均整唐草文の237型式、281B型式である。232Dは平瓦部を粘土板一枚作り＋凸面縄目叩き整形または粘土横紐一枚作り＋格子叩き整形の二種に分類できる。281B型式は右上に「多」銘をもつ偏行唐草文だが、この文様系譜は創建期から続く。平瓦部は粘土板一枚作りで凸面調整は斜格子叩き、側部調整は丁寧に複数回の削りを施す。瓦当面には縄目叩き痕は残らない。281B、249、252型式を除き瓦当部の笵が当たらない部分は削り取るなど調整を施している。平瓦は粘土板一

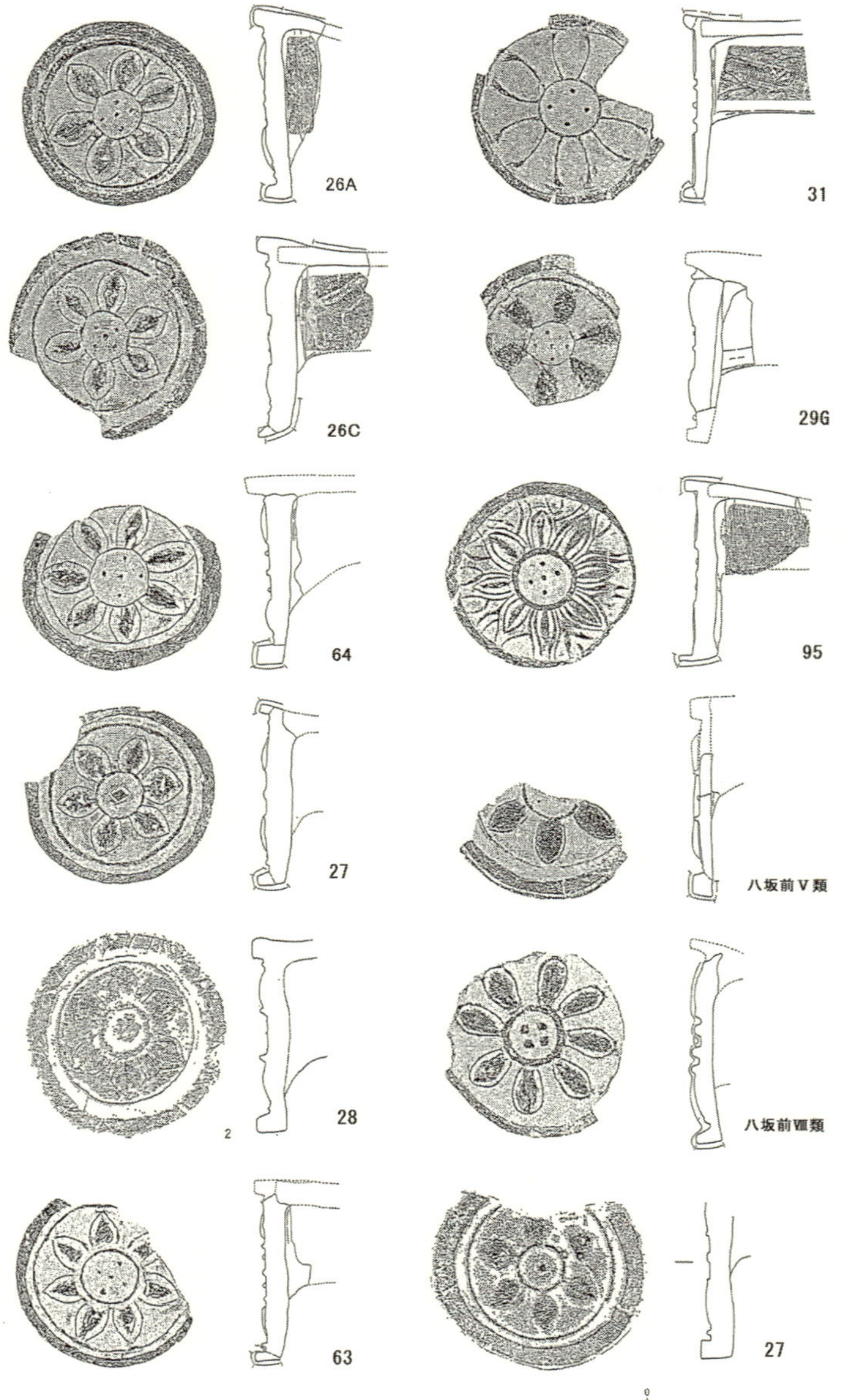

第２図　八坂前・新久窯跡出土軒丸瓦

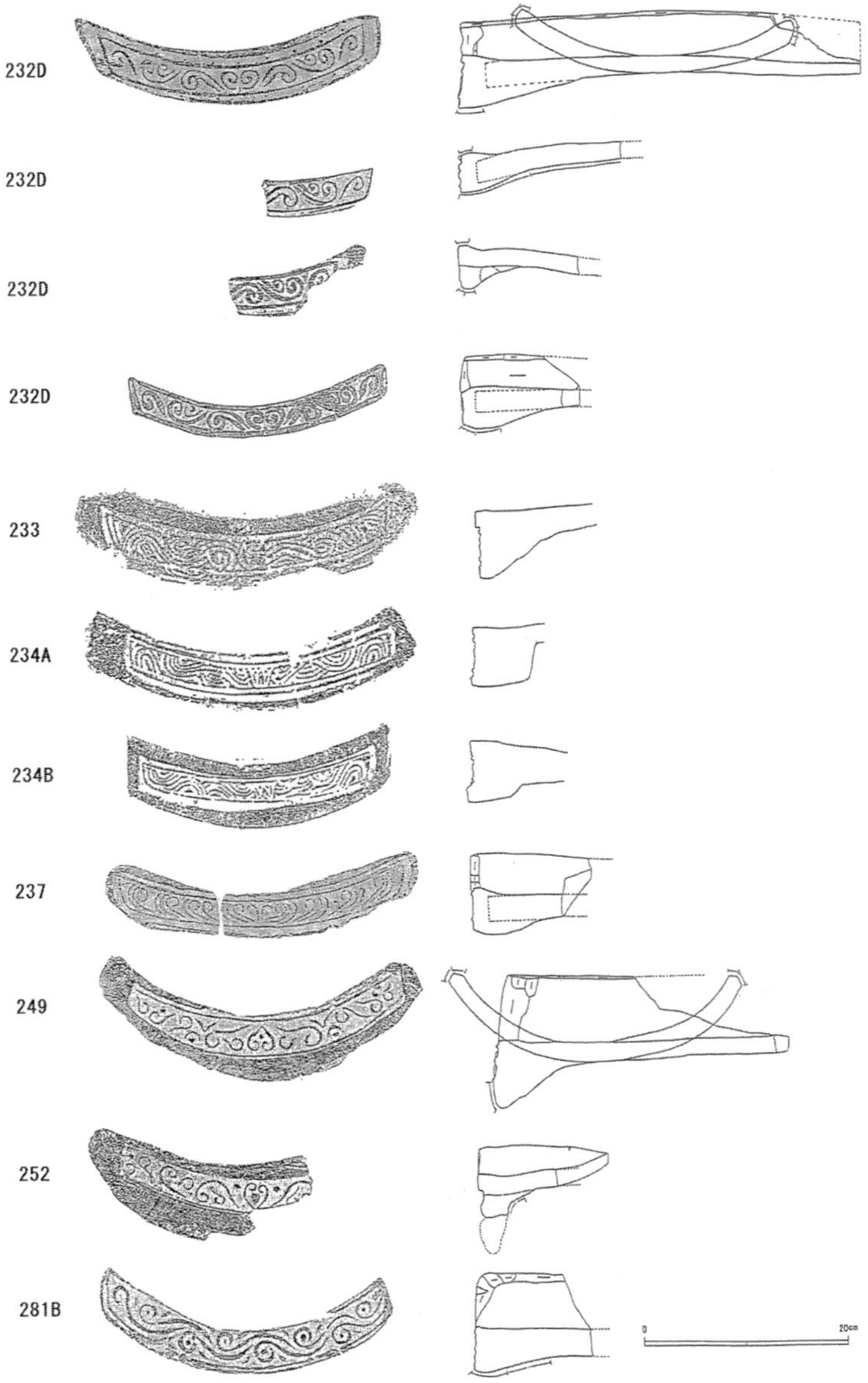

第３図　八坂前・新久窯跡出土軒平瓦

枚作り格子、斜格子、平行、縄目など多種にわたる。厚さは一・二～二・六センチを測り、南多摩御殿山支群のような薄手のものに限られない。丸瓦は粘土紐づくりで凸面は丁寧なナデ整形を施すものが主体である。文字瓦は「大」「高」「荏」「男」「父」「橘」「榛」「子」「美」「三宅」「□麿」「山」「主」「本」などで、郡名に限らず人名もみられる。模骨文字は報告されていない。

④新久窯跡　遺跡における遺構の展開は八瀬里地域と清水沢地域にわかれ、うち瓦焼成が認められたのは、前者A地点の半地下式無階無段登窯跡二基、後者E地点の形態不明の一基と瓦集積遺構一基である。軒丸瓦は素弁六葉蓮華文の27型式、28型式、素弁七葉蓮華文の63型式がある。27型式は弁の輪郭線がない新しい様相も窺える。軒平瓦は平城京系均整唐草文232D型式、均整飜波状文の233型式、234A・B型式が出土している。234型式は中心飾りや文様構成などから233型式から派生したものと考えられ、八坂前窯跡を含む他窯での出土例がないため、新久窯跡単独で焼成されていたものと考えたい。なお、顎の形状は段顎で平瓦部は凸面縄目叩きの粘土横紐一枚づくりである。文字瓦には刻書「我」「多」「方」「足」「久」「入間」「湯島」「都」「荒」「大」「木田」「水」、模骨文字「大」「天」「中」「井」「十」「荒」「上」、叩き「都」がみられ、刻書「木田」「水」は谷久保窯跡でも焼成されている。操業開始は八坂前窯跡と同時期とされているが、D地点での生産は八坂前窯跡よりも新しくなる〔古代の入間を考える会二〇一三〕。

⑤谷久保窯跡　現在確認されている東金子窯跡群の窯跡で唯一霞川右岸河岸段丘上に位置する。開発に伴って、半地下式無階無段登窯の窯跡一基と灰原、廃棄土坑が発掘調査された。出土した軒先瓦は28型式素弁六葉蓮華文軒丸瓦と、232C型式均整唐草文、233型式均整飜波状文軒平瓦である。232C型式は他窯の232型式と異なり脇区界線が外区へと突き抜けている。平瓦部は凸面縄目叩きの粘土横紐一枚づくりである。丸瓦は凹面の輪積みの痕跡を指でナデ消すものがある。平瓦は凸面縄目叩きと斜格子叩きがあり、粘土横紐一枚づくりが大半を占める。文字瓦は刻書「木田」「木」「水」「田」「找・我」「各」「大井」「大」「井」「前」「大家」、押印「田」、広端部「方」が確認できる。なお、

「木田」は須恵器坏にも刻書されていた。

⑥広町窯跡　加治丘陵北側の前堀川左岸斜面に位置し、これまでに散布の状況から四地点で窯跡が確認されている。発掘調査は前堀川上流部の河川改修工事に伴って焚口部分と灰原のみの調査が実施された。瓦の出土はわずかで、その主体は須恵器であったという［入間市教委 一九八七］。238型式軒平瓦は、233・234型式でみられる重弧状の文様によって構成され、これらの系譜を辿るものであろう。顎形状は段顎で瓦当面には縄目叩きを残し、平瓦部は粘土横紐一枚づくり、凸面縄目叩き整形である。丸瓦は凹面に輪積み痕ナデ消しがみられる。

⑦根岸窯跡　加治丘陵南側の開析谷の斜面に位置する。分布調査で三基の窯跡が確認されているが、散布の状況から複数の窯跡の存在が窺われる。284型式軒平瓦が採集されている［坂詰 一九八四］。

⑧谷津窯跡　加治丘陵東側中部の斜面に位置し、二基の窯跡が確認されている。発掘調査は行われていないが、須恵器や瓦が採集されている。

2　国分寺の創建と東金子窯跡群

東金子窯跡群は周辺集落より出土した須恵器の検討から、八世紀第2四半期（鳩山Ⅱ期）に単発ながらも南比企窯跡群の製品に類似した土器の生産を目的に開窯したとされ、その後八世紀第3四半期（鳩山Ⅲ期）の前内出窯跡・東八木窯跡などをもって本格的な操業と生産の増加に至ったと考えられている［古代の入間を考える会 二〇一五ほか］。

瓦の生産時期については、前内出窯跡の特殊平行叩き平瓦（第5図1）と東八木窯跡の押印「髙」平瓦（第4図2）の出土例によって国分寺創建期から始まっていたことがわかり、今のところこれより古い段階のものは確認されていない。

武蔵国分寺の出土資料には、特殊平行叩きに「髙」の押印がある資料（第５図３）がみられるほか、「髙」と押印された国分寺創建期の偏行唐草文軒平瓦（第５図６）があり、前内出窯跡と武蔵国分寺の生産・供給関係が明らかになっている〔酒井　一九八九ほか〕。さらに、東八木窯跡の平瓦凹面の押印「髙」は前述の国分寺例と同じものであることから、

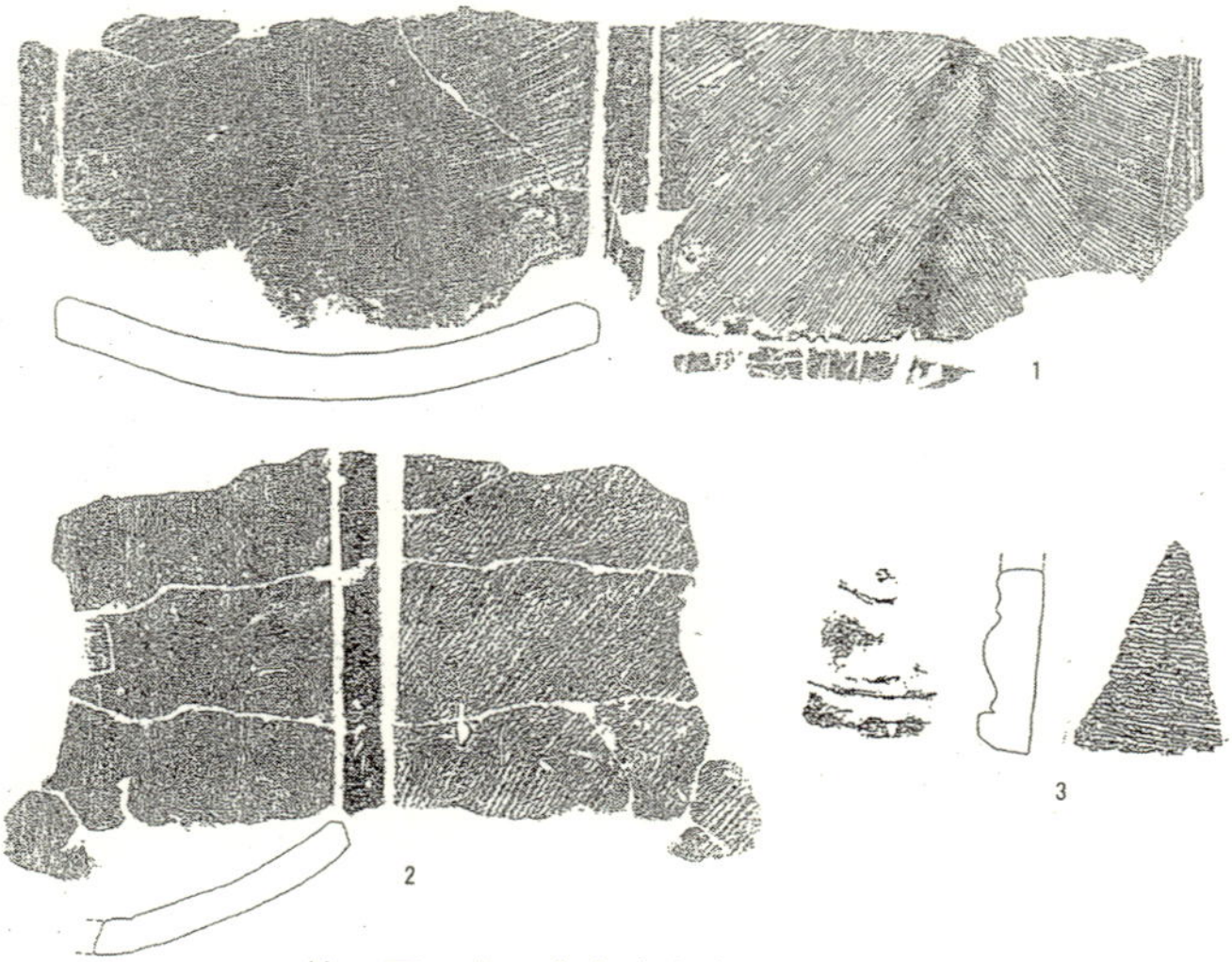

第４図　東八木窯跡出土瓦（児玉 2016）

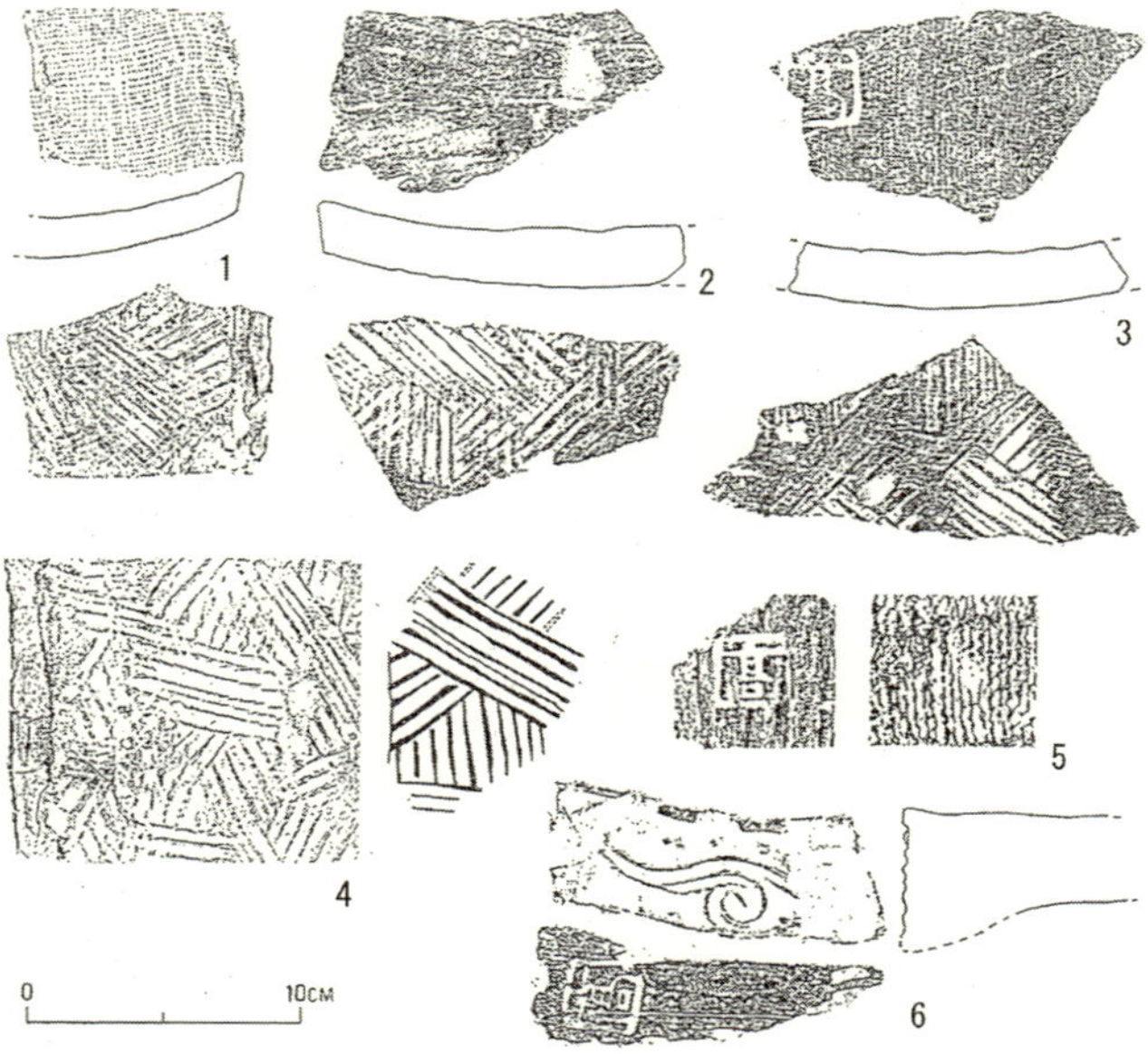

1 前内出２号窯　2・3・6・7 武蔵国分寺　4 女影廃寺

第５図　前内出窯跡２号窯出土瓦と関連資料（酒井 1989）

加治丘陵の北側に位置する両窯は国分寺創建期の瓦生産体制下にあったと考えられる。また、特殊平行叩きの平瓦と丸瓦が高麗郡女影廃寺跡（若宮遺跡）でも出土しており、東金子窯跡群では国分寺と周辺の寺院に供給するため、一定量の瓦が生産されていたと考えられよう。なおこの時期の周辺集落における須恵器の出土量は、東金子窯跡群産が南比企窯跡群産を上回っており［古代の入間を考える会 二〇一五］、国分寺や寺院の出土状況を考慮すると、前内出窯跡や東八木窯跡の他にも瓦を焼成した窯が存在していたと考えられる。

東金子窯跡群の造瓦技法には、たとえば東八木窯跡の瓦をみると、平瓦は粘土横紐一枚づくり（第4図2）と粘土板一枚づくり（第4図1）の二種に分類できる。前者は粘土紐を用いて一枚の瓦に整形するものである。なお、南比企窯跡群では金沢窯跡にて国分寺創建期以前から粘土紐で平瓦を製作する技法が確認されている。粘土横紐一枚づくりについては、南比企窯跡群内で雷遺跡をはじめ造瓦工房が成立し、瓦生産が急増すると粘土板一枚づくりが主流となり、あまり見られなくなる。

一方、国分寺創建期に大量に須恵器を焼成した鳩山窯跡群小谷窯跡・広町窯跡や、二六基の瓦窯が確認された新沼窯跡でも、わずかではあるが粘土横紐一枚づくりの平瓦がみられ［鳩山町教委 二〇一六］、創建期にも粘土紐を用いて造瓦に従事する須恵器工人の存在を窺うことができる。なお特殊平行叩き平瓦も凹面に糸切痕が残る粘土板一枚づくりのものと、須恵器づくりを思わせる凹面の全面をナデ調整するものが見られる。

このように南比企窯跡群での国分寺所用瓦の生産は須恵器づくりが基礎となっており、東金子窯跡群も南比企に倣った瓦生産体制がとられていたと考えられる。なお、国分寺創建期における東金子窯跡群の瓦生産の時期は、特殊平行叩き平瓦に粘土板一枚づくりが確認できることから、南比企で同技法が採用される武蔵国分寺創建期後半以降としたい。

3　東金子窯跡群と武蔵国分寺七重塔再建

(1)「七層塔」の再建

国分寺建立から約半世紀が経過した九世紀中頃になると加治丘陵南側の八坂前窯跡、新久窯跡、谷津池窯跡、霞川右岸の谷久保窯跡で瓦の生産が突如として開始される。その発端は承和十二年(八四五)に許可された武蔵国分寺七重塔再建とされる。では実際に塔跡での出土はどのような状況であろうか。過去の報告をもとに武蔵国分寺跡「塔跡1」における前述四窯跡産の瓦の出土量とその割合を整理してみると(第1表)、当該の軒先瓦の出土量は全体の四割近くを占めることがわかった。積算は破片点数に拠ったため個体数は若干減るだろうが、東金子窯製品により塔の屋根は再建されたと考えてよいだろう。なお、これらの瓦は他の伽藍主要建物跡や武蔵国分尼寺跡からも出土する。出土量の多い26型式や232型式を焼成した八坂前窯跡での生産が、東金子窯跡群の国分寺再建所用瓦生産期における中心窯であり、これを周辺窯での焼成によって補ったものとみられる。

(2) 瓦にみる生産時期差と文字瓦の変質

東金子製品の供給先は26型式や232型式が武蔵国分寺のみであるのに対し、新久窯跡・谷久保窯跡で焼成される28型式軒丸瓦と、新久窯跡234A型式軒平瓦が武蔵国府で出土し、234C型式は入間郡勝呂廃寺で確認されている。また新久窯跡の「荏」彫り込みの格子叩きの平瓦や「荏原」叩き平瓦は武蔵国府でも出土しており、新久窯跡の供給先は武蔵国分寺に限らない。新久窯跡は軒先瓦の同笵関係や郡名瓦などから八坂前窯跡と同時期の生産は間違いないが、一部において異なる様相を呈している。文様の系譜からみても、234型式の祖形である233型式は新久窯、八坂前窯、谷久保

第１表　武蔵国分寺伽藍軒先瓦出土点数一覧

軒丸瓦型式	生産窯	金堂	%	講堂	%	塔	%
026A	八坂前	1	1			97	7.7
026C	八坂前					131	10.3
026D		1	1	1	3.5	1	0.1
027	八坂前・新久	2	2.2			65	5.1
063	八坂前・新久	2	2.2			103	8.1
064A	八坂前					37	2.9
028	新久・谷久保			1	3.5	2	0.2
095A	八坂前	1	1			1	0.1
004		1	1			1	0.1
005		5	5.2			54	4.3
022		1	1			4	0.4
023						1	0.1
023A		1					
023B	谷久保			1	3.5	9	0.8
023C		3	3.2				
024A		1	1			2	0.2
024B		1	1			1	0.1
029						1	0.1
029B		1	1	1	3.5	2	0.2
029D		1	1			8	0.7
029E						8	0.7
029F		2	2.2			2	0.2
029G2	八坂前					17	1.2
030		1	1			2	0.2
030B	御殿山	1	1			3	0.3
030C		1	1				
031	八坂前	1	1			7	0.7
033		1	1				
034	八坂前					1	0.1
035						6	0.6
065B1・2						16	1.2
065B3		1	1				
065B4		1	1				
171		1	1	1	3.5	5	0.5
創建期		14	14.4	17	58.4	289	22.8
その他		51	53.6	7	24.1	380	30
合計		97	100	29	100	1256	100

軒平瓦型式	生産窯跡	金堂	%	講堂	%	塔	%
231		1	1				
231A						7	0.6
231B						12	1
232A	天沼・新沼					3	0.3
232B				1	3.2	14	1.2
232C	谷久保					5	0.4
232D	八坂前	12	16			312	26.6
232E	谷津・新久			1	3.2	16	1.4
233	八坂前・新久	1	1	1	3.2	21	1.8
234	新久						
234A	新久	3	3	1	3.2	12	1
234C	新久	1	1				
237	八坂前	1	1			3	0.2
249	八坂前			1	3.2	8	0.7
252	八坂前					2	0.2
281A		1	1				
281B	八坂前					140	12
284	東金子	3	3			22	1.9
239		1	1			4	0.3
236	高岡	8	10	1	3.2	4	0.3
240	高岡	3	3	1	3.2	14	1.2
創建期		9	12	11	35.5	331	28.2
その他		31	47	13	42.1	243	20.7
合計		75	100	31	100	1173	100

窯で232型式と同時に焼成されていて、後続の234型式を焼成する新久窯跡と他の窯跡には若干の時間差が想定される。

また新久窯跡では成形台により文字を写すいわゆる模骨文字が複数種出土する。この模骨文字瓦のうち逆字「上」が東金子の工人集落である霞川遺跡10号住居跡から東金子Ⅷ期の須恵器坏と共に出土する。また武蔵国分寺跡の伽藍区画溝南西の8号竪穴建物跡からは新久窯の逆字「上」と「中」が鳩山Ⅷ期の南比企産須恵器坏と共伴している。この8号竪穴建物跡は鍛冶炉を伴う工房跡で、住居内床面直上に残された瓦のほとんどに模骨文字がみられ、周囲で発見された同時期の竪穴建物跡からも模骨文字瓦が出土する。これら須恵器編年の実年代は、八坂前窯跡での瓦生産が減少した九世紀第3四半期末から第4四半期であり、二次利用を考慮すると新久窯跡での模骨文字瓦は八坂前窯に近いものと捉えることができる。しかしながら、武蔵国分寺跡では平瓦部に「大」の模骨文字をもつ234A型式軒平瓦が確認されていて、これにより均整飜波状文軒平瓦の生産は、武蔵国各郡の参画を示した郡名文字瓦を伴う平城宮系均整唐草文軒平瓦の生産とは性格が異なっていたのではなかろうか。

なお、模骨文字瓦の生産は「山万」模骨文字の関係から南多摩窯跡群御殿山地区へと移り、文字の種類を増やして継続されるほか〔八王子市南部地区遺跡調査会 二〇〇二〕、九世紀第4四半期以降に操業する末野窯跡群に隣接する寄居町桜沢窯跡、高麗郡の日高市高岡窯跡、平地の窯である三芳町新開窯跡でも生産されている。

こうした広範囲にわたる模骨文字瓦の展開は塔再建後、東金子窯跡群からの工人の移動を示しているものと思われ、それを可能としたのは瓦生産が須恵器生産の下にあったからこそと思われる。瓦は常日頃から必要なものではない。各窯の窯構造を見てもその焼成・生産の中心は須恵器、土器であったことは明らかである。つまり造瓦技術の伝播ではなく、あくまで須恵器生産の伝播に伴うものであった。

八坂前窯跡の平瓦をみると粘土板一枚づくりも一定量あるものの、粘土横紐一枚づくりが創建期以上にみられる。また平瓦の凸面叩きのなかに須恵器甕に施された平行叩きに類似したものも確認できる。検討が必要だが八坂前窯跡や谷久保窯跡出土の須恵器坏にみられる「山」「廣」の文字は、瓦にも箆書きや模骨文字として記され須恵器と瓦に共通性を見出すことができる。このように東金子窯跡群における九世紀の瓦生産についても須恵器生産のなかに組み込まれたものであったといえよう。

八坂前窯跡を中心とした瓦生産の終了後は、発掘調査が実施されておらず不明なところが多い。しかしながら新久窯跡に隣接した根岸窯跡では284型式偏行唐草文軒平瓦が採集されている。この瓦は高麗郡の高岡廃寺で素弁六葉蓮華文軒丸瓦と組み合うもので、軒丸瓦の文様形態は27型式の後継の様相を呈し、半裁丸瓦に瓦当部を嵌め込むいわゆる高岡技法を用いるなど、周辺では見られなかった技術が採用されている。根岸窯跡のように新久窯跡に続く時期に瓦を生産した窯の存在は明らかで、素弁六葉蓮華文軒丸瓦が出土している東八木窯跡もそのうちの一つといえよう。

まとめ

東金子窯跡群の瓦生産の中心は、八坂前窯跡と新久窯跡、谷津池窯跡などで出土する九世紀後半以降の塔再建期であるが、国分寺創建期にも須恵器とともに小規模だが瓦の生産にも着手し国分寺へと供給していたことがわかる。その生産のあり方は粘土横紐一枚づくりという須恵器製作に通じる技法の採用など、南比企窯跡群と共通し、東金子窯跡群においても須恵器生産の中の瓦生産であったと考えられる。なお、これは国分寺創建以降も含めて武蔵国の瓦づくりの特徴でもある。

一方で、九世紀以降の瓦は文様の種類が膨大であることもあり、細かな分類や編年は行われず塔再建期瓦などとして一つにまとめられてきた。しかしながら八坂前窯跡や新久窯跡の出土丸瓦や平瓦をみると製作技法に差があることがわかる。したがって、これまで塔再建期瓦とされてきたもの全てが塔再建に関わるものとは考え難く、さらに分類ができそうである。文献に残る九世紀の事象からすると、瓦生産の要因は『続日本後紀』承和十二年の壬生吉志福正による再建だけではなく、九世紀は災害の世紀であり武蔵国では二度の地震による大きな被害が知られている。これら災害時には武蔵国分寺も被災したであろうし、被害に対して補修されたはずである。実際に発掘調査では講堂の拡張をはじめ、伽藍建物の改修や、国分寺に限らず武蔵国府や寺院の補修も確認されている。つまり国分寺創建後も数度の瓦の大量需要があり、その都度、南比企・東金子・南多摩の主要窯跡群のほか、小規模な窯でも生産が行われたと考えられる。そしてその結果が武蔵国分寺の軒先瓦の多様性に現れているのではないだろうか。

東金子窯跡群の国分寺所用瓦の生産については武蔵国分寺との供給関係だけでは明らかにすることはできない。勝呂廃寺や女影廃寺などの寺院跡出土資料の再検討、集落内出土資料と共伴須恵器編年との比較が今後の課題である。

参考文献

有吉重蔵　一九八二年「武蔵国分寺跡出土の平城宮系瓦について」『東京考古』一　東京考古談話会
有吉重蔵　二〇〇〇年「武蔵国分寺・武蔵国府」『文字瓦と考古学』国士舘大学実行委員会
有吉重蔵　二〇一八年『古瓦の考古学』考古調査ハンドブック一八　ニューサイエンス社
有吉重蔵・中道　誠　二〇一三年「武蔵国分寺」『国分寺の創建 組織・技術編』吉川弘文館
宇野信四郎　一九五二年「埼玉県入間郡東金子村窯址発掘概要」『武蔵野』第三二巻三・四号　武蔵野文化協会
宇野信四郎　一九五三年「埼玉県入間郡東金子村窯址とその出土古瓦について」『西郊文化』第六集 西郊民俗談話会
加藤恭朗　二〇一六年「高麗郡建郡と東金子窯跡の開窯」『武蔵國高麗郡建郡―入間から見た高麗郡建郡とその後―』古代の入間を考える会
児玉利一　二〇一六年「東八木窯跡の概要と出土遺物の特徴について」『武蔵國高麗郡建郡―入間から見た高麗郡建郡とその後―』古代の入間を考える会
酒井清治　一九八九年「武蔵国分寺創建期の瓦と須恵器」『埼玉考古』第二六号　埼玉考古学会
坂詰秀一　一九六四年「埼玉県入間郡東金子窯跡群の研究」『台地研究』一五号　台地研究会
坂詰秀一　一九六九年「埼玉県八坂前瓦窯跡の調査」『武蔵野』第四八巻第一号　武蔵野会
坂詰秀一編　一九七一年『武蔵新久窯跡』雄山閣出版
坂詰秀一編　一九八四年『武蔵八坂前窯跡』雄山閣出版
坂詰秀一　二〇一二年「元慶二年の地震と武蔵国分寺」『武蔵野』第八七巻一巻 武蔵野文化協会
内藤政恒　一九五〇年「埼玉県入間郡金子坂瓦窯址」『日本考古学年報』三(昭和二五年度)　日本考古学協会
坂野千登勢　二〇一六年「高麗郡女影廃寺に関する一考察」『武蔵國高麗郡建郡―入間から見た高麗郡建郡とその後―』古代の入間を考える会
宮原正樹　二〇一六年「九世紀武蔵国における造瓦体制―模骨文字瓦の生産とその背景―」『国士舘史学』第二〇号　国士舘大学日本史学会
吉岡康暢　一九七八年「承和期における転用国分寺について」下出積與博士還暦記念会編『日本における国家と宗教』大蔵出版
渡辺　一　二〇〇六年『古代東国の窯業生産の研究』青木書店

渡辺　一　二〇〇七年『鳩山の遺跡・古代窯業』鳩山町
入間市教育委員会　一九八七年『広町窯跡』
入間市教育委員会　一九八九年『八坂前窯跡　第三次調査』
国分寺市遺跡調査会・国分寺市教育委員会　二〇一六年『国指定史跡　武蔵国分寺僧寺跡発掘調査報告書Ⅰ―史跡保存整備事業に伴う事前遺構確認調査―〔遺構編〕』
国分寺市遺跡調査会・国分寺市教育委員会　二〇一八年『国指定史跡　武蔵国分寺僧寺跡発掘調査報告書Ⅱ―史跡保存整備事業に伴う事前遺構確認調査―〔遺物編〕』
国分寺市教育委員会・武蔵国分寺遺跡調査会　一九八一年『武蔵国分寺遺跡発掘調査報告Ⅴ』武蔵国分寺遺跡調査会・国分寺市教育委員会
国分寺市教育委員会　一九八七年『武蔵国分寺跡調査報告―昭和三十九〜四十四年度―』
古代の入間を考える会　二〇一三年『古代入間の土器と遺跡(Ⅱ)須恵器坏の編年(九・一〇世紀)―』
古代の入間を考える会　二〇一五年『南比企窯と東金子窯(Ⅱ)―東金子窯の開窯と九世紀の編年―』
古代の入間を考える会　二〇一六年『武蔵國高麗郡建郡―入間から見た高麗郡建郡とその後―』
埼玉県遺跡調査会　一九七四年『前内出窯址発掘調査報告書』埼玉県遺跡調査会
高岡寺院跡発掘調査会　一九七八年『高岡寺院跡発掘調査報告書』
日本考古学協会　一九八四年『武蔵国分寺跡遺物整理報告書―昭和三十一・三十三年度』
八王子市南部地区遺跡調査会　二〇〇一年『南多摩窯跡群Ⅳ』
鳩山町教育委員会　二〇一六年『新沼窯跡』
日高町教育委員会　一九八三年『若宮―第三次発掘調査概報―』※当時、現日高市
府中市教育委員会・府中市遺跡調査会　一九八一年『武蔵国府関連遺跡調査報告書Ⅳ』

上野国分寺瓦窯

上野国分寺の瓦窯

出浦　崇

はじめに

上野国の寺院造営は群馬郡に所在する山王廃寺から始まる。その後、国分寺建立直前までに佐位郡・上植木廃寺、新田郡・寺井廃寺、吾妻郡・金井廃寺などの主要寺院が造営されていく。それぞれの寺院に供給した瓦は、主に旧利根川右岸の秋間古窯跡群で山王系が、左岸の雷電山瓦窯跡で上植木系、太田金山古窯跡群で寺井廃寺所用瓦が生産されていたことが判明しており、旧利根川を境にその東西で所用瓦や造瓦体制に違いがあることが指摘されてきた。そして国分寺の創建に伴い操業を開始する瓦窯群にも大きく二つの系統があることが指摘されており、西の吉井・藤岡古窯跡群、東の笠懸古窯跡群の両者で国分寺所用瓦が生産・供給されている。しかし、これらの国分寺瓦窯は発掘調査がほとんど実施されておらず、他国のように窯構造や瓦生産の実態が明らかになっているとは言い難い。ここでは生産地での表採資料中心ではあるが、研究の進んでいる東毛地域における国分寺瓦窯の様相について整理し、上野国分寺における創建期の瓦生産体制の一端を明らかにしたい。

1　上野国分寺と出土瓦の時期区分

群馬県高崎市と前橋市にまたがって所在する上野国分寺は、昭和五十五年から六十三年度に史跡整備に伴う発掘調査が実施され、塔・金堂・南大門・南辺築垣などが確認された（第1期発掘調査）〔前澤・高井 一九八八〕。近年、第2期調査が行われ、これまでの伽藍配置が大きく修正されたのは記憶に新しい〔橋本二〇一六、橋本他二〇一八〕。

上野国分寺出土瓦は高井佳弘などにより整理・分類され、軒丸・軒平瓦ともに一〇〇笵種近い型式を確認しており、大きく3期に時期区分されている〔高井 一九九九・二〇〇三・二〇一三〕。Ⅰ期は新田郡寺井廃寺の創建瓦などが該当し、時期的には国分寺創建を遡る時期の一群である。Ⅱ期については3小期に細分されている。Ⅱ—1期は国分寺創建期直前から在地の寺院に向けて操業していた瓦窯から供給されていた一群であり、下野国分寺等で言われている「郡系瓦」を中心とする時期である。Ⅱ—2期は上野国分寺式とも言える花弁等を隆線で表現した単弁五葉蓮華文軒丸瓦と唐草文軒平瓦が出現し、本格的な造瓦体制が確立するなど、国分寺造営における大きな画期となる時期である。Ⅱ—3期はⅡ—2期の生産体制が拡充する時期であり、引き続き上野国分寺式文様瓦が生産される。Ⅲ期は国分寺の補修期に該当し、笵種も非常に多く、軒先瓦の文様もかなり退化したものが中心になる。

第1図　上野国主要窯跡群

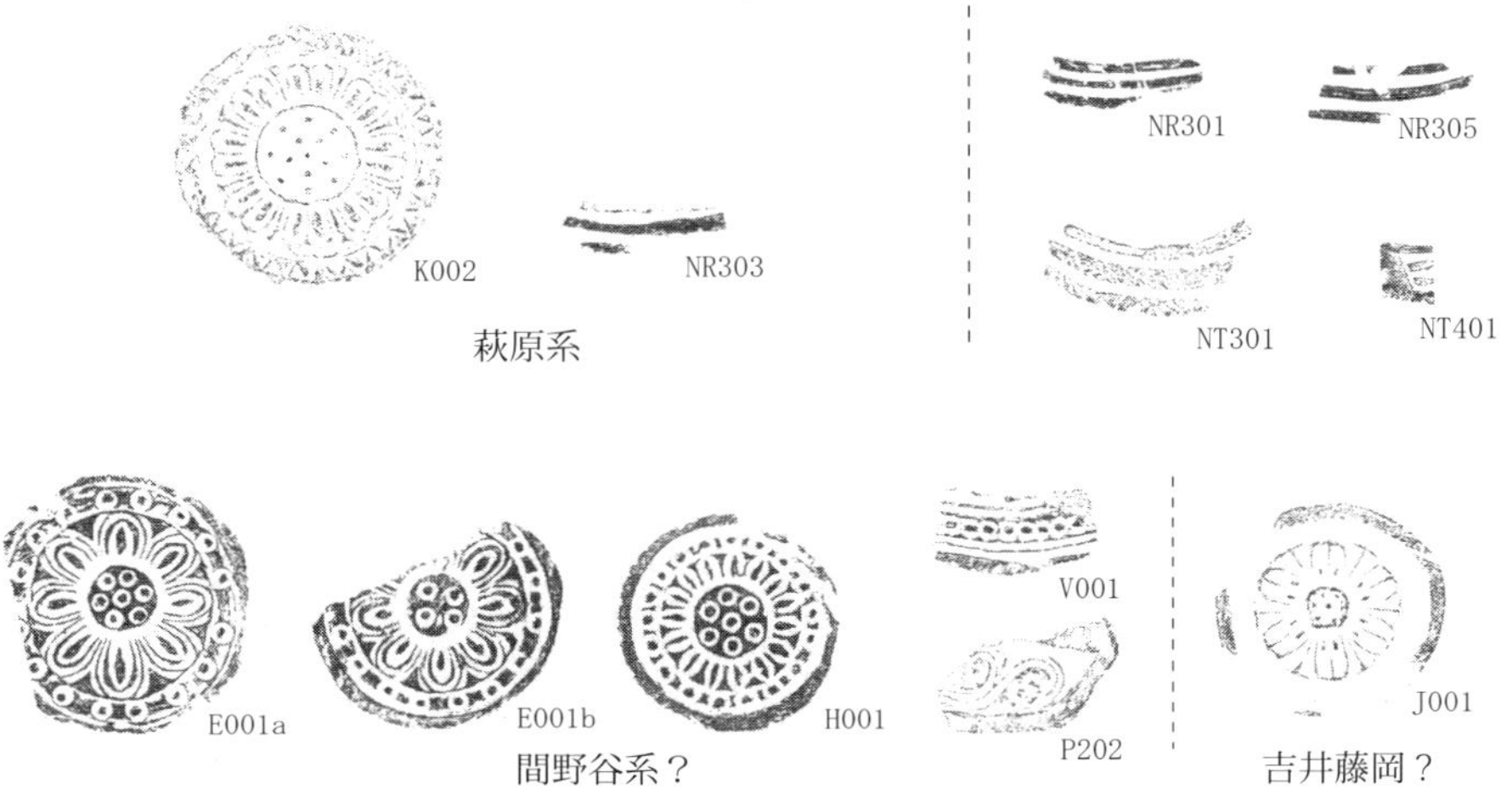

第２図　上野国分寺Ⅰ期の瓦

ここでⅠ期とⅡ—1期の関係についてであるが、広義に解釈すればⅠ期とⅡ—1期には生産時期に若干の相違はあるが、「郡系瓦」という共通性から、ここでは共にⅠ期として扱う。よって本論でのⅡ期は高井分類のⅡ—2期から始まることとし、Ⅱ—1・2期の2小期として論を進めたい。

2　国分寺Ⅰ期の様相と瓦窯

国分寺Ⅰ期は創建以前に生産された瓦や創建直前から操業を始めていた瓦窯で他寺院のために焼成されていた瓦が持ち込まれた時期であり、全体の出土量は非常に少ない。よって国分寺創建における端緒的な時期であり、その生産もいわば手探り状態で始まった時期と言える。

寺井廃寺と同笵の複弁八葉蓮華文軒丸瓦（K002）と三重弧文軒平瓦（NR303）などが最も古い。これらのセットは萩原瓦窯で生産されたと考えられており、その時期も七世紀後半であり、瓦窯などにストックしてあったものが持ち込まれたものであろう。萩原瓦窯は太田市北東部の八王子丘陵の南東斜面に位置しており、寺井廃寺の創建瓦の他、縦置き型一本づくり軒丸瓦やそれに伴う米字叩き平瓦なども焼成していたようである。瓦窯の所在郡は、八王子丘陵から金山丘陵を新田郡と山田郡の郡境と考え山田郡と考えたい。

Ｅ001、Ｈ001は瓦当裏面に絞り目のある縦置き型一本づくり軒丸瓦である。上野における縦置き型一本づくりの初源は佐位郡上植木廃寺であり、国分寺で確認された二笵種は上植木廃寺と同笵である。上植木廃寺では八世紀第１四半期後半からこの技法が採用され、国分寺の創建直後まで瓦生産が行われており、その製品が上野国分寺にももたらされたものと理解されている。生産地は明らかではないが、間野谷遺跡（瓦窯か）と考えられている。間野谷遺跡は早川左岸の段丘上に立地しており、佐位郡の可能性もあるが郡境を現早川と考え新田郡とする。後世の削平などにより窯跡の存在は明らかにしがたいが、周辺からは前述の瓦以外にも一枚づくりと考えられる飛雲文軒平瓦や平瓦なども表採されている。

西毛地域の瓦ではＪ001があげられ、山王・秋間系と呼ばれる山王廃寺出土の複弁七葉蓮華文軒丸瓦の系譜を引く最終段階のものである。生産地は観音山丘陵もしくは吉井・藤岡古窯跡群かと思われるが不明である。この瓦は泥条盤築技法で製作された一本づくり技法であり、生産窯における須恵器工人の関与が想定されている。同笵品は多胡郡正倉跡や雑木見遺跡などで確認されているが、前後関係については今後の課題である。

Ⅰ期については主に東毛諸郡では新田郡・佐位郡・山田郡が、西毛諸郡では多胡郡等が国分寺造営に関与していた可能性がある。高井はこの時期の上野の瓦生産は既存寺院の補修がメインで各瓦窯の生産量も少なく、国分寺の創建に伴う瓦の大量生産にはとても対応できなかったと述べている。確かに東毛地域ではこの時期、新たに造営された寺院はなく、既存の寺井廃寺や上植木廃寺の補修用瓦を生産していたに過ぎないが、西毛地域では山王・秋間系の複弁七葉蓮華文を創建瓦とする諸寺院が造営されており、その生産地で上野屈指の寺院である山王廃寺の生産窯である秋間古窯跡群が国分寺Ⅰ期の段階に関与していないのは注意を要する。

3　国分寺Ⅱ・Ⅲ期の様相と瓦窯

(1) Ⅱ—1期

国分寺Ⅱ期の段階になると造瓦体制は一変する。Ⅱ—1期には上野国分寺式とも言える文様瓦が成立し、これまでの少量生産から大量生産へと移行し、国分寺の造営が一気に加速する。この期の最大の特徴は窯場が東西の二か所にほぼ限定され、その生産瓦も厳密に区別、管理される。東毛地域では新田郡・笠懸古窯跡群（A系統）の鹿ノ川瓦窯でＢ201とＰ001の生産が開始される。Ｂ201は文様を隆線で表現した単弁五葉蓮華文軒丸瓦で、Ｂ201以降、上野国分寺の主要な瓦当文様として長期間生産され続けることになる。また、Ｂ201は成形台を用いた横置き型一本づくり、Ｐ001やそれに伴う平瓦は一枚づくりであり、この時期新たに採用された技法である。この両技法は国分寺創建に伴い、瓦の大量生産などを見据えた中央からの技術援助とも言われており、これらの新技法を駆使し、鹿ノ川瓦窯の操業が開始されたものと考えられる。また「大」「二」「三」などのヘラ書き文字瓦が伴う。

鹿ノ川瓦窯は大間々扇状地の独立丘陵である標高一九六㍍の琴平山に所在する。北西一・四㌔の地点には山際瓦窯が所在しており、共に新田郡である。上野国分寺からは東方約二〇㌔の位置にある。A地点では昭和二十三年、尾崎喜佐雄・相沢忠洋によって発掘調査が実施されている。本体は直径一・四㍍の半円形で天井は崩壊していた。煙道は円筒状で全体を瓦片で囲み、底面には瓦を敷いていた。窯体前半部は消滅していたが煙道から二・九㍍までは残存しており、その構造は地下式、もしくは半地下式の登窯であったと報告されている。遺物としては瓦が主体であり、須恵器も少量ながらみられる。瓦は前述のＢ201とＰ001のセットや縄叩きの一枚づくり平瓦などがある。桶巻きづくりの平瓦も若干みられるようである。窯跡の操業年代は八世紀中頃から後半にかけてと想定されている［尾崎 一九四八］。

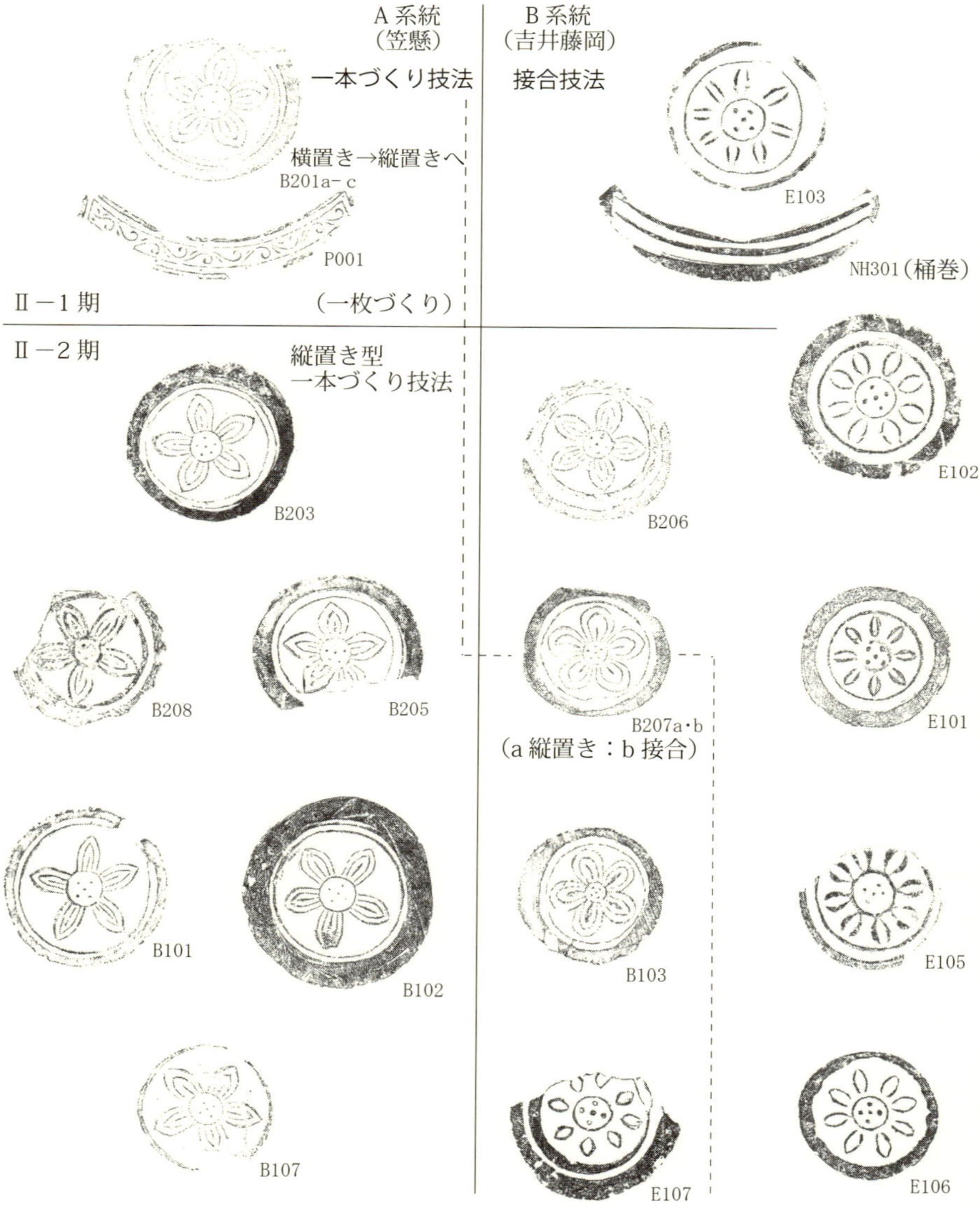

第3図　上野国分寺Ⅱ期の瓦

一方、西毛地域では多胡郡から緑野郡にかけて所在する吉井・藤岡古窯跡群（B系統）で当該期の操業が行われる。こちらでは東毛地域とは異なり、軒丸瓦は接合式で()形の蓮弁をもつ八葉蓮華文、軒平瓦は桶巻きづくりの三重廓文という従来の瓦づくりと同じ技法で生産されている。

吉井・藤岡古窯跡群は多胡郡から緑野郡にかけて広がる上野屈指の窯跡群である。笠懸古窯跡群とは若干異なり、吉井・藤岡古窯跡群は古墳時代から須恵器生産が始まるが、やはり量産操業は八世紀中頃である。そして最盛期は九世紀と考えられ、比較的長期間存続していることが判明している。

(2) Ⅱ—2期

笠懸古窯跡群ではⅡ—2期に至ると窯場を山際瓦窯に移し、B201の後続笵種の生産を開始する。しかし軒丸瓦の製作技法は横置き型だったものが、縦置き型一本づくり技法へと変化を遂げる。さらに上植木廃寺等の一本づくりは瓦当裏面に布の絞り目がみられたが、当該期のそれは無絞りとなる。前述のB201はa～cに細分されているがaが横置き、b・cが縦置き（無絞り）であり、横置きから縦置き型一本づくりへと変化する。国分寺B202aは縦置き型一本づくりで瓦当裏面に有絞りの布目がみられるが、上野国分寺式と言われるもので有絞りはB202aのみで、b・cは無絞りである。国分寺の一本づくり技法の変遷は縦置き（有絞り）→横置き→縦置き（無絞り）という変遷をたどるが、Ⅰ期とⅡ—2期の縦置き型が同じ技術的系譜でとらえられるか否かは、細部のつくりが異なることから検討の余地もあろう。軒平瓦は依然として一枚づくりであり、平瓦は格子叩きが主流である。また、文字瓦は押印で「佐」「雀」「山田」「勢」などが確認されている。

山際瓦窯は鹿ノ川瓦窯北西の標高二三一㍍の鹿田山に所在する。窯跡はその南麓西側に広がっている。未調査であるが、窯跡が東西に並んでいるものと考えられ、鹿ノ川瓦窯同様に地下式ないし半地下式の登窯と想定されている。

表採遺物は主に瓦であり、Ⅱ―1期のB201も採集されているとの報告がなされているが縦置き型のcである。主体はその後続種で一枚づくりと考えられる軒平瓦や平瓦は格子叩きであるが、鹿ノ川瓦窯でみられる縄叩き平瓦もわずかに確認されている。また瓦塔も数個体分確認されており、いずれも八世紀中頃から後半との指摘がある。当瓦窯も八世紀中頃からの操業で主体は瓦である。瓦の焼成は九世紀前半から下火になるが、須恵器生産は十世紀初頭まで続くようである[井上一九八三、木津・綿貫一九九一]。

吉井・藤岡古窯跡群では()形蓮弁をもつ軒丸瓦の後続笵種に加えて、A系統で生産されていた上野国分寺式の単弁五葉蓮華文も製作するようになる。B206は接合式であるがB207では接合式と縦置き型、B103になると縦置き型のみに変化し、()形蓮弁をもつ軒丸瓦の最終段階であるE107も縦置き型一本づくりに変化するなど、吉井・藤岡窯跡群にも東毛地域の影響が色濃くなっていく。また、()形蓮弁をもつ軒丸瓦は依然、接合技法であるが組合う軒平瓦は一枚づくりに変化していく。郡名等をあらわす文字瓦は確認されていないが、押印「當」が確認されている。

(3) 国分寺Ⅲ期の様相

上野国分寺Ⅲ期は補修期の瓦であり、その存続期間も長い。年代的には九世紀以降と考えられ、軒丸・軒平瓦ともに笵種は多い。

これまで東西二か所での生産が厳密に区別されていたが、この時期から徐々に崩れてくる。これまで西毛にも強い影響を与えながら操業してきた笠懸古窯跡群での生産が下火になり、吉井・藤岡窯跡が国分寺における生産・供給の中心になっていく。先の山際瓦窯ではB003の生産が確認されている以外は不明な点が多く、数笵種の生産は行っているようだが主体は西毛に移るようである。軒丸瓦の製作技法はほとんどが縦置き型一本づくり技法となるが、一部に接合技法も残る(F001、M001、M002など)。また、B001は秋間古窯跡群での生産と言われており、山王廃寺と関連が深

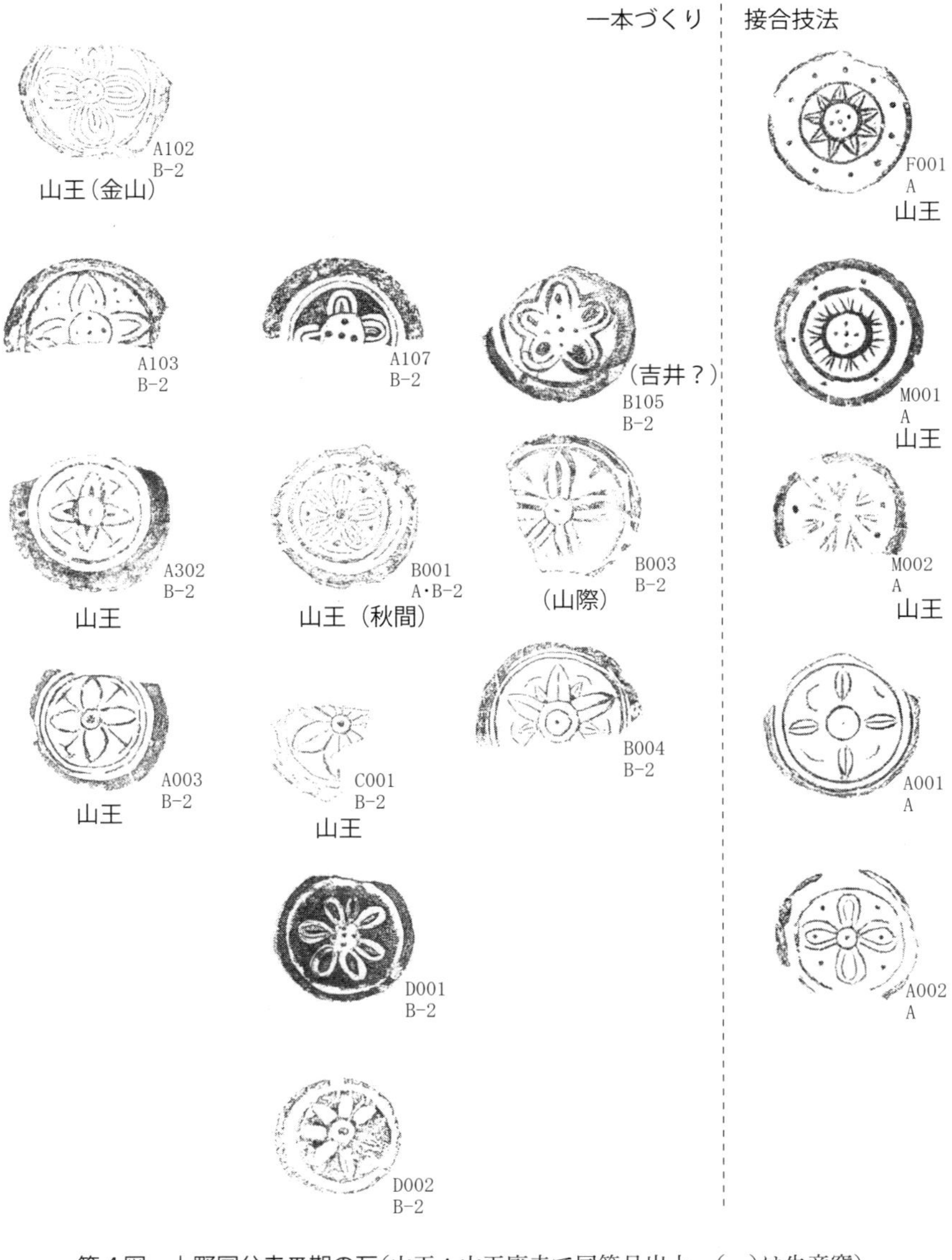

第４図　上野国分寺Ⅲ期の瓦（山王：山王廃寺で同笵品出土　（　）は生産窯）

い窯場が国分寺補修期の瓦を焼成するようになる。

4　Ⅱ・Ⅲ期の生産体制

国分寺Ⅱ―1期では生産地が東西に分かれ、その瓦も全く異なるものが採用・生産されるようになる。A・B系統共にこれまでとは全く異なる瓦当文様を採用し、A系統においては軒丸・軒平瓦ともに新技法を導入して造瓦にあったことは前述のとおりである。B系統の瓦を焼成した吉井・藤岡古窯跡群は古墳時代から続く窯業地域として著名であったが、A系統の笠懸古窯跡群は若干様相が異なる。東毛地域では萩原瓦窯などが所在する太田金山古窯跡群が伝統的な窯業地帯として生産を行ってきたが、七世紀前半には規模の縮小が指摘されている。その後、上植木廃寺の創建に伴う瓦生産に際して新たに開窯されたのが雷電山窯跡群であり、その後の国分寺造営という国家規模の事業に際して窯業生産を開始したのが笠懸古窯跡群であった。鹿ノ川瓦窯で焼成されたB201とP001のセットは国分寺以外では新田郡を中心に分布しており［須田茂 一九九〇］、東毛ではこの時期窯場のある新田郡が中心となり造瓦にあたっていたと考えられている。また山王廃寺や有馬廃寺でも同笵品が確認されていることから、国府所在郡である群馬郡もなんらかの形で関与していた可能性もあろう。Ⅱ―2期では同笵瓦や郡名文字瓦の存在などから新田郡に加え、佐位郡・山田郡・勢多郡の東毛諸郡も国分寺造営に関与するようになる。

一方、B系統の吉井・藤岡古窯跡群ではⅡ―1期にはこれまで在地で採用されてきた接合式の軒丸瓦、桶巻きづくりの軒平瓦を生産し、Ⅱ―2期にはその後続種の瓦を生産しているが、A系統のような郡名文字瓦はない。さらには()形の蓮弁を持つE103系統の軒丸瓦と重廓文軒平瓦のセットは基本的には国分寺にのみ供給されており、国分寺専用瓦として生産され厳格に管理されていたようである。おそらくⅡ―1期において窯場のある多胡郡・緑野郡が国分寺

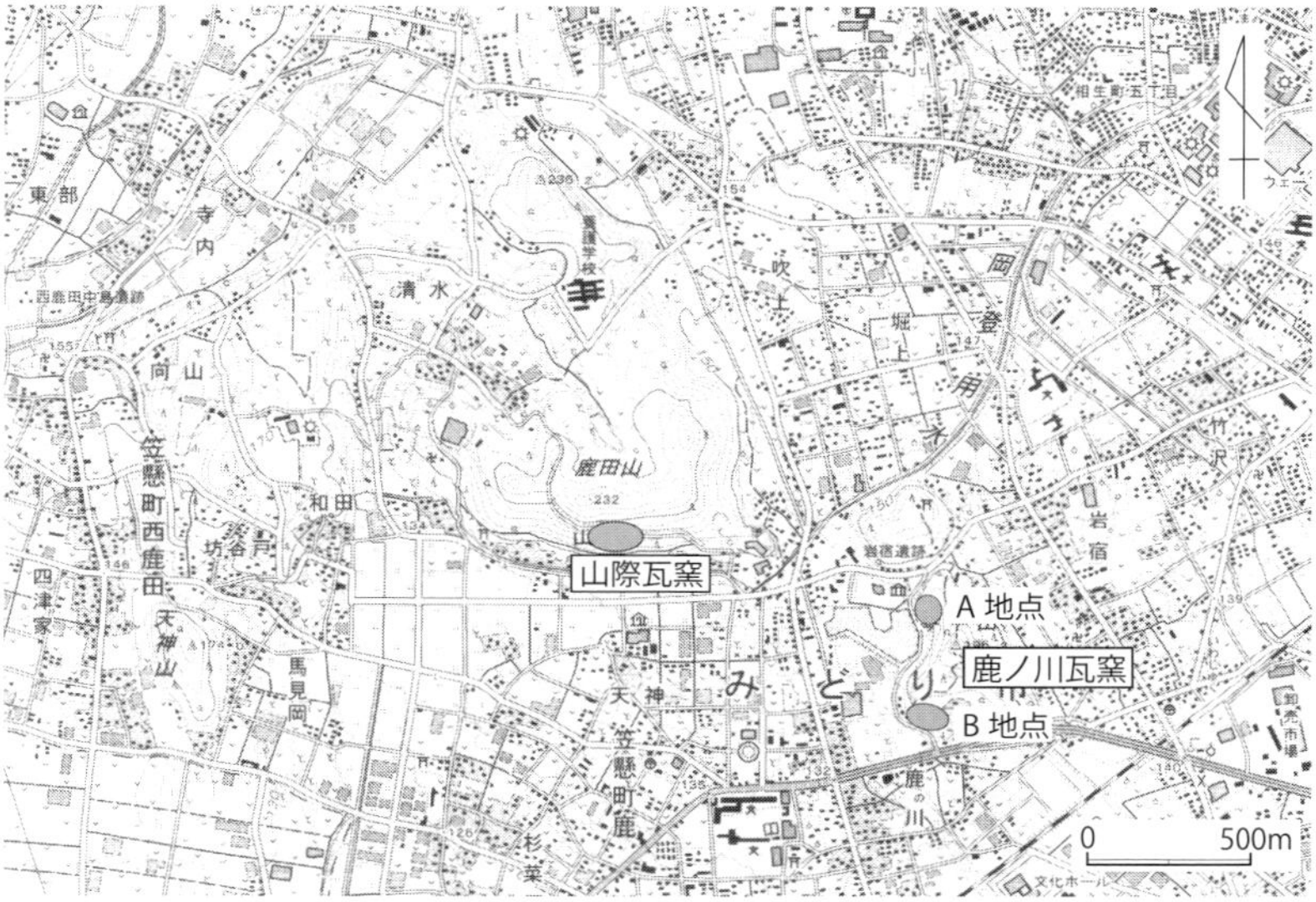

第５図　笠懸古窯跡群位置図

造営に関与し、Ⅱ―2期に至り唯一同笵瓦の確認できる群馬郡（B103が山王廃寺で出土）もこれに加わるという図式が想定される。

Ⅲ期になると前代の東西二か所における生産体制が徐々に崩れ、西毛地域に集約されるようになる。この時期、瓦当文様もかなり崩れ、笵種も多様化するが、その製作技法はA系統で主流であった縦置き型一本づくり軒丸瓦と一枚づくり軒平瓦にほぼ統一され、B系統の技法は接合式の軒丸瓦が数笵種残るのみとなる。また、Ⅱ期の段階では国分寺と同笵関係をほとんど持たなかった西毛地域の諸寺院が、山王廃寺を中心に非常に多くの同笵関係を築くようになる。逆にこれまで積極的に同笵瓦を採用してきた東毛地域では上植木廃寺など数ヵ寺を除いてはほとんど見られなくなるという特徴をもつ。

国分寺造営は天平十三年（七四一）詔で開始されたが、国司の怠慢等もあり停滞、この打開策として出されたのが天平十九年詔であった。このなかで向こう三年という期限付きではあるが郡司層への協力要請が盛り込まれ、全国的に国分寺の造営が進展する画期となったと言われている［須

田勉 二〇一六]。上野国でもⅠ期の段階ではその造営は往々にして進まず、停滞していたものと考えられる。そして天平十九年(七四七)詔が契機なって、郡司層の協力体制が確立してくるⅡ期の段階から、その造営が進んでいったものと考えられる。Ⅱ—1期に東西二ヶ所での操業体制が確立し、新たに新設された鹿ノ川瓦窯では、おそらく国外からの技術導入(横置き型一本づくり技法、一枚づくり技法)を行い、国分寺に向けた瓦の量産体制を整えていったものと思われる。ここで問題となるのは東西二か所に窯場が分かれ、それぞれ独自の瓦を生産している点である。高井も指摘しているように、これは西毛諸郡と中東毛諸郡という広域行政ブロックがあった可能性があり、それを背景としている可能性が高い。また、上野国の場合は下野や武蔵のように国分寺の造瓦にあたり全郡の協力体制がとられたわけではない。東毛では新田・佐位・勢多・山田郡、西毛では群馬・多胡・緑野郡が関与していたのは文字瓦等から類推できる。その他の郡の協力は考古学からは判断しかねるが、『続日本紀』天平勝宝元年(七四九)五月戊寅条には碓氷郡石上部君諸弟などが国分寺造営に知識物を献上し、叙位を受けたとの記事があり、国分寺造営に対する郡司層の協力は造瓦部門だけではないことは明白である。造瓦に参画していない郡もなんらかの形で造営に協力をしていた可能性は高い。

上野国分寺の瓦を総合的に整理した高井は、各生産地で複数郡が関わっていたこと、しかし文様・技法・文字瓦の有無など統一的な基準による強い規制がみられないこと、そして各造瓦に関わった郡が独自の事情を抱えたまま生産に関与したことなどを指摘し、下野などにみられるような「国衙系瓦屋」とは異なり、国は数量や納期、大きさの管理のみを行っていたのではないかと結論づけている[高井 二〇一三]。しかしながら、Ⅱ期において新技術が導入されたことや新たな文様意匠が採用され、その後もその系譜をもつ瓦が造られ続けたこと、A・B系統で焼成された文様瓦も国分寺以外には厳密に管理され供給されたことなどを考慮すると、高井が指摘する以上に国の管理は徹底していたとも考えられる。B系統の瓦は国分寺専用とも言える瓦で国分寺以外からはほとんど確認されない。A系統の瓦も

Ⅱ―1期ではいち早く協力した新田郡の小規模な寺院に供給されてはいるものの、Ⅱ―2期になると上植木廃寺や寺井廃寺等の定額寺に認定されるような寺院を中心に分布しており、これらのことも国の関与が大きかった証左となるのではないか[出浦 二〇〇九]。このような体制もⅢ期に至り、高井が言うような管理方式に移行していった可能性が考えられる。Ⅲ期には東西での生産体制が崩れ、西毛においても吉井・藤岡古窯跡群以外に乗附古窯跡群や秋間古窯跡群でも生産が行われるなど、二地点での集約的な体制が希薄になる。また国分寺所用瓦との同笵関係も西毛諸郡の寺院で爆発的に増加し、さらに言うならば山王廃寺の影響がかなり強くなり、国の影響は緩和されている印象を受けるのである。

おわりに

上野国分寺の造瓦体制について、天平十九年詔を契機としたⅡ期において郡司層の国分寺瓦生産への協力が開始され、国分寺瓦屋においては国の規制や管理がかなり強くかかっていた。それがⅢ期の段階で緩和されていく状況を指摘したが、上野国では国分寺瓦窯の調査がほとんど実施されておらず、生産地での表採資料などからの推定になってしまった部分が大きく、今後の調査等で論旨を改める可能性もおおいにある。瓦窯の構造や変遷なども不明な部分が多く、また、各地の寺院も山王廃寺、上植木廃寺以外は未調査の遺跡が多く、今後の資料の増加を待ち、寺院、瓦窯などの生産遺跡を含め再考したい。

参考・引用文献

出浦　崇　二〇〇九年「上野国佐位郡における官衙と寺院」『国士舘考古学』5　国士舘大学考古学会
井上唯雄　一九八三年「山際瓦窯跡」「鹿ノ川瓦窯跡」『笠懸村誌』笠懸村

井上唯雄ほか　一九九一年『群馬県史』通史編2　群馬県
尾崎喜佐雄　一九四八年「鹿ノ川瓦窯址」『日本考古学年報1』日本考古学協会
木津博明・綿貫邦男　一九九一年「新田郡笠懸町山際窯跡採集遺物」『研究紀要』8　群馬県埋蔵文化財調査事業団
須田茂ほか　一九八六年『群馬県史』資料編2　群馬県
須田　茂　一九九〇年「上野国新田郡における古代寺院について」『研究紀要』7　群馬県埋蔵文化財調査事業団
須田　勉　二〇一六年『国分寺の誕生』吉川弘文館
高井佳弘　一九九九年「上野国分寺跡出土の郡郷名押印文字瓦について」『古代』一〇七　早稲田大学考古学会
高井佳弘　二〇〇三年「上野国分寺の創建―瓦生産からみた国分寺創建の一様相―」『日本律令制の展開』吉川弘文館
高井佳弘　二〇一三年「上野・下野・信濃国分寺の創建期の瓦生産」『国分寺の創建　組織・技術編』吉川弘文館
橋本　淳　二〇一六年『史跡上野国分寺跡　第2期発掘調査概報』群馬県教育委員会
橋本淳・前澤和之・高井佳弘　二〇一八年『史跡上野国分寺跡　第2期発掘調査報告書　総括編』群馬県教育委員会
前澤和之・高井佳弘　一九八八年『史跡上野国分寺跡』群馬県教育委員会

陸奥国分寺瓦窯

台原・小田原窯跡群

藤木　海

はじめに

陸奥国分寺の瓦を生産した瓦窯跡群は、宮城県仙台市台原・小田原窯跡群と利府町春日窯跡群がある。両窯跡は、多賀城・多賀城廃寺・陸奥国分二寺（以下、それらを総称して一城三官寺という）から約七キロの範囲に位置し、奈良時代後半以降、平安時代にかけて、この一城三官寺に継続的に瓦を供給した（第1図）。このうち仙台市北部の丘陵地に広範に分布する台原・小田原窯跡群は、内藤政恒が全体的な分布の把握と出土遺物の紹介を行い［内藤

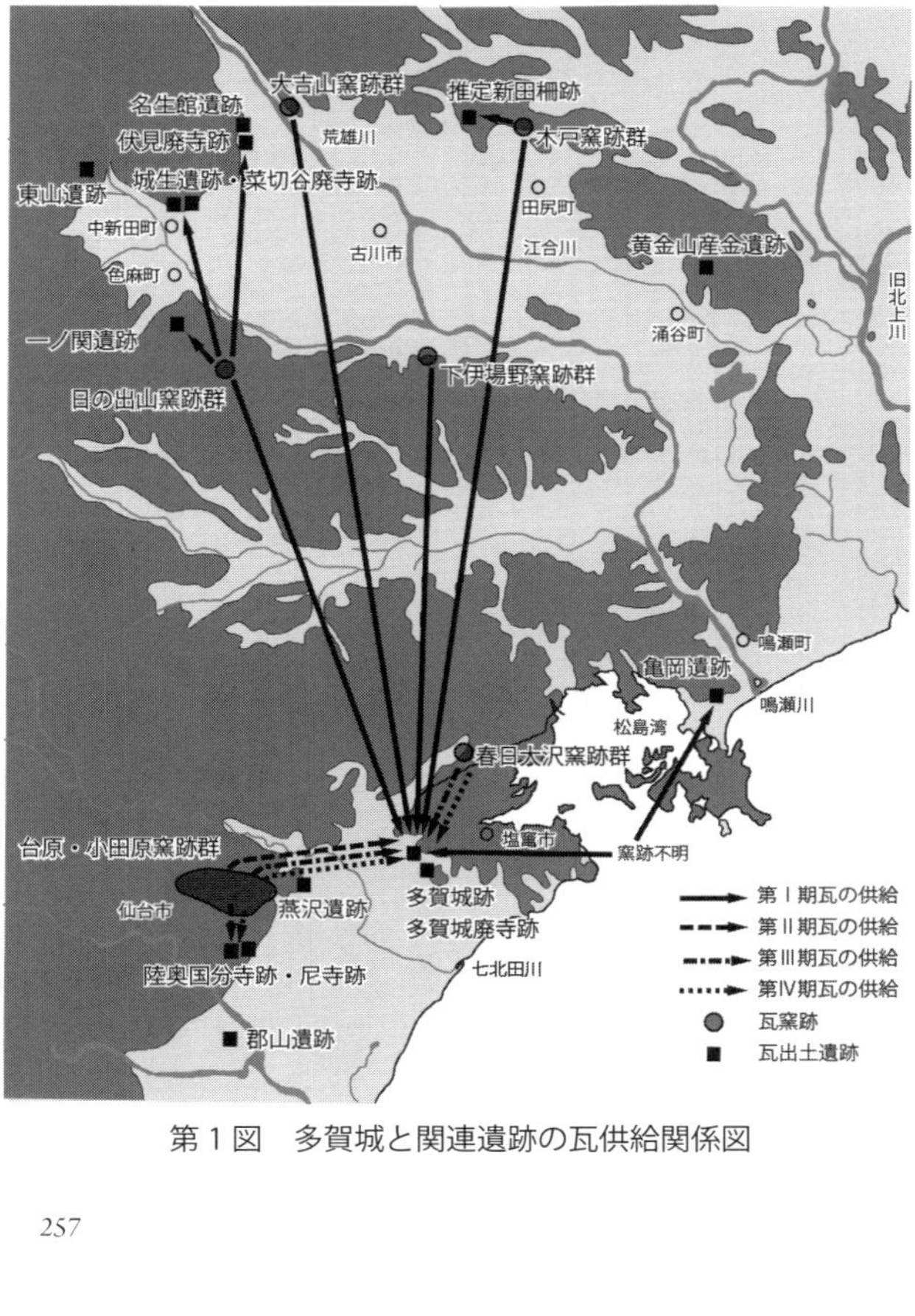

第１図　多賀城と関連遺跡の瓦供給関係図

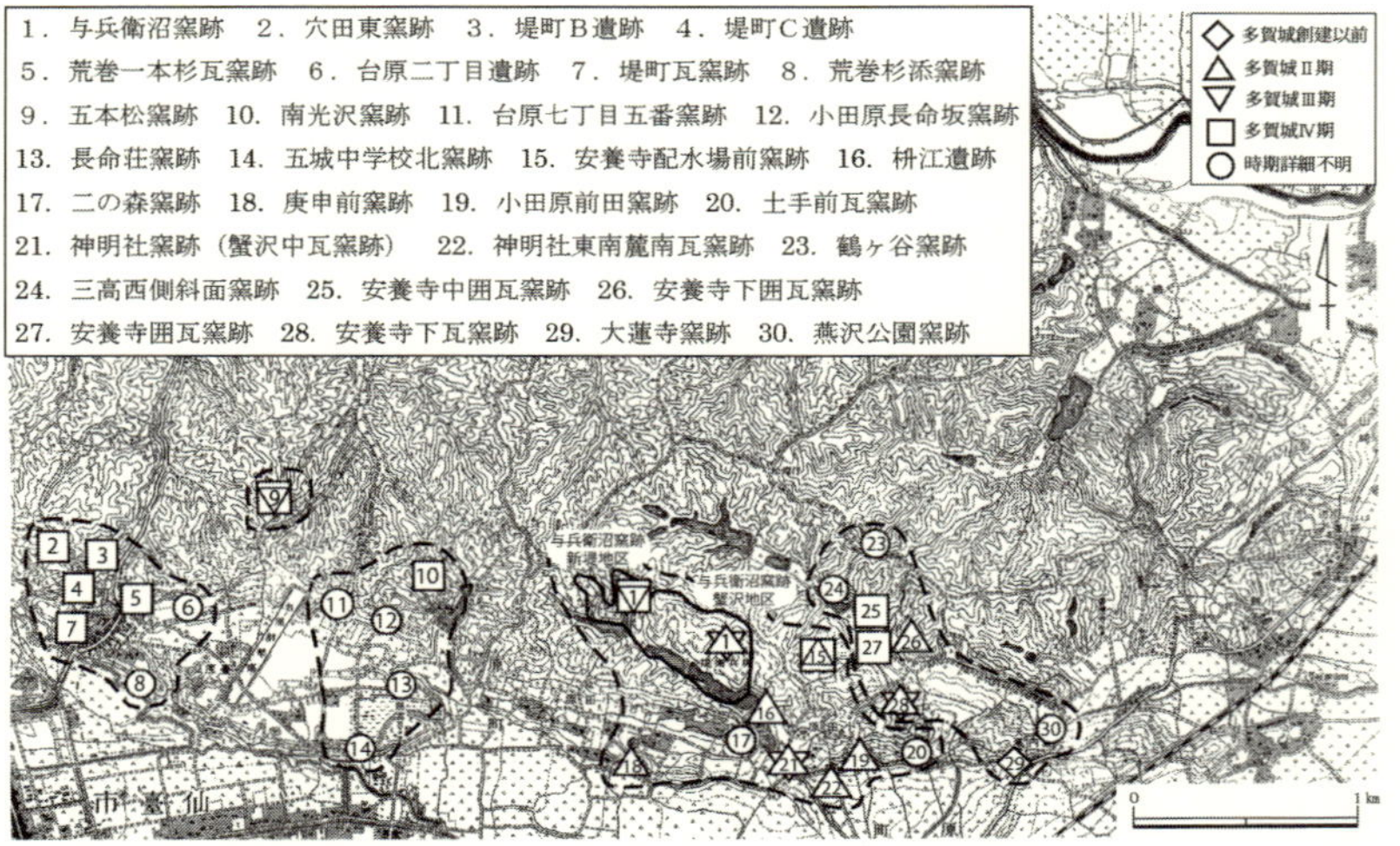

第２図　台原・小田原窯跡群　窯群の時期別分布図

一九六三～六五〕、古窯跡研究会による四〇年近くにわたる継続的な発掘調査〔古窯跡研究会　一九七二・七三・七六・八一・八八・二〇〇九など〕のほか、近年までの開発に伴う調査により、その内容の一部が把握されている〔仙台市教委　一九七三・八三・八七・九八・二〇一〇・一三〕。本稿では、この台原・小田原窯跡群について、既往の調査研究の成果に、最近新たに得られた与兵衛沼窯跡の成果を加えて概観する。なお、以下の記述は特に断らない限り、時期区分ならびに瓦の型式名は多賀城政庁跡のそれに従う〔宮城県教委ほか　一九八二〕。

1　台原・小田原窯跡群

(1)　窯跡群

①位　置　七北田川と広瀬川にはさまれた標高三〇～一〇〇㍍ほどの丘陵＝台原・小田原丘陵の南半に窯跡群は分布する。開発で消滅したものも含めると三〇ヵ所以上の窯跡群が把握され、それらは分布上のまとまりから五ブロックに分けられる（第２図）〔渡邊　一九九五、仙台市教委　二〇一〇〕。

②窯跡群の推移　操業の初現は、早くも五世紀代に大蓮寺窯跡で古墳時代の須恵器が生産されたが単発的で、時期を隔てた七世紀

末～八世紀初頭に同じ大蓮寺窯跡で多賀城創建以前の瓦が生産された。ところが多賀城創建期の瓦は生産せず、多賀城Ⅰ期の瓦は大崎平野の諸窯で生産されている。当窯跡群で継続的な操業がみられるようになるのは八世紀半ばの国分寺創建期以降で、国分寺創建期・多賀城Ⅱ期には安養寺下窯跡・神明社窯跡C地点・与兵衛沼窯跡蟹沢地区東地点などが操業した。九世紀初頭には多賀城Ⅲ期の瓦生産に伴って安養寺中囲瓦窯跡・与兵衛沼窯跡蟹沢地区西地点などが操業し、以後、生産地が徐々に西に移動する。貞観地震からの復興期である九世紀後半には、堤町窯跡・五本松窯跡・与兵衛沼窯跡新堤地区などが操業し、以後、生産は終末を迎える。

⑵ 主な窯跡

発掘調査で内容の判明した窯跡群について概観する。

①与兵衛沼窯跡　台原・小田原丘陵のほぼ中央に位置し、青葉区小松島、宮城野区蟹沢にまたがる。近年の大規模な開発に伴う発掘調査によって、台原・小田原窯跡群を構成する一窯跡群の変遷や窯の構築法など詳細が判明し、貴重な成果が得られている〔仙台市教委 二〇一〇・二〇一三、山川 二〇一四〕。

遺跡内には丘陵を樹枝状に開析する五本の谷があり、そのうち三本の谷頭付近（東から蟹沢地区東地点、同西地点、新堤地区）と、その南側の谷の開口部、与兵衛沼の沼底（蟹沢地区南地点）で窯跡が確認されている（第3図1）。

【蟹沢地区東地点】　半地下式有階無段登窯七基（10～15・18号窯）、半地下式無階無段登窯二基（16・17号窯）が確認されており、上段三基、下段六基の上下二段に窯を配置している状況が確認された（第3図2）。窯体は地山を掘り込み、粘土で床・壁を構築したうえで構架材を用いて天井を架けている（第5図2）。構築材を用いて窯体の大半を地上に構築する「地上式窯」との理解がある〔菅原 二〇一七〕。

瓦は211・222・227（瓦No.は第6図参照）で、粘土紐巻きづくり無段丸瓦・一枚づくり平瓦・熨斗瓦・隅切瓦・須恵器が

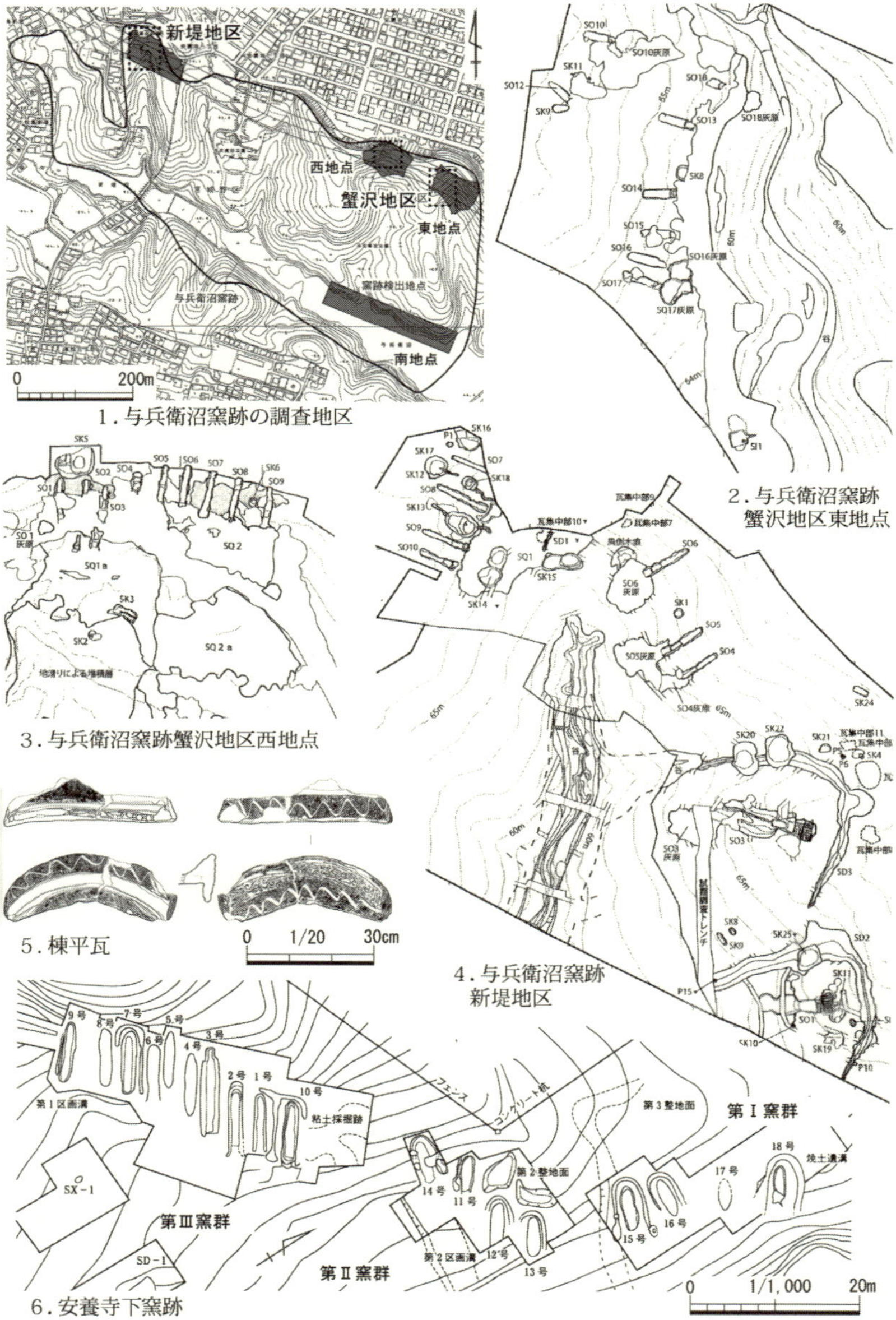

第３図　台原・小田原窯跡群の調査①

出土している。陸奥国分二寺創建および多賀城Ⅱ期の瓦を焼成した。平瓦は、多賀城Ⅱ期に先行する陸奥国分寺創建期のもの（陸奥国分寺Ⅰ・Ⅵ類）と、それに後続する多賀城Ⅱ期のもの（ⅡB類）があることから、蟹沢地区東地点はまず国分寺創建に際して操業し、続いて多賀城Ⅱ期の瓦を生産・供給したと考えられる［斎野二〇一七］。

【蟹沢地区南地点】　与兵衛沼の沼底で一三基の窯跡が検出されている。水による浸食で詳細不明の窯が多いが、1・2・4・5号窯は有階無段登窯である。1・4号窯から620が出土し、国分寺創建期・多賀城Ⅱ期の瓦を焼成したことが判明した。

【蟹沢地区西地点】　半地下式無階無段登窯五基（5～9号窯）、半地下式無段登窯（階不明）四基（1～4号窯）が検出されている（第3図3）。窯体は保存状態がよく、地山を掘り込み、床・壁を粘土で構築した上で、燃焼部には瓦を積み、焼成部は窯体に直交・平行する構架材を設置して天井を架構した半地下式登窯の構築法の詳細が判明した（第5図6）。瓦は431・310A・311・710・720・721A・型式不明重圏文軒丸瓦、有段丸瓦（ⅡB）、隅木蓋瓦が出土し、多賀城Ⅲ期の瓦を焼成した窯である。

【新堤地区】　東斜面・南斜面・西斜面に分かれて九基の窯が分布する（第3図4）。東斜面では半地下式有牀式平窯二基（1・3号窯）、南斜面では半地下式有階無段登窯三基（4～6号窯）、西斜面では半地下式無階無段登窯四基（7～10号窯）が検出された。有牀式平窯は、焚口に石や平瓦を立てて補強材とし、燃焼部や焼成部の壁は半裁した平瓦を積み、目地にスサ入り粘土を詰め、表面に粘土を塗って仕上げている。燃焼部と焼成部の境の隔壁下部に半裁瓦を積み上げ、七箇所に通焔孔を設け、平面長方形の焼成部に六本の分焔牀を設け、その間に六、七本の焔道が伸びる（第5図9）。

瓦は720・721・920・921、丸瓦ⅡB、平瓦ⅡB・ⅡCのほか、多賀城721Bの笵を用いた棟平瓦が出土している（第3図5）。平瓦は7～10号窯でⅡB類が、1・3・4～6号窯でⅡC類が出土し、前者が多賀城Ⅲ期、後者がⅣ期に操業したと考えられる。後者の棟平瓦は、国内では本窯跡から供給を受けた多賀城跡にのみ類例があり、ほかには朝鮮半島統一新羅に例があることから、『日本三代実録』貞観十二年(八七〇)九月十五日条にみえる新羅人瓦工の関与が指摘されている[佐川 二〇一四]。中央系の有牀式平窯と、在地系の半地下式登窯が斜面を異にして操業している点と合わせ、貞観地震復興期の瓦生産の実態を知るうえで貴重である。

このように兵衛沼窯跡は多賀城Ⅱ～Ⅳ期にわたって継続的に瓦を生産・供給した窯であることが明らかとなった。なお、新堤地区の窯跡九基は現地に保存されている。

②安養寺下瓦窯跡　古窯跡研究会、仙台育英高等学校考古学研究部による継続的な調査で、これまで一八基の窯跡が検出されている(第3図6)[古窯跡研究会 二〇〇九]。窯跡はⅠ～Ⅲ群に区分でき、Ⅰ・Ⅱ群は地上式有階無段登窯(第5図1・3)、Ⅲ群は半地下式無階無段登窯(第5図5)、前者からは222・620が、後者からは222・640・320・650が出土しており、Ⅰ・Ⅱ群が国分寺創建期・多賀城Ⅱ期、Ⅲ群が国分寺創建期～多賀城Ⅲ期にかけて操業したと考えられる。

③神明社窯跡　国分二寺の北約三・五キロに位置する。A(蟹沢中)・B・Cの三地区に区分され、A地区では有牀式平窯四基と半地下式無段登窯二基が確認されている(第4図1)。有牀式平窯は多賀城Ⅱ期の240・241・242・243・640と多数の刻印文字瓦を、半地下式無段登窯では310・721・610・710など多賀城Ⅲ期の瓦を焼成したことが判明している。また、B地区は瓦生産に関連する工房・管理施設とみられる竪穴建物跡・掘立柱建物跡が確認され(第4図2)、近接する粘土溜めや破損瓦の廃棄土坑とともに、造瓦所の遺構と考えられている[古窯跡研究会 一九八八、仙台市教委 一九八三・九八]。

④枡江遺跡　北西に与兵衛沼窯跡、南西に神明社窯跡が隣接し、これらと一連の窯場と考えられる。昭和五十二～五十四年にかけて実施された発掘調査で五基の半地下式無階無段登窯が確認された(第4図3)。このうち四基は南向斜面(B地区)に等間隔で並列して構築されており、灰原も共有することから同時期の一ブロックとみなされている[古窯跡研究会 一九八一、仙台市教委ほか 一九八〇]。これに南接する平場状の緩斜面(C地区)では、竪穴建物跡二棟、掘立柱

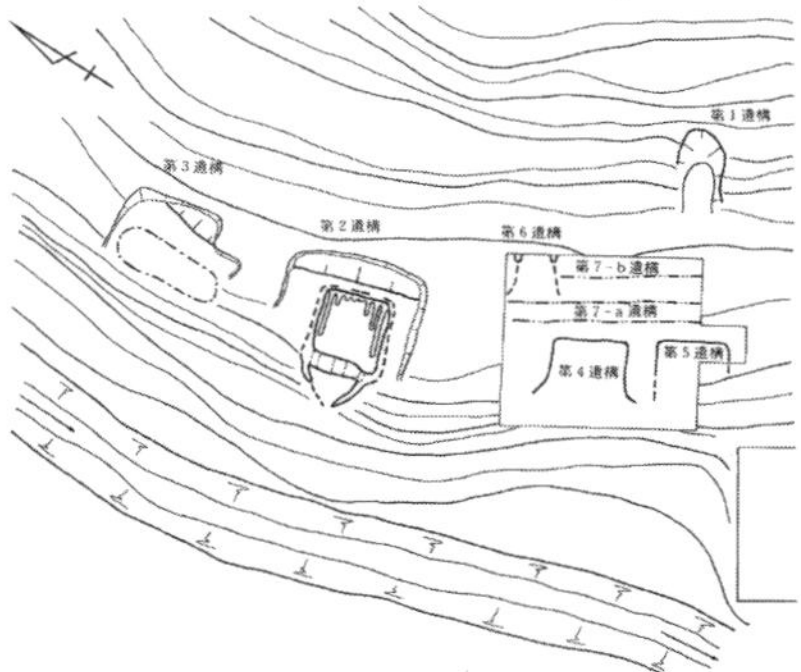

1．神明社(蟹沢中)窯跡Ａ地区

2．神明社窯跡Ｂ地区

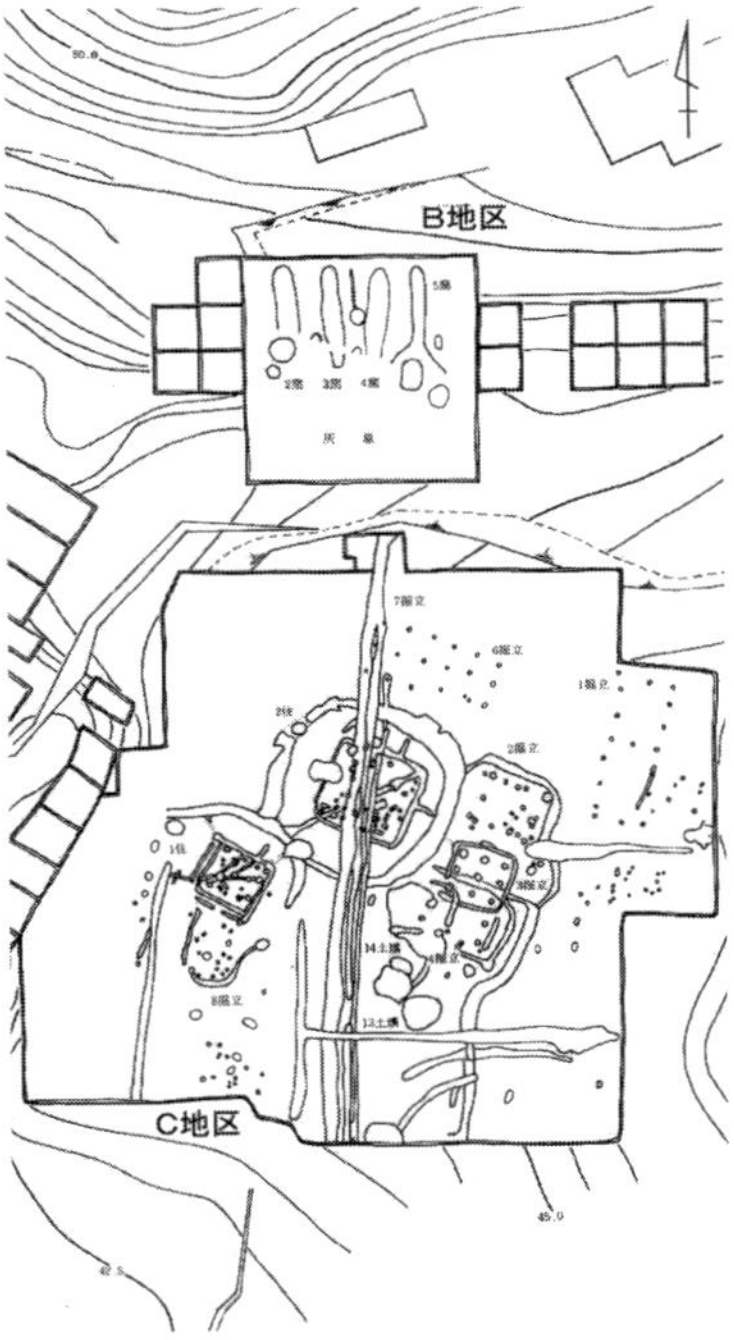

3．枡江遺跡

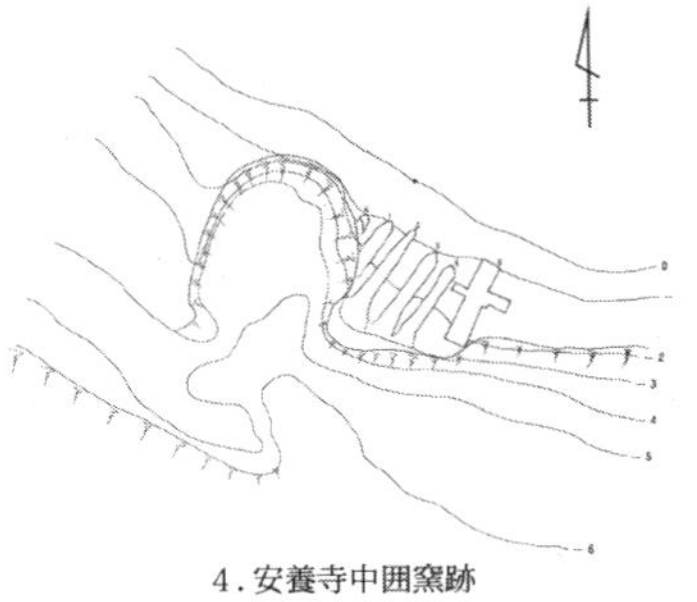

4．安養寺中囲窯跡

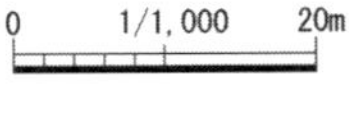

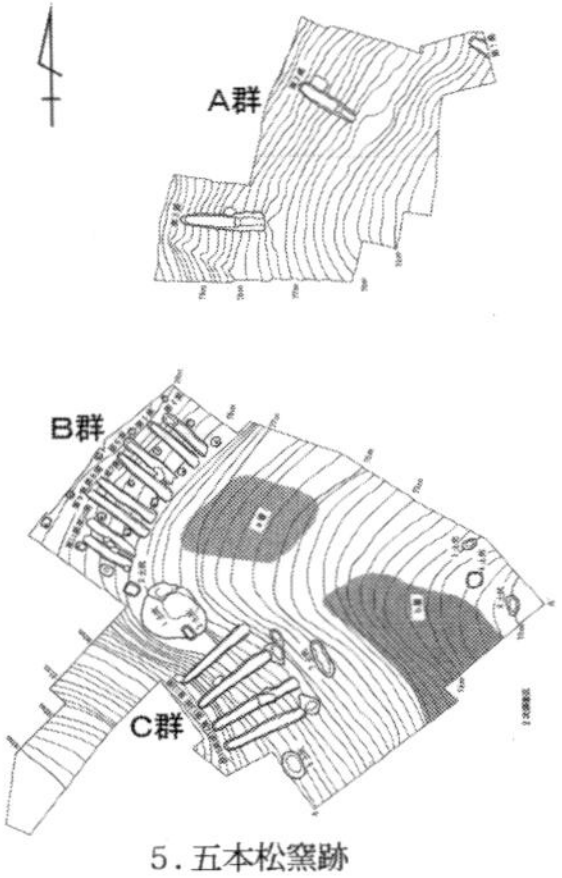

5．五本松窯跡

第４図　台原・小田原窯跡群の調査②

建物跡八棟が確認され、瓦製作工房等からなる造瓦所の遺構とみられている。瓦は多賀城Ⅱ期の250・640、同Ⅲ期の310Aが出土し、これらの時期にかけて操業した窯とみてよい。ほかにヘラ書きおよび刻印文字瓦も出土している。

⑤安養寺中囲窯跡　昭和四十一年の発掘調査で半地下式無階無段登窯六基が確認された（第4図4）［古窯跡研究会　一九七三］。310B・422・427・721Bなど多賀城Ⅳ期の瓦を焼成した窯である。

⑥五本松窯跡　国分二寺の北西四・五キロに位置する。仙台市教委・古窯跡研究会による分布調査でA～D・F～Hの七地点に広がることが把握されており、発掘調査が行われたD地点では、三群（A～C群）からなる一五基の半地下式無階無段登窯が確認されている（第4図5）［仙台市教委　一九八七］。瓦は422・427・310B・721B・921・450・451などいずれも多賀城Ⅳ期のものが出土し、この時期に操業した窯とみられる。

(3)　窯構造

台原・小田原窯跡群では、ほとんどが半地下式無段登窯で、Ⅱ・Ⅳ期には有階・無階とも認められ、Ⅲ期は無階にほぼ限られるようである。安養寺下瓦窯跡や与兵衛沼窯跡を例にとると（第5図）、与兵衛沼窯跡蟹沢地区東地点のようにⅡ期の窯は焼成部が長三・五メートル前後、幅約〇・九～一・〇メートルほどで焼成部が短く幅広で、掘り込みの浅い地上式とも表現される特徴をもつのに対し［渡邊　一九九五、菅原　二〇一七］、Ⅲ期である西地点では焼成部が長三メートル前後、幅約〇・五～〇・七メートル、Ⅳ期の新堤地区では長四～五メートル、幅〇・五～〇・八メートルと、徐々に窯体が細長くなり、比較的深く掘り込まれるようになる。相対的に新しい時期の窯が細長くなる傾向は、Ⅳ期に位置づけられる五本松窯跡や安養寺中囲窯跡でも確認でき、本窯跡群にある程度普遍的な現象とみることができる。

なお、Ⅱ期の神明社窯跡A地点とⅣ期の与兵衛沼窯跡新堤地区では有牀式平窯が導入されるが、定着しない。神明社窯跡A地点の第2遺構は焼成部が一辺二・三メートルの方形、与兵衛沼窯跡新堤地区1号窯は焼成部が奥行一・四メートル×幅

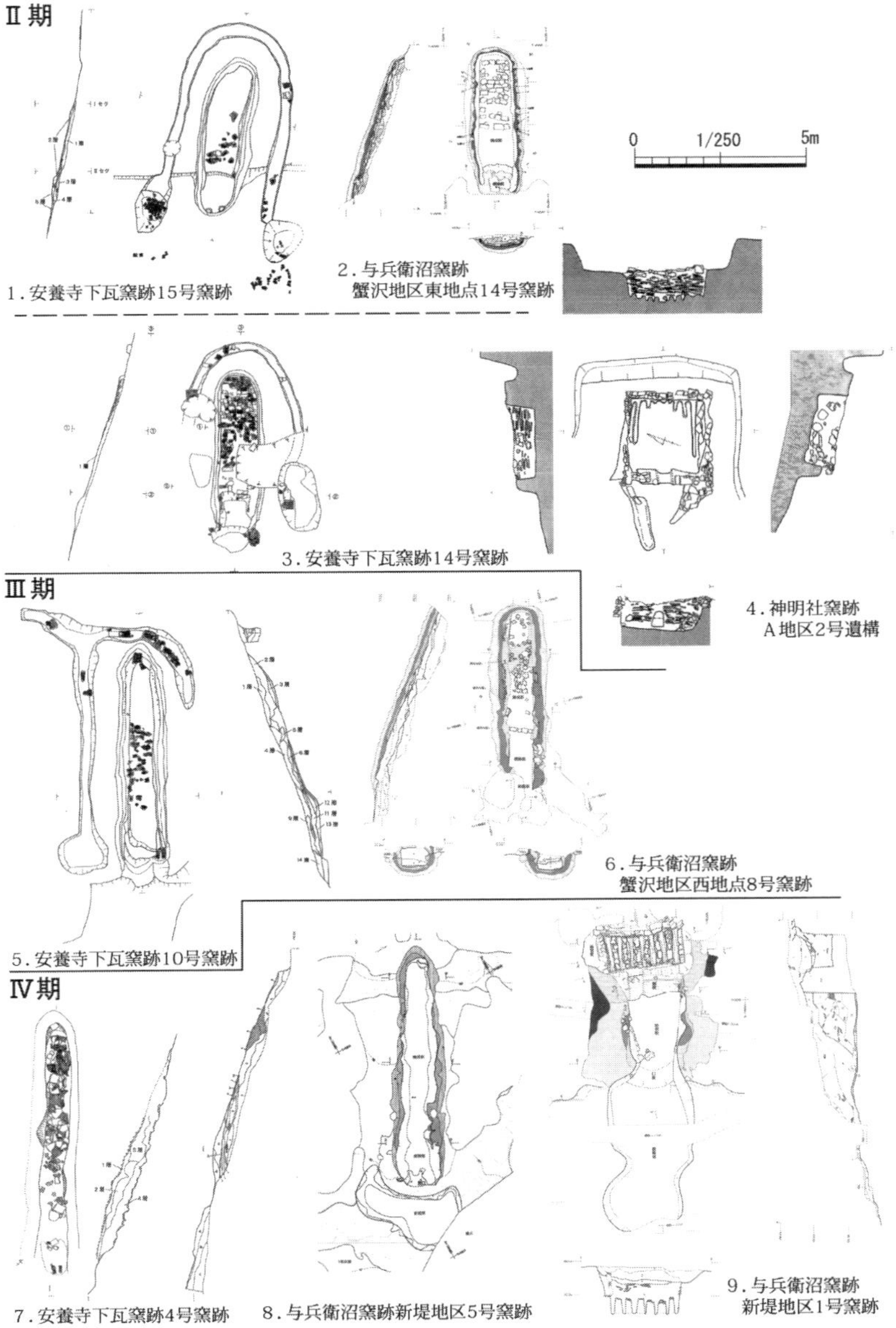

第5図　台原・小田原窯跡群における窯構造の変遷

三・一㍍、３号窯は奥行一・八㍍×幅二・四㍍の長方形である（第５図４・９）。奈良時代から平安時代へ向けて、焼成部が次第に正方形に近づく都城周辺での有牀式平窯の推移［菱田 二〇一三］とは必ずしも一致しない。また、これらの有牀式平窯は、神明社窯跡で多賀城Ⅱ期の政庁や外郭で多く国分寺では少ない重圏文軒丸瓦（240〜242）を焼成しており、与兵衛沼窯跡新堤地区でもやはり多賀城に多い721Ｂの笵を用いた棟平瓦や多賀城でのみ出土する921がみられる点から、いずれも主たる供給先は多賀城であり、その導入契機は国分寺の創建や修造ではなく多賀城の造営にあったと考えられる。

⑷ 需給関係

窯跡や消費地での出土状況にもとづく軒先瓦の組み合わせと、これまでの発掘調査によって把握された窯との対応関係を整理すると第６図のようになる。一城三官寺での瓦の出土状況（第１・２表）をみると、多賀城に主体的に供給されているものと国分寺に主体的に供給されているものがあることがわかる。320—650などⅢ期の瓦は多賀城にのみ供給されている。国分寺創建期の瓦を生産した与兵衛沼窯跡では、軒平瓦の地点による出土の有無の違いや、丸瓦は無段（ⅡＡ）、安養寺下瓦窯跡・枡江遺跡では有段（ⅡＢ）が出土するなど、窯ごとに異なる型式の瓦が生産された状況も把握されている［櫻井 二〇一三］。

一方、同笵関係にある瓦が複数の窯跡群間でみられる。国分寺創建期・多賀城Ⅱ期において軒丸瓦の主体的となる八葉重弁蓮華文軒丸瓦222は、笵傷進行の観察から国分寺創建期より多賀城Ⅱ期のそれが新しく、222を生産していた窯の一つである与兵衛沼窯跡では笵傷が進んだ段階の資料が確認できることから、同窯では主に多賀城に向けて生産を行ったことが指摘されている［斎野 二〇一七］。

多賀城Ⅰ期段階から台原・小田原窯跡群への窯場の移動は、その立地から国分寺創建を契機としたとみられるが、

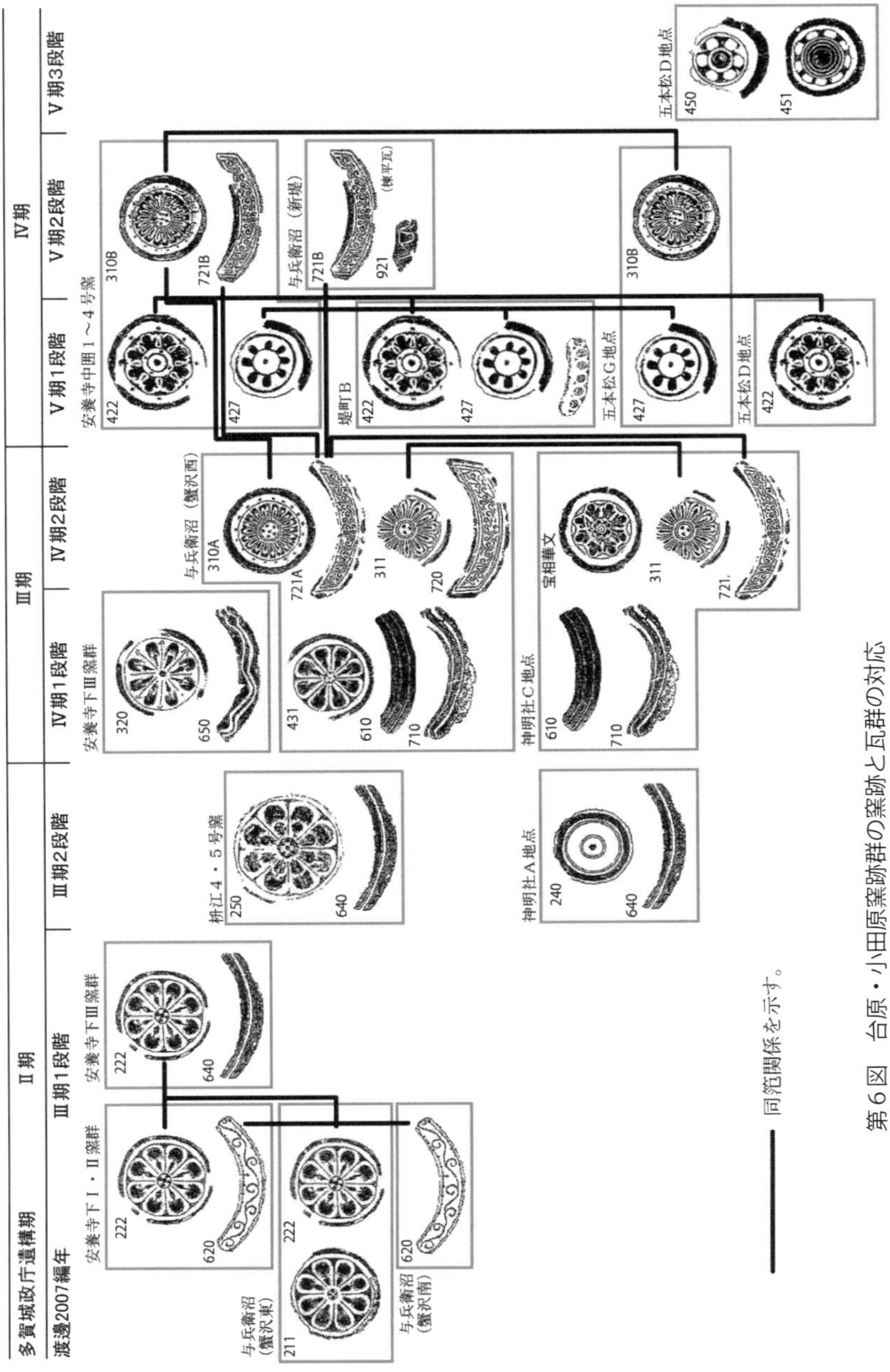

— 同笵関係を示す。

第6図　台原・小田原窯跡群の窯跡と瓦群の対応

第１表　一城三官寺の軒先瓦の共有関係

種別	文様	分類番号	３遺跡での出土数			備考（報告書中の名称）	
			政庁跡	多賀城廃寺跡	陸奥国分寺	多賀城廃寺跡	国分寺跡
軒丸瓦	八葉重弁蓮華文	120	31	45		多賀城式- 第1類	
		121	29	35		〃 第2類	
		122	5	8		〃 第3類	
		123	5	13		〃 第4類	
		124	6	7		〃 第5類	
		125	13	4		〃 第6類	
		126	95	19		〃 第7類	
		127	5	2		〃 第8類	
		128	2	5		〃 第9類	
		114	4	20		〃 第10類	
		120～134	234	530		〃 不　明	
		221	27				第1類
		222	286	5	318	陸奥国分寺式- 第2・4類	第2・4類
		223	40	2		〃 第3類	第3類
		225	14		47		第5類
		226	1		31		第6類
		221～228	358	9		陸奥国分寺式- 不明	
		460	8		32		第7類
	五葉重弁	113	1	1		小形花文	
	細弁蓮華文	310A	69	1		第2B類	
		310B	121	20	28	第2C類	第2類
	宝相花文	422	10	1	83	第1類	第1類
		423	18		169		第2類
		425	10	4	72	第4類	第4類
	歯車状文	427	56	18	79	歯車文	歯車文
	陰刻花文	450	7	4		異形花文 第1類	
		451	5	3		〃 第2類	
	重圏文	240	46	1	1	第1類	
		241	45	1		第2類	
		243	16	1		第3類	
		240～242	59	2		不明	
軒平瓦	重弧文	511	952	1076			
	単弧文	640	566	6	7		
	二重波文	911	4	27			
	偏行唐草文	621	177		206		第1類
		620	162	8	5	第2類	第2類
	均整唐草文	721B	184	30	42	第1類	第1類
	連珠文	830		4	79		第1類
		831	18		280		第1類

Ⅲ期には多賀城にのみ瓦が供給されていることから、その後の本窯跡群における操業の継続は多賀城にかかる造営を基軸として行われたとも解される。ただし、この段階の未発見窯の存在も考慮する必要がある。

菅原祥夫は国分寺創建期・多賀城Ⅱ期の瓦群に八葉重弁蓮華文軒丸瓦―重弧文軒平瓦によるⅠグループ、八葉重弁蓮華文軒丸瓦―偏行唐草文軒平瓦・単弧文軒平瓦によるⅡグループ、重圏文軒丸瓦・単弧文軒平瓦によるⅢグループを想定し、Ⅰグループ：国分寺創建当初（天平十三年～十九年）→Ⅱグループ：国分寺創建ピーク～多賀城大改修前半（天平十九年～七五〇年代）→Ⅲグループ：国分寺創建期終末～多賀城大改修完成（天平宝字六年頃）の推移を指摘している［菅原 一九九六・二〇一七］。

同笵関係で結ばれた各瓦群も複数の窯で同時に焼成・供給された可能性とともに、各時期における造営の微妙な段階差を反映している可能性がある。その詳細な把握が課題となろう。

第２表　一城三官寺の共有関係にない軒先瓦

種別	文様	分類番号	３遺跡での出土数		
			政庁跡	多賀城廃寺跡	陸奥国分寺
軒丸瓦	八葉重弁蓮華文	116	1		
		129	2		
		130	37		
		131	5		
		132	5		
		133	5		
		134	1		
		211	19		
		227	32		
		228	30		
		250	7		
		251	1		
		320	61		
		321	2		
		431	109		
		440	1		
	重弁蓮華文	第8類			7
		第9類			3
	六葉重弁	112	5		
	細弁蓮華文	311	121		
		第1類			28
	鋸歯文縁細弁蓮華文	第1類（230）		17	
		第2類（231）		19	
	蓮華文	313	3		
	宝相花文	420	26		
		第3類			9
		第5類			1
	陰刻花文	452	24		
	重圏文	242	7		
	素弁蓮華文	第1類			1
		第2類			1
		第3類			1
	複弁蓮華文	—			1
	変形蓮華文	—			39
	桜花文	—			1

種別	文様	分類番号	３遺跡での出土数		
			政庁跡	多賀城廃寺跡	陸奥国分寺
軒平瓦	二重弧文	512	39		
		513	20		
		710	147		
	重弧文	第1類（610）			73
		第2類（611）			1
		第3類（612）			2
	三重弧文	514	1		
		711	4		
	単弧文	921	20		
	二重波文	650	88		
	三重波文	—			6
	鋸歯文	630	3		
		631	1		
		632	4		
	山形文	—			148
	偏行唐草文	624	31		
		625	2		
		626	2		
		627	4		
		第3〜5類			53
	均整唐草文	660	4		
		720	13		
		721Ａ	367		
		第2類			75
		第3類			25
		第4類			31
	連珠文	910	1		
	連符文	920	3		
	無文	641	15		
		—			25
	旋回花文	—		16	
	箆描文	—			67
	細陽偏行唐	—			3

※文様・分類番号欄は遺跡毎の型式名を記載した。

2　国分寺創建段階の生産体制

(1) 多賀城Ⅰ期から国分寺創建期への造瓦組織の再編

国分寺創建段階の瓦の生産体制は、多賀城Ⅰ期のそれを下記のように再編することによって構築された〔菅原一九九六・二〇一七〕。すなわち、多賀城Ⅰ期では窯跡群の立地が供給先から二五〜三五キロ離れた鳴瀬川・江合川流域の下伊場野・日の出山・大吉山・木戸および海岸部の未発見窯に分散する遠隔地型であったのに対し、国分寺創建期・多賀城Ⅱ期には特に国分二寺に近い台原・小田原窯跡群に窯場が移動し、近距離の窯場で一極集中的に一城三官寺の瓦を生産する体制となった（第1図）。平瓦は多賀城Ⅰ期の桶巻作りから国分寺創建以降は一枚づくりに画一化され、窯構造は多賀城Ⅰ期の地下式無階無段登窯から、国分寺創建以降は半地下式（地上式）無階無段登窯に全面的に転換する。平瓦一枚づくりと半地下式登窯は多賀城の平城宮系軒先瓦（230・231―660）に伴ってⅠ期末に導入されたと考えられる。多賀城Ⅰ期の須恵器工人による瓦作り（造瓦須恵器生産）〔渡辺 二〇〇六〕のあり方から、Ⅱ期の台原・小田原窯跡群ではほぼ瓦生産に特化した生産体制を構築した。なお、Ⅲ期以降は須恵器の比重が強まる。

(2) 窯の操業形態と工房の形態

多賀城Ⅱ期段階における操業のあり方を多角的に検討した櫻井友梓によれば、四～九基の窯が並列して構築される場合が多く、窯跡と近接して竪穴遺構が存在することから窯と工房が一体となって生産地が形成されており、共通した瓦が各地点で出土していることから共時的に複数の地点にまたがる集約的な生産が行われていたことを指摘している。そのあり方は、日の出山窯跡群と共通することから、多賀城Ⅰ期のなかで確立される生産地のあり方を継続したものとみる〔櫻井 二〇一三〕。Ⅱ期にはⅠ期からの窯と竪穴遺構を一体的に構築する工房のあり方に対し、多賀城Ⅰ期の八葉重弁蓮華文軒丸瓦を継承しない新来の重圏文軒丸瓦に、有牀式平窯と掘立柱建物工房がセットで導入されているが、窯構造とともに工房形態も定着しなかった〔菅原 二〇一七〕。

(3) 官窯としての特性

多賀城Ⅰ期における郡ごとに散在していた遠隔地の生産地を、消費地に近接した一箇所に集中させるとともに（集中性）、Ⅱ期にはほぼ瓦に特化した生産を行い（専業性）、本来は系譜の異なる瓦と須恵器の両者を折衷した窯構造として、独自の半地下式登窯の採用によって操業の継続性を確保した〔渡辺 二〇〇六〕。その製品は規格性が高く、瓦当文や製作技法に創建期から平安期まで共通して見られる要素が多いことから、工人系譜が連綿と続いていたと考えられる(継続性)［梶原 二〇一〇］。

国分寺創建期・多賀城Ⅱ期～Ⅳ期まで操業を継続するなかで、一時的に有牀式平窯を導入するが定着しない点や、半地下式登窯の焼成部の長さ・幅の時期による変化が漸移的変化と捉えられるとすれば、やはり工人系譜の連続と理解することができる。そして、同笵関係で結ばれた瓦を一城三官寺に限定的に供給した(限定性)。これらの点は、官窯［上原 一九八七］の代表的かつ典型的なあり方を示す［梶原 二〇一〇］。こうした特性は、一城三官寺の継続的な瓦需要に対応したものであり［渡辺 二〇〇六］、陸奥国分寺に在地系瓦がなく、国府・国分寺で統一意匠の瓦が一貫生産される高い水準での造瓦体制が整備された前提には、国府多賀城の創建や諸城柵ならびに関連寺院の整備に伴う膨大な瓦需要に対応した多賀城Ⅰ期における造瓦体制の存在が指摘されている［菅原 二〇一七］。

おわりに

一城三官寺では、出土する多種の瓦の遺跡間での共有関係が明らかにされている一方、その生産にかかわり広範囲に展開した台原・小田原窯跡群においては、そのごく一部が調査されたにすぎず、その生産・供給の実態はいまだ不明な点も多い。

規格化が進んでいる分、分類の難しいこれらの瓦や窯構造等について、細部の特徴を捉えた分析が必要と思われる。そのうえで、本文中で触れたように、特に国分寺創建期・多賀城Ⅱ期の瓦について既に取り組まれているが［櫻井 二〇一三、斎野 二〇一七］、各地点における瓦生産の併行関係や微妙な先後関係と、一城三官寺における造営・修造の推移との対応を細かく跡づけていく必要がある。

また、今回は取り上げなかったが、多賀城と陸奥国分寺の刻印文字瓦についても、両遺跡での記銘内容の違いが指摘されており、生産体制や多賀城I期からの造瓦との関わりで、検討する必要がある。これらの点は今後の課題としたい。

参考文献

上原真人　一九八七年「官窯の条件―律令制下造瓦体制を検討するための作業仮説―」『北陸の古代寺院―その源流と古瓦』北陸古瓦研究会

木立雅朗　一九八七年「造瓦組織の歴史的発展についての覚書」『北陸の古代寺院―その源流と古瓦』北陸古瓦研究会

梶原義実　二〇一〇年「国分寺瓦屋と瓦陶兼業窯」『国分寺瓦の研究　考古学からみた律令期生産組織の地方的展開』名古屋大学出版会

古窯跡研究会　一九七二年『仙台市原町小田原　蟹沢中瓦窯跡発掘調査報告書』研究報告第一冊

古窯跡研究会　一九七三年『陸奥国官窯跡群―台の原古窯跡群調査研究報告―』研究報告第二冊

古窯跡研究会　一九七六年『陸奥国官窯跡群II』研究報告第四冊

古窯跡研究会　一九七六年『陸奥国官窯跡群III　仙台市枡江遺跡発掘調査報告書―造瓦所の調査―』研究報告書第五冊

古窯跡研究会　一九八一年『陸奥国官窯跡群IV　十周年記念号』研究報告書第六冊

古窯跡研究会　一九八八年『陸奥国官窯跡群V　仙台市蟹沢中窯跡第二次調査報告』研究報告第八冊

古窯跡研究会　二〇〇九年「陸奥国官窯跡群VII　仙台市安養寺下瓦窯跡調査報告書―陸奥国分寺・同尼寺創建期の瓦窯跡―」『仙台育英学園高等学校研究紀要』第二四号

斎野裕彦　二〇一七年「陸奥国分寺・尼寺跡と多賀城第II期における瓦の生産」『第四十三回古代城柵官衙遺跡検討会―資料集―』

佐川正敏　二〇一四年「貞観地震復旧瓦生産における新羅人の関与について」『宮城考古学』第一六号

櫻井友梓　二〇一三年「陸奥国府周辺の窯業生産地とその変容」『宮城考古学』第一五号

櫻井友梓　二〇一四年「東北地方の瓦窯の特質」『窯跡研究会第十二回研究会　東北の瓦窯の構造　発表要旨集』窯跡研究会

進藤秋輝　一九八三年「東北地方の瓦窯」『仏教芸術』一四八　毎日新聞社

菅原祥夫　一九九六年「陸奥国府系瓦における造瓦組織の再編過程（一）―黄金山産金遺跡所用瓦の再評価を中心として―」『論集しのぶ考古』

菅原祥夫　二〇一七年「陸奥国分寺の創建と造瓦組織の再編」『第四十三回古代城柵官衙遺跡検討会―資料集―』

須田　勉　二〇一三年「国分寺造営の諸段階―考古学から―」『国分寺の創建　組織・技術編』吉川弘文館

須田　勉　二〇一六年『国分寺の誕生 古代日本の国家プロジェクト』歴史文化ライブラリー四三〇、吉川弘文館
仙台市教育委員会　一九七三年『仙台市荒巻 五本松窯跡発掘調査報告書』仙台市文化財調査報告書第六集
仙台市教育委員会　一九八二年「堤町窯跡B地点」『仙台平野の遺跡群Ⅰ―昭和五十六年度発掘調査報告書―』仙台市文化財調査報告書第三七集
仙台市教育委員会　一九八三年『神明社窯跡―発掘調査報告―』仙台市文化財調査報告書第五四集
仙台市教育委員会　一九八七年『五本松窯跡　都市計画道路「川内・南小泉線」関連遺跡発掘調査報告書』仙台市文化財調査報告書第九九集
仙台市教育委員会　一九九八年『神明社窯跡ほか発掘調査報告書』仙台市文化財調査報告書第二三二集
仙台市教育委員会　二〇一〇年『与兵衛沼窯跡―都市計画道路「川内・南小泉線」関連遺跡発掘調査報告書―』仙台市文化財調査報告書第三六六集
仙台市教育委員会　二〇一三年『宮城県仙台市 郡山遺跡三三―平成二十四年度発掘調査概報　郡山遺跡・与兵衛沼窯跡―』仙台市文化財調査報告書第四一七集
仙台市教育委員会ほか　一九八〇年『枡江遺跡発掘調査報告書―造瓦所の調査―』仙台市文化財調査報告書第一八集
内藤政恒　一九六三～六五年「仙台市台ノ原・小田原窯址群と出土の古瓦」『歴史考古』九～一三
菱田哲郎　二〇一三年「国分寺と窯業生産」『国分寺の創建　組織・技術編』吉川弘文館
宮城県教育委員会・宮城県多賀城跡調査研究所　一九八二年『多賀城跡』政庁跡本文編
山川純一　二〇一四年「与兵衛沼窯跡の瓦窯構造」『窯跡研究会第十二回研究会　東北の瓦窯の構造　発表要旨集』窯跡研究会
渡辺　一　二〇〇六年『古代東国の窯業生産の研究』青木書店
渡邊泰伸　一九九五年「台原・小田原窯跡群」「五本松窯跡」「安養寺下瓦窯跡」「枡江遺跡」「神明社窯跡」『仙台市史』特別編　考古資料、仙台市
渡邊泰伸　二〇〇六年「古代東北における古瓦の研究」『研究紀要』第二一号　秀光中等教育学校・仙台育英学園高等学校
渡邊泰伸　二〇〇七年「陸奥国分寺跡出土瓦について―軒瓦と瓦生産からみた国分寺の変遷―」『考古学談叢』東北大学大学院文学研究科考古学研究室・須藤隆先生退任記念論文集刊行会

図・表出典

第1図：宮城県教委ほか一九八二に加筆。第2図・第3図2～5・第5図2・6・8・9：仙台市教委二〇一〇に加筆。第3図1：仙台市

教委二〇一三に加筆。第3図6・第5図1・3・5・7：古窯跡研究会二〇〇九、第4図1・第5図4：古窯跡研究会一九八八、第4図2：仙台市教委一九八三、第4図3：仙台市教委ほか一九八〇、第4図4：古窯跡研究会一九七三、第4図5：仙台市教委一九八七、第6図：渡邊二〇〇七、山川二〇一四を参考に筆者作成。第1・2表：宮城県教委ほか一九八二より筆者作成。

付　東国の国分寺瓦窯研究

浅野健太

はじめに

国分寺の瓦窯に関する研究については、各国で長い研究史がある。本稿では、信濃・武蔵・上野・下野・陸奥・相模・上総・下総・常陸の国分寺瓦窯の主要な研究史を取り上げ、東国国分寺瓦窯の研究動向を概観したい。

1　各国の国分寺瓦窯

(1) 信濃国分寺瓦窯

信濃国分寺の瓦窯としては、信濃国分寺瓦窯・依田古窯跡群・幸上窯跡群・土井ノ入窯跡が確認されている(第1図)。最初に信濃国分寺の瓦窯と指摘されたのは、依田古窯跡群である。太田保男が依田村一体に須恵器窯、瓦窯が存在することを指摘し、一九五一・五二年に東京大学考古学研究室が発掘調査を実施した結果、三基の登窯を検出した。いずれも須恵器窯であるが、一基は構築材に布目瓦を用いることから、付近に国分寺の瓦を焼いた窯があることを想定した[吉田・倉田・五十嵐一九五四]。

幸上窯跡群は一九六三年に発掘調査され、半地下式登窯の2号窯からは丸瓦・平瓦片が出土した〔坂詰 一九六八〕。信濃国分尼寺金堂の北東約二〇〇㍍に位置する、信濃国分寺瓦窯については、一九六七年に発掘調査が実施され、二基の有畦式平窯を検出した。構築材の瓦には創建期のものと、平安時代初期のものが見られるとされ、平安時代初期の開窯とされた（第2図）〔上田市教委 一九七四〕。

長野県坂城町の土井ノ入窯跡では、信濃国分寺と同笵の蕨手文軒丸瓦、均整蓮華文軒平瓦、単弁八葉蓮華文軒丸瓦、変形唐草文軒平瓦が出土し、これらを平安時代のものと位置付け、信濃国分寺の補修瓦を生産したことを指摘した。また、これらの軒先瓦は、込山廃寺にも供給したとしている〔森島 一九八二〕。

倉澤正幸は信濃国出土の軒先瓦を分析し、製作年代や技法の変遷を検討した。土井ノ入窯跡については、出土する

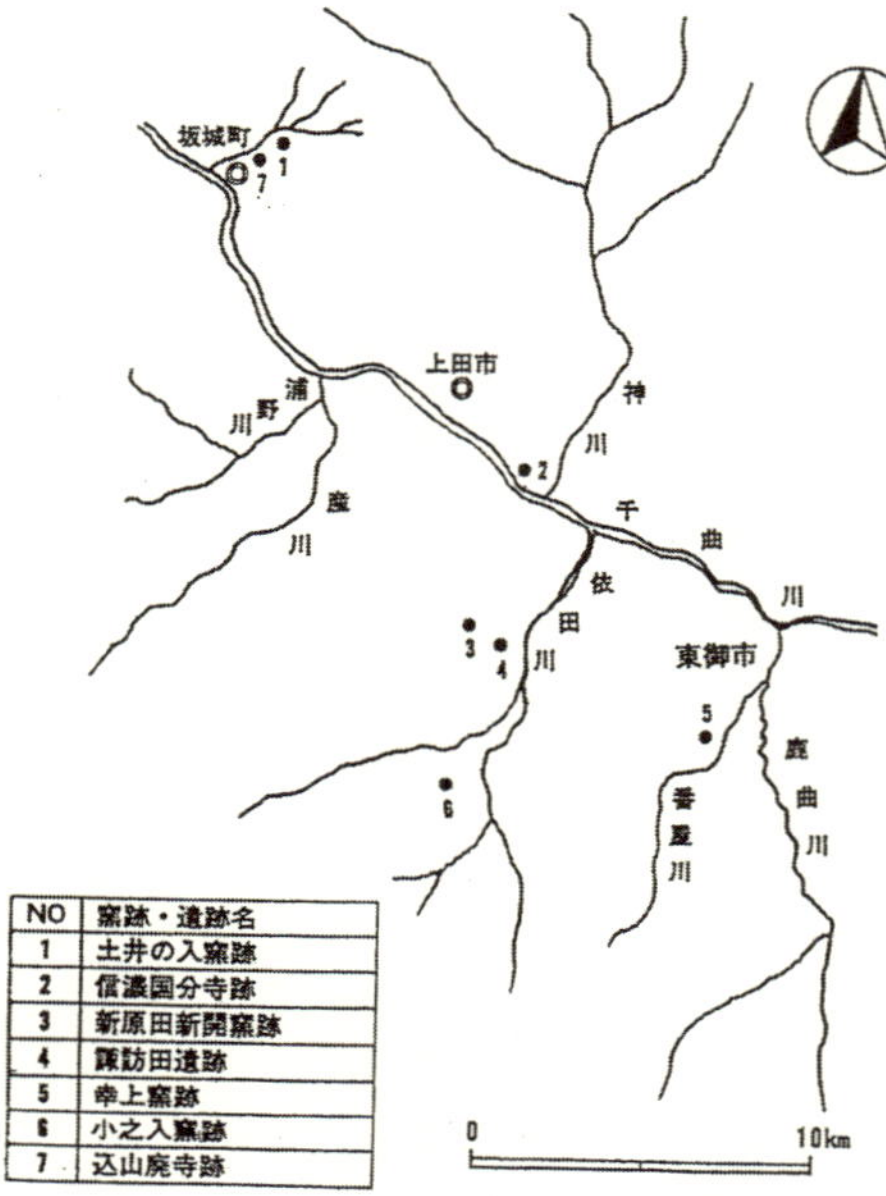

NO	窯跡・遺跡名
1	土井の入窯跡
2	信濃国分寺跡
3	新原田新開窯跡
4	諏訪田遺跡
5	幸上窯跡
6	小之入窯跡
7	込山廃寺跡

第1図　信濃国分寺瓦窯の分布（倉澤 2008）

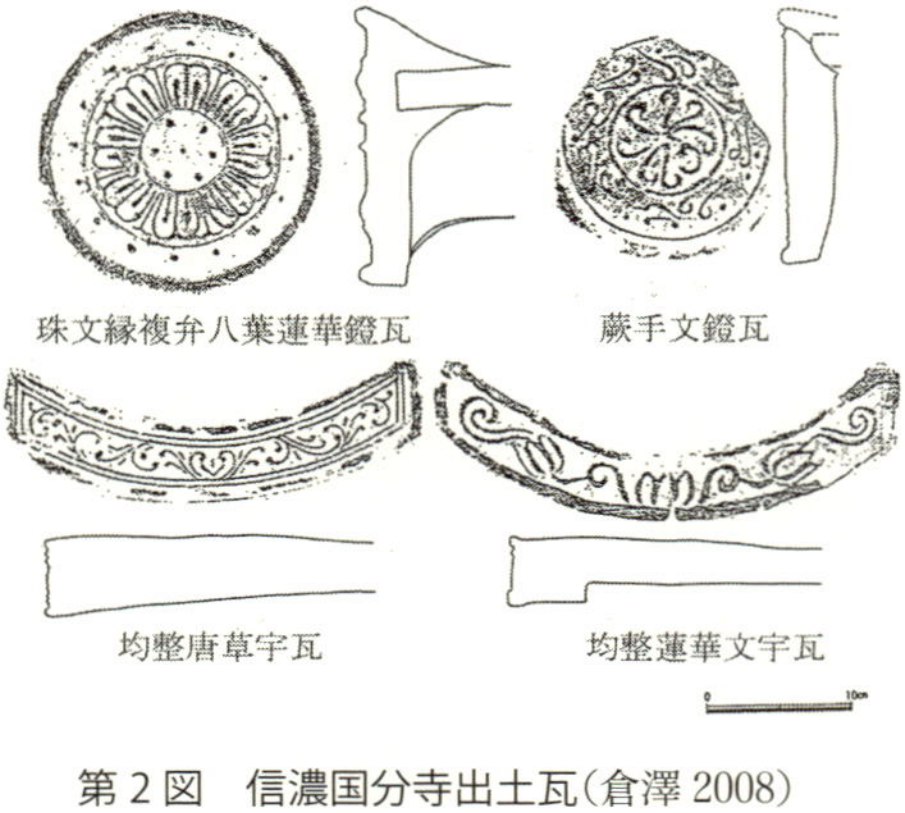

第2図　信濃国分寺出土瓦（倉澤 2008）

蕨手文軒丸瓦や平瓦の製作技法から信濃国分寺創建以前の築窯と位置付けた。また信濃国分寺瓦窯については、東国の八世紀後半頃の有畦式平窯と構造が類似すること、灰原から八世紀後半頃の須恵器が出土すること、構築材の土井ノ入窯跡と共通する蕨手文軒丸瓦が、国分寺創建以前に位置付けられたことから、国分寺創建期の八世紀第3四半期頃に築かれ、九世紀前葉まで操業したと指摘した。さらに幸上2号窯を国分寺創建期に比定し、主に尼寺に供給したとした［倉澤 二〇〇八］。さらに倉澤は古代信濃の主要な瓦窯の立地・構造・操業時期を個別に検討し、信濃国分寺創建期瓦窯に信濃国分寺1・2号窯、依田古窯跡群の新原田新開窯跡、幸上窯跡群の幸上2号窯を比定し、信濃国では須恵器窯跡群内に瓦窯を置くケースが多かったとしている［倉澤 二〇一七］。

(2) 武蔵国分寺瓦窯

武蔵国分寺の瓦窯としては、南比企窯跡群・南多摩窯跡群・東金子窯跡群・末野窯跡群が知られている（第3図）。武蔵国分寺では多くの文字瓦が出土し、その存在はすでに江戸時代には知られていた。瓦窯について初めて言及したのは、重田定一である［重田 一九〇三］。重田は比企郡亀井村（現在の鳩山町）大字泉井字新沼にて、武蔵国分寺と同様の文字瓦が採取されることから、武蔵国分寺の瓦窯跡であることを指摘し、後の南比企窯跡群新沼窯跡が紹介された。また字金沢では人名瓦が採取されるとし、ここは後に金沢窯跡として発掘調査が実施される。

南多摩窯跡群は、大正時代に南多摩稲城村大丸字瓦谷戸と堺村相原字陽田の道路工事で、大量の瓦が発見され、瓦窯として認識された［東京府 一九二三］。南多摩窯跡群での表採資料を分析し、紹介したのは原田良雄であり、武蔵国分寺にも供給したが、主に府中市の京所廃寺に供給したと考えた［原田 一九四四］。また、一九五六年に後藤守一を中心に発掘調査を実施し、二基の有段登窯が検出された［宇野 一九六三］。

三輪善之助は、武蔵国分寺の瓦窯の分布を明らかにするため、武蔵国各郡を踏査し表採した文字瓦と、武蔵国分寺出土文字瓦を比較して、すでに知られていた南比企窯跡群、南多摩窯跡群、末野窯跡群を武蔵国分寺瓦窯に加え、武蔵国分寺に供給した四つの窯跡群の存在を明らかにした［三輪 一九二八］。

埼玉県内の具体的な窯の分布が明らかにされたのは、埼玉県内で確認されている須恵器窯や瓦窯を集成した、『埼玉県史』を契機とする。この県史で窯跡は、入間郡に三か所、比企郡に四か所、大里郡に三か所、児玉郡に一か所あるとしている。ここで紹介されている窯跡の分布圏は、南比企窯跡群・東金子窯跡群・末野窯跡群であり、後に発掘調査が実施され、武蔵国分寺瓦窯研究の中心となる南比企窯跡群の金沢窯跡・新沼窯跡・天沼窯跡や、東金子窯跡群の新久窯跡等、詳細な分布調査がなされた。特に、末野窯跡群に属する大里郡寄居町大字末野では、武蔵国分寺瓦窯で初めて発掘調査が実施され、構造が登窯であることが証明された［埼玉県 一九三三］。

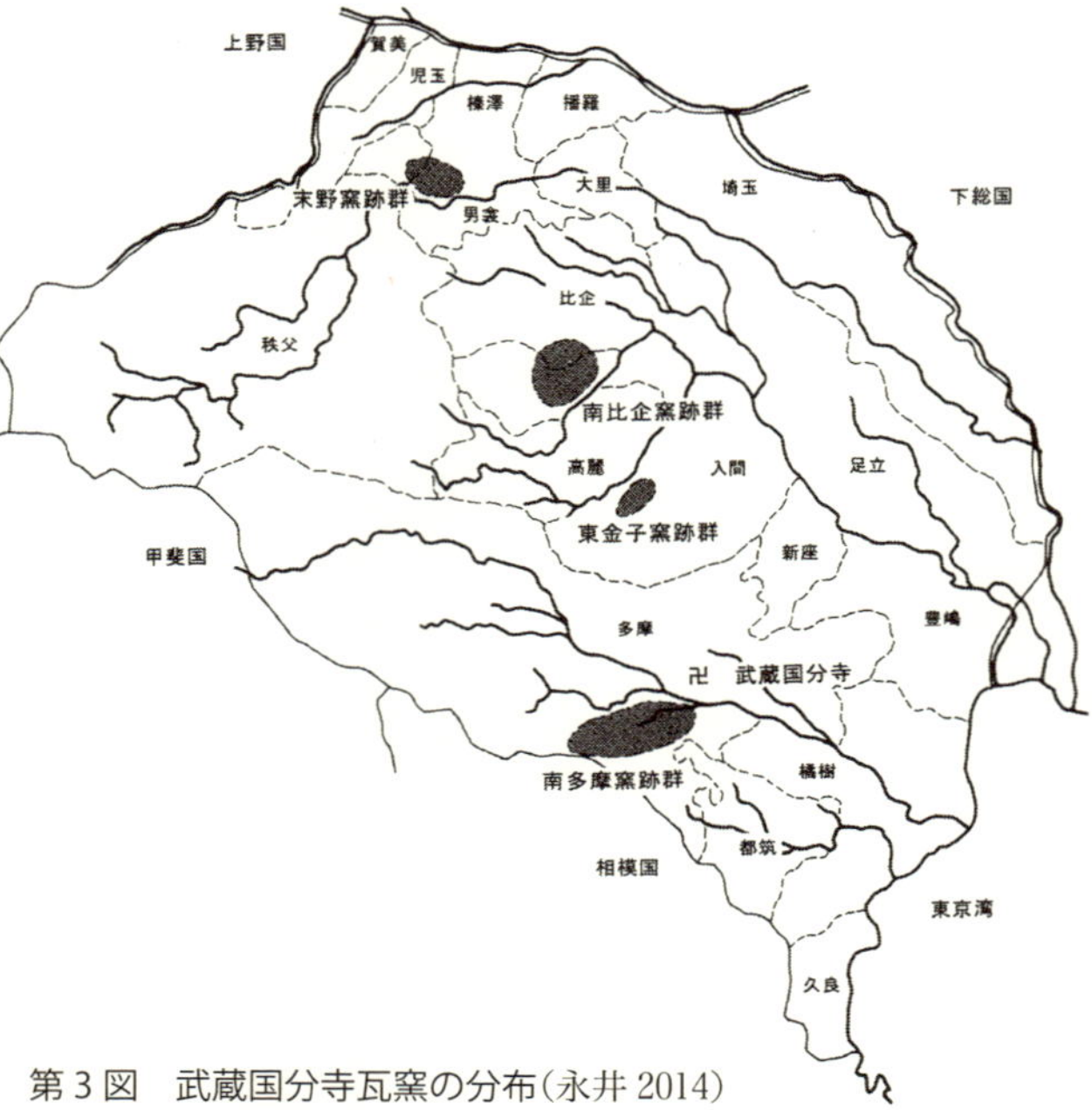

第３図　武蔵国分寺瓦窯の分布（永井 2014）

『埼玉県史』までの研究では、窯跡の分布を明らかにすることが主であったが、これらの研究により窯の分布や表採資料が豊富になってきた。こうした成果から宮崎糺は、瓦窯から出土する郡郷名瓦の関係を整理し、ある郡で進献する瓦はひとつの瓦窯でのみ生産したものでないこと、一つの瓦窯で複数郡の瓦を生産したことを指摘した［宮崎 一九三八］。

東金子窯跡群は、埼玉県入間市小谷田の谷津池東南斜面に位置する金子坂瓦窯で、一九五〇年に発掘調査が実施された。一基の登窯が検出され、出土した軒平瓦の文様から武蔵国分寺瓦窯であることが明らかとなった［内藤 一九五五］。また、一九六六年には谷津池北側の南斜面（A地点）と、東側の南東斜面（B地点）の二か所を調査した。いずれも二基ずつ登窯を検出した。なかでもA地点では工房跡を検出しており、床面には部分的に粘土の集積が認められた。A地点工房跡から出土した文字瓦から、武蔵国分寺瓦窯であることが指摘された［坂詰 一九七一］。

大川清は、当時判明していた武蔵国分寺瓦窯を分析し、窯構造に登窯が多いことから、単なる造瓦窯場ではなく、須恵器窯場における一時的な造瓦窯場であり、須恵器工人による造瓦を指摘した。大川の指摘は、南比企窯跡群の特色である、須恵器窯跡群での造瓦をいち早く指摘したものである。また秩父郡瓦長銘文字瓦の存在から、各瓦窯は各郡の瓦長の監督下に造瓦を行ったとした［大川 一九五八］。

その後、各窯跡群内で多くの発掘調査が実施された。有吉重蔵は、南多摩窯跡群の各窯跡から出土した、軒先瓦や文字瓦の編年を整理し、これらと同笵、同印関係の遺物の武蔵国分寺、武蔵国府からの出土位置を分析した［有吉 一九九五］。また、武蔵国分寺Ⅰａ期の造瓦の中心は、南多摩窯跡群であり、南比企窯跡群での造瓦は補完的なものであったこと、この時期の南多摩窯跡群で見られる文字瓦は榛沢郡と多摩郡であり、同時期の南比企窯跡群で見られる文字瓦は、賀美郡・秩父郡であり、この時期はこれらの郡による、即応的な造瓦体制であることを指摘した。一方、Ⅰb期になると、文字瓦も武蔵国全郡がみられるようになり、大量生産に対応した体制となる。そして、造瓦の中心は南比企窯跡群となり、Ⅰａ期での須恵器生産体制下での小規模な生産から脱却し、有畦式平窯や、有段式登窯などの瓦専用窯の導入や、瓦工房である雷遺跡を設置し、これを核に各窯場が有機的に結合した造瓦専業体制が確立し、これらの背景には、南多摩窯跡群からの技術導入が計られたことを指摘した。有吉の研究は、武蔵国分寺創建期で造瓦体制に変遷が見られること、南多摩窯跡群と南比企窯跡群の交流と造瓦体制に言及したものであり重要である。さらに有吉は、武蔵国府、そして瓦窯で出土する文字瓦を分類し、これらの同印関係を整理した[有吉 二〇〇〇]。一方、渡辺一は、Ⅰb期に成立した、南比企窯跡群の瓦屋は、多摩ニュータウンNo.五一三遺跡系統の工人によって成立したと理解した。ただし、造瓦には南比企窯跡群内の須恵器工人が、一定程度関与したことを認め、南比企窯跡群は瓦屋と須恵器工房の二局体制で生産し、南多摩窯跡群は瓦屋の一局体制、末野窯跡群は須恵器工房での一局体制であり、武蔵国分寺造瓦体制は、これら三種の造瓦体制が複合したものと位置付けた[渡辺 二〇〇六]。二〇一四年には、金沢窯跡の発掘調査報告書が刊行され、有吉は報告書により明らかにされた、金沢窯跡の調査成果と、南多摩窯跡群の調査成果を再検討し、Ⅰb期段階の瓦谷戸窯跡群A、B号窯の平瓦の凹面に見られる「ヘラ状圧痕」の技法が、No.五一三遺跡に見られることや、軒先瓦の同笵関係から、瓦谷戸窯跡群からNo.五一三遺跡への二度にわたる技術波及を指摘した。さらにヘラ状圧痕も持つ平瓦が金沢窯跡で見られることや、同印関係等から南多摩窯跡群の工人が、南比企窯跡群へ移動したことを考えた[有吉 二〇一六]。

こうした武蔵国分寺創建期の窯跡の研究に対して、宮原正樹は修造期である九世紀の造瓦体制を、瓦窯の様相から検討した[宮原 二〇一六]。宮原は、当該期の模骨文字瓦生産の初出を、東金子窯跡群の新久窯跡に求め、七重塔再建を契機とした。この窯の文字瓦は「上」や「大」等郡名を示すものではない。一方、同じ東金子窯跡群の八坂前窯跡では、郡名瓦が出土する。両窯跡の時期差はほとんどないが、新久窯跡は八坂前窯跡より後出する単弁六葉蓮華文軒丸瓦が出土するなど、やや新しい様相を示す。両窯に見られる文字瓦の変容の画期は、七重塔再建と、国分寺改修事業が終息を迎え、これより先は武蔵国府や各郡の整備に移り、このような情勢のなかで、瓦の需要減少に伴い、武蔵国分寺創建期の郡参画型の造瓦体制は解体されたと指摘した。

(3) 上野国分寺瓦窯

上野国分寺の瓦窯としては、笠懸窯跡群と吉井・藤岡窯跡群、乗附窯跡群が知られている（第４図）。

上野国分寺の瓦窯の位置を最初に求めようとしたのは、福島武雄である。福島は、上野国分僧寺の金堂跡から、西に二町ほどの窪地に、焼土や粘土が見られ、ここが瓦窯と伝え聞いたという［福島 一九二一］。

第４図　上野国分寺瓦窯の分布（群馬県教委 1988）

笠懸窯跡群での瓦窯跡についての報告は、豊國覺堂によってなされ、新田郡笠懸村字山際の布目瓦散布地（山際窯跡）で、岩澤正行が三基の窯を発見したとするが、この段階では上野国分寺瓦窯であることには触れられていない［豊國 一九二三］。一方、柴田常恵は、新田郡笠懸村大字鹿字山際の鹿田山の南麓に窯跡を発見し、鹿田山窯跡として報告する［柴田 一九二六］。採取される軒丸瓦、軒平瓦は上野国分寺と文様・形状・技法が同じであることを指摘した。笠懸窯跡群での発掘調査は、戦時中に軍隊がドラム缶設置のために空けた穴の断面に窯跡が現れ、瓦片や須恵器片が混ざっているのを相沢忠洋が発見し、一九四八年に調査して、登窯一基を検出した。しかし、この時は上野国分寺瓦窯と認識されていなかった［尾崎 一九四八］。その後『笠懸村誌』で笠懸窯跡群山際窯跡と鹿ノ川窯跡が上野国分寺瓦窯であると指摘され、鹿ノ川窯跡は八世紀末には操業を停止し、山際窯跡は九世紀まで操業を続けたとした[笠懸村 一九八五]。山際窯跡については、木津博明・綿貫邦男により踏査がなされ、現地の斜面の断面に、四基の窯跡が確認できるという[木津・綿貫 一九九二]。これらはすべて登窯で、そのうち2・3号窯は半地下式登窯であることを指摘した。さらに出土した須恵器の年代や、窯のレベルの関係から、1号窯の後に2・3号窯が築かれ、1号窯は上野国分尼寺創建期とし、2・3号窯は七六〇年代頃としている。

吉井・藤岡窯跡群での瓦窯についての最初の報告は、松田鏆による[松田 一九二七]。松田は、多野郡日野村大字金井字中原の土手で窯跡を発見した。平瓦が多く確認され、「国」「寺」「富」等の文字瓦のほか、軒丸瓦、飛雲文軒平瓦等が確認されており、これを上野国分寺瓦窯と指摘した。一九六四年には坂詰秀一を中心に金山瓦窯が調査され、三基の無段式登窯を確認している[坂詰 一九六六]。出土した軒丸瓦・軒平瓦・文字瓦から上野国分寺補修期の瓦窯と指摘した。

上野国分寺瓦窯として、笠懸窯跡群と吉井・藤岡窯跡群の二つを位置付けたのは大江正行である。大江は、単弁五葉蓮華文軒丸瓦を上野国分寺創建の統一意匠と指摘し、これ以降、二つの窯跡群は上野国分寺瓦窯と認識されるようになった[大江 一九八二]。

上野国分寺の発掘調査では大量の瓦が出土し、瓦の様相が明らかとなった。報告書では、国分寺から出土した軒先瓦を分類・整理し、創建初期のI期は、各地の既存の寺院に供給されていた瓦が国分寺に供給され、II期になると国分寺用の意匠の軒先瓦となり、東毛の笠懸窯跡群と、西毛の吉井・藤岡窯跡群の二か所の瓦窯によって造瓦が行われ、III期になると笠懸窯跡群は急速に衰退し、吉井・藤岡窯跡群が主体となる。また、II期での二か所の瓦窯では、笠懸窯跡群が単弁五葉蓮華文軒丸瓦と右偏行唐草文・左偏行唐草文軒平瓦の文様意匠の軒先瓦を生産し(上野国分寺創建統一意匠)、吉井・藤岡窯跡群では単弁八葉蓮華文と重郭文の軒先瓦を生産する(第5図)。技法も笠懸窯跡群では、一本

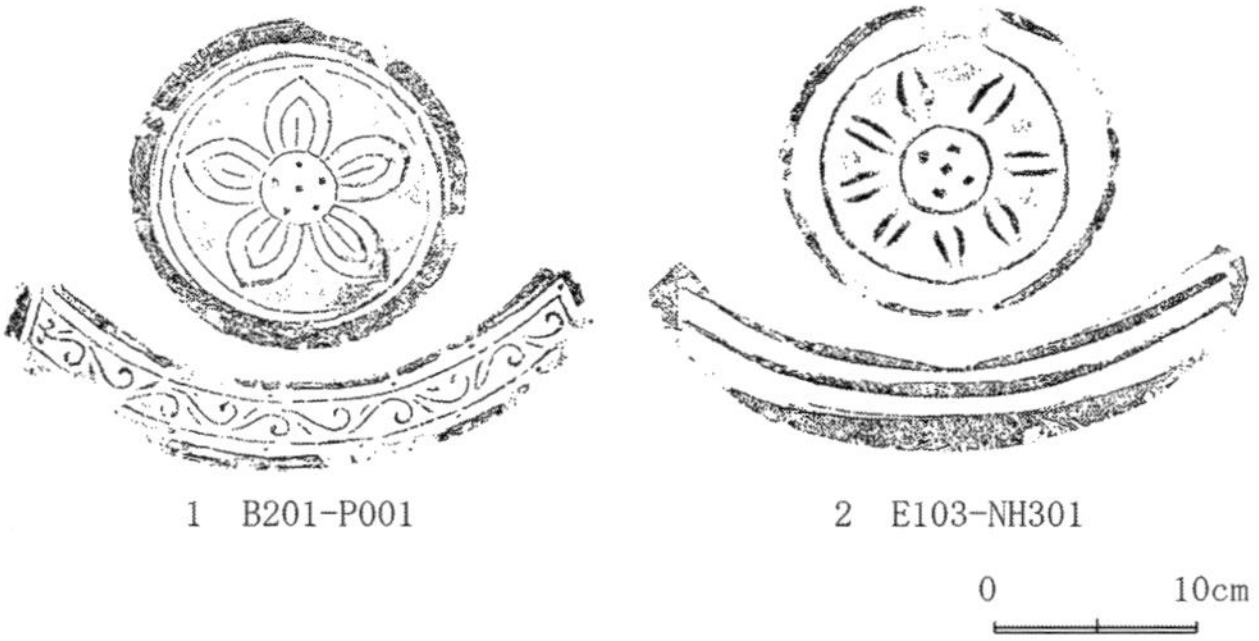

1　B201-P001　　2　E103-NH301

第５図　上野国分寺出土瓦（高井 2003）

作り、一枚作りが用いられるが、吉井・藤岡窯跡群では印籠接ぎ、桶巻き作りが用いられるといった、生産地の変遷や技法の変遷が明らかにされた［群馬県教委 一九八八］。

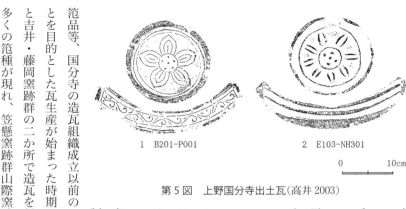

一九九二年には川原嘉久治の古瓦散布地での踏査成果がまとめられ、乗附窯跡群の小塚窯跡で上野国分寺系瓦が採取され、九世紀初頭頃の上野国分寺瓦の生産が指摘された［川原 一九九二］。

上野国分寺では武蔵や下野と同様に、多くの文字瓦が確認されている。こうした文字瓦を検討した高井佳弘は、創建期の軒丸瓦Ｂ二〇一と軒平瓦Ｐ〇〇一は、笠懸古窯跡群の鹿ノ川窯跡で生産され、同笵品の分布は新田郡内に限られるため、新田郡が生産に関与しているとした［高井 一九九九］。一方、山際窯跡では勢多郡・佐位郡・山田郡の文字瓦が採取され、これらは郡を超えて供給されないことから、瓦の生産・供給の管理は郡ごとに行われたことを指摘し、新田郡のみの鹿ノ川窯跡から、四郡体制の山際窯跡への変遷を指摘した。さらに高井は上野国分寺の発掘調査報告書で指摘した、Ⅰ～Ⅲ期の時期区分を造瓦体制の変容から見直し、Ⅱ期を三段階に細分した。Ⅱ—1期は雑木見遺跡との同笵品等、国分寺の造瓦組織成立以前のこの時期に、国内で生産していた瓦が供給される段階で、国分寺に供給することを目的とした瓦生産が始まった時期はⅡ—2期であるとしている。この時期は先述の通り、笠懸窯跡群鹿ノ川窯跡と吉井・藤岡窯跡群の二か所で造瓦を行い、それぞれ瓦当文様と技法が異なるものである。Ⅱ—3期は、前段階より多くの笵種が現れ、笠懸窯跡群山際窯跡と吉井・藤岡窯跡群の他に乗附窯跡群小塚窯跡での生産を指摘し、この段階では笠懸窯跡群で生産されていたA系統の瓦が、吉井・藤岡窯跡群金山瓦窯で出土することから、この段階の吉井・藤岡窯跡群ではA・B両系統の瓦を生産したことを明らかにした［高井 二〇〇三］。

(4) 下野国分寺瓦窯

下野国分寺瓦を生産した三毳山麓窯跡群犬伏窯跡は、古く丸山太一郎によって発見されていた［考古學會 一九一三］。

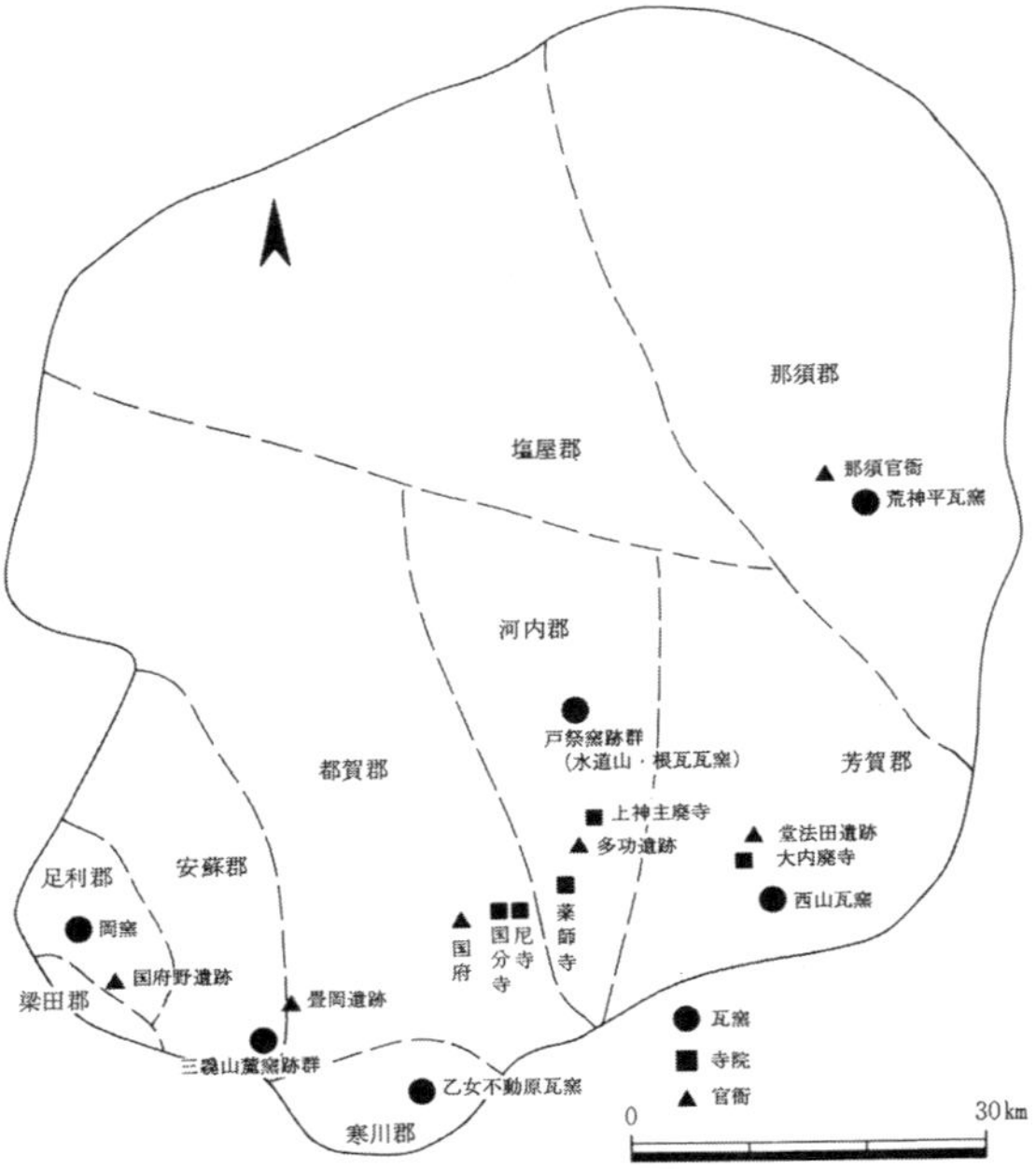

第６図　下野国分寺瓦窯の分布（栃木県教委 1997）

この犬伏窯跡は早い段階で発掘調査が実施されており、出土する軒丸瓦が下野国分寺と同種とし、下野薬師寺からも出土することや、大慈寺銘瓦の出土から、これらの寺院へ供給した窯としている［栃木縣 一九二六］。その後、栃木県内の窯跡は大川清により精力的に調査が行われ、その概略が集成された［大川 一九七五］。このとき報告された国分寺瓦窯は、三毳山麓窯跡群の立山瓦窯・東山瓦窯・八幡瓦窯・町谷瓦窯・鶴舞瓦窯である。また、出土した軒先瓦の文様を瓦窯と下野国分寺・下野薬師寺で整理し、生産遺跡と供給先の関係を明らかにした。さらに平瓦の凸面に残される叩き板の型押文を分析し、瓦窯と国分寺の関係はもちろん、三毳山麓窯跡群の各窯跡間で同一の型押文が見られることを指摘した。さらに型押文の傷みの進行も明らかにし、これらの成果が後の大橋泰夫の業績につながった。

大橋泰夫は、下野国分寺出土瓦の詳細な分析を行い、僧寺金堂造営期である1―1前半期では、河内郡水道山瓦窯、足利郡岡窯、都賀郡か安蘇郡にあたる三毳山麓窯跡群、寒川郡乙女不動原瓦窯、芳賀郡西山瓦窯など、それまで各郡内の寺院や官衙の造瓦を担った窯から郡系瓦が供給されることを指摘した〔栃木県教委 一九九七〕。塔建立期にあたる1―1後半期では、1―1前半期の瓦窯で国分寺式瓦を生産し、三毳山麓窯跡群で寒川郡・都賀郡・安蘇郡・足利郡・梁田郡の下野国南五郡の文字瓦を生産したとする。一方、水道山瓦窯では那須郡・塩屋郡・河内郡の三郡の文字瓦を生産した。なお、荒神平瓦窯・西山瓦窯では国分寺式瓦を生産するが、文字瓦を焼かない尼寺の造営が本格化する1―2前半期は、三毳山麓窯跡群の町谷瓦窯で集中的に生産している。1―1後半の水道山瓦窯や荒神平瓦窯で見られた国分寺式瓦の瓦笵と、先述の大川が明らかにした叩き板が町谷瓦窯で見られ、各郡からの工人の移動が指摘できる。町谷瓦窯では全九郡の文字瓦が見られる。1―2期以降は、三毳山麓窯跡群の瓦窯で生産する（第6図）。七九〇年代から八五〇年前後の2期になると郡名瓦を生産しなくなり、「国分寺瓦」「寺」等の文字になる。九世紀後半の3期は「国分寺」「大慈寺」などの供給地名の文字瓦を生産することを明らかにした。一方、尼寺での瓦窯の変遷は、津野仁が明らかにしている〔栃木県教委 二〇一四〕。津野は1―1前半期には、すでに仮設の金堂が建てられていたとし、水道山瓦窯と三毳山麓窯跡群で生産した郡系瓦が葺かれると指摘する。また、1―2期の文字瓦出土量を僧寺と比較し、国分寺で出土量の多い郡は尼寺で少なく、逆に国分寺で出土量の少ない郡は尼寺で多いことから、主に国分寺に屋瓦を貢進する郡と、尼寺に貢進する郡に、枚数を分担して割り当てたことを明らかにした。

(5) 陸奥国分寺瓦窯

陸奥国分寺瓦窯としては、台原・小田原窯跡群が知られている（第7図）。

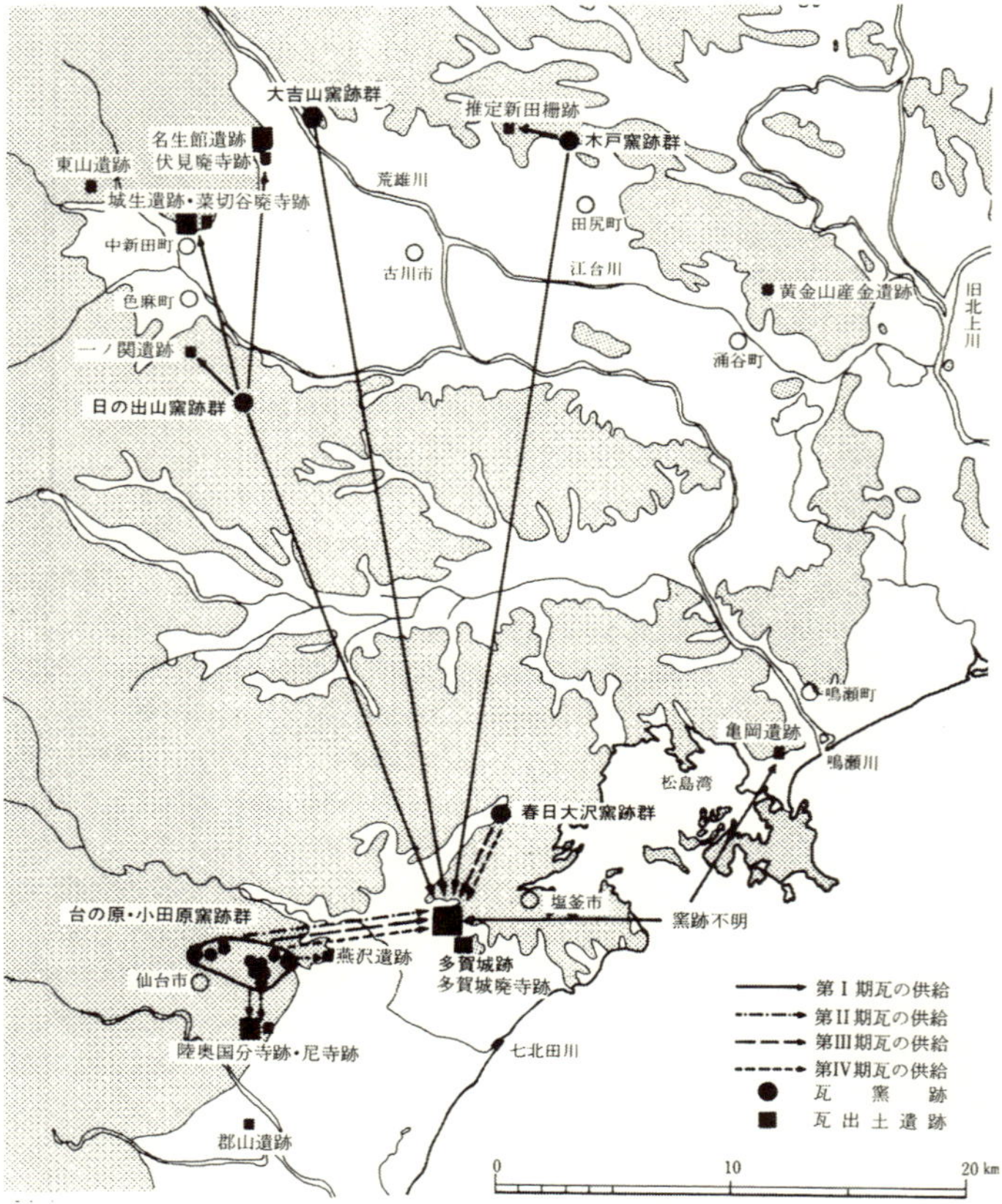

第７図　陸奥国分寺瓦窯の分布（宮城県教委 1982）

台原・小田原窯跡群の発見は、一九二一・二二年に利府村春日（現利府町）が踏査され、三基の奈良時代の窯跡が確認された［宮城縣史蹟名勝天然紀念物調査會 一九二七］。また、一九二五年には七北田村浦田（現泉市）より仙台市小田原に通じる里道の開発で、三基の窯が発見されている［宮城郡教育会 一九二八］。ここでは「竹」の刻印を持つ瓦片が出土しているようである。さらに同じく、七北田村八乙女区の天ヶ澤にも窯跡があることが指摘されている。

こうして窯跡の存在は知られるようになり、内藤政恒は瓦窯に推定されている仙台市北郊の台原丘陵で採取される遺物と、陸奥国分寺で出土する遺物を比較検討し、台原丘陵の瓦窯群が陸奥国分寺瓦窯であることを明らかにした［内藤 一九三八］。また、出土瓦の種類から、小田原と堤町二つの地点に瓦窯があることを指摘した。さらに内藤は、窯跡群の踏査を進め、戦後に台原・小田原窯跡群の一六か所の詳細な窯跡の分布と、表採古瓦を報告した［内藤 一九六三～一九六五］。

内藤の調査後、台原丘陵の開発が進み、遺跡の破壊と消滅が相次いだことをうけ、一九六五年以降、東北学院大学考古学研究部により、窯跡の分布調査と発掘調査が継続的に進められた［加藤・野崎 一九七二］。これにより発見された窯跡は一七か所に及び、すでに報告されたものと合わせて、二五か所三四群の窯跡の存在が明らかとなった。また多賀城の発掘調査報告書では、多賀城の瓦の生産地について言及し、多賀城創建期のⅠ期では約二五～三〇キロ離れた、宮城県北地方内陸の下伊場野窯跡群や日の出山窯跡で生産し、陸奥国分寺創建期のⅡ期以降は多賀城から九キロほどの台原・小田原窯跡群に移ること、このころから平窯が確認されることを指摘した［宮城県教委 一九八二］。

東北学院大学の継続的な調査と多賀城の調査により、瓦窯の変遷が明らかになり、菅原祥夫は多賀城創建期（Ⅰ期）と、多賀城Ⅱ期及び陸奥国分寺創建期の瓦窯の様相を比較し、造瓦組織の変遷に迫った［菅原 二〇一七］。

多賀城Ⅰ期は、宮城県北地方内陸の下伊場野窯跡群や日の出山窯跡で国府直系瓦の造瓦を行い、窯は須恵器窯を用いた瓦陶兼業窯であり、胎土・焼成・技法から須恵器側の造瓦組織の整備を指摘し、この時期の瓦生産は造瓦須恵器工人と造瓦須恵器窯によることを指摘した。

一方、陸奥国分寺創建期になると台原・小田原窯跡群で生産し、瓦当文様は多賀城Ⅰ期からの国府直系瓦であることや、技法が前段階の宮城県北地方と類似することから、工人移動を指摘したが、台原・小田原窯跡群では瓦に特化した生産体制がなされていることを明らかにした。ただし、窯構造については、在地色の強い地上式窯であるとした。

(6) 相模国分寺瓦窯

相模国分寺瓦窯である東京都町田市の瓦尾根窯跡は、ふるく鈴木時正により発見されていた。この瓦窯は、大川清を中心に一九五七年の調査を初めとして三度発掘調査が行われ、有畦式平窯四基を検出し、1号窯は登窯を有畦式平窯に改造したものと指摘した[大川 一九六九]。また、出土した軒先瓦の文様から、相模国分寺瓦窯であることが明らかとなり、年代は平瓦の技法が一枚作りであることや、有畦式平窯が平安時代に多く見られる窯構造であること、渡辺直経が3号窯で行った熱残留磁気の測定結果が九五〇年頃であることから、十世紀前半頃の操業とした。

河野一也は、相模国分寺から出土する瓦の胎土や技法を分析し、瓦の産地について考察し、創建期に足上郡からさわ瓦窯、瓦窯は未確認だが僧寺の軒丸瓦と軒平瓦が採取される三浦郡乗越系、宗元寺に供給した瓦窯として知られ、有畦式平窯三基が検出された三浦郡公郷系の三か所の瓦窯の存在を指摘した(第8図)[河野 一九九五]。九世紀前半のII期になると、僧寺尼寺ともに瓦尾根窯跡群から供給され、九世紀後半のIII期には南多摩窯跡群から供給されるとしている。一方、浅井希は、相模国分尼寺金堂周辺出土瓦を胎土や技法等から産地の推定をした[浅井 二〇〇七]。その結果、瓦尾根系が七〇%を占めており、創建期は瓦尾根I・II類が供給され、法塔・乗越・公郷系の三浦郡産瓦と、からさわ瓦窯産瓦が非常に少ない割合であり、これらの瓦窯は、専ら創建期は僧寺に供給しており、尼寺に対しては補完的に供給していたと指摘した。また、瓦尾根III類や南多摩窯跡群御殿山支群産は、補修期に供給されたとしている。さらに僧寺と尼寺の創建期では、両者で軒先瓦も併用されないことから、両者は異なる造瓦体制であることを指摘した。

第8図　相模国分寺瓦窯の分布(浅井 2007)

二〇〇七年には、三浦郡乗越遺跡の発掘調査が行われ、A地区で地下式有階有段登窯三基、B地区で地下式の有畦式平窯三基、C地区で地下式有階有段登窯二基が確認された［横須賀市教委 二〇一二］。また、相模国分僧寺創建期の軒丸瓦片も出土し、それまで乗越系とされていた相模国分寺三浦郡産の瓦窯の実態が明らかとなった。

(7) 上総国分寺瓦窯

上総国分寺の瓦窯としては、川焼瓦窯・南河原坂瓦窯・南田瓦窯・神門瓦窯・祇園原瓦窯が知られている（第9図）。神門瓦窯は雷電池瓦窯跡群として、一九四八年にその存在が知られていたが、発掘調査には至らなかった。また南田瓦窯は一九七二年に道路工事の際に発見され、当時は登窯と考えられていた［滝口 一九七三］。その後、市原市国分寺台での区画整理に伴い南田瓦窯の発掘調査が行われた。調査の結果、南田瓦窯は有畦式平窯四基が確認され、平窯は平安期のものと指摘された［須田 一九七六］。さらに近隣からは粘土採掘坑や工房跡も検出されている。神門瓦窯については保存目的の確認調査で、五基の登窯が確認された。時期は創建期のものとされている［須田 一九七六］。

一九七八年には、千葉県立房総風土記の丘の企画展『房総の古瓦』にて、千葉県内で出土する瓦が集成され、古瓦出土地の分布と性格が把握されるようになった［千葉県立房総風土記の丘 一九七八］。この段階で川焼瓦窯・南田瓦窯・神門瓦窯を上総国分寺の瓦窯と位置づけた。また、南河原坂瓦窯については大椎廃寺とし寺院跡としている。

一九八六年には、千葉県内の生産遺跡の分布調査により、現在確認されている上総国分寺瓦窯のすべての概要が報告された［須田 一九八六］。

一九九三年には川焼瓦窯の報告書が刊行され、六基の平窯の存在が明らかになった［千葉県教委 一九九三］。さらに一九八二〜八八年までの南河原坂瓦窯の調査成果では、六基の有畦式平窯、八基の登窯、四三基の竪穴建物、工房跡を

第９図　上総国分寺瓦窯の分布
（千葉県立房総風土記の丘 1978 をもとに作成）

検出し、大規模な窯業遺跡であることが判明した［千葉市文化財調査協会 一九九六］。

このように上総国分寺瓦窯の発掘調査が進み、須田勉によって上総国分寺の造瓦体制が検討された［須田 一九九四］。須田は軒先瓦の笵傷の進行から、南河原坂瓦窯↓神門瓦窯↓川焼瓦窯↓南田瓦窯の瓦窯の変遷を指摘した。また南田瓦窯は、補修期のものであるとし、尼寺に隣接する祇園原瓦窯も同じ時期であるとする。そして、これらの窯は、瓦の製作技法は統一されているが、窯構造の違い、瓦の細部の成形の違いから、それぞれ別の工人集団によって築かれたとし、瓦窯は造営計画に合わせて招致された中央の造瓦組織により構築されたとした。

その後、上総国分僧寺の発掘調査報告書が刊行され、軒先瓦の笵傷の進行が見直され、窯跡や隣接する竪穴建物等の遺構から出土する土器から操業年代を検討し、川焼瓦窯（八世紀第２四半期〜第３四半期）↓南河原坂窯（第１期・八世紀第３四半期）↓神門瓦窯↓南田瓦窯・南河原坂窯（第２期・九世紀第２四半期）の瓦窯の変遷が明らかにされた［市原市教委 二〇一六］。

(8) 下総国分寺瓦窯

下総国分寺瓦窯としては、下総国分尼寺脇瓦窯跡（国分寺西瓦窯）・北下窯跡が知られている（第10図）。

下総国分僧寺の瓦窯は、一九六五年に僧寺から東へ約三〇〇㍍地点の斜面で、窯跡二基が検出されたが、残存が悪く、窯尻のみが残っていた。この窯跡から出土した軒丸瓦から、下総国分寺瓦窯であることが判明した［熊野 一九七二］。これに加えて『房総の古瓦』では尼寺西側で布目瓦が採取できる場所を国分尼寺脇瓦窯跡（国分寺西瓦窯）とし、国分寺瓦窯とした［千葉県立房総風土記の丘 一九七八］。

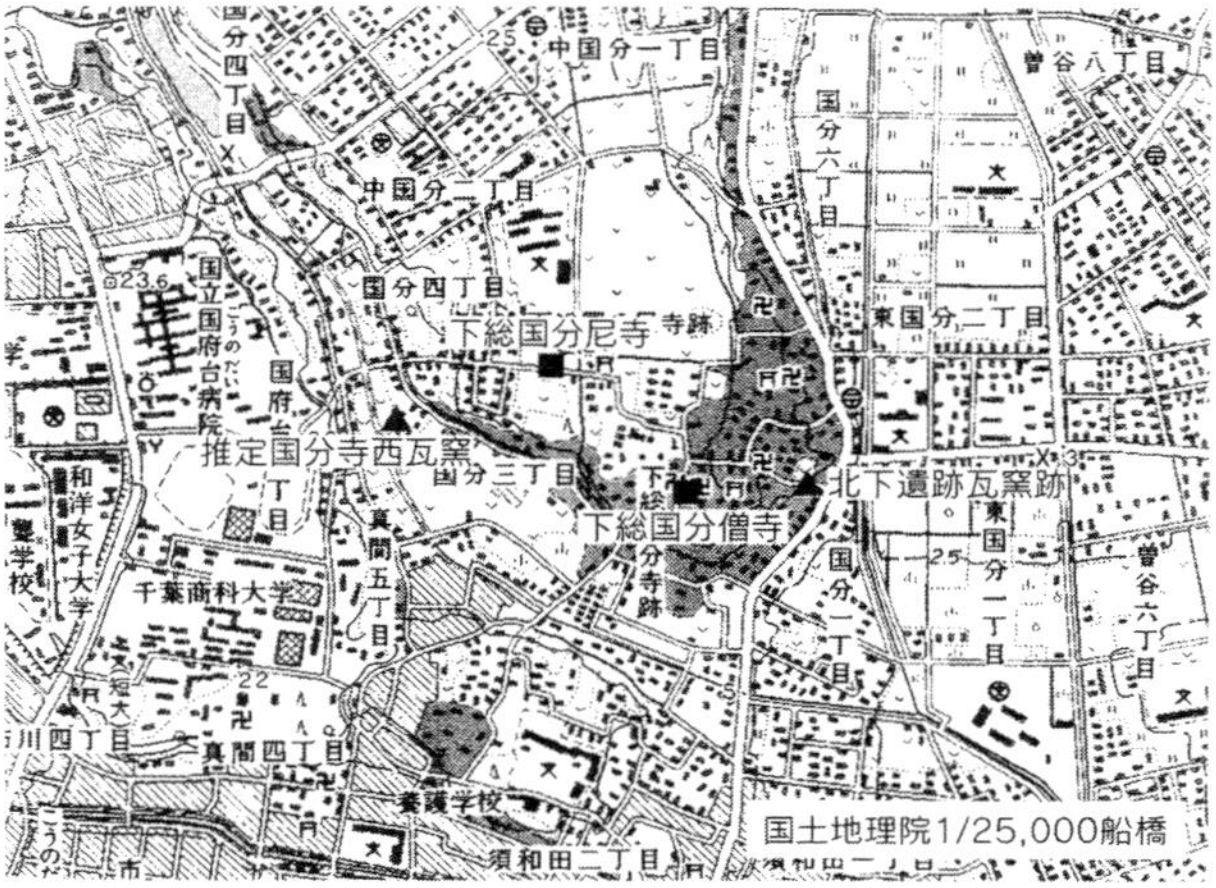

第10図　下総国分寺瓦窯の分布（千葉県教育振興財団 2007）

北下窯跡は、二〇〇四年に東京外かく環状道路（市川区間）建設に伴う発掘調査で、下総国分寺と同笵瓦を伴う登窯と平窯が一基ずつ検出された。特に平窯は焼成室内に牀が見られないものの、分焔柱は確認されており、牀を持たない平窯とされる日高山瓦窯や、石見国分寺瓦窯では分焔柱も見られないことから、北下窯跡の平窯は焼成時には牀も設けた、有畦式平窯であることが指摘された［千葉県教育振興財団 二〇〇七］。

(9) 常陸国分寺瓦窯

常陸国分寺瓦窯としては、瓦塚窯跡・柏崎窯跡・松山瓦窯が知られている（第11図）。

瓦塚窯跡の存在は古くから知られており、柴田常恵は常陸国分寺の瓦が新治郡瓦會村瓦谷（瓦塚窯跡群）で生産されたことを指摘した［柴田 一九二六］。また斜面地で瓦の他に須恵器が採取されることから、先に須恵器生産を行った後、瓦を生産したとしている。その後、常陸国分寺瓦窯として瓦塚窯跡群のみならず、石岡市井関金子澤（金子澤窯跡）、出島村柏崎天王越（現在のかすみがうら市、柏崎窯跡）、千代田村上佐谷（現在のかすみがうら市、関戸瓦窯跡）を常陸国分寺瓦窯に推定されるようになった［石岡市 一九六二］。黒沢彰哉は、瓦塚窯跡の測量調査を実施し、二三基の窯を確認した［黒沢 一九八四］。

さらに黒沢は、常陸国分寺出土瓦を分析し、国分寺Ⅰ期（創建期）は風返窯跡・松山瓦窯・瓦塚窯跡→国分寺Ⅱ期（八世紀後葉～九世紀中葉）・国分寺Ⅲ期（九世紀後半）は瓦塚窯跡といった、瓦窯の変遷を明らかにした［黒沢 一九九八］。さらにこれらの瓦窯はすべて、茨城郡内に所在しており、国分寺瓦が茨城廃寺の補修に用いられることから、国分寺造瓦組織の編成に、茨城郡司が関与したと指摘する。

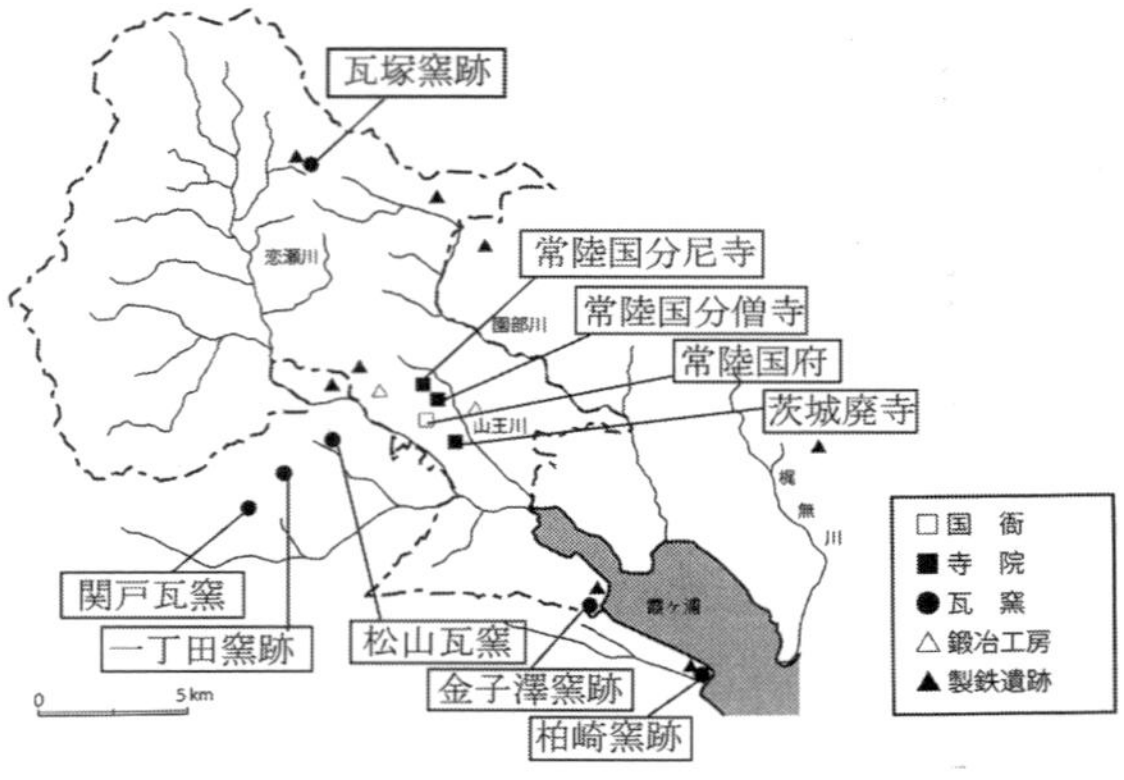

第11図　常陸国分寺瓦窯の分布（石岡市教委 2015 一部改変）

二〇〇一年には松山瓦窯で発掘調査が実施され、地下式登窯五基を検出した。そのうち5号窯は、地下式有段登窯であることが確認された［千代田町 二〇〇二］。また、その後の2次調査では地下式登窯二基、粘土採掘坑二基を確認した。さらに軒平瓦七二六四が出土していることから、近隣で九世紀後半の国分寺の造瓦がなされたことを指摘した［千代田町 二〇〇四］。

二〇〇七年から行われた瓦塚窯跡の範囲確認調査では、三四基の登窯が検出された。ほとんどが地下式有段登窯とみられる。この調査で瓦塚窯跡は七世紀前葉に須恵器の生産を行い、八世紀前葉には小規模な生産体制で茨城廃寺に瓦の供給を行ったことが明らかとなった。また、各窯跡で出土する軒先瓦の笵傷進行等から、国分寺創建段階の八世紀中葉になると、松山瓦窯を中心として瓦塚窯跡、金子澤窯跡が補佐的な生産を行い、八世紀後葉から九世紀以降は、瓦塚窯跡に生産が集約化することが指摘された［石岡市教委 二〇一五］。

2　二つの造瓦体制

前節では東国の国分寺瓦窯に関する研究史を概観したが、東国の国分寺瓦窯の特徴として、武蔵・上野・下野のように前代からの須恵器の生産地を利用し文字瓦が多く出土する国と、上総・下総・常陸のように新たに瓦専用窯を設置し文字瓦の少ない国とがある。ここでは東国国分寺の造瓦体制の特色ともいえる、地域差と瓦窯のあり方に関する研究史を概観したい。

こうした瓦窯の差異を初めて指摘したのは須田勉である［須田 一九八三］。須田は関東八か国の国分寺で、既存の須恵器生産地に窯場を設置する国と、新たに瓦専用窯を開窯する二者に分けた。前者は東山道に属する上野・下野・武蔵で、地下式無階無段登窯が多いこと、国内各郡の郡名瓦が多く出土することから、須恵器生産との融合が計られ、郡を負担の責任者とする間接方式による造瓦がなされたとする。一方、東海道に属する相模・上総・下総・常陸は須恵器生産と分離した瓦専業窯を築窯し、造瓦技術も新技術が導入される国が多く、郡名瓦も出土しないことから、郡を負担の責任者としない直接方式によるものとした。

一方、渡辺一は、武蔵国南比企窯跡群での須恵器工人による造瓦を「造瓦須恵器生産」とし、瓦工人の不在という観点から、従来の瓦陶兼業窯と差別化した［渡辺 一九九八］。そのうえで造瓦須恵器生産の視点から、須田の国分寺瓦窯の二分説を追認し、北三国は造瓦須恵器生産体制、南五国は瓦専業体制とした。さらに北三国でも造瓦須恵器の比率の高い上野と、瓦窯の比率の高い武蔵・下野、南五国では須恵器窯の多い常陸、一か所のみの上総、皆無に等しい下総、皆無の相模に細分した。さらに南比企窯跡群内に、雷遺跡のような瓦屋が設置されることから、造瓦須恵器生産体制の解体が図られたとし、その原因に須恵器と瓦の徴収方法の違いを指摘した。

大川清は国内全郡分の文字瓦が出土する武蔵・下野は、郡が直接造瓦に関与した形態であり、相模・安房・常陸といった郡名瓦が出土しない国は、郡ではなく造寺組織が造瓦の実務に関与したものとしている［大川 二〇〇二］。さらに上野・陸奥・上総・下総のように一部の郡名瓦が見られる国では、これらの造瓦体制を併用したものと指摘した。

菱田哲郎は北三国と南四国の造瓦体制の違いが、東山道と東海道とに対応することを認め、国分寺造営期には五畿七道の枠組みが造瓦に大きな役割を果たしたとする。また武蔵国南比企窯跡群では、須恵器生産地の中に瓦屋である雷遺跡が成立し、既存の須恵器生産とは一線を画しており、既存の須恵器工人が造瓦を行った上野国との相違点であり、こうした従来の須恵器生産地を瓦生産に巻き込む動きから、八世紀後半に国レベルでの生産の再編が行われたと指摘した［菱田 二〇一三］。

以上、瓦窯の研究史と造瓦体制の研究史を概観してきた。瓦窯については戦前の詳細な分布調査により、窯跡の存在が周知されたことで、戦後の大規模開発で多くの窯跡の発掘調査がなされ、記録保存がされてきた。この調査成果により、各国で詳細に造瓦体制が検討されるようになり、東国国分寺の造瓦体制の特色として、前代からの須恵器の生産地を利用し文字瓦が多く出土する国と、新たに瓦専用窯を設置し文字瓦の少ない国の二つの形態が明らかとなった。しかしながら、こうした二局化がなぜ東国で行われたのか、この二局化をどのように評価すべきかなど課題は多い。また近年では、各地で国分寺瓦窯の史跡指定や、すでに史跡となっている国分寺跡の附としての追加指定が進められ、保存が図られている。今後、こうした東国の国分寺と瓦窯の特性を明らかにし、それを活かした両者の一体的な保存活用が期待される。

参考文献

浅井　希　二〇〇七年「相模国分尼寺の研究―出土瓦の分析を中心に―」『えびなの歴史』第十七号　海老名市
有吉重蔵　一九九五年「武蔵国分寺の創建期瓦窯―南多摩窯跡群を中心として―」『王朝の考古学』雄山閣
有吉重蔵　二〇〇〇年「武蔵国分寺・武蔵国府」『文字瓦と考古学』国士舘大学実行委員会
有吉重蔵　二〇一六年「武蔵国分寺創建期瓦窯再考」『日本古代考古学論集』同成社
石岡市教育委員会　一九六一年『図説　石岡市史』
石岡市教育委員会　二〇一五年『瓦塚窯跡発掘調査報告書』石岡市教育委員会
市原市教育委員会　二〇一六年『上総国分僧寺跡Ⅱ』
上田市教育委員会　一九七四年『信濃国分寺跡』
宇野信四郎　一九六三年「東京都南多摩郡稲城村大丸窯跡発掘調査概報―遺物を中心として―」『歴史考古』第九・十号合併号
大江正行　一九八二年「天代瓦窯跡存在の意義をめぐって」『天代瓦窯遺跡』群馬県吾妻郡中之条町教育委員会
大川清・坂井利明　一九五八年「東京都町田市小山町瓦尾根第一号瓦窯跡」『古代』二十八号
大川　清　一九五八年『武蔵国分寺古瓦―文字考』小宮山書店
大川　清　一九六九年『瓦尾根瓦窯跡群』国士舘大学考古学研究室
大川　清　一九七五年『下野古代窯業遺跡』上・中・下　飛鳥書房
大川　清　二〇〇二年『古代造瓦組織の研究』日本窯業史研究所
尾崎喜佐雄　一九四八年「群馬県新田郡鹿ノ川瓦窯址」『日本考古学年報』一　日本考古学協会
笠懸村　一九八五年『笠懸村誌』上巻
加藤孝・野崎準　一九七二年『東北文化研究所紀要』第四号　東北学院大学東北文化研究所
河野一也　一九九五年「相模国分寺の屋瓦と造営」『王朝の考古学』雄山閣
川原嘉久治　一九九二年「西上野における古瓦散布地の様相」『研究紀要』十　群馬県埋蔵文化財調査事業団
木津博明・綿貫邦男　一九九一年「新田郡笠懸町山際窯跡採取遺物」『研究紀要』八　群馬県文化財調査事業団
熊野正也　一九七一年「千葉県下総国分寺址及び同瓦窯址」『日本考古学年報』十九　日本考古学協会
倉澤正幸　二〇〇八年「古代信濃における軒瓦の一考察―信濃国分寺跡他出土軒先瓦の検討―」『長野県考古学会誌』一二六号　長野県考古学会
倉澤正幸　二〇一七年「古代信濃における瓦窯の検討」『信濃』第六十九巻第十一号　信濃史学会

黒沢彰哉　一九八四年「八郷町瓦塚窯跡について」『婆良岐考古』第六号　婆良岐考古同人会
黒沢彰哉　一九九八年「常陸国分寺」『聖武天皇と国分寺』雄山閣
群馬県教育委員会　一九八八年『史跡上野国分寺跡』
考古學會　一九一三年「本會研究旅行」『考古学雑誌』第三巻第十号
埼玉県　一九三三年『埼玉縣史』第二巻
坂詰秀一　一九六六年『上野・金山瓦窯跡』ニューサイエンス社
坂詰秀一　一九六八年「長野県北佐久郡御牧ノ上窯址(第二次調査)」『日本考古学年報』十六　日本考古学協会
坂詰秀一　一九七一年「埼玉県入間郡谷津池瓦窯跡」『日本考古学年報』十九　日本考古学協会
重田定一　一九〇三年『古蹟』第二巻第二號　帝国古蹟取調會
柴田常恵　一九二六年『群馬縣史蹟名勝』第一輯　群馬縣史蹟名勝刊行會
柴田常恵　一九二七年「常陸国分寺阯」『埼玉茨城群馬三縣下に於ける指定史蹟』内務省
菅原祥夫　二〇一七年「陸奥国分寺の創建と造瓦組織の再編」『第四十三回古代城柵官衙遺跡検討会 資料集』古代城柵官衙遺跡検討会
須田　勉　一九七六年「Ⅱ調査遺跡の概要」『南向原』早稲田大学出版部
須田　勉　一九八三年「関東地方の瓦窯」『佛教藝術』一四八号　毎日新聞社
須田　勉　一九八六年「Ⅳ窯業」『千葉県生産遺跡詳細分布調査報告』千葉県教育委員会
須田　勉　一九九四年「国分寺造営期にみる中央と在地―上総国分寺改作期の造瓦から―」『古代』第九十七号　早稲田大学考古学会
須田勉・大門直樹・香川将慶・佐藤むつみ　二〇一四年『金沢窯跡』国士舘大学考古学研究室
高井佳弘　一九九九年「上野国分寺跡出土の郡郷名文字瓦について」『古代』第一〇七号　早稲田大学考古学会
高井佳弘　二〇〇三年「上野国分寺の創建―瓦生産から見た国分寺創建の一様相―」『日本律令制の展開』吉川弘文館
滝口　宏　一九七三年『上総国分寺』早稲田大学出版部
千葉県教育委員会　一九九三年『市原市川焼瓦窯跡発掘調査報告書』
千葉県教育振興財団　二〇〇七年『市川市北下遺跡瓦窯跡発掘調査概報』
千葉県立房総風土記の丘　一九七八年『房総の古瓦』
千葉市文化財調査協会　一九九六年『土気南遺跡群Ⅶ』
千代田町　二〇〇二年『松山瓦窯』
千代田町　二〇〇四年『松山窯跡Ⅱ』

東京府　一九二三年『東京府史跡勝地調査報告書』第一冊
栃木縣　一九二六年『栃木縣史蹟名勝天然紀念物調査報告』第一輯
栃木県教育委員会　一九九七年『下野国分寺跡―瓦・本文編』
栃木県教育委員会　二〇一四年『下野国分尼寺跡Ⅱ』
豊國覺堂　一九二二年「新田那笠懸の史蹟探査」『上毛及上毛人』六十二号　上毛郷土史研究會
内藤政恒　一九三八年「陸奥国分寺」『国分寺の研究』上巻　考古学研究会
内藤政恒　一九五五年「埼玉県入間郡金子坂瓦窯址」『日本考古学年報』三　日本考古学協会
内藤政恒　一九六三～一九六五年「仙台市台ノ原・小田原窯址群と出土の古瓦（Ⅰ）～（Ⅳ）」『歴史考古』九・十・十一・十二・十三　日本歴史考古学会
永井智教　二〇一四年「国分寺と瓦生産」『季刊考古学』第一二九号　雄山閣
原田良雄　一九四四年「東京南多摩郡稲城大丸窯跡」『考古学雑誌』第四十三巻第六号　日本考古学会
菱田哲郎　二〇一三年「国分寺と窯業生産」『国分寺の創建―組織・技術編―』吉川弘文館
福島武雄　一九二一年「上野国国分僧寺の古瓦」『上毛及上毛人』五十三号　上毛郷土史研究會
松田　鑽　一九二七年『群馬縣多野郡誌』群馬縣多野郡教育會
宮城郡教育会　一九二八年『宮城郡誌』
宮城県教育委員会　一九八二年『多賀城跡　政庁跡本文編』
宮城縣史蹟名勝天然紀念物調査會　一九二七年『宮城縣史蹟名勝天然紀念物調査報告』第三輯
宮崎　糺　一九三八年「武蔵国分寺」『国分寺の研究』上巻　考古学研究会
宮原正樹　二〇一六年「九世紀武蔵国における造瓦体制―模骨文字とその背景―」『国士舘史学』第二十号　国士舘大学日本史学会
三輪善之助　一九二八年「武蔵野の古瓦」『武蔵野』第十一巻第一號　武蔵野會
森島　稔　一九八一年「土井ノ入一号窯址」『坂城町誌』中巻　坂城町誌刊行会
横須賀市教育委員会　二〇一二年『乗越遺跡』
吉田章一郎・倉田芳郎・五十嵐幹雄　一九五四年「長野県小県郡依田村に於ける窯址の調査」『信濃』第六巻第二号　信濃郷土研究会
渡辺　一　一九九八年「国分寺と瓦造り」『聖武天皇と国分寺』雄山閣
渡辺　一　二〇〇六年『古代東国の窯業生産の研究』青木書店

執筆者一覧

須田　勉　奥付上掲載
梶原義実(かじわら よしみつ)　一九七四年生れ、名古屋大学大学院人文学研究科准教授
木立雅朗(きだち まさあき)　一九六〇年生れ、立命館大学文学部教授
大坪州一郎(おおつぼ しゅういちろう)　一九八二年生れ、木津川市教育委員会
藤原　学(ふじわら まなぶ)　一九四九年生れ、関西大学非常勤講師
髙橋　敦(たかはし つとむ)　一九六七年生れ、㈱古生態研究所
中三川 昇(なかみがわ のぼる)　一九五七年生れ、横須賀市教育委員会
髙橋　香(たかはし かおり)　一九七三年生れ、(公財)かながわ考古学財団
鶴岡英一(つるおか えいいち)　一九六八年生れ、市原市教育委員会
今泉　潔(いまいずみ きよし)　一九五六年生れ、千葉県立現代産業科学館
小杉山大輔(こすぎやま だいすけ)　一九七四生れ、石岡市教育委員会
柴田洋孝(しばた ひろたか)　一九八三年生れ、長野県埋蔵文化財センター
竹花宏之(たけはな ひろゆき)　一九五四年生れ、東京都埋蔵文化財センター
手島芙実子(てしま ふみこ)　一九八二年生れ、鳩山町教育委員会
宮原正樹(みやはら まさき)　一九八九年生れ、埼玉県教育局
出浦　崇(いでうら たかし)　一九七二年生れ、伊勢崎市教育委員会
藤木　海(ふじき かい)　一九七三年生れ、南相馬市教育委員会
浅野健太(あさの けんた)　一九九三年生れ、市原市教育委員会
河野一也　奥付上掲載

あとがき

「東国古代遺跡研究会」第八回研究大会は「窯跡研究会」と共催で開催した。表題は「関東甲信越の国分寺瓦窯」と題し、各担当者に東海道は相模国分寺から武蔵国分寺・上総国分寺・下総国分寺、東山道は信濃国分寺から上野国分寺・下野国分寺・常陸国分寺・陸奥国分寺と、その調査成果と瓦の分析、供給瓦窯についての最新成果を発表して頂いた。

梶原氏には全国的な視野に立って「国分寺瓦窯に関する諸問題」と題し、全国の国分寺瓦窯と瓦について、中央と地方の文化の位相、国府と国分寺の瓦造り、東海甲信越と九州の有畔式平窯の導入と展開についてご講演を頂いた。大坪氏には「奈良時代瓦窯の変遷について」と題し、京都府平城山瓦窯跡群と瓦を供給した興福寺・東大寺・光明子邸・法華寺・阿弥陀浄土院と各瓦窯との関係を中心にお話を頂いた。

本書第1部「国分寺瓦窯の視点」は、梶原・大坪両氏の論考のほかに、「瓦窯の構造～傾斜角度と天井の問題～」を木立雅朗氏に、「有畦式平窯焼成技術論」を藤原学氏に、「瓦生産における燃料材の用材選択」を高橋敦氏にご寄稿頂いた。瓦窯研究の第一線で活躍されている各研究者の論考を掲載できたこと、ここに改めて感謝申し上げげたい。

第2部は「東国の国分寺瓦窯」と題して各地の報告である。

東海道の相模国分寺では僧寺創建期の瓦生産を行った乗越瓦窯の七基の瓦窯の変遷について、尼寺の創建期瓦窯では瓦尾根瓦窯の四基の平窯が尼寺の創建と僧尼寺の再建に関わったことと、相模国府や下寺尾廃寺をはじめとした官衙・寺院からも出土していることを指摘された。発表者は瓦尾根瓦窯の瓦の再整理を希求している。

武蔵国分寺の瓦生産は南多摩窯跡群・南比企窯跡群・東金子窯跡群で行われている。各窯跡群の成果発表により武蔵国分寺全体の供給関係が明らかになった。特に南多摩窯跡群の調査成果は大きい。

上総国分寺では川焼瓦窯と南河原坂瓦窯1期・2期・3期・4期と、神門瓦窯・南田瓦窯が創建期と再建期に関わり八世紀後半に休止していること、創建期と再建期に有畦式平窯で対応していることが明らかになった。

下総国分寺では北下瓦窯の半地下式有段登窯と無畦式平窯の二基で創建期の瓦生産に対応している。操業時期を平城京系の均整唐草文軒平瓦から天平勝宝年間(七四七〜七五七)、軒丸瓦の製作技法から平城Ⅳ期後半頃の神護景雲年間(七六七〜七七〇)頃までには北下瓦窯は操業を完了していたとしている。

常陸国分寺では、創建期は松山瓦窯・瓦塚瓦窯・柏崎窯跡などで対応するが、八世紀後半には、瓦塚瓦窯が国分寺瓦窯として一元化され九世紀から十世紀前半まで操業していた。

東山道の信濃国分寺では、発表者によると信濃国分寺瓦窯が近年の研究によって神護景雲年間(七六七〜七七〇)とされた。各国分寺の創建時期との開きをどう理解するかであろう。

上野国分寺は国分寺創建にあたって、笠懸古窯跡群(A)と吉井藤岡窯跡群(B)で造瓦体制が確立される。時期によって関わり方が違うが、再建段階は量産体制が敷かれる。上野国分寺では窯跡の調査が進んでいないため瓦窯の実態は不明である。

下野国分寺は国分寺と生産瓦窯の調査例が多く研究が最も進んでいる。国分寺創建以前から下野薬師寺創建期・国府・郡衙整備・郡寺建立を行っている。その後も国分寺と国府を含めて供給関係は維持される。下野国分寺瓦窯は大半が地下式無階無段登窯の須恵器窯に瓦を利用して段を構築している。

陸奥国分寺では多賀城Ⅱ期の段階から国分寺の造瓦が開始される。創建期には四〇基、Ⅲ期には二三基、Ⅳ期には一一基の窯が操業していた。多賀城と国分寺の造営が同時に行われていたのであろう。また、陸奥国分寺では半地下式無階無段登窯が主体で、創建期と再建期に半地下式有畦平窯が操業する。

第2部の最後には、関東全域と東北の陸奥国府周辺にまたがる瓦窯の研究史を整理した「付　東国の国分寺瓦窯研究」を浅野健太氏にご寄稿頂いた。研究史をおろそかにしては学問は成り立たないので、大変有意義な成果を収めることができたと喜んでいる。

今回の研究会の成果は十分果せたと思います。しかし、新たな課題も見えてきたと思います。各発表者がその課題に向き合い、国分寺瓦窯と生産された瓦の供給先の実態を瓦窯と瓦の研究を通して明らかにし、古代社会の一面が描けたらと思います。最後に発表者各位に敬意を表します。

二〇一九年三月

河野 一也

【編者略歴】
須田　勉（すだ つとむ）
1945年生れ、元国士舘大学教授。博士（文学：早稲田大学）
［主な編著書］
『古代の信仰と社会』（六一書房）、『古代東国仏教の中心寺院・下野薬師寺』（新泉社）、『国分寺の創建－思想・制度編－』（吉川弘文館）、『国分寺の創建－組織・技術編－』（吉川弘文館）、『日本古代の寺院・官衙造営－長屋王政権の国家構想－』（吉川弘文館）、『東国の古代官衙』（高志書院）、『日本古代考古学論集』（同成社）、『国分寺の誕生－日本古代の国家プロジェクト－』（吉川弘文館）、『古代高麗郡の建郡と東アジア』（高志書院）

河野一也（かわの かずや）
1952年生れ、関東文化財振興会株式会社
［主な著書論文］
「相模国分寺の屋瓦と造営」（『王朝の考古学』雄山閣）、「相模国分寺」（『聖武天皇と国分寺』雄山閣）、「相模国分寺」（『国分寺の創健』吉川弘文館）、「災害・復旧と国分寺」（『季刊考古学129号』雄山閣）、「国分寺の創健と平窯の導入」（『日本古代考古学論集』同成社）、「古代の瓦作りと生産」（『古瓦の考古学』ニューサイエンス社）

古代東国の考古学5
古代東国の国分寺瓦窯

2019年5月25日第1刷発行

編　者　須田　勉・河野一也
発行者　濱　久年
発行所　高志書院
〒101-0051 東京都千代田区神田神保町2-28-201
TEL03(5275)5591　FAX03(5275)5592
振替口座　00140-5-170436
http://www.koshi-s.jp

印刷・製本／亜細亜印刷株式会社

Printed in Japan ISBN978-4-86215-194-0